Über dieses Buch

Was hat Sexualität mit Politik zu tun? Wie frei ist die Freizeit der Jugendlichen? Welches sind ihre Rechte und Pflichten in Familie, Schule und Berufsausbildung? Welche Ursachen führten zur Wirtschaftskrise in unserem Land? Gibt es in der Bundesrepublik noch ein Proletariat? Wer macht für wen Politik? Welche Interessen vertreten die Massenmedien? Welche Rolle spielt die Bundesrepublik innerhalb der Europäischen Gemeinschaft? Und wie ist ihre politische Entwicklung bis heute verlaufen?
Diese und ähnliche Fragen werden in herkömmlichen Schulbüchern meistens nicht gestellt, geschweige denn zusammenhängend beantwortet. Daher ist »Gesellschaft und Politik in der Bundesrepublik« der erste Versuch einer übersichtlichen, von den Interessen der Jugendlichen ausgehende, kritische Darstellung aller Aspekte der gesellschaftlichen und politischen Wirklichkeit unseres Landes. Das Buch will die wichtigsten Ergebnisse der Sozialwissenschaften zusammenfassen, ohne in die Sprache und Darstellungsweise des wissenschaftlichen Elfenbeinturms zu verfallen. Denn es wendet sich direkt an Schüler im Sozialkunde-Unterricht und an junge Arbeiter in der gewerkschaftlichen oder politischen Bildungsarbeit.

Die Autoren

Hermann Giesecke ist Professor für Pädagogik in Göttingen.
Arno Klönne ist Professor für Soziologie in Münster.
Dieter Otten ist Professor für Soziologie in Osnabrück.

Hermann Giesecke
Arno Klönne
Dieter Otten

Gesellschaft und Politik in der Bundesrepublik

Eine Sozialkunde

Fischer
Taschenbuch
Verlag

Originalausgabe

Die Autoren haben dieses Buch gemeinsam konzipiert, die einzelnen Kapitel jedoch unabhängig voneinander geschrieben. Hermann Giesecke verfaßte das 3. Kapitel des Ersten Teils, Arno Klönne das 2., 3. und 4. Kapitel des Vierten Teils, Dieter Otten die übrigen Texte.

Fischer Taschenbuch Verlag
1.–17. Tausend: Februar 1976
18.–25. Tausend: Januar 1977
26.–30. Tausend: September 1978
Umschlagentwurf: Jan Buchholz/Reni Hinsch
Fischer Taschenbuch Verlag GmbH, Frankfurt am Main

Gesamtherstellung: Hanseatische Druckanstalt, Hamburg
Printed in Germany
780-ISBN-3-596-26271-2

Inhalt

ERSTER TEIL:
Jugend — Pflichten ohne Rechte?

1. *Kapitel:* Jugend und Freizeit

Kein Thema beschäftigt besorgte Eltern und Erwachsene mehr als die Frage: Was treiben unsere Kinder, wenn wir nicht auf sie aufpassen? Fast alle sind überzeugt: Ohne elterliche Kontrolle ist die Jugend dem Verderben ausgeliefert.

Diese Sorge ist schon Jahrhunderte alt, obwohl Jugendliche erst seit kurzer Zeit über freie Zeit verfügen, die sie gestalten können, wie es ihnen paßt. Vor hundert Jahren etwa waren sie die überwiegende Zeit der Woche in den Arbeitsrhythmus einer Fabrik, eines Handwerkbetriebes oder eines Bauernhofs eingespannt. Wer nicht den ganzen Tag arbeitete, hatte abends nichts zu essen. 1805 mußte Frankreichs Kaiser Napoleon das Arbeitsverbot an Sonntagen aufheben. Er erklärte: »Wer am Sonntag essen muß, soll auch das Recht haben, am Sonntag zu arbeiten.« Und dieser tägliche Arbeitszwang rund um die Uhr bestand nicht nur für Erwachsene, sondern auch für Jugendliche und Kinder, wie die beiden folgenden Beispiele aus der Zeit um 1860 belegen. In Untersuchungsberichten des englischen Parlaments über die Kinderarbeit in der Industrie ist folgendes zu lesen:

»Um 2, 3, 4 Uhr des Morgens werden Kinder von 9 bis 10 Jahren ihren schmutzigen Betten entrissen und gezwungen, für die nackte Existenz bis 10, 11, 12 Uhr nachts zu arbeiten, während ihre Glieder wegschwinden, ihre Gestalt zusammenschrumpft, ihre Gesichtszüge abstumpfen und ihr menschliches Wesen ganz und gar in einem steinähnlichen Torpor erstarrt, dessen bloßer Anblick schauderhaft ist . . . Wilhelm Wood, 9jährig, war 7 Jahre und 10 Monate alt, als er zu arbeiten begann. Er kommt jeden Tag in der Woche um 6 Uhr morgens und hört ungefähr 9 Uhr abends auf. ›Ich arbeite bis 9 Uhr abends jeden Tag in der Woche. So z. B. während der letzten 7 bis 8 Wochen‹. Also 15stündige Arbeit für ein 7jähriges Kind! J. Murray, ein 12jähriger Knabe, sagt aus: ›Ich drehe das Rad. Ich komme um 6 Uhr, manchmal um 4 Uhr morgens. Ich habe während der ganzen letzten Nacht bis diesen Morgen 6 Uhr gearbeitet. Ich war nicht im Bett seit der letzten Nacht. Außer mir arbeiteten 8 oder 9 andere Knaben die letzte Nacht durch. Ich bekomme nicht mehr, wenn ich die ganze Nacht durcharbeite. Ich habe in der letzten Woche 2 Nächte durchgearbeitet‹. Fernyhough, ein 10jähriger Knabe: ›Ich habe nicht immer eine ganze Stunde für das Mittagessen; oft nur eine halbe Stunde; jeden Donnerstag, Freitag und Samstag‹«.

Aus Kärnten wird für dieselbe Zeit der Ablauf eines sommerlichen Samstagabends wie folgt geschildert:
»Samstag – das ist unser Wochenferialtag gewesen. Ein jedes hat sich auf den Feierabend gefreut. Es ist auch kein Wunder, wenn man völlig 6 Tage, allemal von 5 in der Frühe bis 7 oder 8 auf die Nacht fest arbeiten muß, daß man nachher gern einmal ordentlich ausrastet. Ein jedes hat bei seinen Sachen herumgekramt oder auf seiner Bettstatt oder sonstwo gefaulenzt. Das Sonntaggewand ist hergerichtet worden, alle haben frischgewaschene Hemden bekommen. Die Schuhe sind geschmiert worden, was vom Werktagsgewand zerrissen ist gewesen, ist nachher Sonntagnachmittag geflickt worden. Ein besonderes Nachtmahl haben wir samstags nicht mehr gekriegt. Die Mutter hat sich das Nachtessenkochen erspart. Dafür sind wir um 6 zusammengesessen und haben was geredet. Der Vater hat gern erzählt. Er ist weit herumgekommen und hat es schön gemütlich vorgebracht, was er gehört und gesehen hat in der Welt. Oft sind auch Nachbarn gekommen, haben zugehört und mitgeredet. Zum Fürchten, was da alles erzählt worden ist: von Geistern und Hexen, von Wölfen und Bären, und wie das Dorf ist von den Türken abgebrannt worden, daß nicht ein einziges Haus übriggeblieben ist.
Heute sieht das alles anders aus. Seit dem Jahre 1838 besteht in Deutschland ein allgemeines Kinderarbeitsverbot. Seit 1854

Neuordnung im Jugendarbeitsschutz
<u>Reformkernpunkte der Bundesregierung</u>

Wochenarbeitszeit 1)	40 Std.
Höchstschichtdauer 2)	10 Std.
Frühester Arbeitsanfang 3)	7 Uhr
Spätester Arbeitsschluß 4)	20 Uhr
Ununterbrochene Freizeit	12 Std.
Urlaub bis 16 Jahre 5)	30 Tage
Urlaub bis 17 Jahre 6)	27 Tage
Urlaub bis 18 Jahre 7)	25 Tage

Ausnahmen:

1) Landwirtschaft/ Ernte	42 Std.
2) Bergbau	8 Std.
3) mehrschichtige Betriebe	6 Uhr
Bäckereien, Konditoreien, Binnenschiffahrt, Melker	5 Uhr
4) mehrschichtige Betriebe	23 Uhr
Gaststätten	22 Uhr
5) Bergbau	33 Tage
6) Bergbau	30 Tage
7) Bergbau	28 Tage

besteht für Kinder und Jugendliche bis zum 14. bzw. 15. Lebensjahr *Schulpflicht*. In dieser Zeit dürfen Kinder und Jugendliche nur für wenige Stunden in der Schule beansprucht werden. Wer als Jugendlicher einer gewerblichen Arbeit nachgeht, unterliegt besonderen Schutzgesetzen.
Ununterbrochen freie Zeit von mindestens 12 Stunden und Urlaub von mindestens ca. 30 Tagen im Jahr sichern der Jugend heute eine gesetzlich gesicherte Freizeit.

Dabei suchen die Jugendlichen nicht nur *Freizeit,* sondern *freie Zeit:*

- ohne die Kontrolle von Erwachsenen;
- ohne ständigen Anpassungszwang an Meinung und Geschmack der Eltern;
- ohne den moralischen Zeigefinger von Lehrern, Vorgesetzten und Staatsorganen.

Unverständlich ist dieser Drang zu freier Zeit nicht, denn das Freizeitverhalten der »Durchschnittsdeutschen« ist alles andere als attraktiv — jedenfalls, wenn wir den Ergebnissen einer großen Untersuchung über das Freizeitverhalten der Deutschen glauben dürfen, die 1975 im »Spiegel« veröffentlicht wurde.

Was Jugendliche am meisten schrecken dürfte, ist die Tatsache, daß die Normalfreizeit vor allen Dingen Familien-Zeit ist. Der überwiegende Teil der Freizeit der Deutschen spielt sich nämlich zu Hause ab:

»Von Montag bis Freitag waren in der Woche, bevor der Emnid-Interviewer kam, zu Hause:

keinen Abend	3%
einen Abend	2%
zwei Abende	5%
drei Abende	12%
vier Abende	18%
jeden Abend	57%

Und an den Wochenenden sind die meisten Deutschen sogar noch häuslicher. Es waren »am letzten Samstag« 76, am »letzten Sonntag« 70 Prozent der Befragten »mehr zu Hause« als unterwegs.

Am Sonntag aber zieht sich die Familie zur Beschäftigung mit sich selbst zurück. Es überwiegen: sich ausschlafen, Mittagsschlaf halten, lesen, Musik hören oder ganz einfach »nichts tun«.

Spazierengehen und Spazierenfahren mit dem Auto stehen ebenfalls häufig auf dem Sonntags-Programm. Aber es ist oft nur scheinbar ein Vordringen in die Außenwelt. In Wirklichkeit bleibt die Kleinfamilie auch dann, wenn sie zu Fuß oder per PS unterwegs ist, ebenso unter sich wie sonst in ihren vier Wänden.« (»Der Spiegel«)

Auch der Urlaub steht im Zeichen der Familie: Die meisten Deutschen verbringen die Ferienwochen gemeinsam mit der Familie.

»Selbst Silvester, wenn Narrenkappen und Konfettischlangen eine Art bundesweiten Karneval vortäuschen, bleibt die deutsche Kleinfamilie unter sich. So niedrig wie die Zahl der Silvester-Muffel, die ins neue Jahr schlafen, ist auch die Zahl derjenigen, die in ein Lokal ziehen (sechs und sieben Prozent).

Vier von fünf Männern und Frauen, die in ihrer eigenen oder einer anderen Wohnung feiern, bleiben ›im engsten Familienkreis‹ oder laden allenfalls noch eine einfache sonst vernachlässigte Oma oder Tante dazu.« (»Der Spiegel«)
Zu Hause gilt: »Freizeit der Deutschen — das ist zunächst einmal Fernsehen und dann erst, mit Abstand, vieles andere mehr.«
Die absolute Mehrheit der Bundesbürger sieht laut EMNID-Studie jeden Abend im Kreise der Familie fern. Selbst an Tagen, an denen das Programm mehr zum »gähnen als gucken« (Spiegel) ist.
Die beliebtesten Sendungen der deutschen Fernseher stehen auch fest. Es sind Krimis, Unterhaltungssendungen und Quiz. Für politische Sendungen wie Panorama vermelden die Sozialforscher nur 34 % Sehbeteiligung — ebensoviel wie für »Tagesschau« oder »heute«.
»Außerhalb der eigenen Wohnung sind es neben dem Spazierenfahren mit dem Auto nur Spazierengehen, Einkaufen und ›Schaufensterbummel‹, die ständig zur Freizeit der meisten Bundesbürger gehören.
Organisiertem Vergnügen scheint die Mehrheit der Deutschen gänzlich abgeneigt zu sein. Nur jeweils ein Drittel der Befragten gab an, tanzen zu gehen oder Veranstaltungen von Vereinen zu besuchen. Eine andere Geselligkeit als sich mit Bekannten und Verwandten wechselseitig zu besuchen kennen die meisten nicht.« (Spiegel)
In ihrer freien Zeit beschäftigen sich Deutschlands Normalbürger ganz offensichtlich damit, erhebliche Mengen Alkohol zu verzehren. Dies weisen jedenfalls die Verkaufszahlen der Bier- und Schnapshersteller aus. Nach ihrer eigenen Meinung trinken die Deutschen sehr viel weniger. Zwar gibt es nur ganz wenige, die sagen, völlig ohne Alkohol zu leben. Aber der Rest gibt an, Alkohol mäßig und dafür regelmäßig zu trinken. Dieser Widerspruch kommt wohl daher, daß sich die meisten immer noch genieren, wenn sie mal einen über den Durst getrunken haben. Sie geben lieber mäßigen Alkoholkonsum an.
Noch mehr genieren sich die Deutschen, über ihr Sexualleben zu reden. Daher kann man aus der EMNID-Freizeitstudie zu diesem Thema wenig entnehmen. Aber aus anderen Untersuchungen wissen wir, daß sich zwar die Freizügigkeit bei Seitensprüngen und vorehelichen Beziehungen vergrößert, aber die sexuelle Aktivität der Bundesbürger keineswegs zugenommen hat. Immer noch gilt die Regel, wonach die meisten sich höchstens einmal in der Woche sexuell betätigen.
Dafür funktioniert die klassische Rollenverteilung in der Familie: »Der Mann arbeitet und ruht sich nach Feierabend aus,

die Frau ist zu Hause und hält die Wohnung in Schuß, dazu ein bis zwei Kinder, das Ganze möglichst weit draußen ohne Nachbarn, die in die Fenster schauen – das ist das Familienleben, wie es sich die meisten Deutschen wünschen.« (Spiegel)
Trotzdem glauben die meisten Männer in der BRD, daß die Frauen weitgehend gleichberechtigt sind. Die Frauen dagegen sind anderer Ansicht. Mehr als die Hälfte von ihnen meint, die Gleichberechtigung stehe nur auf dem Papier. Die EMNID-Untersuchung zeigt, wie recht sie haben. Im Haushalt machen auch heute noch Frauen die meisten Arbeiten allein – unabhängig davon, ob sie auch berufstätig sind oder nicht. So bewältigen allein

90% das Bettenmachen,
89% das Kochen,
83% das Saubermachen der Wohnung,
82% das Fensterputzen,
70% das Geschirrspülen,
62% das Einkaufen,
55% das Schuheputzen.

Werden die Familien größer, wird die Hilfe der Männer keineswegs gesteigert. Im Gegenteil: »Je mehr Kinder zum Haushalt gehören, um so öfter ist es allein die Hausfrau, die das Schuhwerk der Familie auf Hochglanz bringt.« (Spiegel) Nur in etwa 10 % aller Haushalte hilft eine Oma aus. Kein Wunder also, daß immer häufiger die herangewachsenen Kinder zur Hausarbeit herangezogen werden.
Ganz unverständlich ist die Neigung der deutschen Männer zum Pascha-Dasein nicht – zumindest nicht bei der arbeitenden Klasse. Die meisten Arbeiterhaushalte können ihren bescheidenen Lebensstandard nämlich nur halten, wenn die Familienväter in der Freizeit bezahlter Beschäftigung nachgehen. 10 % der Arbeiter gaben sogar an, einen »Zweit-Job« zu haben. (Zum Vergleich: 4 % Angestellte und 1 % Beamte.) »Zumeist wird es sich dabei um sogenannte Schwarzarbeit handeln. Und sogar unter denen, die gratis Freunden oder Bekannten helfen, ist viel Konkurrenz fürs teure Handwerk. Denn vor allem unter Bauarbeitern (gelernten wie ungelernten) ist es Brauch geworden, sich wechselseitig in der Freizeit beim Bau von Eigenheimen zu helfen und die Arbeitsstunden bargeldlos gegeneinander aufzurechnen. Nicht selten kommt es vor, daß sich am Wochenende dieselbe Kolonne wieder zusammenfindet, die auch schon von Montag bis Freitag zusammengearbeitet hat.« (Spiegel)
Ebenso verständlich wird der Hang der deutschen Arbeiter zum Faulenzen, wenn man sich vor Augen hält, daß sie mit wachsender Automation nicht weniger schwere, sondern zum Teil belastendere Arbeit machen müssen.
Die übliche Freizeit findet in der »heilen Welt« der Familie

statt. Für die meisten Jugendlichen bedeutet dies, Freizeit unter der Kontrolle der Eltern, denn die Zahl der Familienmitglieder ist in unseren Breiten mit der Vier-Personen-Familie (Vater, Mutter, zwei Kinder) nicht so groß, daß man ungestört machen könnte, was man will. Die Jugendlichen versuchen daher, in der Freizeit auf Distanz zur Familie zu gehen, denn wer tagsüber in Schule oder Betrieb unter Aufsicht steht, ist froh, in der Freizeit eigene Wege zu gehen.

■ Der größte Teil der heutigen Kinobesucher besteht aus Jugendlichen.

■ Die Jugendlichen unter 25 Jahre sind nach dieser Studie die Hauptkonsumenten von Popmusik, sowohl in Form von Radiosendungen, als auch in Form von Platten oder Kassetten.

Mit einem gewissen Recht kann man sagen, Jugendliche versuchen heute, dem Familiendruck und der Kontrolle in Betrieb oder Schule vor allem mit einem eigenen Freizeitprogramm und einem eigenen »Stil« zu entgehen. Darin kommt ein starkes Bedürfnis der Jugendlichen nach Eigenleben und Selbständigkeit zum Ausdruck. Der tägliche Zwang der Erwachsenenwelt sucht sein Ventil in Abneigung und Abgrenzung von deren Lebensstil. Gleichzeitig aber ist es ihnen nicht möglich, eigene Ausdrucksformen zu finden, ohne zugleich schon wieder von dieser Erwachsenenwelt im wahrsten Sinne des Wortes eingekauft zu werden. Denn: Gerade auf der Suche nach eigenen Ausdrucksformen und nach einem eigenen Lebensstil stellen Jugendliche eine für alles Neue aufgeschlossene Käuferschicht dar. Mit den 25 Milliarden DM Kaufkraft aus jugendlichen Taschen ist »die Jugend« zugleich ein äußerst interessanter Markt, den sich die Konzerne nicht entgehen lassen können.

Zum Beispiel: Rock-Musik

Nirgendwo zeigt sich das Bedürfnis der Jugendlichen nach einem anderen Lebensstil oder — wie die Soziologen sagen — nach alternativen Normen und Werten so lautstark wie beim Konsum von Rock-Musik. Rock-Musik gilt sogar als Inbegriff einer eigenständigen Jugendkultur oder Subkultur. Mit der Rock-Musik ist eine ganze Jugend-Generation in den 50er und 60er Jahren gegen das konservative Lebensgefühl der Erwachsenenwelt aufgestanden und hat versucht, eigene Wege zu gehen. Rock-Musik wird daher häufig als gleichbedeutend mit Jugend und Protest angesehen. Und in der Tat: mit nichts können sich Jugendliche von Erwachsenen deutlicher abgrenzen als mit Rock und Beat. Folgerichtig hört die Mehrzahl der Jugendlichen nach einer Untersuchung von J. Reiser (1973)

täglich zwischen zwei und vier Stunden Musik, vor allem Rock und Beat. Mädchen übrigens eine Stunde länger als Jungen. Hauptschüler schließlich mit 4,1 Stunden wesentlich mehr als Gymnasiasten. Für rund 60 % der befragten Jugendlichen ist das Hören von Rock-Musik lebensnotwendig. Manche (45 %) hören Rock vom Aufstehen (66 %) übers Mittagessen (24 %) und Lernen (39 %) bis zum Einschlafen (22 %).
Alle Freizeituntersuchungen belegen diesen Trend. Man kann getrost davon ausgehen, daß die Rock-Musik die zentrale Freizeitbeschäftigung der Jugendlichen ist. Man kann auch davon ausgehen, daß dies der Fall ist, weil die Pop-Musik einem Lebensbedürfnis der Jugend entspricht. Nicht nur, um sich von der Erwachsenenwelt abgrenzen zu können, sondern weil diese Musik dem rhythmischen und motorischen Ausdrucksbedürfnis junger Menschen entgegenkommt.
Aber Rock-Musik kann man nicht einfach konsumieren. Hören kann man sie erst, wenn man einen Tonträger hat. Solche Tonträger sind die Schallplatten oder Tonbänder. Um sie abspielen zu können, braucht man Geräte — sei es Plattenspieler, Bandgerät oder Radio. Rock-Musik, so schreiben drei junge Sozialwissenschaftler und Musik-Kenner, »wird nicht im luftleeren Raum gemacht. Rock-Musik unterliegt den Gesetzen der industriellen Warenproduktion, Rock-Musik zielt darauf ab, Profit zu erwirtschaften.«
Deshalb durchläuft sie ein ganzes System von Instanzen und Einrichtungen, *die alle an ihr verdienen wollen.* Die Schlüsselrolle nehmen die Schallplattenkonzerne ein. Sie bestimmen Produktion und Aussehen der Rock-Musik. Zwar gibt es Zeiten, wo sich alte Stilmittel und Songtitel verbraucht haben und die Branche nach neuen Artikeln sucht. Das ist dann die Stunde vieler unentdeckter Talente und neuer Stilrichtungen (jüngst geschehen mit der Entdeckung des »Kraut-Rock«, der westdeutschen Rock-Musik). Aber auch dann bestimmen die Regeln des Geschäfts über die Musik. Schließlich ist der Rock-Konsum ein Marktbereich, bei dem es um handfeste Summen geht:

- 1972 z. B. gaben in der BRD und Westberlin die Jugendlichen rund 250 Millionen DM für Platten aus;
- 15 Millionen Umsatz machen allein die Popkonzerte in der BRD.

Umschlagplatz der Pop-Musik ist in erster Linie das Radio. Hier wird für das Produkt »Rock und Beat« geworben, werden Trends gemacht und die Hörgewohnheiten der Käufer getestet. Selbstfinanzierte Werbung ist im Musikgeschäft deshalb kaum nötig — der Rundfunk besorgt sie durch seine Unterhaltungsprogramme sozusagen kostenlos. Auch das Fernsehen hat eigene Pop-Musiksendungen, wie ›Musikladen‹

und ›Disco‹ – von den Hitparaden ganz zu schweigen. Weil der Rundfunk und das Fernsehen so wichtig sind, findet eine rege Beeinflussung der Radiojournalisten und Programmmacher durch die Werbeabteilungen der Plattenfirmen statt. Dies ist offensichtlich eine so brisante Sache, daß ein beliebter Disc-Jockey wie Henning Venske von seinem Sender gefeuert werden konnte, weil er die Verfilzung von Radio/Fernsehen und Schallplattenfirmen beim Namen nannte.
Interessant ist auch, daß an der Pop-Musik eine ganze Pop-Presse hängt; Zeitschriften wie »Bravo«, »Musik-Express« und »Posterpress« haben Auflagen, die bis an die Millionengrenze gehen. Der Umsatz dieser Presse, die wohlgemerkt hauptsächlich von Jugendlichen gelesen wird, macht die stolze Summe von 30 Millionen DM im Jahr aus.
Ein so starkes Bedürfnis, wie das Interesse der Jugendlichen an freier Äußerung ihrer Individualität und ihres Lebensgefühls, kann in einer Marktwirtschaft nicht unvermarktet bleiben. In einer ganz dem Gewinnprinzip unterworfenen Gesellschaft haben Jugendliche keine reelle Chance, ihre Ausdrucksformen tatsächlich *frei* zu gestalten. Sobald sich nur der Schimmer eines Profits zeigt, wird auch die eigenständigste Subkultur vermarktet. Das meinen die Musiker damit, wenn sie von der Kommerzialisierung ihrer Kunst reden. Aber so grotesk es klingt: gerade diese Vorgänge halten den Markt am Leben. Denn Gewinn bleibt nur, wenn ständig etwas Neues, Ungewöhnliches und noch nicht Kommerzielles gefunden wird. Deshalb ist die Rock-Szene auch ständig in Bewegung, täuscht Dynamik und Fortschrittlichkeit vor und verdeckt damit, daß Rock-Musik selbst nicht die geringste Veränderung des Lebens bewirkt. Kommerzialisierter Rock greift nur das Ausdrucksbedürfnis der Neuen Generation auf und verwandelt es in ein Geschäft.

Zum Beispiel: Alkohol

Zur großen Rock-Revolte der 60er Jahre gehörte der Drogenkonsum. LSD, Haschisch oder Marihuana waren gleichbedeutend mit der jugendlichen Rock-Subkultur. Aber ebenso wie die Musikmoden wechselten, verschwand auch der Drogenkonsum aus dem Repertoire des Protestes. Heute ist bei vielen Jugendlichen ein anderer Rauschträger beliebt: der Alkohol.

- Mindestens 100 000 westdeutsche Jugendliche müssen gegenwärtig unter die Alkoholiker gerechnet werden. Ein Vielfaches davon zu den regelmäßigen Trinkern.
- Schon tauchen in Frankfurts psychiatrischer Klinik Jugendliche mit Alkohol-Delirium auf.

- In einer pfälzischen Trinkerheilanstalt finden sich bereits alkoholsüchtige Kinder im Alter von 12–14 Jahren.
- 24 % der 13jährigen trinken schon — so eine Infratest-Untersuchung — regelmäßig Bier und Wein.
- Von den 14jährigen sind es schon 42 % und von den 15-jährigen 53 %, die regelmäßig trinken.
- 20 % der 15–17jährigen
31 % der 18–20jährigen
41 % der 21–24jährigen
trinken fast täglich harte Alkoholika wie Cognac oder Whisky.
- Jeder dritte Schüler und jede fünfte Schülerin war nach einer Hamburger Untersuchung monatlich einmal volltrunken, darunter 3 %, die mehr als einmal wöchentlich volltrunken waren.
- Je jünger die Trinker werden, umso geringer wird der Unterschied zwischen Alkohol trinkenden Mädchen und Jungen: unter den 14jährigen Trinkern war der Anteil der Mädchen genauso groß wie der der Jungen.

Die Gründe für diese Entwicklung sind zwar im einzelnen sehr verschieden. Aber allgemein haben die Untersuchungen ergeben, daß Unzufriedenheit, innere Spannungen, Lebensunlust und Leeregefühle zum Alkohol verleiten. Ebenso auffällig sind Schulschwierigkeiten. Ein Hauptschüler, 16 Jahre alt, sagt dazu: »Sitzenbleiber, Fünfenschreiber, da is, wenn ich aus der Schule komme, nix mit 'ner Lehrstelle, da is nur Zoff mit meinem Alten, da kann man nur saufen, saufen.«
Sexuelle Schwierigkeiten treten nicht selten hinzu. So entsteht ein verhängnisvoller Kreislauf: Kontaktschwierigkeiten werden mit Alkohol überspült. Sexuelles Versagen ist dann häufig die Folge. Also wieder Alkohol usw. usf.
Die Drogen-Fachleute haben für das ganze Phänomen eine einleuchtende Erklärung: Auch hier zeigt sich die Tendenz der Jugendlichen, Distanz zur Erwachsenenwelt zu finden. Der große Fluchthelfer Alkohol schafft solche Distanz eher als alle anderen Drogen oder Laster. Schließlich gehört der Konsum harter Alkoholika mit zu den beliebtesten Freizeitbeschäftigungen der Erwachsenen. Da ist es einfach, sich mit Alkohol eine heile Stundenwelt zu schaffen und den Konflikten aus dem Weg zu gehen, die sich einem Jugendlichen überall in der Familie, der Schule und am Arbeitsplatz stellen. Denn schließlich schafft der Status des noch nicht ganz Erwachsenen teilweise besonders harte Formen von seelischer Abhängigkeit und direkter Unterdrückung. Der Alkoholkonsum ist deshalb leicht als Protestsignal zu erkennen. Aber es ist ein passiver und ein selbstzerstörerischer Protest. Es ist ein untauglicher Protest, denn er ist im Grunde die Flucht vor dem Problem.

Die meisten Erwachsenen suchen in ihrer freien Zeit, was sie am Arbeitsplatz vermissen: Ruhe, Erholung und Geborgenheit, Verständnis und Liebe (56 % der Befragten gaben in der EMNID-Freizeitstudie diese Ziele für ihren Feierabend, das Wochenende und den Urlaub an). Diese Geborgenheit suchen sie vor allem in der Familie und den eigenen vier Wänden.
Ihre Kinder erleben diese Familie ganz anders: für sie stellt sie ab einem gewissen Alter alles andere als Geborgenheit dar. Für sie ist die Familie ein Ort ständiger Kontrolle und Ermahnung, wo die Erwachsenen versuchen, den Jugendlichen »erwachsene« Lebensformen aufzuzwingen. In solch einer Atmosphäre des gegenseitigen Mißtrauens kann das Gefühl der Geborgenheit nicht entstehen. So grotesk es klingt: Die Deutschen ziehen sich in ihre Familien zurück, um Geborgenheit zu finden, und verbreiten zumindest für ihre heranwachsenden Jungen und Mädchen gerade in und durch diese Familie ein Klima der Lieblosigkeit und des Zwangs.
Nirgendwo wird dieser Widerspruch deutlicher als am Beispiel der Sexualität. Die meisten Eltern glauben noch immer, ihre Kinder seien mit 12 oder 13 Jahren geschlechtslos »wie die Mainzelmännchen« (stern). Aber schon elfjährige Jungen und Mädchen haben nach der jüngsten sexualwissenschaftlichen Untersuchung starkes sexuelles Verlangen und Bedürfnis nach körperlicher Zärtlichkeit mit anderen.
Längst sind die Zeiten dahin, wo Mädchen für Jungen automatisch Ziegen sind und die Knaben nur als Rüpel angesehen werden. »Sie haben weniger Angst voreinander«, kommentieren die Wissenschaftler dieses Ergebnis. Das eigentliche Gefühl von Anerkennung und Geborgenheit suchen und finden die Jugendlichen heute eben eher untereinander als zuhause. Kein Wunder also, daß sie schon früh intime Beziehungen zueinander aufnehmen: Mit 11 Jahren haben die meisten Jungen und Mädchen sich bereits geküßt und behaupten, schon einmal verliebt gewesen zu sein. Mit 16 Jahren haben 40 % der Mädchen und 22 % der Jungen schon geschlechtliche Beziehungen gehabt. Nur 7 % der Befragten wollen noch unberührt in die Ehe gehen. Für die meisten ist das alte Tabu der Jungfräulichkeit längst überholt.
»Auf die Frage, ob Sexualität dazu da sei, eine ›Fortpflanzungsfunktion‹ zu erfüllen oder die Beziehung zwischen Mann und Frau zu festigen und zu bereichern, schlossen sich die meisten der Elfjährigen der päpstlichen Meinung an, wonach sexuelle Kontakte der Fortpflanzung zu dienen hätten. Dagegen fanden die meisten 16jährigen Jungen (74 %) und Mädchen (92 %), Sexualität solle vor allem ›zwei Menschen näher-

Jungen und Mädchen geben Antwort auf intime Fragen

(Alle Ergebnisse in Prozent)

	Jungen						Mädchen					
	11	12	13	14	15	16	11	12	13	14	15	16
Wie Elf- bis Sechzehnjährige über Selbstbefriedigung denken												
Ich finde es gar nicht richtig, Selbstbefriedigung zu machen.	15	9	6	6	2	5	14	15	9	3	16	7
Irgendwie finde ich es besser, wenn man ohne Selbstbefriedigung auskommt.	31	40	31	36	24	18	38	43	57	48	47	30
Wenn es nicht so oft ist, finde ich es richtig, Selbstbefriedigung zu machen.	35	24	31	25	19	20	33	25	19	17	12	28
Ich finde es richtig, Selbstbefriedigung zu machen, so oft man Lust dazu hat.	19	27	32	33	55	57	14	14	15	32	32	35
Welche Erfahrungen Elf- bis Sechzehnjährige in der Liebe haben												
schon mal verabredet gewesen	69	75	81	84	88	92	65	79	81	86	93	93
schon mal verliebt gewesen	64	80	79	78	86	90	67	85	87	90	92	98
schon mal geküßt	56	70	78	77	82	91	47	77	78	79	84	89
schon fest befreundet gewesen	60	60	65	61	64	73	51	61	64	66	71	76
schon Koitus gehabt	0	0	3	8	14	22	0	0	2	5	22	40
Was Elf- bis Sechzehnjährige von der Ehe halten												
Ich möchte später heiraten und mit meiner Familie zusammen leben.	86	79	71	72	64	67	93	86	77	74	75	64
Ich möchte nicht heiraten, sondern später mit meinem festen Partner so zusammen leben.	9	14	14	15	24	25	4	9	16	20	23	34
Ich möchte nicht heiraten, sondern später mit meinem Partner in einer Gruppe mit anderen Männern und Frauen zusammen leben.	0	4	6	4	6	1	2	4	5	3	0	2
Ich möchte nicht heiraten, sondern immer mal einen Partner haben.	5	3	8	8	6	7	1	1	3	2	2	0

bringen‹, weil sie ›Spaß und Lust macht und beide befriedigt‹. Typische Aussage einer 15jährigen Schülerin: ›Die Menschen bumsen miteinander, weil es sie befriedigt und weil sie sich sehr liebhaben. Es macht ihnen bestimmt auch sehr viel Spaß.‹« (stern)
Die Folge: Die alte Doppelmoral, wonach es den Männern zwar erlaubt sei, vor der Ehe zu »sündigen«, nicht aber den

Frauen, ist dahin. Den Jungen ist eine »unschuldige« Partnerin nicht wichtig, und die Mädchen empfinden es als eine Zumutung, wenn man von ihnen sexuelle Abstinenz verlangt. Aber die Sexualforscher registrierten nicht nur diesen Sinneswandel. Sie stellten auch fest, daß die meisten Mädchen nicht nur gegen dieses Frauenbild rebellieren. Die meisten Mädchen von 16 Jahren wollen in ihrer Ehe mit zunehmendem Alter nicht mehr nur Hausfrau sein. Sie streben ein eigenes und freieres Frauenleben an als ihre Mütter. Auch die Jungen lehnen die alte Rollenverteilung – die Frau im Haus, der Mann im Beruf – scharf ab. Zwei Drittel der Jungen und vier Fünftel der Mädchen sind eindeutig dafür, daß Mann und Frau berufstätig sind und zu neuen Formen der häuslichen Zusammenarbeit finden.

Der wichtigste Punkt der Untersuchung aber ist: die Jugendlichen betonen bei aller Freizügigkeit ihrer Sexualauffassungen eins besonders, die *Liebe*.

Für 90 % der 14–16jährigen ist eine Liebesbeziehung die wichtigste Bedingung für sexuelle Beziehungen. 98 % der Mädchen lehnen es ab, mit möglichst vielen Partnern und ohne Liebesbeziehungen ins Bett zu gehen. Die Liebe, schreiben die Wissenschaftler, ist an die Stelle der Ehe getreten. Was die Familie ihnen nicht bieten kann, das suchen sich die Jugendlichen heute außerhalb der »eigenen vier Wände«. Und sie finden es ganz offensichtlich in Gruppen und Zweierbeziehungen unter Gleichaltrigen.

Vielleicht sind Liebesbeziehungen und neuartige Lebensformen der Jugend das Element, das sie am nachhaltigsten von der Erwachsenenwelt unterscheidet. Der Sexualbereich dürfte von der Konsumgüterindustrie wohl auch am wenigsten zu vermarkten sein. In ihren Liebesbeziehungen können die Jugendlichen am ehesten ihre Freiheit verwirklichen. Natürlich bleibt dieser Bereich nicht kommerziell unerschlossen. Dies fängt bei der Pop-Musik schon an. Der größte Teil ihrer Produktion dreht sich zumindest vom Text her um Liebe. Auch der Starkult der Pop-Größen spielt unterschwellig auf die sexuellen Bedürfnisse und Regungen der Jugendlichen an. Noch deutlicher versucht die Werbung für ganz gewöhnliche Konsumgüter, sexuelle Bedürfnisse und Wünsche für ihre Interessen einzusetzen. Ein alter Spruch in der Werbebranche sagt: Du kannst verkaufen, was du willst, wenn du nur ein nacktes Mädchen auf die Packung tust. So wird auch die moderne Lebensweise der Jugend selbst zum Werbegag – und nicht zuletzt ihre eigene Art, Liebe und Zusammenleben aufzufassen.

Fassen wir zusammen:

- Die Freizeit der meisten Deutschen spielt sich in der Familie ab, in den eigenen vier Wänden und in »trauter« Gemeinsamkeit von Eltern und Kindern.
- In dieser Freizeit scheint die Welt »noch in Ordnung«: da sind die Männer noch die Herren, die Frauen spielen ihre Rolle als Hausmütter, und die Kinder haben sich zu fügen
- Freizeit in der Familie ist Freizeit unter der Kontrolle der Erwachsenen, die die Jugendlichen in immer geringerem Maße akzeptieren wollen. Ihre Vorstellung von Freizeit heißt freie Zeit von der Kontrolle und dem Druck einer Erwachsenenwelt, deren Lebensstil sie in den meisten Punkten verabscheuen.
- Die junge Generation sucht deswegen nach eigenen Ausdrucksformen, wie Rock-Kultur und Pop-Musik.
- Die junge Generation sucht zugleich jene Geborgenheit, die sie zu Hause nicht findet, in Liebesbeziehungen mit anderen Jugendlichen.
- Doch frei ist diese Freizeit nicht. In einer kapitalistischen Marktwirtschaft, wo z. B. Pop-Musik nur produziert wird, wenn sie Gewinne abwirft, können Jugendliche ihre Ausdrucksformen nicht frei gestalten. Sie unterliegen dem Zwang, dies nur so tun zu können, wie es auf dem Pop-Markt Gewinne verheißt und lukrativ ist.
- Daß das Leben der Jugendlichen bei aller Freizügigkeit voller Probleme ist, die sie selbst nicht bewältigen, zeigt der hohe Alkoholgenuß der Jugend. Das zeigt, daß sie aus ihren Konflikten mit der Erwachsenenwelt nicht allein dadurch herausfinden, daß sie anders leben als die »Plüschmeiers«.
- Und da sich die Verhältnisse in unserer Gesellschaft nicht einfach von heute auf morgen ändern, kommt es für die bewußten und aktiven jungen Leute darauf an, sich langfristig für Veränderungen einzusetzen. Dies heißt, sich politisch für Veränderungen der gesellschaftlichen Bedingungen am Arbeitsplatz *und* in der Freizeit einzusetzen.
- Einen wichtigen Schritt in diese Richtung auf eine Politisierung des Selbstverständnisses der Jugend leisten viele junge Mädchen. Sie wehren sich schon jetzt grundlegend gegen eine einseitige und frauenfeindliche Rollenverteilung in unserem Land, die das Grundrecht auf Gleichheit der Frauen und Männer immer noch unterbindet!
- Dieses neue Selbstverständnis der Frauen ist sehr *politisch.* Es stellt nämlich die selbstverständlichsten Grundlagen unserer immer noch auf *Ungleichheit* bestehenden Gesellschaft in Frage: die Erziehung, die Arbeitsteilung von Mann und Frau in der Familie und die Weitergabe der alten Klassenunterschiede durch die häusliche Zurichtung für bestimmte Berufe und Abhängigkeitsverhältnisse.

2. *Kapitel:*
Familie, Sexualität und Gewalt

Die Sexualität

Die Sexualität spielt nach heutigen wissenschaftlichen Erkenntnissen die wohl wichtigste Rolle im Zusammenleben der Menschen. Dabei darf man Sexualität nicht so eng verstehen. Darunter verstehen Psychologen und Biologen heute mehr als nur den Geschlechtsverkehr. Heute versteht man unter dem Oberbegriff Sexualität seelische und körperliche Vorgänge, die mit dem Bedürfnis nach Liebe, Geborgenheit und Befriedigung zusammenhängen und das Zusammenleben der Menschen überhaupt erst gefühlsmäßig ermöglichen. Familienleben und Nachkommenschaft, aber auch die Solidarität der Verwandten und Freunde, wären nicht möglich ohne seelische Grundlagen. Der Motor dieser Gefühle wiederum ist das Streben des menschlichen Körpers und des menschlichen Geistes nach Lust und Befriedigung: die *Libido*.

Lange Zeit herrschten über den Charakter der Sexualität völlig falsche Ansichten vor. Selbst in der Wissenschaft arbeitete man mit falschen Annahmen. Man glaubte, daß die Sexualität sozusagen plötzlich in »das Leben der Menschen« träte, wenn sie anfingen, geschlechtsreif zu werden.

Kinder galten als geschlechtslose Wesen. Wie weit die Ansicht vom Entstehen der Sexualität mit dem Beginn der Geschlechtsreife verbreitet ist, zeigt, daß auch heute noch die meisten Jugendlichen erst etwa mit dem 12. Lebensjahr aufgeklärt werden Manche Moraltheologen meinen sogar, daß Aufklärung vor diesem Lebensalter Kinder verderben könnte. Auch darin kommt — unausgesprochen — die Ansicht zum Ausdruck, Kinder hätten vor der Pubertät keine Sexualität.

Sigmund Freud, einer der bedeutendsten Psychologen (er lebte von 1856 bis 1939), machte mit seinen Studien darauf aufmerksam, wie falsch diese Annahme ist. In den Jahren 1904 und 1905 schrieb er »drei Abhandlungen zur Sexualtheorie«, in denen er sich mit der Bedeutung der Sexualität im menschlichen Leben auseinandersetzte.

Lange Zeit waren diese Theorien sehr umstritten. Erst heute erfahren sie eine weitere Verbreitung (in den USA hat Freud große Berühmtheit erlangt).

Freuds Theorie läßt sich am besten in kurzen Thesen wiedergeben:

1. Der neugeborene Mensch hat wie jeder Organismus einen

starken, energischen Drang dazu, sich wohl zu fühlen, Hunger, Schmerz und so weiter zu vermeiden und sich so zu verhalten, daß der ganze Körper seine Bedürfnisse nach Nahrung, Wärme und Schutz befriedigt erhält. Freud nennt diesen Drang, diese starke Energie, die jeder Organismus aufbringt: *Trieb* oder *Lebenstrieb*; den Zustand des Wohlbefindens: *Lust*.

2. Auch die Sexualität ist Ausdruck dieses Lebenstriebes. Die Aufgabe der Sexualität ist ursprünglich: *Lustgewinn aus allen Körperzonen*. Nichts mehr und nichts weniger. Freud sagt daher vereinfachend, daß die Sexualität Ausdruck des allgemeinen Lebenstriebes ist. Ausdrücklich fügt er hinzu, daß dieser Lebenstrieb erst nachträglich in den Dienst der Fortpflanzung gestellt wird.
3. Die Sexualität ist also von vornherein nicht auf bestimmte Körperteile begrenzt. Sie hat auch keine spezielle Funktion. Vor allem ist sie nicht begrenzt auf bestimmte Partner, mit denen man sexuellen Kontakt haben kann.
   Freud nennt diese Erkenntnis: die Sexualität ist *»polymorph pervers«* (polymorph = vielfältig; »pervers« heißt bei Freud nicht »abartig« oder »unnatürlich«, sondern »sowohl auf männliche wie weibliche Partner gerichtet«).
   Diese Erkenntnis ist sehr wichtig. Sie zeigt uns, daß es keine natürliche Zielrichtung der Sexualität gibt. Sie zeigt, daß der Mensch nicht von Natur aus an das »andere Geschlecht« denkt, wenn er sexuelle Wünsche hegt.
4. Die Sexualität der Kinder äußert sich nach der Theorie Freuds in zwei Formen:
   ■ zuerst finden Kinder große Lust durch ihren Mund. Das hat seinen besonderen Sinn darin, daß die erste Versorgung der Kinder ja durch das Einsaugen der Muttermilch geschieht. Ein Kleinkind, das am Anfang seines Lebens nur sehr unvollkommen sehen kann, orientiert sich über die Gegenstände, die es findet, auch dadurch, daß es sie in den Mund nimmt. (Freud nennt dies die *»orale Phase«* = Lebensabschnitt des Mundgenusses).
   ■ Die andere Form, durch die Kinder Lust gewinnen können, ist die Reizung des Aftermuskels. Auch dies spielt in der kindlichen Entwicklung eine wichtige Rolle bei der Reinlichkeitserziehung, wo das Kind lernt, seine Ausscheidungen bei sich zu behalten. Daß dies Lust bereiten kann, ist dabei ein wichtiger Gesichtspunkt. (Freud nennt dies die *»anale Phase«* = Lebensabschnitt des Aftergenusses).
5. Daneben erfährt das Kind natürlich auch, daß seine Geschlechtsteile Körperzonen sind, aus denen es Lust gewinnen kann. Aber es ist wichtig, daß die Geschlechtsteile eben nur *neben* anderen Zonen Lust bringen. Das Kind ist be-

strebt, sich Wohlbefinden zu verschaffen, und sucht diese Lust in der Reizung der dafür geeigneten Körperzonen. Es entspricht durchaus dem kindlichen Lebensgefühl, wenn es dies tut. Wichtig ist, daß es keine moralische Verderbtheit bedeutet, wenn Kinder sich so verhalten (im Gegenteil, es ist eine ganz direkte Äußerung des kindlichen Lebens).

6. Mit dem Beginn der Geschlechtsreifezeit, der Pubertät, treten Wandlungen ein, welche die kindliche Sexualität umgestalten. Während noch beim Kind die Sexualität des Menschen mit sich selbst genug hat, richtet sie sich mit der Pubertätszeit auf andere Menschen, auf ein *Liebes- oder Sexualobjekt,* wie Freud sagt. Die andere Veränderung, die im Jugendlichen vorgeht, bezieht sich darauf, daß seine Geschlechtsteile oder *Genitalien* mehr und mehr in den Mittelpunkt seines sexuellen Erlebens treten. Während noch beim Kleinkind hauptsächlich die Berührung der Körperteile, die ihm Lust verschaffen, ein sexuelles Gefühl der Erregung auslöst, kommt mit der Pubertät folgendes hinzu: sexuelle Erregung kann jetzt auch ausgelöst werden durch äußere Eindrücke oder durch Phantasie und Vorstellungen.
Für den ersten Fall kommen als »Auslöser« die geschlechtlichen Merkmale eines anderen Menschen in Frage: im anderen Fall handelt es sich um sexuelle Wunschträume.
Die Zonen, die für das Kind durchaus noch gleichwertige Lustauslöser sind, treten nun mehr und mehr in den Dienst der sexuellen Praxis mit den eigenen Genitalien.

7. Damit hat sich eine wichtige *Kanalisierung* der Sexualität oder besser der Lustmöglichkeiten vollzogen. Die Körperzonen außerhalb der Geschlechtsteile und die Lust aus sinnlicher Zärtlichkeit sind als Vorlust in den Dienst einer genitalen Sexualität getreten. Dies ist also kein »Naturzustand«.

Die besondere Form der genitalen Sexualität heute ist das Ergebnis menschlicher Kultur. Eine Reihe bedeutender Soziologen hat in Anlehnung an die Theorie Freuds daher folgendes angenommen:

Die Notwendigkeiten der Arbeitswelt und die Zwänge der Lebensweise in Gruppen erfordern immer eine gewisse Eindämmung der ursprünglichen Sexualität. Das Ergebnis ist, daß der Mensch eine eingeschränkte, eine »gebremste« Sexualität erhält, sozusagen als Preis für das gesellschaftliche Zusammenleben.

Menschliches Leben — nur möglich in gesellschaftlichen Gruppen, die gemeinschaftlich arbeiten, und die Erträge der Arbeit untereinander aufteilen — wird demnach stärker von den Regeln des Zusammenlebens und der gesellschaftlichen Arbeit geprägt als vom ursprünglichen Trieb. Man könnte sogar formulieren, daß die gesellschaftlichen Fähigkeiten des Menschen seiner umfassenden Sexualität mühsam abgerungen worden sind.

Dennoch: über Jahrhunderte bedeutete dies lediglich, daß die Menschen gezwungen waren, ihre Triebbefriedigung in bestimmten Institutionen zu suchen (z. B. genitale Sexualität in der Ehe). Das gesellschaftliche Leben bot jedoch genügend Raum für eine weitgehende Befriedigung sämtlicher anderer Lustbedürfnisse. Dies beweisen uns sowohl die Schilderungen der Völkerkundler, die über eingeborene Naturvölker berichten, als auch die sexuellen Verhaltensweisen der Völker in unserer eigenen Kulturgeschichte. Erst vor etwa 300 Jahren wurde die Sexualität so weit eingeschränkt, daß sie nur noch als gleichgeschlechtliche Sexualbeziehung in der »christlichen Einehe« erlaubt war.

So — möglichst bloß auf die Vermehrung beschränkt — kann man in der Tat von der Disziplinierung der Sexualität sprechen. Haben Menschen aber erst einmal gelernt, sich sexueller Disziplin zu unterwerfen, dann — so könnte man sagen — haben sie gelernt, sich überhaupt in »Zucht« zu nehmen, Disziplin zu wahren usw.

Bei denjenigen Völkern, wo sich der Kapitalismus zusammen mit einer strengen kirchlichen Sexualmoral durchsetzte (also im wesentlichen in England, Frankreich, Holland, USA und Deutschland), finden wir eine solche Disziplinierung der Sexualität. Dieser Vorgang ist so eindeutig, daß man von einer eigenen bürgerlichen und europäischen Sexual-Erziehung sprechen kann. Ihre wichtigsten Schritte wurden ebenfalls von Sigmund Freud und einer Reihe seiner Schüler beschrieben. Deren Sozialisationstheorie läßt sich etwa folgendermaßen zusammenfassen:

1. In dem ersten Lebensabschnitt des Kindes (also: in der oralen Phase) hat der Säugling durchaus lustvolle oder sexuelle Beziehungen zu der ersten und wichtigsten Person, die ihm begegnet. Es ist die Person, die ihn ernährt und pflegt; meistens natürlich die Mutter. Aber es muß nicht die leibliche Mutter sein. Jede Person, die das Kind säugen kann und regelmäßig versorgt, ist in der Lage, den Platz der Mutter einzunehmen. Für das Kind ist es sehr wichtig, daß es ein Gefühl der Lust, des Vertrauens und der Geborgenheit entwickelt. Der Mensch, der das Kind regelmäßig versorgt, gibt dem hilflosen Säugling das Gefühl der Sicherheit. Kann das Kind solche Gefühle nicht entwickeln, weil es niemanden hat, an den es sich gewöhnen kann, so treten oft schwere Störungen seiner Gesundheit und seiner geistigen Entwicklung ein.
2. Die Bedeutung der Gefühle von Sicherheit und Geborgenheit für den Säugling erkennt man, wenn man sich den fol-

genden Erziehungsabschnitt ansieht:
Die orale Phase endet etwa dann, wenn das Kind nicht mehr durch die Mutterbrust ernährt wird. Das Kind muß damit auf erhebliche Glücksgefühle verzichten. Es erlebt diese Trennung nämlich als Schmerz oder Unlust. Diese Unlust nennt man auch mit einem lateinischen Ausdruck *Frustration.*

Die Erfahrung der mütterlichen Liebe, das Vertrauen zu ihr und ihre Zärtlichkeit helfen dem Kind, mit dieser Trennung ohne Schäden fertig zu werden. Gelingt das nicht, hat das Kind häufig das Gefühl, von allen Menschen verlassen zu sein. Diese Angst kann ein ganzes Leben bestehen bleiben, ohne daß der betreffende Mensch die Ursachen seiner Angst erkennen kann.

Geborgenheit aber regt das Kind an, Fähigkeiten zu entwickeln. Es hat jetzt eine eigene Welt, sein Bett, sein Spielzeug und so weiter. Es lernt, die Dinge zu unterscheiden, zu blicken, zu greifen, sich aufzurichten, zu krabbeln und erste Worte zu sprechen.

Die Mutter gibt ihm in regelmäßigen Abständen Nahrung und kümmert sich um ihr Kind. Es erfährt dadurch zum erstenmal den Tagesrhythmus. Anders ausgedrückt: es lernt, was die Zeit im Leben des Menschen bedeutet

3. Im Verlauf des zweiten Lebensjahres wird das Kind allmählich fähig, den Aftermuskel zu kontrollieren. In der gleichen Zeit lernt es zum erstenmal bewußt, sich den Regeln der anderen Menschen anzupassen. Es lernt, seinen Kot nicht mehr in Windeln, sondern in den berühmten Topf zu entleeren.

Die Eltern sind dabei diejenigen, denen zuliebe das Kind diese Leistung erbringt.

Das Kind lernt damit, sich als eigene Person zu erleben und Beziehungen zu anderen Menschen aufzunehmen: es kann sich den Geboten der Erwachsenen anpassen oder sich diesen auch widersetzen und erwehren.

Einige Soziologen und Psychologen sind der Ansicht, daß der Mensch in dieser Zeit wie in einem Modell lernt, sich Regeln und Gesetzen gegenüber zu verhalten. So wie sie gelernt haben, den Anforderungen der Eltern zu gehorchen, so werden sie später den staatlichen Stellen gehorchen: haben sie in dieser Zeit gelernt, den Eltern widerspruchslos zu gehorchen, dann werden sie auch der Polizei oder anderen Stellen gegenüber willige Untertanen sein.

Je stärker der Zwang ist, mit dem das Kind zur Sauberkeit erzogen wird, desto mehr muß es seine eigenen Gefühle unterdrücken. Um so mehr bleibt ihm als »Ventil« der aufgestauten Gefühle nur die Möglichkeit, seinem Ärger über den Verzicht in *Aggression* (lat. = Wutausbruch, Angriff) Luft zu machen.

In den seltensten Fällen kann es seine Aggression gegen die »Unterdrücker«, also gegen die Eltern richten. Meistens richtet es seine Aggressionen gegen sich selbst. Es fühlt sich schuldig, hat Angst oder findet sich minderwertig. Oder es richtet seine Aggression gegen Schwächere: gegen jüngere Geschwister oder gegen Tiere. Diese Erfahrung ist auch nicht ohne politische Bedeutung: viele Menschen lernen hier, mit ihren Aggressionen fertig zu werden: als Erwachsene verhalten sie sich wie diese Kinder. Sie richten ihre Aggressionen entweder gegen sich, gegen ihren sogenannten »inneren Schweinehund«. Oder sie richten ihre Haßgefühle gegen Minderheiten, gegen Juden oder gegen Neger, weil diese als »schwächer« gelten.

4. Wenn das heranwachsende Kind etwa vier Jahre alt wird, beginnt es, bewußt einen Unterschied zwischen Mann und Frau festzustellen. Wenn die eigenen Geschlechtsteile als besonders lustspendendes Körperteil erlebt werden, lernt es außerdem, daß es zu einem der beiden Geschlechter gehört. Es erlebt das Rollengefüge in der Familie. Das heißt: es erlebt, daß der Mann die Rolle des Vaters einnimmt, die Frau die Rolle der Mutter. Es beginnt in dieser Zeit, regelrechte Liebesgefühle für die eigene Mutter bzw. den eigenen Vater zu entwickeln, die den Liebesgefühlen der Erwachsenen sehr ähnlich sind.

   Dies äußert sich besonders häufig in dem Wunsch der Kinder, den jeweils zum anderen Geschlecht gehörenden Elternteil zu heiraten. Der Vater oder die Mutter haben aber jeweils schon einen Ehepartner. Für das Kind werden sie jedoch zum Rivalen um die Liebe der Mutter oder des Vaters. Das Kind wird eifersüchtig und möchte am liebsten, daß der Rivale verschwindet. Weil diese Situation des Kindes an die griechische Sage von Ödipus erinnert, hat Sigmund Freud dies den *Ödipuskomplex* genannt.

Wenn diese Entwicklung ungestört verläuft, dann kommen die Kinder von dem Wunsch ab, ihren jeweiligen Elternteil heiraten zu wollen. Dazu ist es wichtig, daß sie von ihren Eltern erfahren, daß sie als Kinder noch gar nicht in der Lage sind, die Rolle von Erwachsenen einzunehmen. Es spricht vieles dafür, Kindern in dieser Zeit alle sexuellen Fragen richtig zu beantworten, denn sie entwickeln zu dieser Zeit einen regelrechten Wissensdrang, was die Fragen der Sexualität betrifft.

An die Stelle des Wunsches, den einen Elternteil zu heiraten, tritt allmählich der Wunsch, jemanden zum Partner zu wählen, der so ist *wie* die Mutter oder der Vater.

Wenn die Kinder nicht mehr die Rolle des Vaters oder der Mutter einnehmen wollen, dann beginnen sie, so sein zu wollen *wie* Vater oder Mutter. Dieser Vorgang, der in der Psychologie *»Identifikation«* (lat. = so sein wollen, wie jemand anders) genannt wird, spielt in der Charakterentwicklung eine wichtige Rolle. Der Wunsch, dem Vater bzw. der Mutter zu gleichen, »steuert« jetzt geradezu das Verhalten. Das Kind vermag die gesellschaftlichen Regeln selbständig auszufüllen. Diese Selbststeuerung ersetzt damit die Rolle der Eltern, die bis dahin dem Kind sagen mußten, was richtig und falsch ist. (Mit dieser inneren »Steuerung« erklärt die Psychologie die Entstehung des Gewissens. Dies ist demnach nichts anderes als die im Innern des Menschen funktionierende Steuerung seines Verhaltens, und zwar nach den Regeln seiner gesellschaftlichen Umwelt.)
Mit dieser Identifikation lernen die Heranwachsenden, sich im gesellschaftlichen Leben zu orientieren: Sie wissen, was ein »richtiger Vater«, eine »richtige Mutter«, ein »guter Kaufmann« tun oder lassen muß. Sie wissen, was von den einzelnen erwartet wird und sind bereit, sich so zu verhalten, wie es die jeweilige gesellschaftliche Situation von ihnen verlangt. Sie finden sich nicht nur in der Gesellschaft zurecht, — sie ordnen sich auch freiwillig in deren Gefüge ein; sie haben ohne große Probleme gelernt, zufrieden zu sein und ihr karges Gefühlsleben einigermaßen einzurichten.

Sexualität und Gewalt

Sexuelle Prägung geschieht in unserer Gesellschaft durch Zwang. In manchen Familien wird der Zwang zur Gewalttätigkeit. Dies macht die Entwicklung des heranwachsenden Kindes zur Katastrophe. Dabei spielt es keine Rolle, ob die Gewalt körperlich oder seelisch durch sogenannten *Liebesentzug* angewandt wird.
Die Folge verfehlter Kanalisierung der seelischen Energien sind seelische Krankheiten, sogenannte *Neurosen*. Sie haben vielfältige Erscheinungsformen. Die politisch brisanteste Auswirkung seelischer Krankheit dürfte der Hang zur Gewalttätigkeit sein, also die Erscheinung, welche die Sozialpsychologie *den autoritären Charakter* nennt.

Die sexuelle Erziehung des jungen Menschen ist ohne Frage ein schwieriges Problem. Denn einerseits muß jeder von uns lernen, seine Triebbefriedigung innerhalb der Regeln zu finden, die die Mitmenschen aufgestellt haben. Täten wir dies nicht, wurden wir fortwährend anecken und schließlich sogar mit Repressalien und Strafen bedroht. Andererseits verlangt dieses Einordnen ein erhebliches Maß an Verzicht auf Dinge, die uns Freude machen und deren Befriedigung unser Wohlbefinden beeinflußt. Wir können also auf die Triebbefriedigung und das sexuelle Wohlbefinden nicht verzichten. Endlich sind auch die gesellschaftlichen Regeln nicht immer richtig und bedürfen oft genug der Korrektur. Wir müssen also lernen, den Sinn der Regeln zu erkennen und sie im richtigen Maßstab neuen gesellschaftlichen Gegebenheiten anzupassen.

Die sexuelle Erziehung soll demnach zur Einhaltung der Regeln, zur Erfüllung der Triebe und schließlich zur Bereitschaft führen, die Regeln des Zusammenlebens zu ändern. Eine schwierige Aufgabe, die nur geleistet werden kann, wenn der einzelne Mensch die Möglichkeit hat, eine gehörige Portion Selbstbewußtsein zu entwickeln. Er braucht dazu eine Orientierungsfähigkeit, die es ihm ermöglicht, zwischen den Polen »Triebbefriedigung« und »gesellschaftliche Regeln« einen Weg zu finden, ohne bei den anderen ständig anzuecken und seine Triebwünsche ständig zu unterdrücken.

Diese Orientierungsfähigkeit lernt ein Mensch nur, wenn die gesellschaftlichen Regeln in seiner Erziehung nicht wichtiger sind als seine Triebwünsche. Je strenger und lustfeindlicher die Erziehung ist, desto folgenreicher die Auswirkungen:

- unterdrückte Sexualität schafft Angst, denn der junge Mensch muß sich vor den Strafen der Erwachsenen fürchten, wenn er versucht, sich Lust zu verschaffen. Bestes Beispiel dafür ist das immer noch verbreitete Verbot, sich selbst zu befriedigen.
- unterdrückte Sexualität läßt Lust und Lustbefriedigung schmutzig, sündhaft und gemein erscheinen. Wer so erzogen wird, hat bei jeder sexuellen Erregung, insbesondere aber bei sexueller Betätigung, Schuldgefühle und Ekelempfindungen.

Angst und Schuldgefühle machen sich selbständig. Sie werden im einzelnen Menschen zu regelrechten Steuerungsinstanzen, die seine lustvolle Sexualität stören und unterbinden können. Angst und Schuldgefühle sind so tief verwurzelt, daß sie dem einzelnen gar nicht bewußt werden. Angst und Ekel machen ihn unfähig, lustvolle Gefühle zu empfinden oder sie zu äußern bzw. zu befriedigen. Als Erwachsene erleben solche

Menschen ihre Sexualität bestenfalls noch als lästige Pflicht, die man zu erledigen hat: in der Ehe, in einer Freundschaft oder nur, um nicht als unnormal zu gelten!
Doch der Trieb läßt sich nicht überlisten. Er gehört zu der Gesamtheit unserer Lebensenergien. Und die Energien eines unterdrückten Trieblebens gehen nicht verloren, sondern suchen sich auf »Umwegen« eine Betätigung:

- In der Phantasie — wo nach einem alten Volkslied die Gedanken frei sind, wo sie niemand kontrollieren kann — leben viele die unterdrückte Sexualität des Alltagslebens aus. Allerdings in Formen, die durch die Unterdrückung gezeichnet sind. Männer neigen dabei zur lustvollen Vorstellung von gewalttätiger Sexualität. Frauen werden »genommen«, unterworfen, vergewaltigt und gequält. Der beste Beweis dafür ist die sogenannte »harte Pornographie«, die in Form von Fotomagazinen oder Filmen aus Skandinavien importiert wird. Dort sind Frauen bloße Lustobjekte, denen man es nur ordentlich »geben muß«, um sich als Mann zu zeigen. Und man »gibt es ihnen« vorzugsweise, wenn sie hilflos, gefesselt oder geknebelt sind.
Frauen neigen bei unterdrückter Sexualität — wie es ihrer sozialen Rolle entspricht — zu lustvoller Ausmalung ihrer sexuellen Unterdrückung. Neueste Untersuchungen über weibliche Sexualträume und Phantasien zeigen das deutlich: je mehr die Frauen gelernt haben, ihre Sexualität zu unterdrükken, um so eher neigen sie in der Phantasie dazu, Vergewaltigung oder männliche Brutalität als lustvoll zu erleben.
- Der Schritt von der brutalen Sexualphantasie bis zur brutalen Sexualität ist nicht weit. Je stärker die kindliche Unterdrückung der Lust war, je nachhaltiger sie verkrüppelt worden ist, umso weniger reicht die Ersatzbefriedigung in der Phantasie aus. Statt dessen drängen die Triebenergien zum Ausbruch und äußern sich *gewalttätig*. Dort nämlich, wo die Fähigkeit zur lustvollen Befriedigung abhanden gekommen ist, kann der Trieb oft nur noch durch Anwendung von Gewalt befriedigt werden.
- Wo die Erziehung auch diese Ventile verstopft hat, wo Angst und Ekel selbst das Phantasieren oder Austoben gewalttätiger Sexualität verhindern, muß sich die Triebenergie scheinbar *unsexuelle* Wege suchen. Da bleibt nur noch die Möglichkeit, die Gewaltsamkeit der cigenen Erziehung, die Unterdrückung der Wünsche und Triebe allen anderen anzutun, die schwach genug sind und sich nicht wehren können.

Wer so heranwächst, hat gelernt, sich der übergeordneten Gewalt des Vaters oder der Erzieher unterzuordnen. Wer Macht hat, ist eine Autorität. Deshalb werden die äußerlichen Anforderungen der Autorität genau erfüllt: man ist gehorsam, fleißig, tüchtig, pünktlich, sauber, gesund und unkritisch. Oben muß oben bleiben, Veränderungen der politischen Landschaft zerstören die Ordnung und das Zusammenleben der Menschen. Wer so heranwächst, lernt, daß die »anderen«, die sich nicht daran halten, unterdrückt werden müssen, können und dürfen. Damit ist ein legitimes Ventil für die unheilvoll aufgestauten Triebenergien geschaffen, wo sich die seelische Grausamkeit ungestört tummeln kann. Die »anderen« — ob sie anders denken oder anders leben, ob sie die politische Ordnung in Frage stellen oder nur andere Sitten und Gebräuche haben — werden zu Feinden, zu Unmenschen und schließlich zu Untermenschen: der autoritäre Charakter ist vollendet.

Autoritärer Charakter und totalitäres Verhalten

Der autoritäre Charakter — oder besser: die autoritär erzogenen Menschen — stellen nach Ansicht der Sozialpsychologie ein zutiefst undemokratisches Potential dar. Die Neigung, sich den bestehenden Machtverhältnissen unterzuordnen, die Obrigkeit fraglos anzuerkennen, politische Führer zu einer Art »Übervater« zu machen und die ganze Kommando- und Befehlshierarchie (Hierarchie, griechisch = heilige oder geheiligte Rangordnung) unserer Gesellschaft zu akzeptieren, führt in der Politik bei ihnen dazu, den starken Mann oder den starken Staat zu suchen. Der strenge Staat, der eindeutig sagt, was der einzelne zu tun und zu lassen hat, ist ihr Ideal. Diejenigen, die alles in Frage stellen, sind ihre Gegner. Denn sie verunsichern den autoritären Menschen. Er ist es nicht gewohnt, sich selbständig zu orientieren. Deshalb tragen nicht nur die Kritiker der festgefügten Ordnung zu seiner Unsicherheit bei. Insbesondere politische Verhältnisse, in denen eine offene Auseinandersetzung verschiedener Interessen stattfindet, müssen den autoritären Menschen in Verwirrung stürzen. Denn in einer freien Gesellschaft wird die Selbstorientierung zum politischen Prinzip gemacht — eine Sache, wozu der autoritäre Mensch so gut wie unfähig ist.
Deshalb wertet er die bisweilen heftigen Auseinandersetzungen in einer modernen, westlichen Demokratie als Ausdruck einer geheimen Verschwörung, die von allen finsteren Ordnungsfeinden der Welt angezettelt wird.
Die Neigung, alles unliebsame Geschehen mit einer weltweiten *Verschwörung der »anderen«* gegen die guten Absichten der eigenen Gruppe in Verbindung zu bringen, hängt eng mit der Funktionsweise unseres Gruppenlebens zusammen. Wir wissen heute, daß alle Menschen innerhalb der größeren Ein-

heiten von Volk, Staat, Betrieb und Familie kleine Einheiten bilden, denen sie sich besonders zugehörig und verpflichtet fühlen. Solche »sozialen Einheiten« nennt die Sozialpsychologie »soziale Gruppen«. In unseren sozialen Gruppen, unseren Freundeskreisen, Arbeitsgruppen und Freizeitgemeinschaften finden jene Verhaltenssteuerungs- und Meinungsbildungsprozesse statt, die uns prägen. Deshalb definieren die Sozialpsychologen eine »soziale Gruppe« als Gemeinschaft, die sich durch gemeinsame Verhaltensmuster und Wertmaßstäbe auszeichnet. Die gemeinsamen Vorstellungen sind gewissermaßen das Erkennungszeichen einer Gruppe, denn sie bestimmen ja nicht nur das Verhalten der Mitglieder, sondern auch deren alltägliche Lebenspraxis, von der Kleidung bis hin zu den Essens- und Hygienegewohnheiten. Aber die Maßstäbe dienen nicht nur der Abgrenzung nach außen (Erkennungszeichen) sondern auch der Verhaltenskontrolle nach innen. Verhält man sich so, daß man alle Regeln mehr oder weniger erfüllt, wird man gelobt und belohnt. Tut man etwas anderes als die Gruppe erwartet, wird man kritisiert, manchmal bestraft. Man kann dann nur noch sein Verhalten ändern oder die Gruppe verlassen.
Lob und Kritik sind aber nicht nur Mittel der Kontrolle. Sie dienen einem selbst auch als Orientierungshilfe. Man weiß, wo man sich zugehörig fühlt, wo und wie man Lob erhält und wie man sich »richtig« verhalten muß.
Menschen mit gänzlich anderem Verhalten sind einem fremd. Die Menschen der eigenen Gruppen sind einem vertraut, ihnen fühlt man sich verpflichtet. Man ergreift »automatisch« ihre Partei – man vertraut ihnen. Die anderen betrachtet man eher skeptisch. Je mehr ihr Verhalten dem entspricht, was wir ablehnen oder für falsch halten – umso leichter sind wir bereit, sogar feindliche Gefühle gegen sie zu entwickeln.
So hat jede Gruppe ihre Meinung über andere.
Wir alle teilen solche Vorstellungen über andere, nicht zu unseren Gesinnungsgruppen gehörende Menschen. Es stört uns nicht einmal, daß solche Urteile pauschal sind und oft genug Menschen oder Gruppen treffen, mit denen wir nie in Berührung gekommen sind. *Vorurteile* dieser Art sind nicht besonders problematisch, wenn wir bereit sind, unsere Urteile überprüfen und korrigieren zu lassen!

Das autoritäre Vorurteil und totalitäres Denken

Bedenklich werden Vorurteile im Zusammenhang mit autoritären Charakterzügen. Dienen sie nämlich nicht nur unserer vorläufigen Orientierung, sondern dem Bestreben, sich ein für allemal Urteile und Wertungen über andere zuzulegen, wird es gefährlich. Solche Vorurteile sind nicht mehr zu korrigieren. Wer erst einmal unumstößliche Urteile über andere Menschen hat, der glaubt sich insbesondere denjenigen gegenüber im Recht, die er ablehnt. Für ihn sind solche Menschen ausgemachte Schurken und gehören im Prinzip immer schon zu denen, die an allem schuld sind. Solche »autoritären Vorurteile« treffen insbesondere Gruppen, die von vielen Menschen abgelehnt werden: Neger, Juden, Zigeuner und neuerdings auch die ausländischen Arbeitskräfte. Aber nicht nur bestimmte Völker oder Völkergruppen kommen dafür in Frage. Auch politische Gruppierungen, insbesondere solche, die bestehende Verhältnisse verändern wollen, stehen auf der Abschußliste des autoritären Vorurteils: Kommunisten, Jusos, Anarchisten, Liberale, Intellektuelle. Schließlich müssen auch solche Gruppen daran glauben, deren Lebenstil anders ist: Studenten, Künstler und selbst so harmlose Wesen wie Hippies und Gammler.

Alle diese Gruppen, deren Lebensweise stark von der Norm autoritärer Menschen abweicht, ziehen sich nicht nur deren Ablehnung, sondern auch deren unwiderruflichen Haß zu. Schließlich tun diese Leute Dinge, die dem autoritären Menschen durch seine innere Steuerungszentrale »Angst und Ekel« verboten werden, obwohl er gerne so handeln würde wie die anderen. Daher unterstellt er den »anderen« auch jene sexuellen Gewaltphantasien und Zerstörungsneigungen, die er vor seinem eigenen Ich am wenigsten zugeben würde. Sozialpsychologen sagen dazu, der autoritäre Mensch projiziert seine unterdrückten Phantasien auf die Außenseiter-Gruppen. Einmal mit allen Eigenschaften versehen, die ein rechtschaffen-autoritärer Mensch verabscheut und haßt, eignen sich die Außenseiter vorzüglich dazu, den Sündenbock für alle möglichen Schwierigkeiten und Probleme abzugeben.

Sie lenken von den eigenen Problemen ab. So ist nicht die Wirtschaftskrise schuld am Arbeitsplatzverlust, nein: die Ausländer. Nicht die Klassenstrukturen einer Gesellschaft rufen sozialen Unfrieden zwischen Arbeitern und Unternehmern hervor, nein: die Kommunisten. Nicht das eigene Versagen in der Ehe ist an der Entfremdung vieler Ehegatten schuld, nein: das Gedankengut der Emanzipationsgruppen.

Wir müssen davon ausgehen, daß ein solches Denken in Vorurteilen auch in unserem Volke weit verbreitet ist. Die autoritäre Erziehung ist nämlich nicht ein extremer Sonderfall, sondern die Regel. Dafür spricht auch die erschreckende Zahl von Kindesmißhandlungen in unserer Gesellschaft. So müssen wir annehmen: trotz Sexwelle und antiautoritärer Bewegung hat sich im deutschen Erziehungsalltag wenig geändert. Im Gegenteil: mit der Verschlechterung der Ausbildungssituation, mit der Ausweitung des Numerus clausus und der Verknappung der Lehrstellen, kann man sogar davon ausgehen, daß die autoritäre Unterdrückung wieder zugenommen hat. Von der Erwachsenengeneration wissen wir, daß ihr autoritäres Potential so groß ist wie eh und je. Damit sind alle Voraussetzungen gegeben, daß autoritäre Vorurteile als Gruppennorm in der Familie und am Arbeitsplatz weitergegeben werden. Immer noch stellen Vorurteile und autoritärer Charakter eine breite, stille Bereitschaft zur Gewalttätigkeit dar, die nur nicht immer zum Ausbruch kommt. Vor allem weil sie politisch nicht »erlaubt« wird. Sie bleibt mehr oder weniger im verborgenen und lebt sich allenfalls im »als ob« aus: so wünscht sich mancher, er müßte mal zu sagen haben — dann würde er es »denen aber zeigen«.

Das autoritäre Denken ist gefährlich, denn es stellt eine tief schlummernde Bereitschaft zur Gewalttätigkeit dar, die nur darauf wartet geweckt zu werden. Wird die Bereitschaft erst einmal von politischen Rattenfängern entdeckt, dann wird es hochexplosiv. In unserer Geschichte haben wir genügend schreckerregende Beispiele dafür. Der Nationalsozialismus hat es verstanden, sich durch die Ausnutzung verdeckter Gewalttätigkeit eine breite Basis in unserem Volke zu schaffen. Dabei konnte er nicht nur auf durch Vorurteile verstärkte Gewaltbereitschaft zurückgreifen, sondern auf lange währende Traditionen von Feindschaft und Unterdrückung. So war es ein leichtes, dem deutschen Volk das Bild des Untermenschen zu vermitteln:

»Der Untermensch — jene biologisch scheinbar völlig gleichgeartete Naturschöpfung mit Händen, Füßen und einer Art von Gehirn, mit Augen und Mund, ist doch eine ganz andere, eine furchtbare Kreatur, ist nur ein Wurf zum Menschen hin, mit menschenähnlichen Gesichtszügen — geistig, seelisch jedoch tiefer stehend als jedes Tier. Im Inneren dieses Menschen ein grausames Chaos wilder, hemmungsloser Leidenschaften: namenloser Zerstörungswille, primitivste Begierde, unverhüllteste Gemeinheit.

Untermensch — sonst nichts!

Denn es ist nicht alles gleich, was Menschenantlitz trägt. — Wehe dem, der das vergißt!

Was diese Erde an großen Werken, Gedanken und Künsten besitzt — der Mensch hat es erdacht, geschaffen und vollendet, er sann und erfand, für ihn gab es nur ein Ziel: sich hinaufzuarbeiten in ein höheres Dasein, das Unzulängliche zu gestalten, das Unzureichende durch Besseres zu ersetzen.

Aber auch der Untermensch lebte. Er haßte das Werk des anderen. Er wütete dagegen, heimlich als Dieb, öffentlich als

Lästerer — als Mörder. Er gesellte sich zu seinesgleichen. Die Bestie rief die Bestie. —
Nie wahrte der Untermensch Frieden, nie gab er Ruhe. —
Denn er brauchte das Halbdunkle, das Chaos. Er scheute das Licht des kulturellen Fortschritts. Er brauchte zur Selbsterhaltung den Sumpf, die Hölle, nicht aber die Sonne. —
Und diese Unterwelt der Untermenschen fand ihren Führer: — den ewigen Juden! . . .« (Propagandaschrift der SS)
Und den Worten folgten millionenfache Taten. So berichtet der SS-Mann Gräbe von einer Massenermordung im KZ Auschwitz:
»Ich ging um den Erdhügel herum und stand vor dem riesigen Grab. Dicht aneinandergepreßt lagen die Menschen so aufeinander, daß nur die Köpfe zu sehen waren. Von fast allen Köpfen rann das Blut über die Schultern. Ein Teil der Erschossenen bewegte sich noch. Einige hoben ihre Arme und drehten den Kopf, um zu zeigen, daß sie noch lebten. Die Grube war bereits dreiviertelvoll. Nach meiner Schätzung lagen darin bereits ungefähr 1000 Menschen. Ich schaute mich nach dem Schützen um. Dieser, ein SS-Mann, saß am Rand der Schmalseite der Grube auf dem Erdboden, ließ die Beine in die Grube herabhängen, hatte auf seinen Knien eine Maschinenpistole liegen und rauchte eine Zigarette. Die vollständig nackten Menschen gingen an einer Treppe, die in die Lehmwand der Grube gegraben war, hinab, rutschten über die Köpfe der Liegenden hinweg bis zu der Stelle, die der SS-Mann anwies. Sie legten sich vor die toten oder angeschossenen Menschen, einige streichelten die noch Lebenden und sprachen leise auf sie ein. Dann hörte ich eine Reihe Schüsse. Ich schaute in die Grube hinein und sah, wie die Körper zuckten oder die Köpfe schon still auf den vor ihnen liegenden Körpern lagen. Von den Nacken rann Blut.«
Und Gerstein berichtet aus Buchenwald:
»Mit Dieselauspuffgasen sollen die Menschen zu Tode gebracht werden. Aber der Diesel funktioniert nicht! Der Hauptmann Wirth kommt. Man sieht, es ist ihm peinlich, daß das gerade heute passieren muß, wo ich hier bin. Jawohl, ich sehe alles! Und ich warte. Meine Stoppuhr hat alles brav registriert. 50 Minuten, 70 Minuten — der Diesel springt nicht an! Die Menschen warten in ihren Gaskammern. Vergeblich. Man hört sie weinen, schluchzen . . . Der Hauptmann Wirth schlägt mit seiner Reitpeitsche dem Ukrainer, der dem Unterscharführer Heckenholt beim Diesel helfen soll, zwölf-, dreizehnmal ins Gesicht. Nach 2 Stunden 49 Minuten — die Stoppuhr hat alles wohl registriert — springt der Diesel an. Bis zu diesem Augenblick leben die Menschen in diesen vier Kammern, viermal 750 Menschen in viermal 45 Kubikmetern!

Von neuem verstreichen 25 Minuten. Richtig, viele sind jetzt tot. Man sieht das durch das kleine Fensterchen, in dem das elektrische Licht die Kammern einen Augenblick beleuchtet. Nach 28 Minuten leben nur noch wenige. Endlich, nach 32 Minuten, ist alles tot!
Von der anderen Seite öffnen Männer vom Arbeitskommando die Holztüren. Man hat ihnen – selbst Juden – die Freiheit versprochen und einen gewissen Promillesatz von allen gefundenen Werten für ihren schrecklichen Dienst.
Wie Basaltsäulen stehen die Toten aufrecht aneinandergepreßt in den Kammern. Es wäre auch kein Platz, hinzufallen oder auch nur sich vornüber zu neigen. Selbst im Tode noch kennt man die Familien. Sie drücken sich, im Tode verkrampft, noch die Hände, so daß man Mühe hat, sie auseinanderzureißen, um die Kammern für die nächste Charge freizumachen. Man wirft die Leichen – naß von Schweiß und Urin, kotbeschmutzt, Menstruationsblut an den Beinen – heraus. Kinderleichen fliegen durch die Luft. Man hat keine Zeit, die Reitpeitschen der Ukrainer sausen auf die Arbeitskommandos. Zwei Dutzend Zahnärzte öffnen mit den Haken den Mund und sehen nach Gold. Gold links, ohne Gold rechts. Andere Zahnärzte brechen mit Zangen und Hämmern die Goldzähne und Kronen aus den Kiefern.«
Beide Beispiele sind keine *extremen Sonderfälle*. Sie schildern auch nicht allein das Schicksal der jüdischen Mitbürger. Das jüdische Volk steht stellvertretend für *alle Außenseiter*. Jeder, der einer rassischen Minderheit angehört, jeder, der sich den autoritären Strukturen einer Obrigkeitswelt nicht anpaßt, kann zu einem *»jüdischen Fall«* gemacht werden.
Beide Beispiele aus der Schreckensherrschaft der Nazis zeigen, was dem autoritären Charakter möglich ist und was in uns allen zum Ausbruch kommen kann, wenn wir nur entsprechend zugerichtet werden.
Seit gut 25 Jahren versuchen wir diese Vergangenheit zu bewältigen. Doch die Bewältigung geht über Wiedergutmachung und moralische Entrüstung nicht hinaus. Die Frage nach den Ursachen solcher Greuel, die Frage nach der Herkunft und dem Nährboden gesellschaftlicher und politischer Gewalttätigkeit wird nicht oder kaum gestellt. Noch weniger im klaren sind wir uns über die Ursachen und Hintergründe von solchen Familien- und Autoritätsverhältnissen, in denen der autoritäre Charakter entsteht. Die Antworten würden sicherlich an dem heilen Bild unserer Familienpolitik rütteln müssen. Sie würden den Zusammenhang von Erziehung, Familie und politischsozialer Ordnung enthüllen müssen.

Schnittpunkt gesellschaftlicher Eindämmung der Sexualität, der Einübung in Geschlechtsrollen und der Anwendung persönlicher Gewalt ist eine der ältesten Einrichtungen menschlichen Zusammenlebens: Die Familie.
In der Familie fallen so folgenschwere Entscheidungen für das Einzelschicksal wie für die politische Entwicklung der Gesellschaft, daß man mit gutem Recht von einer gesellschaftspolitischen Schaltzentrale »Familie« sprechen kann.
Die Familie ist aber auch der Platz, wo der einzelne seine erste Erfahrung mit der bedingungslosen Solidarität der anderen macht, wo er Liebe und Geborgenheit erfährt. Ohne diese Leistungen der Familie würden die Kinder zu Hunderttausenden seelisch und körperlich verkrüppeln. Ohne die Fürsorge der Familie, ohne ihre Nahrungsversorgung und ihren häuslichen Schutz könnten die wenigsten Menschen überleben. Gerade in den Zeiten wirtschaftlicher oder politischer Krisen kehren die Familien ihre Solidarität heraus und bieten oft die einzige Chance für Notleidende.
Die Familie sichert so nachhaltig das seelische und körperliche Wohlbefinden der Menschen, daß man mit gutem Recht von der Familie als der wichtigsten Reproduktionsstelle (Reproduktion = fortdauernd am Leben erhalten) der Gesellschaft sprechen kann.
Beide Eigenschaften stehen in gewissem Widerspruch zueinander. Denn aus der politischen Rolle der Familie erwachsen Spannungen und Konflikte, werden bestimmte Aufgaben für Männer und Frauen, Kinder und Erwachsene festgelegt, die viele Menschen nicht akzeptieren. Die Familie macht sie daher oft regelrecht krank, häufig ist ihnen das Familienleben zuwider. Die meisten Heranwachsenden zumindest suchen das Weite vor dem Familienleben.
Wenn die Familie sowohl positive wie negative Seiten aufweist, wie soll man sie einschätzen? Welche Zukunft hat sie und welche Aufgaben nimmt sie heute noch wahr? Welche Aufgaben könnte sie noch abgeben, welche neuen Funktionen könnte sie noch erhalten?

Zahlen und Daten zur Familiensituation

In der Bundesrepublik Deutschland leben nach der letzten Volkszählung rund 61 Millionen Menschen in 22 Millionen Familien.

- In 15 Millionen Familien leben die Erwachsenen als Ehepaare.

- 12 Millionen Familien haben zwischen 1 und 6 Kinder, 10 Millionen Familien sind kinderlos.
- 5 Millionen Familien haben lediglich 1 Kind.
- 6 Millionen Familien haben 2 und mehr Kinder.
- Insgesamt gibt es 16 Millionen Kinder zwischen 6 und 18 Jahren sowie 5 Millionen Kinder unter 6 Jahren.
- In den 12 Millionen Familien mit Kindern sind 6 Millionen Frauen als Nur-Hausfrauen tätig, die anderen Mütter gehen neben der Hausarbeit einer Lohnarbeit nach.
- 1,4 Millionen alleinstehende Frauen betreuen rund 2 Millionen Kinder.
- 178 000 alleinstehende Väter versorgen 279 000 Kinder.
- Das durchschnittliche Heiratsalter der Männer liegt bei 25, der Frauen bei 23 Jahren.

Von den sechs Millionen Nur-Hausfrauen haben wir unterdessen auch einige genauere Zahlen. Seit 1975 gibt es nämlich eine Studie über das Leben der Hausfrauen, die erstmals exakte Daten liefert. Demnach ergibt sich folgendes Bild:

- 47 % der Hausfrauen sind Arbeiterfrauen.
- Die Durchschnittshausfrau ist 35 Jahre alt, hat zwei Kinder.
- Ihr Mann, 41 Jahre alt, ist einziger Verdiener.
- Im Arbeiterhaushalt bringt er im Durchschnitt 1300 DM netto nach Hause.
- Die Familie hat drei Zimmer.
- Der Hausfrauentag geht von 6.30 Uhr bis 22.30 Uhr, besteht aus dem Kochen von drei Mahlzeiten, Putzen, Einkaufen, Kinder erziehen, Hausaufgaben kontrollieren, Waschen, Einkochen und Vorratshaltung.
- 40 % der Hausfrauen kommen aus Familien von Angestellten und Beamten. Sie haben in der Regel eine Mittelschulausbildung und einen entsprechenden Beruf gehabt. Einkommen: 1800 DM.
- Besonders schlecht dran sind Frauen aus Arbeiterhaushalten von ungelernten oder angelernten Arbeitern. Sie haben meist mehr Kinder, kleinere Wohnungen, weniger Geld und viel mehr Arbeit. Insgesamt die Hälfte der Arbeiterfrauen dürfte in solchen Familienverhältnissen leben.

Die Rollenverteilung in der Familie

Die Familie umfaßt zwei verschiedenartige Rollen. Einmal die Rollenverteilung zwischen Kindern und Erwachsenen, andererseits die zwischen den verschiedenen Geschlechtern. Die Aufteilung der Generationsrollen ist im wesentlichen eine rechtlich geregelte Sache. Erwachsene haben die Fürsorgepflicht für ihre Kinder. Sie tragen die Verantwortung für deren Handlungen, auch die daraus entstammenden Rechtsfolgen. Die Eltern müssen zahlen, wenn ihre Kinder etwas zerstört haben. Dafür haben sie auch die Erziehungsgewalt und bestimmen die Entwicklung des Kindes innerhalb des Rechtsrahmens nach Gutdünken. Sie steuern das Kind nach ihren Vorstellungen.

Mitten durch diese Linie von Erwachsenen und Kindern geht die Trennung der Geschlechtsrollen. Denn die Kinder werden von vornherein in bestimmte Rollen eingeführt, die sich auf Grund der Arbeitsteilung zwischen den Geschlechtern und der Herrschaftsordnung in der Familie entwickelt haben. Auch heute noch — das ergab die Untersuchung der Soziologin Helge Pross — finden sich die meisten Frauen mit der Rolle als Mutter und Hausfrau ab. Der Mann geht — wie schon zu Schillers Zeiten — »hinaus ins feindliche Leben«, trägt die »Verantwortung« und hat einen Beruf. Zu Hause am heimischen Herd steht die Mutter, umgeben von ihren Kindern

Die meisten Frauen finden sich nicht nur damit ab, sie halten diese Rollenverteilung auch für richtig. Sie akzeptieren auch die gesellschaftliche Vorrangstellung des Mannes. Die meisten Frauen wünschen sich auch heute noch einen Partner, zu dem sie aufblicken können, der gesellschaftlich stärker ist als sie. Die Kleinfamilie, ihre Rollenverteilung und ihre Hierarchie (= Herrschaftsordnung) sind für die meisten Frauen auch heute noch »unantastbar« (Pross). Selbst außerhalb der Familie befassen sich die meisten Frauen mit Problemen oder Fragen, die in direktem Zusammenhang mit der Familie stehen. Selbst wenn Mädchen ein Studium ergreifen, dann neigen sie zu pflegerischen und erzieherischen Berufen — also zu Tätigkeiten, die mit der Hausfrauen- und Mutterrolle in enger Verbindung stehen.

Die Wurzel für diese freiwillige Einordnung in eine scheinbar natürliche Ordnung liegt wiederum in der Familie. Denn die Rollenteilung wird ständig aufrechterhalten. Am wirkungsvollsten durch die Weitergabe der Frauen- und Männerrolle in der Kindererziehung. Mädchen werden auf diese Weise frühzeitig daran gewöhnt, sich so zu verhalten, wie es eine ganze Gesellschaft von den Frauen erwartet:

- Mädchen werden systematisch auf Kinderkriegen und Kindererziehen vorbereitet. Das Spiel mit »typisch weiblichen« Puppen ist wie eine Art Sandkastenspiel für spätere Mütter.
- Mädchen lernen, sich mit Einschmeicheln durchzusetzen und ihr Ziel »weiblich«, also indirekt, zu verfolgen.
- Mädchen lernen, daß es bestimmte Dinge gibt, die unweiblich sind: Raufen, sich durchsetzen, Sport betreiben usw.
- Mädchen lernen, daß bestimmte Berufe für sie sinnlos

sind, weil sie ja doch einmal heiraten. Warum sich dann viel Mühe machen mit einem Beruf, den man doch nicht ausübt. Bestimmte Berufe gelten als unweiblich: Alles, was mit Technik zusammenhängt, mit Naturwissenschaften und Mathematik. Politik ist ebenso ein Geschäft für Männer. Für Frauen ist in der Politik allenfalls das Familienministerium da.

■ Schließlich lernen Mädchen dies alles und noch viele andere Kleinigkeiten als ihre »weibliche Natur« hinzunehmen, als eine Natur, an der man eben nichts ändern kann. Bis man sich schließlich tatsächlich daran hält, alles, was als männlich gilt, tatsächlich nicht mehr mag und bei »typisch männlichen« Tätigkeiten von großer Langweile erfaßt wird.

Schließlich glauben viele Mädchen selbst daran, was ihnen die Männerwelt an Unverschämtheiten anbietet: »Die Frau ist weder politisch, noch geistig noch ökonomisch ein sichtbarer Faktor von irgendwelcher Tragweite«, meinte C. G. Jung, der als großer Psychologe gilt.

Der Dichter Rabelais glaubte, der Nachwelt folgenden Spruch über die Frauen hinterlassen zu müssen: »Wenn ich an die Frauen denke, an dieses schwache, launenhafte und unvollkommene Geschlecht, so scheint mir, daß die Natur, als sie die Frau schuf, ihr Zweckmäßigkeitsprinzip außer acht ließ.«

Zur Geschichte der Rollenverteilung in der Familie

Die übliche Begründung für die Rollenverteilung von Mann und Frau in Familie und Gesellschaft lautet: Die Rolle der Frau entspricht ihrer »weiblichen Natur«. Die Forschungsergebnisse der Völkerkunde und der Geschichte beweisen aber, daß das Gerede von der Natur der Frau völlig unhaltbar ist. Wir wissen heute von Völkerstämmen, bei denen die Rollenverteilung von Männern und Frauen ganz anders ist als bei uns. Die Antwort der Wissenschaft auf die Frage nach dem Ursprung der Geschlechtsrollen lautet daher: Die Verteilung der Aufgaben und Verhaltensmuster sind in jeder Gesellschaft in erster Linie ein Ergebnis der Arbeitsteilung. Das beweist übrigens auch unsere eigene Geschichte. In Europa war die Rollenverteilung von Mann und Frau nicht immer so eindeutig. Denn die Arbeitsteilung früherer Epochen — vor unserer kapitalistischen Zeit — kannte keine strenge Trennung zwischen Aufgaben im Haus und außerhalb des Hauses, »der Welt des Berufes«. Es gab nämlich keine eindeutige Trennung von Familie und Arbeitswelt wie heute. Folglich ließen sich die Rollen von Mann und Frau auch nicht so säuberlich voneinander trennen. Schließlich war die Familie selbst der »Betrieb«.

Arbeiten und Wohnen fanden unter einem Dach statt. Der Vater war nicht nur Familienoberhaupt, sondern auch Betriebsleiter, die Mutter nicht nur Hausfrau, sondern Versorgerin des Betriebes. Ihre Haushaltsaufgaben beinhalteten auch die Beschaffung von Materialien, die Beaufsichtigung des Gesindes und vieles mehr. Die Wirtschaftsform war so beschaffen, daß man lange Jahre bis Jahrzehnte benötigte, um alle Erfahrungen gemacht zu haben, um einen solchen Betrieb zu führen. Der Älteste, der ein Leben lang gelernt und gearbeitet hatte, war mit seiner Erfahrung der gegebene Leiter des Betriebes. Da sich die Technik kaum wandelte, konnten die Söhne und Enkel ein Leben lang von ihm lernen. Alter war gleichbedeutend mit Weisheit. Die Autorität, die der Vater genoß, mußte er nicht beanspruchen. Sie wurde ihm von allen anderen willig entgegengebracht, weil sie einsahen, daß er ihnen überlegen war. Familienstruktur und gesamtgesellschaftliche Verhältnisse paßten zusammen. Es gab keine Sinnlosigkeiten und Widersprüche, die das Familiensystem in Frage stellten.

Ebenso selbstverständlich war Rolle und Autorität der Mutter. Ihre Funktion war der des Mannes sehr ähnlich. Sie war ein ebenso erfahrener Faktor in der Aufrechterhaltung des Betriebes im Bereich der Versorgung, Disposition und Produktion von wichtigen Gütern für die Versorgung der ganzen Mannschaft in der Werkstatt oder auf dem Hof. Die Erziehung lag nicht allein auf den Schultern der Frauen; da es keine besonderen Lernabschnitte im Leben der Kinder und Jugendlichen gab, ging die frühkindliche oder die allgemeine Erziehung Hand in Hand mit der beruflichen Ausbildung. Deshalb nahmen alle als Erzieher am Entwicklungsprozeß der Kinder Anteil.

Diese Verteilung änderte sich allmählich mit dem Heraufkommen einer neuen Wirtschaftsform. Zu Ende kam der Wandlungsprozeß mit der großen Industrialisierung im vorigen Jahrhundert. Viele hunderttausend Familien wurden aus ihrem traditionellen Milieu auf dem Lande herausgerissen und in die großen Städte der kapitalistischen Gesellschaft geworfen. Sie hatten bei der allgemeinen Not nur eine Chance: als Lohnarbeiter in den entstehenden Fabriken. Damit aber wurden Familie und Arbeitsplatz voneinander getrennt. Alte Aufgaben der Familie gingen verloren, so zum Beispiel die Güterherstellung, die Berufsausbildung. Die Familie behielt eigentlich nur die Aufgabe, die Kinderaufzucht und die geregelte Versorgung der Familienmitglieder mit Essen und Trinken, Kleidung und anderen Grundgütern des Alltages zu sichern.

Auch für die neue Klasse der Unternehmer wandelte sich die Einheit von Wohnen, Leben und Arbeiten. Die Kontore –

so nannte man früher die Büros der Betriebsleitung — waren ja auch außerhalb des Hauses, genauso wie die Fabriken. Andere bürgerliche Berufe kamen hinzu: Beamte, Angestellte, Wissenschaftler usw. Sie alle arbeiteten außerhalb des Hauses. Der Beruf wurde eine Sache der Öffentlichkeit, Familie hingegen zur Privatsache.

Die wichtigsten gesellschaftlichen und politischen Entscheidungen fielen damit außerhalb des Hauses. Tragen konnte solche Entscheidungen nur, wer an ihnen beteiligt war, wer in der Öffentlichkeit ein Amt, eine Arbeit oder ein Geschäft hatte: also die Männer. Aus jener Zeit stammt die Ansicht, die Frauen seien weniger geeignet, wichtige Funktionen in der Gesellschaft zu übernehmen als die Männer.

Der Philosoph John Locke aus England hat wohl das Verdienst, diesen Grundsatz am deutlichsten ausgesprochen zu haben Er formulierte den Gedanken so: Alle Menschen sind gleich. Ausnahme: die Frauen, die Kinder und die Arbeiter. Die Kinder, weil sie unmündig sind, die Arbeiter, weil sie in einem Dienstverhältnis zum Arbeitgeber stehen, die Frauen schließlich, weil sie den Männern von Natur aus unterlegen sind.

Hier beißt sich die Katze in den Schwanz: Warum haben die Frauen keine Funktion in der Öffentlichkeit? Weil sie zu schwach sind. Warum sind sie zu schwach? Weil sie kein Amt, keinen Besitz und keine Stellung in der Öffentlichkeit haben. Einmal auf diese Weise dem Mann untertan, war das Schicksal der Frauen als untergeordnete Menschen besiegelt. Die Rolle der Frau als eine Art intelligentes Haustier breitete sich auch innerhalb der Arbeiterschaft aus. Anfangs konnte diese Vorstellung allerdings dort nicht Fuß fassen. In der Zeit der frühen Industrialisierung mußten die Frauen mitarbeiten, wenn die Familie nicht verhungern sollte. Sie spielten die gleiche Rolle wie Männer und nahmen vergleichbare Positionen ein. Da die arbeitende Klasse ökonomisch und politisch unterdrückt wurde, bedeutete das für Männer und Frauen: gleiche Not und gleiches Leiden.

Sobald es aber Rechtsstellung und Einkommenslage zuließen, übernahmen die Arbeiterfrauen genau dieselbe Rollenauffassung vom Frauendasein, wie es bis dahin nur in bürgerlichen Kreisen üblich war. Mit einem großen Unterschied: Für Bürgerfrauen war der Alltag nicht mit der harten Hausfrauenarbeit einer Arbeiterfrau verbunden. Während im Arbeiterhaushalt noch um 1900 zum Teil 12köpfige Familien wie in einem kleinen Kantinen-Betrieb versorgt werden mußten, war es in bürgerlichen Familien noch vor wenigen Jahrzehnten üblich, daß die Hausarbeit nicht von der Hausfrau, sondern vom Personal erledigt wurde.

Funktionsverlust der Familie?

Und doch hat die Entwicklung der Familien mit ihrer Rollenverteilung in allen Klassen und Schichten eine vergleichbare Richtung eingeschlagen. Alle Familien sind im wesentlichen das geworden, was die Soziologen eine »Freizeit-Konsumenten-Gemeinschaft« und eine »Primärerziehungsinstitution« nennen. Von ihren alten Produktions- und Reproduktionsaufgaben hat die Familie vieles an den Staat (Erziehung, Altersversorgung usw.) oder die privaten Fabriken (Produktion) abgeben müssen. Geblieben ist folgendes: Die Familie sorgt für die Aufrechterhaltung der Grundbedürfnisse. Sie leistet auch heute noch kleinere Arbeitsvorgänge im Bereich der Nahrungsmittelherstellung. Es wird gekocht, gebacken, eingemacht und Vorrat gehalten. Sie leistet Produktionsaufgaben bei Bekleidungsproblemen: es wird genäht, gestrickt, gehäkelt. Aber alle diese Arbeitsleistungen sind mehr oder weniger Veredelungen von Gütern, die man selbst nicht hergestellt hat. Außerdem dienen alle diese Leistungen dem direkten Konsum und nicht kommerziellen Zwecken. Deshalb ist es nicht falsch, von der Familie als Freizeit- und Konsumentengemeinschaft zu sprechen.

Die andere wichtige Aufgabe der Familie ist heute die Erziehung der Kleinkinder und deren Versorgung. Wir wissen heute, wie wichtig eine feste seelische Beziehung der kleinen Kinder an ein oder zwei Bezugspersonen ist. Die Familie leistet diese Aufgabe heute ganz allein. Auch die Erziehung bis zum Schulalter unterliegt allein ihrer Kontrolle, wenn nicht wegen der Berufstätigkeit der Mutter ein Kindergarten eingeschaltet wird. Auch die schulische Entwicklung der Kinder wird von häuslichen Einflüssen begleitet, wieder im wesentlichen Einflüsse der Mütter-Hausfrauen. Allerdings: Mit wachsender Arbeitserleichterung erleben die Frauen die Rollenverteilung in der Familie als problematisch. Durch Helge Pross' Untersuchung wissen wir: Den Frauen wird mehr und mehr ihre Abhängigkeit von den Männern bewußt. Viele beklagen, daß sie in den Fragen sozialer Sicherheit vom Mann abhängig sind, von dessen Gesundheit und sozialer Stellung. Sie erleben, daß sie in der sozialen Wertschätzung nicht nur von der Leistung, sondern auch von der Stellung ihres Mannes abhängig sind. Ihre eigene Leistung spielt dabei keine oder nur eine untergeordnete Rolle (Motto: Eine Frau macht keinen Doktor, sie heiratet einen). Mit zunehmender Schul- und Berufsausbildung wachsen die Ansprüche der Frauen aller Schichten. Heute kann unsere wirtschaftliche Entwicklung nicht ohne die Berufsarbeit der Frauen auskommen. Damit aber werden die alten Rollenverteilungen unsinnig. Einer

Frau, die jahrelang eine wichtige Funktion in einem Betrieb oder einer Behörde eingenommen hat, kann man nicht einreden, ihre wahre Natur läge in der Aufgabe der »Nur-Hausfrau«. Alles deutet darauf hin, daß die alten Rollenmuster gerade von den jungen Frauen immer weniger akzeptiert werden.

Konservative Familienpolitik

Die offizielle Familienpolitik ist in der BRD davon bestimmt, die Familie in ihrer überlieferten Form zu erhalten. Im wesentlichen wird die Familienpolitik von konservativen Gedanken beherrscht. Für Konservative ist alles ganz einfach: Die Rangordnung der Familie muß erhalten bleiben. Die Form der Kleinkinderziehung mit ihren autoritären Momenten ist richtig. Die Frauen sollen gebären und gehorchen. Die Jugend soll sich fügen und Ehrfurcht vor den Erwachsenen haben. Die Familie, die Ehe und die geschlechtliche Gemeinschaft dienen der Kinderzeugung — so gut und zahlreich wie es geht. Dazu gehört aber auch die bewußte Propaganda gegen jede Form politischer Veränderung der familiären und gesellschaftlichen Verhältnisse. Schon früh haben konservative Politiker erkannt, daß mit Familienpolitik antisozialistische Politik zu machen ist. Es ist leicht, die Ängste der Frauen vor sozialer Unsicherheit zu schüren, die mit gesellschaftlichen Veränderungen verbunden sind, und sie insbesondere ab einem gewissen Alter vor die Interessen konservativer Politik zu spannen. Dabei liegt sogar ein Stück Logik in der Sache. Denn ältere Frauen, die ihre Frauenrolle voll angenommen und sich damit identifiziert haben, wehren sich gegen allzu lautstarke Veränderungen. Sie sind von daher — wenn man sich nicht um sie kümmert, oder wenn man sie nicht politisch ernst nimmt — ein konservatives »Potential«.

Reformen

Seit 1969 regiert in Bonn eine sozial-liberale Koalition. Diese Regierung aus SPD und FDP hat versucht, einige alte Zöpfe der konservativen Familienpolitik zu beseitigen. Sie hat darum ein Programm für die Familienpolitik verkündet, das den Familien bei ihren Erziehungsaufgaben helfen soll. Dabei sollte die Familie befähigt werden, soziale Ungleichheiten durch eine Reihe von Unterstützungsmaßnahmen auszugleichen. Aber das Programm hat sich aus Finanzmangel und aus Gründen der politischen Auseinandersetzung bisher nicht ver-

wirklichen lassen. Die Verbesserung des Kindergärtenangebots, die Reform des Schulwesens, Hausfrauengehalt und Schülergeld — alles Vorhaben, die im Sande verlaufen sind.
Ein weiteres Reformvorhaben ist die Eherechtsreform. Schon 1957 wurde das Familienrecht dem Gleichheitsanspruch von Mann und Frau angepaßt. Der Vorrang des Mannes bei der Entscheidung über die Erziehung und die Vertretung des Kindes wurde als ungesetzlich abgeschafft. Das Nichtehelichkeitsgesetz von 1969 (erste Familienrechtsreform der sozial-liberalen Regierung) hob die rechtliche Verunglimpfung der unehelichen Kinder auf und stellte sie rechtlich den ehelichen Kindern gleich.
Ein Entwurf zur Reform des Eherechts liegt wegen konservativer Einwände bis heute noch im Bundestag und wartet auf seine Verabschiedung. Er sieht u. a. vor:

- Mann und Frau sollen *alle* Angelegenheiten der Familie im gegenseitigen Einvernehmen lösen.
- Die Frau ist bisher rechtlich zur Haushaltsführung *verpflichtet*. Sollte sich eine Frau — wegen Überbelastung im Beruf — weigern, den Haushalt zu machen, kann ihr Mann sie gerichtlich zur Hausarbeit zwingen. *Dieser* Knechtungsparagraph des Familienrechts soll beseitigt werden.
- Die Ehegatten sollen ihre Rollenaufteilung frei entscheiden können.
- Bisher konnten Ehen nur geschieden werden, wenn einer der Partner Schuld am Ehebruch oder an der Zerrüttung auf sich nahm. Das hatte oft schlimme finanzielle und gesellschaftliche Folgen für den »schuldig« Geschiedenen — insbesondere wenn es sich um die Frau handelte (Motto: Wer traut schon einer schuldig geschiedenen Frau). Die Ehereform soll mit diesem Schuldprinzip Schluß machen. Statt dessen könnten Ehen im Sinn der Rechtsreform geschieden werden, wenn das Scheitern der Ehe feststellbar ist.
- Wer bisher schuldig geschieden worden ist, hat kein Recht auf die Erziehung der Kinder seiner bisherigen Ehe. Dieses oft unmenschlich wirkende Prinzip soll mit der Scheidungsreform wegfallen. Da keiner mehr den Schuldigen spielen muß, kann das Gericht bei der Vergabe des Erziehungsrechts an einen der beiden Elternteile mehr nach pädagogischen und psychologischen Gesichtspunkten vorgehen.
- Auch die Scheidungsverfahren sollen geändert werden. Es sollen nicht mehr die normalen Gerichte zuständig sein, sondern spezielle Einrichtungen. Dem Scheidungsverfahren soll auf diese Weise jene Belastung genommen werden, die für viele Menschen mit dem Gang vor das Gericht verbunden ist.
- Schließlich wird das Verlöbnis reformiert werden. Bisher war mit dem Eheversprechen für die Braut ein Schadenser-

satzanspruch an den Bräutigam verbunden, wenn dieser vor der Trauung von der Ehe nichts mehr wissen wollte (sogenanntes Kranzgeld). Dieser Anspruch bringt das Heiraten auch heute noch in verdächtige Nähe zum Frauenkauf (Motto: Bei Nichterfüllung des Kaufvertrages besteht Schadenersatzpflicht — kostenloser Umtausch ausgeschlossen). Deshalb soll er wegfallen. Allerdings bleibt erhalten, daß ehemalige Brautleute gemeinsam eingegangene Verpflichtungen — etwa Ehekredite, Möbelkäufe usw. — je zur Hälfte abtragen müssen. Auch der Anspruch auf Herausgabe der Geschenke an den ehemaligen Partner bleibt erhalten.

Am spektakulärsten ist das Scheitern der ehrgeizigen Reform des Abtreibungsparagraphen, des § 218. Die Beseitigung eines Gesetzes, das die Abtreibung verbietet, ist eine der wichtigsten Forderungen der Emanzipationsbewegung zur Gleichstellung der Frau. Erst wenn das Gebären in jeder Beziehung ihrem eigenen Willen unterworfen ist, können Frauen ernsthaft daran denken, ihre Lage zu verbessern und zu ändern.

Die sozial-liberale Regierung legte nach langen Kämpfen einen Gesetzentwurf mit einer sogenannten Fristenregelung vor. D. h. in einer Frist von drei Monaten nach der Zeugung darf straffrei abgetrieben werden. Dieser Entwurf wurde im Parlament mit Mehrheit angenommen. Aber die CDU-regierten Länder waren aus konservativer Gesinnung gegen das Gesetz und legten Klage beim Verfassungsgericht in Karlsruhe ein. Das Oberste Gericht entschied, die Fristenregelung sei nicht mit der Verfassung vereinbar, und hob die Gültigkeit des Gesetzes auf. Richter, die der CDU nahe stehen und konservativ denken, haben im Bundesgerichtshof die Mehrheit.

Die Entwicklung hat gezeigt, daß die Reform des Familienlebens noch sehr am Anfang steht. Wie schwer dürfte es sein, wirkliche Gleichstellung von Mann und Frau zu erreichen, wenn selbst Gesetze scheitern, die eine Gleichheit erst einmal ermöglichen sollen. Die Gleichheit ist nämlich weder erreicht, wenn abgetrieben werden darf, noch wenn Mädchen heute ohne BH herumlaufen, auf der Straße rauchen oder von sich aus einen Jungen ansprechen bzw. in Liebesdingen die Initiative ergreifen. Das alles sind wichtige Schritte auf dem Weg, alte Ungleichheiten aufzuheben. Wirklich beseitigen wird man die Ungleichheit von Mann und Frau sicher erst dann, wenn die gesellschaftlichen Bedingungen der Ungleichheit von *Menschen* aufgehoben sind — gleich welchen Geschlechts, welcher Rasse und welcher Klasse sie angehören.

Seit Beginn unserer Gesellschafts- und Familienverhältnisse gibt es auch eine scharfe Kritik an der heutigen Familie. Von Anfang an haben Philosophen der Aufklärung bestritten, daß die Familie von Natur aus vom Manne beherrscht werden muß. Sie haben sich dagegen gewandt, daß Männer und Frauen ungleich sind, und einige haben auch die bürgerliche Ehe in Zweifel gezogen. Es gab auch eine lange politische Bewegung zur Beseitigung der Ungleichheit der Frauen. Schon vor hundert Jahren und mehr konnten viele Menschen nicht begreifen, warum Frauen keine Menschenrechte für sich in Anspruch nehmen durften, obwohl das wichtigste Menschenrecht heißt: *alle* Menschen sind gleich. Natürlich waren diese Menschen keine konservativ denkenden Zeitgenossen. Es waren die Vorkämpfer für die Freiheit aller Unterdrückten. So kämpften sie nicht nur um die Gleichstellung der Frauen, sondern auch gegen Prostitution und Alkoholismus, um die Befreiung der schwarzen Sklaven in den USA und um die Befreiung der Arbeiterklasse von Unterdrückung und Ausbeutung. Sie hatten erkannt, daß die Freiheit unteilbar ist.

Deshalb gab es für sie auch keine Menschengruppen, die vom Befreiungswerk ausgeschlossen werden durften. Einige von ihnen forderten 1848 in den USA die Erweiterung der Grundrechte des Menschen; sie verlangten eine Erklärung der *Frauenrechte*. John Stuart Mill, ein großer englischer Philosoph, schrieb in der gleichen Zeit (1869) ein Buch mit dem Titel »Die Hörigkeit der Frau«. Er wies nach, daß die Benachteiligung der Frauen nicht aus ihrer Natur erklärt werden könne. Er forderte die politische und soziale Gleichstellung der Frau.

Noch aufsehenerregender waren die Bücher von F. Engels und dem Führer der deutschen Sozialdemokraten, August Bebel. Engels und Bebel wiesen nach, daß die Verteilung der Rollen auf Männer und Frauen nicht getrennt werden kann von der Herrschaft in der Familie und dem Machtverhältnis in der Gesellschaft. Die Befreiungsbewegung der Frauen trat auf diese Weise an die Seite der politischen Befreiungsbewegung der Arbeiterklasse. Für Konservative ein Grund mehr, mit einer frauenfeindlichen Familienpolitik gegen den Einfluß der Sozialisten und anderer Familienkritiker vorzugehen.

Von nun an strebte die Frauenbewegung nicht nur das Wahlrecht für Frauen an (Frauen durften in allen Ländern Europas vor 1920 nicht wählen), sondern auch eine Beseitigung der Herrschaft in der Familie sowie der unterdrückenden Rollenverteilung. Prominente Vertreterinnen der Frauenbewegung lebten deshalb nicht in Familien, sondern praktizierten »freie

Liebe« – ohne Trauschein und den Segen des Pfarrers. Sie verwirklichten eine gleichberechtigte Beteiligung der Frauen am Berufsleben und widerlegten die herrschende Auffassung, wonach Frauen unfähig zu führenden Berufen seien. Sie begnügten sich aber nicht mit Protesten. Ihr Kampf war ein politischer Aufstand gegen die gesellschaftliche Unterdrückung der Frauen in Familie und öffentlichem Leben. In den USA und England organisierten sich die Frauen in Frauenverbänden und kämpften für ihre Rechte in großen Kundgebungen und Streiks. Es kam zu mächtigen Demonstrationen (1908 versammelten sich mehr als eine halbe Million Menschen im Hyde Park London und demonstrierten für die Rechte der Frauen) und zu einer brutalen Unterdrückung der Frauenrechtsbewegung durch die Polizei aller Länder. Suffragetten – so nannten sich die Frauenrechtkämpferinnen, Suffragetten kommt vom Wort »suffrage« = Wahlrecht, sie kämpften also für das Wahlrecht der Frauen – wurden zu politischen Märtyrern und Heldinnen der Emanzipation von der Herrschaft der Menschen (männlichen Geschlechts) über Menschen (anderen Geschlechts, anderer Hautfarbe und anderer Klassenzugehörigkeit, gleich welchen Geschlechts).
Jedoch: Die großen Weltkriege und die Revolutionen unseres Jahrhunderts lenkten die Aufmerksamkeit von den Problemen der Frauen und der Familie in unserer Gesellschaft ab. Andere Frauen traten in den Mittelpunkt, und die Frauen in aller Welt dachten mehr ans Überleben in Krieg und Klassenkämpfen.
Mit dem Sieg des Faschismus in Europa wurden die Frauen sogar noch weiter unterdrückt. Die Faschisten traten nicht nur das Erbe aller konservativen Politiker an, ihre Familienpolitik machte die Frau völlig zur Sklavin des Hauses und zur Gebärmaschine von Kindern. Nie zuvor hat sich eine solche Frauenfeindlichkeit breitgemacht wie in den 12 Jahren Faschismus in Deutschland. Frauen waren minderwertiger als je zuvor. Männer aber, Knaben und Jünglinge, insbesondere der Soldat, waren das Ideal einer brutalisierten Gesellschaft. Kameradschaft, Verständnis und Zusammenarbeit gab es nur unter Männern. Mädchen galten als williger Zeitvertreib.
Auch über den Zusammenbruch des Faschismus hinaus blieb diese Wirkung erhalten. Noch zwanzig Jahre nach Faschismus und Krieg waren Frauen der Männer Trost am Abend. Weniger als Blitzmädels (= im Faschismus in Funk und Nachrichtenstäben der Armee beschäftigte Frauen), mehr als Sexbomben. Betty Friedan, eine amerikanische Frauenrechtlerin, nannte dies in einem Buch mit gleichem Titel: den Weiblichkeitswahn. Sie sah ihre Geschlechtsgenossinnen erdrückt von einem Zwang, *weiblich*, also »schwach«, schön, modisch zu

sein und sich einer gierigen Männerwelt als Hauptgewinn in der Sexuallotterie anzubieten. »Sie rackerten sich ab, um so auszusehen wie Frauen auf den Titelblättern der Frauenzeitschriften und ein Leben zu führen, wie es im Innern der Zeitschriften abgebildet und beschrieben war. Viele von ihnen landeten beim Seelenarzt, weil sie es doch nicht ganz fertiggebracht haben, sich zu täuschen«, schreibt Hedi Wyss, eine Schweizer Autorin dazu.

Erst mit der Revolte in der Wohlstandsgesellschaft, mit der Studentenbewegung und dem Jugendprotest der 60er Jahre, wurden die Probleme der Emanzipation in Politik und Familie wieder aktuell. In den USA und der BRD, aber auch in anderen westlichen Ländern, erkannten Frauen und Mädchen, daß sich ihre Probleme *nicht* gelöst hatten. Inzwischen hatte nämlich die Entwicklung der kapitalistischen Weltwirtschaft dazu geführt, daß immer mehr Frauen berufstätig geworden sind. Mehr als ein Drittel der Frauen ist in den westlichen Ländern außerhalb des Hauses in Büros, Fabriken und Läden tätig. Um so fragwürdiger wurde das Familienleben mit seiner Arbeitsteilung (Frau: Haushalt, Mann: Beruf). Aber auch am Arbeitsplatz erfahren die Frauen keine Gleichstellung.

So entbrannte das Verlangen nach Gleichberechtigung erneut. Andere Lebensformen der Geschlechter als die Familien wurden und werden erprobt. Männer und Frauen stellen auch die Ehe mehr und mehr in Frage: ständig nimmt die Zahl von Paaren zu, die zusammenleben, ohne verheiratet zu sein. Die Frauen kämpfen heute auch um ein wesentliches Recht ihrer Selbstbestimmung, das »Recht auf den eigenen Bauch« — wie es polemisch heißt. Darum spielt die Reform der Abtreibung eine so große Rolle. Viele Frauen sehen gerade im § 218 eine Art Verkörperung der Herrschaft des Mannes über die Frau.

Die Neue Frauenbewegung denkt auch heute wieder an eine gesellschaftliche Veränderung an Haupt und Gliedern. Denn auch heute noch gilt die Einsicht der großen, alten Frauenrechtlerinnen: eine wirkliche Befreiung der Frau ist nur möglich, wenn sich die ganze Gesellschaft von der Herrschaft unmenschlicher Prinzipien wie Ausbeutung und Unterdrückung befreit. Vielleicht ist dies alles nur in einer »weiblicheren Gesellschaft« zu erreichen, in der statt Konkurrenz Solidarität, statt Ausbeutung Zusammenarbeit, statt Herrschaft Selbstbestimmung und statt Leistung, Erfolg und Profit Liebe, Glück und schöpferische Kreativität üblich sind. So jedenfalls sehen es viele Frauenrechtlerinnen von heute.

3. Kapitel: Sozialisation und Erziehung als gesellschaftliche Tätigkeit

Ein Mensch braucht von seiner Geburt an viele Jahre, um sich körperlich, geistig und seelisch so zu entwickeln, daß er in der Gesellschaft selbständig und selbstverantwortlich leben kann. Eine solche Entwicklung geschieht nicht einfach »von selbst«, sie muß vielmehr planmäßig, nämlich durch Erziehung, hergestellt und gefördert werden. Nur durch eine richtige und gute Erziehung kann ein Kind so heranwachsen, daß es ein befriedigendes Leben zu führen vermag. Aber ein Kind lernt nicht nur durch das, was die Erzieher *planmäßig* von ihm verlangen, sondern auch durch zahlreiche Einflüsse und Wirkungen, die das gesellschaftliche Leben selbst an das Kind heranträgt: durch die Art und Weise des Familienlebens; durch die »Einflüsse auf der Straße«; durch Massenmedien und Konsumangebote usw.
Alle diese Einflüsse und Wirkungen, einschließlich der geplanten Erziehung, bezeichnen wir mit dem Oberbegriff »Sozialisation«. Im Prozeß der Sozialisation lernen also Kinder diejenigen Kenntnisse, Fähigkeiten, Einstellungen und Verhaltensweisen, die sie dazu befähigen, die Erwartungen der Erwachsenenwelt — zunächst als Kinder, später als Erwachsene — zu erfüllen.

Familie und Erziehung

Grundbedürfnisse

Ein Kind kommt auf die Welt als »vitales Bündel« von Bedürfnissen; es ist zwar in gewissem Umfange durch seine Erbanlagen vorgeprägt, aber diese lassen einen weiten Spielraum für Entwicklungen: Was aus diesen Erbanlagen wird, entscheidet sich im Verlauf des weiteren Lebens und vor allem eben auch durch die Auswirkungen der Erziehung.
Das Kind hat schon bei seiner Geburt ausgeprägte *materielle Grundbedürfnisse* (Essen, Kleidung, Wohnung) und *seelische Grundbedürfnisse* (Liebe, Anerkennung, Zuwendung). Diese Bedürfnisse kann es zunächst nur äußern, zu ihrer Befriedigung kann es selbst noch nichts beitragen. Es ist dazu auf eine Fürsorgeperson (in der Regel die Mutter) angewiesen. Findet es niemanden, der seine Bedürfnisse befriedigt,

so muß es sterben, es kann aus eigener Kraft nicht überleben. Das gilt übrigens nicht nur hinsichtlich der *materiellen* Bedürfnisse – wie man oft noch glaubt –, sondern auch hinsichtlich der *seelischen.* Kinder verkümmern z. B. etwa in Kinderheimen oder in Krankenhäusern, wenn sie zwar gute Verpflegung erhalten, aber keine Zuwendung bzw. zu wenig persönlichen Kontakt mit Erwachsenen.

Die Bedürfnisse werden nur unter bestimmten Bedingungen befriedigt

Die Erziehung des Kindes setzt im Grunde dort ein, wo die *Befriedigung* der Bedürfnisse an bestimmte *Bedingungen* geknüpft wird. Z. B. wird allmählich die Nahrung nur noch zu bestimmten Zeiten gewährt; das Kind lernt so, seine Bedürfnisse *aufzuschieben* und an bestimmte *Regeln* zu knüpfen. Ferner macht irgendwann die Mutter ihre gefühlsmäßige Zuwendung abhängig davon, daß das Kind »freundlich«, »lieb« oder »gehorsam« ist; das Kind lernt so den Zusammenhang von Geben und Nehmen: Ich bekomme nur etwas, was mir wichtig ist, wenn ich auch etwas gebe, was dem anderen wichtig ist.

Soziale »Grundmuster« werden gelernt

Das Kind lernt in der Familie also durch unmittelbare Erfahrung eine Reihe von »Grundmustern« der sozialen Beziehungen, die für das spätere Verhalten von großer Bedeutung sind. Dazu gehört auch das Muster »Macht – Ohnmacht«. Es wird erlebt an den übermächtigen Eltern, die alles gewähren oder versagen können. Natürlich ist die Art und Weise, wie die Eltern mit diesem »Muster« umgehen, von besonderer Bedeutung für das künftige politische Verhalten. Meist ohne sich dessen bewußt zu sein, bringen die Eltern nämlich ihren Kindern Verhaltensweisen bei, die von den späteren Erwachsenen auch als politische Verhaltensweisen erwartet werden.
Man kann z. B. Kinder autoritär erziehen: Gehorsam von ihnen verlangen, ohne die Gründe dafür zu erklären; unangenehme Fragen der Kinder nicht in Ruhe beantworten, sondern abweisen usw. Wenn sich das oft genug wiederholt, wird daraus ein »Muster« für das politische Leben des späteren Erwachsenen: Wenn du deine Bedürfnisse befriedigt haben willst, dann darfst du nicht viel fragen und nicht ungehorsam sein gegen die Stärkeren.
Man kann Kinder aber auch weniger autoritär erziehen: Grün-

de angeben, wenn man etwas von ihnen verlangt oder ihnen etwas verbietet; dem Kinde nicht den Willen der Erwachsenen aufzwingen, sondern Vereinbarungen mit ihm treffen (»Jetzt kann ich nicht mit dir spielen, aber heute nachmittag habe ich Zeit«); Fragen des Kindes auch dann ernst nehmen, wenn sie hartnäckig und scheinbar abwegig sind.
Ein so erzogenes Kind wird ein anderes »Muster« für erwachsenes politisches Verhalten lernen: Wenn du deine Bedürfnisse befriedigt haben willst, mußt du dich zu Wort melden, Fragen stellen und prüfen, was man von dir verlangt.

Die Familie als »solidarische Gemeinschaft«

Das Kind kann solche schwierigen Lernprozesse aber nur vollziehen, wenn es sich in der Familie geborgen und aufgehoben weiß, wenn es – mit anderen Worten – die Familie als eine »solidarische Gemeinschaft« erlebt, zu der es »dazugehört«. Es kommt nämlich darauf an, daß es die genannten »Grundmuster« des sozialen Verhaltens *verinnerlicht*, d. h. auch dann selbständig anwendet, wenn niemand anderenfalls mit Strafe droht. Da die Frage, ob eine Familie »solidarisch« ist oder nicht, sehr stark von Gefühlen abhängt, kann man das von außen auch nur sehr schwer prüfen. Wir wissen aber umgekehrt, daß es für die Entwicklung eines Kindes sehr gefährlich ist, wenn es seine Familie nicht so erlebt, weil es dann nämlich den in dieser frühen Erziehung notwendigen Verzicht auf sofortige und bedingungslose Befriedigung seiner Bedürfnisse nicht als seine soziale Leistung, sondern nur als Unterdrückung erleben kann. Oft beginnen an dieser Stelle bereits spätere kriminelle Entwicklungen.

Schichtenspezifische Sozialisation

Bis jetzt haben wir so getan, als ob sich die Sozialisation in jeder Familie in gleicher Weise abspiele oder abspielen müsse. Das ist nach unserer Erfahrung aber keineswegs so. Die *Aufgaben* der Sozialisation in der Familie sind zwar prinzipiell die gleichen, aber die *Bedingungen* dafür sind z. T. sehr verschieden. So ist es z. B. ein großer Unterschied, ob ein Kind in einem industriellen Ballungsgebiet (Ruhrgebiet) aufwächst, oder in einem ländlichen Gebiet fernab von Großstädten. Wahrscheinlich noch wichtiger sind sozio-ökonomische Unterschiede, d. h. solche des Einkommens und der Bildung. Das bedeutet nicht, daß es Kindern aus Familien mit geringem Einkommen und geringer Bildung der Eltern unbedingt »schlechter« geht als anderen. Im Gegenteil sind solche Familien oft solidarischer als andere.

Wirtschaftliche Bedingungen

Familien aus der Unterschicht, d. h. also normale Arbeitnehmerfamilien, unterliegen vor allem besonderen *wirtschaftlichen* Bedingungen. Trotz aller sozialpolitischen Fortschritte, die unmittelbares Massenelend weitgehend verhindern, und obwohl der äußerlich sichtbare Konsum auf den ersten Blick wirtschaftliche Not oft nicht erkennen läßt, sind die Arbeitnehmerhaushalte nach wie vor gezwungen, »mit dem Pfennig zu rechnen«. Das Familienleben ist durch die Knappheit der finanziellen Mittel weitgehend bestimmt. Diese Tatsache erlaubt z. B. keine weitreichenden Planungen für die Zukunft der Kinder, zumal die wirtschaftliche Situation immer wieder durch Arbeitslosigkeit bedroht ist. Selbst für »begabte« Kinder werden weiterführende Schulbildungen selten erwogen; wichtiger erscheint es, den eigenen Kindern möglichst früh zu Einkommen zu verhelfen, sie also möglichst früh in den Arbeitsprozeß einzugliedern.
Um Mietkosten zu sparen, wohnt man meist in kleinen, beengten Wohnungen, in denen sich individuelle Interessen wenig entfalten können. Kleinere Wohnungen führen häufiger zu Reibereien zwischen den Familienangehörigen, bei denen sich die Kinder naturgemäß weniger durchsetzen können als die Erwachsenen. Kinder dagegen, die frühzeitig ein eigenes Zimmer bewohnen können, haben eine größere Chance, dem Druck der anderen Familienmitglieder zu entgehen und selbständige Interessen und Verhaltensweisen zu entwickeln.

Die Stellung der Eltern im Arbeitsprozeß

Aber nicht nur die unmittelbaren wirtschaftlichen Zwänge grenzen die Möglichkeiten der Sozialisation in den Unterschichten ein, sondern auch die meist unterprivilegierte Stellung der Eltern im Arbeitsprozeß. Es handelt sich überwiegend um Arbeiten, die auf Weisung von anderen (Vorgesetzten) ausgeübt werden müssen, die zwar oft hohe nervliche Anspannung erfordern, aber kaum intellektuelle, geistige oder gar schöpferische Anforderungen stellen. Im Unterschied zu den typischen Mittelschichtberufen (Angestellte; Beamte) erfordern untergeordnete Arbeiten wenig *sprachliche* Fähigkeiten: was zu sagen ist, läßt sich in verhältnismäßig wenigen, immer wiederkehrenden (standardisierten) Wendungen sagen. So liegt es nahe, daß auch im Umgang mit den Kindern im allgemeinen enge sprachliche Grenzen herrschen, daß die Kinder wenig sprachliche Anreize erhalten und so gegenüber den Mittelschichtkindern beim Schuleintritt benachteiligt sind;

denn nur wer sich hinreichend genau und differenziert sprachlich ausdrücken kann, hat in unserem Schulsystem Erfolgschancen.

Wie kann man die Benachteiligungen abschaffen?

Die Kinder aus den unteren Sozialschichten sind also schon in der familiären Erziehung benachteiligt. Zu ändern wäre dies an sich nur durch eine nennenswerte Verbesserung der Einkommen und durch langfristige soziale Sicherung. Da dies offensichtlich einstweilen nicht erreichbar ist, versucht man, solche Benachteiligungen durch »kompensatorische Erziehung« (= ausgleichende Erziehung) im Vorschulalter zu mildern: z. B. durch »Sprachprogramme«, die die sprachlichen Ausdrucksmöglichkeiten verbessern sollen. Jedoch ist der Erfolg solcher Bemühungen mehr als ungewiß. Erstens kosten solche Vorschuleinrichtungen sehr viel Geld (das der Öffentlichen Hand fehlt); zweitens ist die Frage, ob solche Programme auf die Dauer wirklich nützen können, wenn die spätere Arbeitssituation z. B. wieder keine sprachlichen Fähigkeiten verlangt. (Höhere Ansprüche an die Sprache sowie überhaupt an geistige und intellektuelle Fähigkeiten würden z. B. dann gestellt, wenn die Arbeit so organisiert würde, daß die Arbeiter in die Arbeitsplanung und in die Betriebsführung mit einbezogen würden.)

Zusammenfassung: Allgemeine Aufgaben der Familie

In unserem Gesellschafts- und Kultursystem hat die Familie für das Aufwachsen des Nachwuchses also eine Reihe von Aufgaben, die noch einmal zusammengefaßt werden sollen:

1. Die Familie übernimmt die regelmäßige und dauerhafte materielle und seelische Fürsorge für das Kind;
2. dabei führt sie das Kind in die grundlegenden Normen und Werte unserer Gesellschaft ein;
3. in der Familie erlernt das Kind wichtige Grundmuster des sozialen Lebens und der sozialen Beziehungen, die auch im Erwachsenenleben eine große Rolle spielen: Geben — Nehmen; Mein — Dein; Ich — Du; Wir — die anderen; Macht — Ohnmacht; Schuld — Sühne; Streit — Versöhnung; Lieben — Geliebtwerden usw.

Die Familie bestimmt die berufliche und gesellschaftliche Zukunft des Kindes

Nach dem bisher Gesagten kann es nicht überraschen, daß die Familie dem Kind seine spätere soziale Stellung (z. B. im Beruf) im wesentlichen zuweist. Es ist nicht so, daß jeder nach seiner Begabung und seiner Leistung die gleichen Chancen hat. Nur in verhältnismäßig wenigen Ausnahmefällen wird die Position der eigenen Familie später – etwa bei der Berufswahl – entscheidend überschritten. Kinder von Arbeitern z. B. werden in der Regel auch wieder Arbeiter oder steigen nur in die nächsthöhere Position auf. Ist der Sprung zwischen der Position des Vaters und der des Sohnes zu groß, so droht oft eine gefühlsmäßige Trennung und Entfremdung zur eigenen Familie einzutreten: »Man versteht sich nicht mehr.«

Kritik an der Familie

Einerseits also ist die Familie nach wie vor unentbehrlich für die Erziehung und Sozialisation des Kindes, andererseits ist sie jedoch gerade in den letzten Jahren durch eine Reihe von Forschungen in Frage gestellt worden. Von den erschwerenden Bedingungen in der Unterschicht war schon die Rede. Die Kritik richtet sich jedoch auch gegen die sogenannte »mittelständische« Familie, und zwar unter anderem in folgenden Punkten:

Zu enge Gefühlsbindungen zwischen Mutter und Kind

In vielen Fällen konzentrieren sich die Beziehungen des Kindes lediglich auf die Mutter, die den ganzen Tag zu Hause ist, während der Vater arbeitet und vor allem in den ersten Lebensjahren des Kindes wenig Zeit für seine Beziehung zum Kind aufwendet. Viele Kinder sind Einzelkinder oder haben nur ein Geschwister. So wichtig einerseits die Beziehung der Mutter als ständige Bezugsperson zum Kind ist, so kann Übertreibung auch hier von Schaden sein. Dies ist vor allem dann der Fall, wenn die Mutter – in ihrem Haushalt isoliert – mehr oder weniger unbewußt ihre eigenen Bedürfnisse gefühlsmäßig auf das Kind überträgt, für die das Kind (noch) gar kein Partner sein kann: Enttäuschung am Ehepartner z. B. wird umgesetzt in zuviel Zuwendung zum Kind; eigene Ängstlichkeit wird zum ständigen Beaufsichtigen und Reglementieren. Oder die Mutter möchte aus dem Kind etwas machen, was sie selbst gerne geworden wäre, aber aus irgendeinem Grunde (z. B. wegen früher Heirat) nicht werden konnte; dann wird sie von diesem Kind vielleicht frühe Lernleistungen verlangen, die es überfordern müssen. Natürlich kann solche Fehler prinzipiell auch der Vater machen, aber in der Regel geht es hier um die Mutter, weil sie den ganzen Tag zu

Hause ist. Das Kind wird in solchen Fällen zu einem *Ersatz* für etwas anderes, und die Gefahr ist, daß die Bindung an die Mutter so eng wird, daß sie auch später nicht mehr richtig gelöst werden kann. Solche Gefahren entstehen vor allem in den Familien leicht, in denen die Mutter sich ganz auf Wohnung und Kinder konzentriert und keine anderen Interessen (berufliche, kulturelle, politische) hat. Natürlich muß das im Einzelfall nicht so sein. Aber immerhin scheint die Zahl der schon vor Schuleintritt seelisch gestörten Kinder zuzunehmen.

Soziale Isolierung

Problematisch ist in diesem Zusammenhang auch die Tatsache, daß die Zahl der Personen, zu denen das Kind Kontakt aufnimmt, gegenüber früheren Zeiten erheblich zurückgegangen ist. Die Familie besteht in den ersten Lebensjahren des Kindes oft nur aus Mutter und Kind und — wenn es hoch kommt — einem weiteren Geschwister. Die Kontakte mit dem Vater sind oft schon durch dessen Arbeitszeit beschränkt. Die Großeltern wohnen meist in einer anderen Wohnung, und in den typischen modernen Wohnstädten ist der selbstverständliche Besuch der Nachbarfamilien beim Spielen nicht mehr gegeben. Nicht zuletzt aus diesen Gründen werden Kindergärten oder ähnliche Einrichtungen für wichtig gehalten, damit das Kind frühzeitig lernt, zu anderen Menschen Beziehungen einzugehen.

Erziehung durch Manipulation der Gefühle

Es ist zweifellos ein Fortschritt, daß die körperliche Züchtigung von Kindern immer mehr abzunehmen scheint. Jedoch ist damit ein Problem entstanden, dessen Folgen heute noch gar nicht abzuschätzen sind. Bestraft wird nämlich nun auf psychologische Weise, z. B. durch »Liebesentzug«: man spricht eine Weile nicht mit dem Kind, bricht die Beziehung zu ihm ab usw. Aber es ist die Frage, wie die Kinder die ständige Bedrohung der für sie lebenswichtigen Gefühlsbeziehungen wirklich verkraften. Ferner gilt es heute — ebenfalls vor allem in den Mittelschichtfamilien — als fortschrittlich, das Kind möglichst wenig durch Befehle und Verbote, dafür stärker durch Appelle an seine eigene Einsicht und Selbständigkeit zu führen. Jedoch heißt: »Denk mal selber nach« oder: »Das mußt du selbst entscheiden« ja auch: »Ich lasse dich damit allein«. Selbständigkeit und Einsamkeit gehören in einem gewissen Maße zusammen, und die meisten erleben dieses Problem erst im Jugendalter als einen oft schmerzlichen Widerspruch.

Alternative: Wohngemeinschaft

Mit diesen Überlegungen befinden wir uns schon in einem ziemlich schwierigen und noch wenig erforschten psychologischen Gebiet. Wichtig ist aber vielleicht der Hinweis, daß die sogenannten »Kommunen« nicht zuletzt deshalb entstanden sind, weil man glaubte, in Wohngemeinschaften solche Probleme besser als die herkömmliche Familie lösen zu können.
Es hat mehrere Formen von Wohngemeinschaften gegeben, in unserem Zusammenhang interessiert jedoch vor allem der folgende Typ: Eine Reihe von Personen, nicht unbedingt verheiratet, aber doch möglichst Paare, beziehen eine gemeinsame Wohnung, die so groß ist, daß sie einen *Gemeinschaftsteil* hat (vor allem Küche und gemeinsames Wohnzimmer) und außerdem jeder einzelnen Familie bzw. jedem Paar einen privaten Wohnbezirk sichert. Die Kinder haben dabei den Vorteil — und nur das interessiert uns hier —, daß sie in ein und derselben Wohnung nicht nur zu ihren eigenen Eltern, sondern auch zu den anderen erwachsenen Personen und natürlich auch zu den anderen Kindern (die nicht ihre Geschwister sind) Beziehungen aufnehmen können. Die Erwachsenen können die Erziehung der Kinder gemeinsam beobachten und Fehler leichter erkennen und korrigieren.
Nun ist eine solche Wohngemeinschaft nicht jedermanns Sache, und viele haben sich schon nach kurzer Zeit aufgelöst. Die Schwierigkeiten sind dabei oft rein äußerer Art: Wenn z. B. aus beruflichen Gründen ein Wohnungswechsel erforderlich wird, ist der Bestand der ganzen Wohngemeinschaft bedroht.

Kinderladen

Leichter zu verwirklichen ist deshalb vielleicht eine andere Idee, die ebenfalls aus der Kritik der Kleinfamilie entstand: der Kinderladen. Er unterscheidet sich dadurch vom üblichen Kindergarten, daß die Eltern — vor allem die Mütter — maßgeblich daran beteiligt sind; sie arbeiten abwechselnd bei der Betreuung und Beaufsichtigung der Kinder mit. Auch auf diese Weise können die Eltern miteinander Kontakt über Erziehungsfragen und über andere Fragen aufnehmen und die Kinder können vielfältige Beziehungen aufbauen.
Im letzten Teil dieses Kapitels wurden also schon die Grenzen der familiären Erziehung und Sozialisation deutlich, die im Einzelfalle nicht nur an den Personen liegen, sondern grundsätzlicher Art sind. Spätestens im Jugendalter wird deutlich, daß die Familie zwar eine sehr wichtige, aber nicht die einzige Erziehungsinstitution ist.

Familienstruktur und Gesellschaftsstruktur

Familie ist nicht die verkleinerte Ausgabe der Gesellschaft im Ganzen, sie ist auch kein »Staat im Kleinen«. Was man in der Familie lernt, reicht allein nicht aus für das Leben in der modernen Gesellschaft. Die Familie ist nämlich (im allgemeinen) keine Produktionsstätte, sondern nur eine Konsumgemeinschaft; in ihr gibt es keine Bürokratie und keine Großorganisation, die menschlichen Beziehungen sind unmittelbar und in jedem Falle gefühlsbetont. Es wäre z. B. irreführend, den Staat wie einen Vater zu betrachten oder die Berufskollegen wie Geschwister.
Die Familie ist unentbehrlich für die Erziehung und Sozialisation der Kinder, aber sie reicht nicht aus. Deshalb gibt es andere gesellschaftliche Erziehungsangebote wie die Schule. Wenn die vorhin erwähnten »Grundmuster« des Erlebens und Verhaltens, die in der Familie erlernt werden, nicht hinreichend differenziert werden im Hinblick auf die gesellschaftlichen Strukturen, dann bleiben z. B. »kindliche« politische Weltbilder bestehen, mit denen die politischen Realitäten nicht angemessen verstanden werden können.

Familiäre Erfahrung und abstrakte Gesellschaft

Die Schwierigkeit liegt vor allem darin, daß die Zusammenhänge und Strukturen von Staat und Gesellschaft nicht *unmittelbar* erfahren werden können, wie das bei den »Grundmustern« in der Familie der Fall ist. Man kann sie vielmehr nur verstehen, wenn man dabei verhältnismäßig abstrakte wissenschaftliche Theorien und Modelle zu Hilfe nimmt. Dies ist eine entscheidende kritische Stelle für die Herausbildung eines angemessenen politischen Bewußtseins: ob es nämlich im Verlaufe der Jugendphase gelingt, die in der frühen Sozialisation (in der Familie) erworbenen »Grundmuster« in Verbindung zu bringen mit den über den Verstand und das Denken erwerbbaren politischen und gesellschaftlichen Einsichten. Eine wichtige – und unersetzbare – Bedeutung hat hier die Schule, wie wir noch sehen werden.

Personenbezogene und funktionsbezogene Rollen

Die Unterschiede, um die es hier geht, kann man am Begriff der »Rolle« verdeutlichen. Mit diesem Begriff, der aus der

Sprache des Theaters entlehnt ist, versuchen die Sozialwissenschaften, folgende gesellschaftliche Tatsache zu erklären: Wie der Autor eines Stückes oder Filmes den Schauspielern in einer »Rolle« vorschreibt, *was* sie darzustellen haben und *wie* sie es tun sollen, so ähnlich schreibt uns die Gesellschaft für bestimmte Situationen ein bestimmtes Verhalten vor. »Vorschreiben« heißt: Man *erwartet* ein bestimmtes Verhalten von uns in bestimmten Situationen. Und wir verhalten uns »rollen-gerecht«, wenn unser Verhalten mit diesen Erwartungen übereinstimmt. Ist dies der Fall, so erhalten wir Anerkennung dafür, verhalten wir uns nicht rollengerecht, dann erfahren wir die Mißbilligung unserer Umwelt oder sogar Strafen. So erwartet man von den Eltern, daß sie ihre Kinder versorgen und gut erziehen; von einem Arbeiter, daß er ohne Rücksicht auf seine persönlichen Probleme und Gefühle eine höchstmögliche Arbeitsleistung erzielt; von einem Verwaltungsbeamten, daß er ohne Rücksicht auf persönliche Gefühle und Sympathien nach seinen Vorschriften handelt usw.

Gerade die letzten beiden Beispiele machen den Unterschied zur Kindheit deutlich: Die Rollen innerhalb der Familie sind »personenbezogen«, d. h. sie gelten immer nur für *bestimmte* Personen (die eigenen Eltern bzw. die eigenen Kinder oder Geschwister); sie sind in hohem Maße von Gefühlen bestimmt und deshalb nicht ohne weiteres auf andere Personen übertragbar.

Das Leben außerhalb der Familie (z. B. im Beruf oder in der Politik) verlangt aber Rollen, die nicht personen-, sondern *funktionsbezogen* sind; die Gesellschaft kann nur dann funktionieren, wenn für ein und dieselbe Funktion die Personen grundsätzlich austauschbar sind. Dazu aber müssen die gesellschaftlichen Funktionen so bestimmt sein, daß sie möglichst wenig persönlich-individuelle Eigenschaften enthalten. Ein Arbeiter am Fließband z. B., der eine bestimmte Funktion ausübt, muß grundsätzlich durch einen anderen ersetzbar sein und ist »als Mensch« hier nicht interessant. Seine über diese Funktion hinausgehenden »menschlichen Probleme« (Krankheit, wirtschaftliche Not) gehören in den Bereich einer anderen Funktion, z. B. der Krankenversicherung oder der staatlichen Wohlfahrt.

Es gehört nun zu den Aufgaben des Jugendalters, solche »unpersönlichen«, »funktionalen« Rollen der Erwachsenen zu lernen.

Gründe für die Schwierigkeiten der Jugendphase

Oft glaubt man noch, die Schwierigkeiten des Jugendalters seien durch die sogenannte »Pubertät« begründet, also durch den

Vorgang der Geschlechtsreifung. Das ist insofern richtig, als damit einschneidende körperliche und seelische Veränderungen einhergehen. An sich aber könnte die Pubertät problemlos verlaufen; wir kennen Primitiv-Kulturen, in denen der Eintritt der Pubertät kein Problem für die Jugend-Generation darstellt und sogar kaum zur Kenntnis genommen wird. Konfliktreich wird die Pubertät erst durch die sozialen Bedingungen, unter denen sie erfolgen muß. Die Schwierigkeiten zeigen sich in allen modernen Industrieländern in ähnlicher Weise.

Verlängerung der Ausbildung. Die Ausbildungsgänge, vor allem für »akademische« Berufe, sind verhältnismäßig lang geworden; es dauert deshalb oft sehr lange, bis man wirtschaftliche Selbständigkeit erlangt hat und einen Beruf ausübt. Die Verlängerung der Ausbildung liegt daran, daß man immer mehr für die Aufgaben in der Erwachsenenwelt, vor allem im Beruf, lernen muß.

Verlängerung der wirtschaftlichen Abhängigkeit. Im rechtlichen Sinne ist ein Jugendlicher mit 18 Jahren volljährig. Wirtschaftlich gesehen ist ein Mensch jedoch erst dann selbständig, wenn er über ein eigenes Einkommen verfügt, über dessen Verwendung er auch selbst bestimmen kann. Junge Arbeiter, die eine Lehre abgeschlossen haben, sind im allgemeinen mit 18 Jahren auch wirtschaftlich selbständig. Immer mehr Berufe jedoch benötigen eine längere Ausbildung, und damit verlängert sich auch die wirtschaftliche Abhängigkeit. Obwohl volljährig, bleibt der Mensch bis weit in das Erwachsenenalter hinein von seinen Eltern oder von staatlichen Stipendien abhängig. Aber auch bei einem verhältnismäßig früh selbständigen Jungarbeiter bleibt wirtschaftliche Abhängigkeit noch eine Weile bestehen, weil er kaum in der Lage ist, eine Familie zu gründen.

Blockierter beruflicher Aufstieg. Da die Lebenserwartung allgemein höher geworden ist, bleiben die Älteren auch länger im Arbeitsprozeß – mindestens bis zu ihrer Pensionierung. In den Machtzentren von Staat, Gesellschaft und Wirtschaft wird das Pensionsalter sogar oft erheblich überschritten, so daß jüngere Leute relativ lange warten müssen, bis sie in derartige Positionen nachrücken können. Viele erreichen den Höhepunkt ihrer beruflichen Karriere erst mit 35 oder 40 Jahren, und das gilt nicht nur für Studenten, sondern auch für diejenigen jungen Arbeiter, die »weiterkommen« wollen. Die mit einer solchen Aussicht verbundene Unsicherheit ist aber schon im Jugendalter spürbar, nämlich als Unsicherheit und Ungewißheit über die eigene berufliche »Perspektive«, also über die eigene Zukunft überhaupt. Anders ausgedrückt: Unsere Gesellschaft bietet den Jugendlichen kaum eine Möglichkeit an, genaue Planungen für die eigene Zukunft anzustellen.

Aus Untersuchungen weiß man, daß Jugendliche über ihre eigene Zukunft entweder ganz illusionäre Vorstellungen haben, oder daß sie sich kaum Gedanken darüber machen, sondern »von einem Tag auf den anderen leben«.

Falsche Versprechungen der »Leistungs-Ideologie«. Ganz im Gegensatz zu dieser ungewissen Zukunft steht die »Leistungs-Ideologie« unserer Gesellschaft. Sie verspricht einerseits, daß einem »alle Türen offen stehen«, wenn man nur entsprechend viel leistet; andererseits aber kann die Gesellschaft dafür – auch bei guter Konjunktur – immer nur eine begrenzte Zahl von Karrieren und Aufstiegsmöglichkeiten anbieten. Der Numerus clausus an unseren Hochschulen zeigt, daß anders als noch vor 15 oder 20 Jahren der Abschluß einer höheren Ausbildung (Abitur) keineswegs mehr unbedingt eine höhere Position garantiert.

Pluralität der Werte und Lebensziele. Zu diesen Schwierigkeiten kommt der sogenannte »Wertpluralismus«, d. h. sehr verschiedene Auffassungen darüber, wofür sich zu leben lohnt, was wichtig und weniger wichtig ist, welche Lebensziele man anstreben soll usw. In der Kindheit richtete sich das Verhalten im allgemeinen nach den Werten, die in der eigenen Familie galten. Konflikte mit anderen Wertvorstellungen konnte es zwar auch hier schon geben, z. B. wenn die Nachbarn andere Auffassungen über »guterzogene Kinder« oder über Höhe und Verwendung des Taschengeldes hatten. Aber im Jugendalter werden die Wertwidersprüche voll erlebt, weil einerseits die Bindung an die eigene Familie naturgemäß abnimmt, andererseits die unterschiedlichen Auffassungen zu den wichtigsten Lebensfragen durch die Massenmedien, aber auch durch andere Gleichaltrige erfahren werden. Die Vorstellungen über »richtiges Leben« sind von der Gesellschaft nicht klar vorgegeben, sondern mehrdeutig. Während z. B. die Konsumgüterwerbung zum Geldausgeben und zum Schuldenmachen animiert, raten Politiker, vielleicht auch Eltern und Lehrer zum Sparen; das kann aber, je nach Konjunkturlage, auch ganz anders sein. Ein anderes Beispiel: Während die Kirchen zu einer verhältnismäßig traditionellen Sexualmoral auffordern, bieten viele Blätter der Massenpresse bis in die Konsumwerbung hinein eine Fülle sexueller Reize an. Und schließlich hängt die Einstellung zu den wesentlichen politischen Fragen nicht zuletzt davon ab, welche Zeitung man regelmäßig liest.

Man muß also im Jugendalter mit der Tatsache fertig werden, daß die Werte, die man in der Familie gelernt hat, nur *eine* von mehreren Möglichkeiten sind, daß es auch andere Möglichkeiten gibt, die ebenso von der Gesellschaft (z. B. vom Gesetz) geduldet werden, und zwischen denen man sich auf die Dauer entscheiden muß.

Wertpluralismus als Ausdruck unterschiedlicher gesellschaftlicher Interessen

Im Pluralismus der Werte und Lebensziele drücken sich jedoch umfassendere gesellschaftliche Veränderungen aus; denn neue Werte entstehen nicht dadurch, daß irgendwelche Leute oder Gruppen sie sich in den Kopf setzen. Wertpluralismus gibt es, weil es Interessenpluralismus gibt, weil sich geschichtliche Machtpositionen verändert haben, weil neue Gruppen auf ihre eigenen Rechte gegenüber anderen pochen, von denen sie bisher abhängig waren. So hat die Kirche z. B. ihre Macht über die sexuellen Werte weitgehend verloren. Oder ein anderes Beispiel: Die konservative Auffassung, daß der Bürger dem Staat zu dienen habe, ist durch die (u. a. von der Arbeiterbewegung vertretene) Ansicht verdrängt worden, daß der Staat zum Nutzen und zur Wohlfahrt der Bürger da sei. Im Wertpluralismus drücken sich also demokratische Prozesse aus — das muß man trotz vieler unsinniger Übertreibungen festhalten. Dieser Pluralismus gibt dem Jugendlichen einen gewissen Spielraum, sich für mehr demokratische Auffassungen und Verhaltensweisen zu entscheiden.

Die Bedeutung der Bezugsgruppen

Allerdings ist dieser Spielraum begrenzt; denn die Sache ist nicht so, daß jeder einzelne Jugendliche wie durch eine Tür in ein »Kaufhaus der Werte« eintritt und sich darin aussucht, was ihm gefällt. Tatsächlich sprechen viele dabei mit, ohne daß das immer bewußt ist, z. B. die Gruppen, in denen wir leben: die Eltern, die Kollegen, die Freunde, aber auch die Massenmedien. Außerdem hat man — wie wir bei der Erörterung der Familie sahen — in der Familie gewisse »Grundmuster« sozialen Erlebens und Verhaltens gelernt, die man nun nicht einfach über Bord werfen kann. Weil unser Spielraum an zahlreiche soziale Bindungen gebunden ist, gehen gesellschaftliche Veränderungen auch verhältnismäßig langsam vor sich, die Menschen können im allgemeinen ihr bisheriges Leben nicht einfach »durchstreichen«. Diejenigen Gruppen, an deren Urteil wir unsere Werte und Lebensziele ausrichten, nennt man »Bezugsgruppen«.

Benachteiligungen der Arbeiterjugend

Der Spielraum, von dem eben die Rede war, ist für die Arbeiterjugend besonders gering. Nur der bürgerlichen Jugend nämlich, d. h. den Oberschülern und Studenten, wird während ihrer Schul- und Studienzeit ein gewisser Spiel- und Experimentierraum zugestanden. Die große Mehrheit der Jugendlichen jedoch, die nach dem Hauptschulabschluß, also eigentlich am Beginn des Jugendalters, die Schule verläßt, um in den Arbeitsprozeß einzutreten, hat diese Chance kaum. Sie wird früh erwachsen gemacht, was von vielen als endliche Befreiung von der Schule erlebt wird, was andererseits aber eben auch kaum Spielraum für die Entwicklung eigener Perspektiven läßt. Sicherlich ist dies einer der Gründe dafür, daß die Werthaltungen und Lebensziele in der Arbeiterschaft sich nur sehr langsam verändern. Lehrlinge und Jungarbeiter erhalten auch einen weitaus geringeren Jahresurlaub als gleichaltrige Oberschüler; um an weiteren Bildungsmaßnahmen teilzunehmen, benötigen sie »Bildungsurlaub«, für den es in den meisten Bundesländern noch keine gesetzlichen Grundlagen gibt. Von den Mängeln der Berufsausbildung wird später noch die Rede sein.

Die Gleichaltrigen-Gruppen

In allen modernen Industriegesellschaften spielt die jugendliche Gleichaltrigen-Gruppe eine besondere Rolle. Es gibt sie in verschiedenen Formen: als organisierte Gruppe innerhalb der Jugendverbände; als lose (informelle) Gruppe in der Nachbarschaft oder im Kollegenkreis; oder auch als gegen die Gesellschaft feindselige »Subkultur« wie etwa Rockerbanden. Wohl jeder Jugendliche dürfte einer oder gar mehrerer solcher Gruppen angehören. Sie haben offenbar die wichtige Funktion, den Übergang von der Kindheit zum Erwachsenenstatus zu überbrücken. Sie bieten Solidarität an, da ja alle gleiche oder ähnliche Probleme haben; sie gewähren Anerkennung, die man im Beruf und in der Schule nicht erhält oder nicht zu erhalten glaubt. Sie geben Rat für die Lösung von Problemen usw. Die Gruppen der Gleichaltrigen sind offenbar wichtige »Bezugsgruppen« für die Jugendlichen. In der schwierigen Phase des Jugendalters scheinen solche Gruppen unentbehrlich zu sein, weil sie ihre Mitglieder so akzeptieren, wie sie sind: keine Kinder mehr, aber auch noch nicht voll erwachsen.

Jugendlichkeit in der Konsumwerbung

Seit die Konsumgüterindustrie entdeckt hat, daß Jugendliche verhältnismäßig viel Geld ausgeben können, hat sie das Jugendalter zur schönsten und sorglosesten Altersgruppe hochstilisiert, die nicht nur eine eigene Mode hat, sondern in ihren Lebensauffassungen überhaupt vorbildlich für die älteren Jahrgänge sei. Teilweise werden Jugendliche geradezu mißbraucht für geschäftliche Zwecke, z. B. durch die Gründung von »Star-Clubs«. Problematisch ist nicht, daß Jugendliche Dinge kaufen, die nützlich sind oder ihnen Spaß machen; problematisch ist vielmehr die Ablenkung von den Problemen, die junge Leute haben und die sowohl ihnen selbst als auch den für sie Verantwortlichen auf diese Weise ausgeredet werden. Hier wird das Zusammengehörigkeitsgefühl, das sich in den Gleichaltrigen-Gruppen ausdrückt, wirtschaftlich ausgebeutet.

Politische Verführbarkeit

Aber nicht nur wirtschaftlich, sondern auch politisch sind Jugendliche leicht ausbeutbar. Das ist schon mit der alten Jugendbewegung vor 1933 geschehen und erst recht mit der Hitlerjugend. Aber auch heute besteht diese Gefahr immer wieder. Sie hat vor allem darin ihren Grund, daß die charakteristische Unsicherheit über die Zukunft mit »klaren« und »festen« Programmen aller Art scheinbar beseitigt werden kann. Zudem nehmen radikale politische Gruppen ihre jugendlichen Anhänger besonders wichtig: sie seien diejenigen, auf die es in erster Linie ankomme. Wir wissen z. B. von der Hitlerjugend, daß gerade darin ihre besondere Faszination für viele junge Leute bestand.

Subkulturen im Untergrund

Jugendliche Gleichaltrigen-Gruppen haben, wie wir sahen, für ihre Mitglieder eine wichtige Funktion. Dies gilt aber nur solange, wie sie einen Bezug zur Realität der Erwachsenenwelt behalten. Verlieren sie diesen Bezug, so verlieren sie auch ihren Nutzen für die Sozialisation im Jugendalter. Beispiele dafür aus der letzten Zeit sind etwa gewalttätige Anarchistengruppen, die sogenannte »Drogen-Szene« oder die »Rokker-Banden«. Problematisch sind solche Gruppenentwicklungen nicht nur deshalb, weil sie die Gesellschaft stören oder provozieren, sondern weil sie ihre Mitglieder zu Außenseitern oder zu Kriminellen machen und ihnen damit jede Chance nehmen, ein normales, befriedigendes Leben zu führen.

Die Stufen der rechtlichen Mündigkeit

Die Tatsache, daß jeder nach seiner Geburt eine lange Strecke der Sozialisation und Erziehung durchlaufen muß, bevor er als selbständiger Erwachsener gelten kann, hat sich auch im Recht niedergeschlagen. Die Volljährigkeit ist neuerdings auf das vollendete 18. Lebensjahr festgesetzt. Aber bis dahin sind Kinder und Jugendliche keineswegs rechtlos, vielmehr werden die Rechte und Pflichten des Kindes und Jugendlichen seiner Altersstufe entsprechend abgestuft. Diese Stufen sind aus der folgenden Tabelle zu ersehen.

Alter	Rechtserwerb	Bedeutung
Zwischen Zeugung und Geburt des Kindes (sog. Nasciturus = derjenige, der geboren werden wird)	Recht auf Leben	In seinem Urteil vom Febr. 1975 hat das Bundesverfassungsgericht entschieden, daß die sogenannte "Fristenregelung" (=Abbruch der Schwangerschaft in der Frist von 12 Wochen nach der Empfängnis) verfassungswidrig sei. Obwohl diese Entscheidung auch innerhalb des Gerichts selbst umstritten ist, wurde hierdurch das Recht des noch Ungeborenen auf Leben erneut festgestellt. Abtreibung ist demnach nur unter bestimmten Bedingungen ("Indikationen") rechtlich erlaubt.
Vollendete Geburt	1. Rechtsfähigkeit	Rechtsfähigkeit ist die Fähigkeit, Träger von Rechten und Pflichten zu sein. Ein neugeborenes Kind kann also z.B. durch Erbschaft Eigentümer eines Grundstücks, eines Hauses usw. werden und auch rechtliche Pflichten damit auf sich nehmen müssen, z.B. einen Teil des geerbten Geldes zu bestimmten festgelegten Zwecken zu verwenden. Da das Kind aufgrund seiner Entwicklungsstufe die erforderlichen Rechtshandlungen nicht selbst vornehmen kann, wird es hier von den Eltern vertreten, ohne daß diese damit jedoch die entsprechenden Rechte oder Pflichten selbst erlangt hätten.
	2. Parteifähigkeit	Mit dem Erwerb der Rechtsfähigkeit kann das Kind genötigt werden, seine Rechte (z.B. die aus einer Erbschaft) zu verteidigen oder wegen Nichterfüllung seiner Pflichten verklagt zu werden. Es kann also in einem Rechtsstreik "Partei" sein oder werden. Aus den gleichen Gründen wie oben kann es den Prozeß allerdings nicht selbst führen, es wird auch hier von seinen Eltern vertreten.
	3. Persönlichkeitsrecht	Mit der Geburt und dem Eintritt der allgemeinen Rechtsfähigkeit erwirbt das Kind gleichzeitig den Schutz der Grundrechte, vor allem den der Menschenwürde (Art.1 Grundgesetz) und das Recht auf freie Entfaltung seiner Persönlichkeit (Art.2 Grundgesetz). Der Schutz der Menschenwürde gilt absolut und gegenüber jedermann. Dies gilt im Prinzip auch für die freie Entfaltung der Persönlichkeit des Kindes, jedoch überläßt das elterliche Erziehungsrecht (Art.6, Absatz 2 Grundgesetz) es den Eltern, über die freie Entfaltung der Persönlichkeit des Kindes zu wachen und diese zu gestalten.
Vollendetes 7. Lebensjahr	1. Beschränkte Geschäftsfähigkeit	Bis zur Vollendung des 7. Lebensjahres sind Kinder geschäftsunfähig, d.h. sie dürfen (um beim Beispiel der Erbschaft zu bleiben) mit geerbtem Geld, das ja ihr Eigentum ist, keinerlei Geschäfte (z.B. Käufe) tätigen. Für die geschäftsunfähi-

Alter	Rechtserwerb	Bedeutung
		gen Kinder handeln ausschließlich die Eltern vertretungsweise. Nach Erreichen dieses Alters werden Kinder beschränkt geschäftsfähig. Sie können also Geschäfte abschließen (also z.B. Käufe), wenn die Zustimmung der Eltern dazu vorliegt, sie können, auch ohne Zustimmung der Eltern, z.B. Schenkungen annehmen (eine Schenkung ist ein, wenn auch einseitiges Rechtsgeschäft), wenn sie daraus einen rechtlichen Vorteil haben.
	2. Beschränkte Deliktsfähigkeit (Delikt = unerlaubte Handlung wie Körperverletzung, Sachbeschädigung)	Ebenso wie sie geschäftsunfähig sind, sind Kinder bis zum vollendeten 7. Lebensjahr auch deliktsunfähig. Wenn sie also einen Schaden anrichten, müssen sie selbst dann, wenn sie eigenes Vermögen haben, diesen Schaden nicht ersetzen, weil man davon ausgeht, daß Kinder dieses Alters die Folgen ihrer Handlungen noch nicht übersehen können. (Haftbar sind aber in der Regel die Eltern, wenn sie ihre Aufsichtspflicht verletzt haben oder auch, wenn das nicht der Fall war, weil es dem Geschädigten nicht zumutbar ist, den Schaden selbst zu tragen. Schadensersatzpflichtig kann auch ein Dritter, z.B. Lehrer, sein, wenn er im Augenblick des Schadenseintritts die Aufsichtspflicht über das Kind hatte.) Nach Vollendung des 7. Lebensjahres wird das Kind beschränkt deliktsfähig, d.h. es muß aus eventuell bei ihm vorhandenen Vermögen den angerichteten Schaden selbst ersetzen, ist also grundsätzlich für einen von ihm angerichteten Schaden verantwortlich, es sei denn, ihm fehlte die zur Erkenntnis der Verantwortlichkeit fehlende Einsicht. Ob dies der Fall war oder nicht, ist in der Praxis nur sehr schwer festzustellen und zu entscheiden.
Vollendetes 12. Lebensjahr	Recht auf religiöse Selbstbestimmung	Nach dem "Gesetz über die religiöse Kindererziehung" (dort § 5) kann das Kind ab diesem Alter nicht mehr gegen seinen Willen in einem anderen Bekenntnis erzogen werden als bisher. Wenn also die Eltern von einer Religionsgemeinschaft in eine andere überwechseln oder überhaupt aus der Religionsgemeinschaft austreten, ist dieser Wechsel bzw. Austritt für das Kind gegen dessen Willen nicht verbindlich.
Vollendetes 14. Lebensjahr	1. Religionsmündigkeit	Nach Vollendung des 14. Lebensjahres hat das Kind das Recht, frei darüber zu entscheiden, welcher Religionsgemeinschaft es angehören will, oder ob es die Religionsgemeinschaft verlassen will (Kirchenaustritt). Damit ist zugleich das Recht verbunden, die Teilnahme am Religionsunterricht und am Gottesdienst abzulehnen.
	2. Bedingte Strafmündigkeit	Ein Kind unter 14 Jahren kann für eine Straftat, die es begangen hat, strafrechtlich nicht zur Verantwortung gezogen werden, es ist strafunmündig. Vom Vormundschaftsgericht (Gericht, das für Entscheidungen bei rechtlich bedeutsamen Familienstreitigkeiten zuständig ist) kann lediglich Einweisung des Kindes in eines der Fürsorgeerziehungsheime angeordnet werden oder den Eltern kann zur Unterstützung ein sog. Erziehungsbeistand beigegeben werden. Nach Vollendung des 14. bis zur Vollendung des 18. Lebensjahres

Alter	Rechtserwerb	Bedeutung
		ist der Minderjährige strafrechtlich gesehen Jugendlicher und für eine Straftat verantwortlich, wenn er "zur Zeit der Tat nach seiner sittlichen und geistigen Entwicklung reif genug ist, das Unrecht der Tat einzusehen und nach dieser Einsicht zu handeln" (§ 3 Jugendgerichtsgesetz). Ist er wegen mangelnder Reife nicht verantwortlich, kann der Jugendrichter dennoch Erziehungsmaßnahmen (Erziehungsbeistand, Fürsorgeerziehung) anordnen.
	3. Beschwerderecht in Vormundschaftsachen	Ein Minderjähriger ist in allen seine Person betreffenden Angelegenheiten berechtigt, ohne Mitwirkung oder Zustimmung seiner Eltern oder – falls er aus irgendwelchen Gründen (z.B. Tod seiner Eltern) unter Vormundschaft steht – seines Vormunds beim Vormundschaftsgericht Beschwerde einlegen. Dabei kann es, wie einige Gerichte entschieden haben, auch um streitige Erziehungsfragen (z.B. Verbot eines bestimmten Umgangs) gehen.
Vollendetes 16. Lebensjahr	1. Eidesfähigkeit	Der Jugendliche kann als Zeuge in einem Straf- oder Zivilprozeß vereidigt werden. Im Strafprozeß kann das Gericht von einer Vereidigung absehen, wenn der jugendliche Zeuge das 18. Lebensjahr noch nicht vollendet hat.
	2. Fähigkeit zum Erwerb einer Fahrerlaubnis für Kraftfahrzeuge	Der Jugendliche kann ab diesem Alter die Führerscheine der Klassen IV und V erwerben und damit z.B. die Berechtigung zum Fahren eines Mopeds im öffentlichen Verkehr erlangen.
	3. Personalausweis	Der Jugendliche muß einen Personalausweis besitzen.
	4. Kino- und Gaststättenbesuch	Die für die Altersstufe freigegebenen Filme können bis 23 Uhr, Gaststätten und Tanzveranstaltungen bis 22 Uhr besucht werden.
Vollendetes 18. Lebensjahr	1. Volljährigkeit	Die Volljährigkeit tritt regelmäßig am 18. Geburtstag ein. Sie begründet – im rechtlichen Sinne – die volle Selbständigkeit und Selbstverantwortlichkeit des Menschen. Die elterliche Gewalt – und die damit verbundenen Vertretungsrechte und -pflichten der Eltern für den Minderjährigen – erlischt.
	2. Unbedingte Strafmündigkeit	Mit diesem Alter tritt auch die volle strafrechtliche Verantwortung ein. Allerdings kann auch jetzt noch das Jugendstrafrecht angewandt werden, wenn der Täter nach seinem Entwicklungsstand noch als Jugendlicher anzusehen ist oder wenn es sich um eine typische Jugendverfehlung handelt.
	3. Aktives und passives Wahlrecht	Mit 18 Jahren kann man wählen (= aktives Wahlrecht) und gewählt werden (= passives Wahlrecht).
	4. Ehemündigkeit	Mit 18 Jahren ist man ehemündig, d.h. man kann selbst entscheiden, ob und wen man heiraten will. Das Vormundschaftsgericht kann die Heiratserlaubnis auch schon ab dem 16. Lebensjahr erteilen, wenn der Partner wenigstens 18 Jahre alt ist.
	5. Wehrpflicht	Der männliche Jugendliche wird wehrpflichtig.

Schule im politischen Konflikt

Neben der Familie dürfte wohl die Schule die wichtigste Sozialisationsinstanz sein. Bei uns besteht Schulpflicht bis zum 18. Lebensjahr. Wer nicht das Gymnasium besucht oder in einer anderen Schulform (z. B. Berufsfachschule) seine Schulpflicht erfüllt, muß nach dem Hauptschulabschluß die Berufsschule besuchen. Das Schulwesen ist staatlich; es gibt zwar Privatschulen, aber auch diese unterstehen der Aufsicht des Staates.

Die tagespolitischen Auseinandersetzungen zeigen, daß die Schule zu den politischen »heißen Eisen« gehört. Mit großer Empfindlichkeit reagieren Öffentlichkeit und politische Parteien auf neue Lehrpläne oder auf sonstige Änderungen; Schüler, die protestieren und demonstrieren, und Lehrer, die neue, ungewohnte Unterrichtsverfahren durchführen wollen, geraten leicht in die öffentliche Kritik.

Seit es ein modernes Schulwesen gibt, ist die Schule politisch umkämpft gewesen; denn zumindest folgende Fragen mußten immer wieder neu entschieden werden:

1. *Was* soll in den Schulen gelehrt werden (und was nicht)?
2. *Was* sollen die *Lehrer* lernen (und was nicht)? (= Frage der Lehrerausbildung).
3. Wer *kontrolliert,* ob die Lehrer auch tatsächlich das lehren, was sie lehren sollen?
4. Was kann der Schüler mit dem Abschluß der Schule (z. B. beruflich) anfangen?
5. Wer darf welche Schulart besuchen?

Ein historischer Vergleich

Diese Fragen und viele andere wurden, seit es ein modernes Schulwesen gibt, immer unterschiedlich beantwortet und entschieden. Deshalb ist es lehrreich, für einige Gesichtspunkte einen kurzen historischen Vergleich anzustellen. Wir vergleichen die Verhältnisse von 1875 und 1975, wobei wir uns auf die Volksschule und das Gymnasium beschränken wollen.

Die Trennung der Schularten. Im Jahre 1875 waren Gymnasien und Volksschulen deutlich voneinander getrennt. Die Gymnasien waren »Vorschulen« der Universität, kosteten ein für die unteren Klassen und Schichten unerschwingliches Schulgeld und dienten dem Nachwuchs der oberen Klassen zur Ausbildung für die höheren Positionen in Staat und Gesellschaft. Gelehrt wurden die sogenannten »klassischen Bildungsgüter«:

Griechisch, Latein, deutsche Literatur, Kunst, in geringerem Umfang auch Naturwissenschaften. Erst später kamen die Naturwissenschaften in einem eigenen Gymnasialtyp (»naturwissenschaftliches Gymnasium«) stärker zur Geltung. Die Gymnasiasten mußten nicht — wie heute — mindestens die ersten 4 Jahre der Volksschule besuchen, um in das Gymnasium einzutreten. Vielmehr wurden sie damals auf die Aufnahmeprüfung zum Gymnasium entweder durch private Hauslehrer vorbereitet, oder in sogenannten »Vorklassen«, die die Gymnasien selbst einrichteten.
Die Volksschüler kamen also in der Schule überhaupt nicht mit den Gymnasiasten zusammen. Sie sollten nur das lernen, was zur Ausübung ihrer späteren Tätigkeit als Arbeiter oder Landarbeiter unbedingt nötig war: vor allem die »Kulturtechniken«, also Rechnen, Schreiben und Lesen, sowie vaterländische Geschichte. Der Religionsunterricht nahm die meisten Schulstunden ein. Er wurde als die beste Möglichkeit zur »Gesinnungsbildung« angesehen, also dazu, mit der eigenen Lage zufrieden zu sein und die staatlichen und kirchlichen Autoritäten anzuerkennen.
Man ging also um 1875 davon aus, daß die Kinder in derjenigen sozialen Schicht bzw. Klasse bleiben würden, zu der ihre Eltern gehörten. Das Schulwesen hatte die Aufgabe, diese Klassen zu »reproduzieren«, also immer wieder herzustellen. Das Kind lernte das, was es für die Aufgaben seiner Klasse brauchte.
Es wäre übertrieben zu sagen, daß sich dies heute vollständig geändert hätte. Zwar sind Gymnasium und Volksschule heute stärker miteinander verschränkt: Jedes Kind muß die ersten 4 Jahre in der Grundschule verbringen, erst danach darf sich die Trennung vollziehen (Gymnasium oder weiterer Verbleib in der Volksschule). Durch die Einrichtung der »Förderstufe« ist der Übergang ins Gymnasium auch in gewisser Weise erleichtert worden; er muß nicht mehr nach dem 4. Schuljahr, sondern kann auch noch später erfolgen. Aber immer noch gehen verhältnismäßig wenig Arbeiterkinder aufs Gymnasium, noch weniger bestehen das Abitur, und der Anteil der Arbeiterkinder an den Studenten beträgt etwa 9 %. Kaum jemand würde heute ernsthaft fordern, daß die Schule die sozialen Klassen »reproduzieren« solle. Im Gegenteil wird heute offiziell gerade von der Schule verlangt, daß sie die sozialen Positionen nach *Leistung* vergibt. (Wer länger zur Schule geht, erhält die Chance, einen besser bezahlten Beruf zu ergreifen.) Trotzdem sind aber Volksschule und Gymnasium nach wie vor deutlich voneinander getrennt, und die Versuche, in sogenannten »Gesamtschulen« diese Trennung aufzuheben, sind in Ansätzen steckengeblieben und in eini-

gen Bundesländern überhaupt nicht begonnen worden. Noch immer lernen Volksschüler etwas anderes als die Gleichaltrigen in den Gymnasien, und das hängt nur zum geringen Teil damit zusammen, daß der Lehrstoff für die Gymnasiasten »schwieriger« sein soll als für die Volksschüler.

Die Lehrerbildung. Die Gymnasiallehrer studierten 1875 an der Universität und hatten somit Zugang zur Wissenschaft; die Volksschullehrer wurden in »Lehrer-Seminaren« ausgebildet, in denen Wissenschaft keine Rolle spielte. Sie lernten dort nicht sehr viel mehr, als sie ihren Schülern beibringen sollten, und außerdem lernten sie die Methoden kennen, *wie* sie es beibringen sollten.

Heute müssen *alle* Lehrer an wissenschaftlichen Hochschulen studieren, auch die Volksschullehrer haben Zugang zur Wissenschaft. In einigen Ländern gibt es bereits Gesamthochschulen, wo alle Lehrer auch an ein und derselben Hochschule studieren. Dennoch sind auch hier noch »Restbestände« der alten Regelung erhalten: Lehrer für die Grundschule (Klassen 1 bis 4) und für die Sekundarstufe I (Klassen 5 bis 10) werden auch in nächster Zeit nur 3 Jahre (= 6 Semester) studieren und deshalb z. B. anschließend weniger verdienen, während die Lehrer für die Sekundarstufe II (Klassen 11 bis 13, = Oberstufe des Gymnasiums) 4 Jahre (= 8 Semester) studieren sollen. Dabei spielt allerdings nicht nur eine Rolle, daß Lehrer für die unteren Jahrgänge »weniger wissen müßten«; selbst diejenigen Politiker und politischen Organisationen, die diese Ansicht – zu Recht! – nicht teilen, müssen anerkennen, daß auf absehbare Zeit die völlige Gleichstellung der Lehrer schon aus finanziellen Gründen nicht zu erreichen ist.

Die Schulaufsicht. Den Lehrern des Jahres 1875 war ziemlich genau durch Lehrpläne und sonstige Anweisungen vorgeschrieben, *was* sie unterrichten sollten, *wie* sie es tun sollten und was dabei herauskommen sollte (Lernziele). Das galt vor allem wiederum für die Volksschullehrer. Kontrolliert und beaufsichtigt wurden die Lehrer grundsätzlich vom Staat. Praktisch ausgeübt wurde die staatliche Schulaufsicht jedoch ganz unterschiedlich: Während die Gymnasien von speziellen staatlichen Beamten beaufsichtigt wurden, überließ der Staat die Aufsicht der Volksschulen der Kirche, d. h. den Ortsgeistlichen (= »geistliche Schulaufsicht«). Darin kam zum Ausdruck, daß die Volksschulen durchweg Konfessionsschulen waren, im Unterschied zu den Gymnasien, die grundsätzlich überkonfessionell waren (Ausnahmen waren private bzw. kirchliche Gymnasien).

Heute hat sich dagegen die »fachliche« Schulaufsicht durchgesetzt; d. h. sie wird von besonderen Beamten (Schulräten) ausgeübt, die selbst pädagogisch ausgebildet sind und Lehrer waren. Aber noch bis in die sechziger Jahre hinein hat es bei uns Konfessionsschulen gegeben, und die Frage, ob die Volksschule »konfessionell« oder »weltlich« sein solle, hat die schulpädagogischen Auseinandersetzungen bis dahin in Deutschland ganz wesentlich bestimmt.

Schule als Zugang zum Beruf. Wer im Jahre 1875 nur den Abschluß der Volksschule vorweisen konnte, konnte damit nur die unteren Berufe ergreifen bzw. erlernen, wenn er einen Ausbildungsplatz fand. Sonst blieb er ungelernter Arbeiter oder Landarbeiter. »Ein Handwerk zu erlernen« war damals durchaus schon für viele eine Art von »sozialem Aufstieg«. Das Abitur dagegen berechtigte zum Studium.

An den Grenzen, die der bloße Volksschulabschluß für die weitere berufliche Karriere setzte, hat sich bis heute im Prinzip wenig geändert. Auch heute berechtigt dieser Abschluß nur zur Aufnahme einer gewerblichen und kaufmännischen Lehre; aber die Praxis zeigt, daß sogar diese Möglichkeit immer mehr begrenzt wird, weil die ausbildenden Firmen für bestimmte Ausbildungsgänge zumindest den Realschulabschluß verlangen. Weiterführende Schulen kann man mit dem Volksschulabschluß allein nicht besuchen, wenn man von den Berufs- und Berufsfachschulen absieht. Allerdings berechtigt auch das Abitur nicht mehr ohne weiteres zum Studium. Die Zahl der Studienbewerber ist erheblich größer geworden, als Studienplätze vorhanden sind.

Wer kann welche Schule besuchen? Auch vor 100 Jahren konnte im Prinzip jeder die Schule besuchen, die er wollte; es war z. B. nicht gesetzlich verboten, daß ein Arbeiterkind aufs Gymnasium ging, und in einer Reihe von Ausnahmefällen geschah das auch. Möglich war das nur durch ein Stipendium, denn die Schule kostete verhältnismäßig viel Geld. Vor allem die Kirchen (und hier vor allem die katholische) zogen durch derartige Stipendien einen Teil ihres Priesternachwuchses in eigenen Gymnasien und Hochschulen heran. Davon abgesehen jedoch war der Besuch eines Gymnasiums für die unteren Schichten nicht nur *finanziell*, sondern auch *sozial* und *kulturell* praktisch unmöglich. Es ging nicht nur ums Geld; vielmehr waren auch die *sozialen* und *kulturellen Unterschiede* zwischen den Schichten kaum zu überbrücken (z. B. soziales Verhalten und Benehmen; die unterschiedlichen Werte und Lebensziele; Kenntnisse, Fähigkeiten und Fertigkeiten, die schon in der Familie von früh an in den höheren Schichten gelernt wurden usw.). Am ehesten waren solche Unterschiede noch in der theologischen Ausbildung zu überbrücken, nämlich durch die Gemeinsamkeit des Glaubens und der kirchlichen Rituale.

Heute sind die finanziellen Barrieren weitgehend überwunden. Es gibt Stipendien, und auch die Einkommen der Arbeiterhaushalte sind vergleichsweise höher. Dennoch wäre es voreilig zu vermuten, daß in Arbeiterfamilien keine finanziellen Probleme für den Besuch höherer Bildungsanstalten mehr bestünden. Selbst wenn ein Stipendium gewährt wird, kostet ein Gymnasiast einen zusätzlichen Aufwand an Lehrmitteln und Kleidung, vor allem aber bringt er keinen Lohn nach Hause.

Dennoch scheint nicht so sehr die finanzielle, als vielmehr die kulturelle und soziale Barriere der eigentliche Grund dafür zu sein, daß immer noch verhältnismäßig wenig Arbeiterkinder das Gymnasium oder gar die Universität besuchen. Ein solcher Schritt bedeutet nämlich immer noch einen gewissen Bruch mit der eigenen Familie und ihren Werten und Erwartungen: Man lernt anders zu sprechen, bekommt andere Interessen, hat Umgang mit anderen Leuten. Hinzu kommen die schon bei der Erörterung der Familie erwähnten unterschiedlichen Sozialisationsprozesse: Arbeiterkinder lernen meist in ihren Familien weniger als Kinder der Mittelschicht das, was man für die Schule braucht.

Von der Klassenschule zur allgemeinen Leistungsschule

Man sieht an diesen kleinen historischen Vergleichen, daß die Schule nicht nur eine Sozialisationsinstanz neben anderen ist, sondern daß sie eine herausragende politische Bedeutung hat. Das alte Schulsystem vor 100 Jahren war im Grunde eine Klassenschule. Die höheren Schichten hatten das Gymnasium, die Unterschichten die Volksschule. Die Schule reproduzierte die Klassengesellschaft. Eine solche Regelung aber widerspricht unserem heutigen demokratischen Selbstverständnis. Heute ist die herrschende Ansicht, daß gesellschaftliche Positionen (»oben« und »unten« in der Gesellschaft, z. B. im Beruf) nicht mehr nach der Stellung des Vaters »vererbt« werden, sondern daß sie von jedem einzelnen durch eigene Leistung neu erworben werden sollen. Zwar ist dies ein Idealbild, das mit der Wirklichkeit nur zum Teil übereinstimmt; es wäre z. B. erst dann voll verwirklicht, wenn Väter ihren Kindern auch keine materiellen Güter mehr vererben könnten, wenn also jedes Kind insofern die gleiche Startchance hätte. Aber selbst dann hätten die Väter in den »gehobenen Positionen« immer noch die »besseren Beziehungen«, mit denen sie ihren Kindern einen Vorteil verschaffen könnten; die Praxis in sozialistischen Ländern, wo die Vererbung von privatem Eigentum keine nennenswerte Rolle mehr spielt, zeigt, wie bedeutsam so etwas werden kann.

Gerade weil also vollkommen gleiche Startchancen für alle

Kinder nicht zu verwirklichen sind und aus einer ganzen Reihe von Gründen auch wohl nicht wünschenswert wären, kommt der Schule für die *Korrektur der Ungleichheit* der Startchance eine große Bedeutung zu. Nur wenn nämlich die Schule gegen alle die anderen Vorrechte den *Maßstab der Leistung* zur Geltung bringen kann, läßt sich die demokratische Ideologie, daß gesellschaftliche Positionen nach Leistung vergeben werden sollen, ernst nehmen. Aus diesem Grunde hat die Frage, ob die Schule genügend für die Korrektur der Ungleichheit tut, in den schulpolitischen Diskussionen der letzten Jahre einen großen Raum eingenommen; denn es ist natürlich nicht damit getan, daß die Schule einfach ihre Leistungsforderungen erhebt, weil das ja nur die Ungleichheit der Startchance aufrechterhalten würde. Vielmehr muß sie sich auch dazu etwas einfallen lassen, *wie* sie die Kinder – vor allem die benachteiligten – an diese Maßstäbe mit Erfolg heranführt.

Neue Erkenntnisse über »Begabung«. In der Vergangenheit hat man die unterschiedliche Verteilung der sozialen Schichten auf die Schularten damit zu erklären und zu rechtfertigen versucht, daß darin eben die unterschiedliche »Begabung« der Schüler zum Ausdruck komme. Die Kinder aus den unteren sozialen Schichten seien eben für das Gymnasium und die Hochschule nicht »begabt« genug. Dabei nahm man an, daß schon die Erbausstattung (Vererbung) im wesentlichen über die Begabung entscheide.

Solche Vorstellungen lassen sich wissenschaftlich nicht mehr halten. Zwar spielt Vererbung tatsächlich eine gewisse Rolle, vor allem wenn es sich um körperliche Schäden (z. B. Gehirnschäden) handelt. Aber selbst solche Schäden können zum Teil durch gezieltes Training in einem erstaunlichen Ausmaß ausgeglichen werden. Im Normalfalle aber werden die Grenzen für die Lernmöglichkeiten nicht durch die Vererbung gesetzt, sondern dadurch, welche Lernanreize den Kindern von Anfang an angeboten werden, also durch *soziale* Tatsachen. Davon war im Kapitel über die Familie schon die Rede. Es geht dabei um viele Einzelheiten, z. B. wie man mit einem Kind spricht; ob man dabei seinen Wortschatz erweitert; ob man geduldig auf seine Fragen eingeht und es zum Fragen ermuntert; ob man seine Phantasie anspricht und ermuntert usw.

Die schon mehrmals erwähnte Bildungsbenachteiligung der unteren sozialen Schichten beruht also nicht auf biologisch bedingter Vererbung – von Sonderfällen abgesehen –, sondern ist die Folge davon, was *mit* der vorhandenen Erbausstattung durch *Lernen* geschieht. Diese Erkenntnis hat die Schulreformbemühungen der letzten Zeit wesentlich beeinflußt und ihnen eine demokratische Begründung gegeben: »Bildung ist Bürgerrecht.«

Die Reformbemühungen der letzten Jahre konzentrierten sich auf die Errichtung der sogenannten »Gesamtschule«. Ihre wichtigsten Grundsätze sind:

a) Es soll ein *einheitliches* Bildungssystem eingerichtet werden, das von der Vorschule bis zur Universität reicht. An die Stelle der bisherigen *Dreigliedrigkeit* (Volksschule, Realschule, Gymnasium) tritt also die *Eingliedrigkeit*, möglicherweise sogar die Zusammenfassung der bisherigen Schularten in ein und demselben Gebäude. Das Prinzip heißt also: Alle Kinder gehen in die gleiche Schule, und zwar so lange, wie ihre Fähigkeiten, Interessen und Begabungen ausreichen. Das neue Schulsystem ermöglicht an verschiedenen Stellen Abschlüsse, die den Weg in bestimmte Berufsgruppen eröffnen. Wer also den langen Weg bis zum Abitur nicht schafft, kann auch früher »aussteigen«, ohne daß die bisherige Schulzeit »verlorene Zeit« wäre.

b) Das starre System der Jahrgangsklassen soll teilweise aufgelöst werden. Zumindest für einen Teil der Fächer soll es »Leistungskurse« geben, in denen z. B. »gute Mathematiker« und »weniger gute Mathematiker« getrennt zusammengefaßt werden ohne Rücksicht auf die Zugehörigkeit zu einer bestimmten Schulklasse. Auf diese Weise soll erreicht werden, daß jeder Schüler nach seinem jeweiligen Leistungsstand gefördert werden kann.

c) Die Schüler sollen in einem gewissen Spielraum ihre Fächer je nach ihren Interessen und Leistungen *wählen* können. Auf diese Weise soll erreicht werden, daß die Schüler in ihren Interessen- und Leistungsschwerpunkten besonders gut gefördert werden.

d) Der bisherige Kindergarten soll zum Teil zu einer »Vorschule« ausgebaut werden, in der nicht nur — wie bisher im Kindergarten — »gespielt« wird, sondern bereits mit dem Blick auf den kommenden Schuleintritt systematisch gelernt wird. Die Idee zur Einrichtung von Vorschulen ist vor allem von amerikanischen Untersuchungen beeinflußt worden, die gezeigt haben, daß Kinder auch schon vor Schuleintritt sehr viel mehr lernen können, als man bisher angenommen hat. Die Vorschulen sollen vor allem Arbeiterkindern zugute kommen, damit sie beim Eintritt in die Schule eine größere »Chancengleichheit« als bisher haben.

Schwierigkeiten und Einwände. Diese Reformversuche sind inzwischen steckengeblieben, in einigen Bundesländern gar nicht begonnen worden, und es ist interessant, sich die wesentlichen Ursachen dafür klarzumachen:

a) Die *Kosten* für eine solche Reform wären beträchtlich; allein für die geplanten Vorschulen würden bis 1980 und nur für Bauten 4 bis 7 Milliarden Mark benötigt. Darin sind die Personalkosten für die Erzieher sowie die Kosten für deren Ausbildung noch nicht enthalten. Es hat sich inzwischen gezeigt, daß Bildungsangebote eine »Mangelware« sind, d. h. das Angebot ist erheblich kleiner als die Nachfrage. Auf dem freien Wirtschaftsmarkt würden in einer solchen Situation sehr hohe Preise für das Angebot verlangt. Im Bereich des staatlichen Bildungswesens werden jedoch nicht die Preise erhöht, vielmehr setzt ein politischer Kampf um die Zuteilung ein. Im Bereich der Bildungsreform hat sich gezeigt, daß die bereitgestellten Gelder in erster Linie den Universitäten zugute kamen, ohne daß der Anteil der Arbeiterkinder an den Studenten nennenswert gestiegen wäre. Daran gemessen hat sich die Situation der Volksschulen und der Berufsausbildung – der Einrichtungen also, in denen überwiegend Arbeiterkinder anzutreffen sind – eher weiter verschlechtert. Obwohl also die Bildungsreform unter dem Stichwort »Gesamtschule« angetreten war zur »Korrektur der Ungleichheit«, hat sie diese Ungleichheit durch den Verteilungskampf eher zugunsten der bisher schon bevorzugten sozialen Schichten verstärkt.

b) Für die Gesamtschule rechnet man mit großen Schulkomplexen, mit Hunderten von Schülern und entsprechend vielen Lehrern. Nur in solchen Schulkomplexen können genügend Wahlgebiete und Leistungskurse eingerichtet werden. Dies ist in großen Städten ohne weiteres möglich, in ländlichen Gebieten müßten die Schüler entsprechend lange Anmarschwege in Kauf nehmen.

c) Außerdem wenden Kritiker ein, daß die Benachteiligung der Unterschichtkinder in solchen Schulen nicht beseitigt, sondern eher verstärkt würde. Dort würden sich nämlich die Unterschiede der Lernfähigkeit verschiedener sozialer Gruppen in ein und derselben Klasse zeigen, nämlich dadurch, daß die »Klügeren« in die höheren Wahlkurse gehen, die anderen in die niedrigeren.

Die Aufgaben der Schule

Versuchen wir nun, die wichtigsten Aufgaben der Schule im Rahmen des Sozialisationsprozesses zu beschreiben.

Zuteilung gesellschaftlicher und beruflicher Positionen. Die Schule hat die Aufgabe, die nachwachsende Generation auf die vorhandenen gesellschaftlichen und beruflichen Positionen zu verteilen. Wer soll »höhere«, wer »niedrigere« gesellschaftliche Positionen einnehmen? In allen modernen Industriegesellschaften (kapitalistischen und sozialistischen) stellt sich dieses

Problem in gleicher Weise. Es wird im allgemeinen auch überall in der gleichen Weise gelöst, nämlich durch unterschiedliche »Bildungswege«. Bei uns gehen zunächst alle Kinder gemeinsam 4 Jahre lang in die Grundschule. Danach beginnt die erste große Aussiebung: Entweder man bleibt in der Volksschule, oder man geht aufs Gymnasium. Durch die Einrichtung der sogenannten »Förderstufe«, die das 5. und 6. Schuljahr umfaßt, kann eine solche Entscheidung auch noch 2 Jahre hinausgeschoben werden. Jedenfalls führt der Volksschulabschluß in die »unteren« Berufsqualifikationen, die wiederum einige Sortierfilter enthalten: Geselle, Meister usw. Solche Sortierfilter sind immer mit Prüfungen und Zeugnissen verbunden. Für die Gymnasiasten ist das Abitur eine wichtige Filterung: Es berechtigt zum Studium. Zeugnisse haben also im allgemeinen zwei Funktionen: sie beurteilen den bisherigen Bildungsgang eines Menschen, und sie berechtigen ihn für weitere Bildungsgänge.
So unvermeidlich es ist, daß das Schulwesen in allen modernen Gesellschaften die Sortierung (auch »Selektion« genannt) übernimmt, so umstritten sind nahezu alle Einzelheiten dieses Vorganges, wie die aktuellen schulpolitischen Diskussionen deutlich zeigen. Dafür nur einige Beispiele: Nach welchen *Maßstäben* soll das vor sich gehen, unter welchen Bedingungen also soll jemand »sitzenbleiben«? Oder: Wie zutreffend sind Zeugnisnoten und sonstige Beurteilungen, die dabei eine Rolle spielen? Was sagen sie wirklich über die künftige Berufsqualifikation aus? Oder: Wann ist der richtige Zeitpunkt für eine solche Selektion?
Qualifikation für die Teilnahme an Beruf, Politik und Kultur. Die Schule *qualifiziert* für die Teilnahme am gesellschaftlichen Leben, also für die Teilnahme an Beruf, Politik und Kultur (im weitesten Sinne des Wortes). Ohne Schule wäre dies heute nicht mehr möglich. Ohne den systematischen Unterricht in der Schule würden wir kaum ein Fernsehspiel oder einen Zeitungsartikel verstehen. Zwar könnte man vieles auch ohne Schule lernen, z. B. durch die Eltern. Aber wer hat schon Zeit dafür? Müssen nicht die Kinder schon deshalb jeden Tag zur Schule gehen, damit die Eltern ihrem Beruf nachgehen können? Wichtiger ist aber folgender Punkt: Nur in der Schule, d. h. nur an einem Ort, der regelmäßig, zu bestimmten Zeiten aufgesucht wird und wo man immer wieder dieselben »Mitarbeiter« (Lehrer, Mitschüler) findet, kann man *systematisch* lernen, d. h. Schritt für Schritt und so, daß man dabei *Zusammenhänge* begreift. Ohne Schule würde man nur »lebensbezogen« lernen, also »von Fall zu Fall«. Viele Kinder lernen z. B. schon vor Schuleintritt soweit das Addieren und Subtrahieren, daß sie beim Einkauf mit kleineren Geldsummen

umgehen können; in der Schule aber wird das Rechnen *abstrakt* gelernt, d. h. es wird weitgehend losgelöst von solchen praktischen Aufgaben. Der Sinn ist, daß man Rechnen systematisch lernen soll, um in Zukunft möglichst *alle* Rechenaufgaben, die die Praxis stellt, selbständig lösen zu können.

Die Bedeutung des typisch schulischen Lernens (nämlich des systematischen Lernens) wird noch klarer, wenn wir dabei nicht an Rechnen, sondern z. B. an Politik und Gesellschaftslehre denken. Wir haben bei der Erörterung der Jugendphase schon gesehen, daß der Weg aus der Familie in die Gesellschaft (also z. B. in den Bereich der großen Organisationen und der Bürokratien) deshalb so schwierig ist, weil die gesellschaftlichen Großorganisationen nicht mehr bloß durch Lebenserfahrung verstanden werden können. Was eine gesellschaftliche Institution wie die Schule oder der Bundestag ist; was eine Großorganisation wie ein Industriebetrieb ist und wie er funktioniert; was Staat und Gesellschaft im ganzen sind und nach welchen Regeln sie funktionieren oder was ihre Existenz gefährden kann: all das kann man heute nicht mehr verstehen, indem man etwa einfach seine bisherigen Erfahrungen im Umgang mit den Eltern, Geschwistern oder Freunden anwendet. Tut man dies doch, so sieht man nur Teilaspekte, z. B. daß es Macht gibt in der Gesellschaft, so wie früher der Vater Macht über das Kind hatte; oder man hegt falsche Erwartungen wie die, daß sich Lehrer, Arbeitskollegen, Vorgesetzte, Polizisten usw. verhalten sollen wie die Eltern, Geschwister oder Freunde. Zu verstehen sind die abstrakten Strukturen und Zusammenhänge der modernen Politik und Gesellschaft nur durch ebenso *abstrakten und systematischen Unterricht*, der uns diese Zusammenhänge gleichsam »in den Kopf bringt«, damit wir die politische Welt mit entsprechend richtigen Vorstellungen verstehen können.

Daß die Schule uns qualifizieren soll, ist heute unbestritten. Gar nicht einig ist man sich jedoch auch hier wieder über die Einzelheiten: *Was* muß man dafür eigentlich lernen? *Wie* lernt man das alles am besten? Welche Rolle soll der Lehrer spielen: Ist er der Fachmann, der sein Wissen möglichst geschickt an die Schüler weitergeben soll, oder soll er die Schüler lieber selbst nach Lösungen suchen lassen und sich mit seinem Wissen zurückhalten? Geht es dabei überhaupt in erster Linie um Wissen, oder nicht vielmehr um andere Fähigkeiten, z. B. wie man sich Wissen verschafft, wenn man es braucht, und wie man es dann gemeinsam mit anderen anwendet?

Vermittlung allgemeiner Werte. Die Schule führt das Kind in die allgemeinen Werte der Gesellschaft ein, also in diejenigen, die nicht nur in seiner Familie oder in seiner sozialen Schicht gelten, sondern auf die Gesellschaft im ganzen verweisen.

Dazu gehören zunächst mal eine Reihe von *ideologischen Überzeugungen:* daß z. B. die Demokratie besser sei als alle anderen Staatsformen; oder daß das Eigentum (auch an Produktionsmitteln) ein hoher Wert sei; oder daß die Menschenrechte und die Grundrechte verteidigt werden müssen. Bei all diesen ebengenannten Werten ist die Sache verhältnismäßig einfach, weil sie von einer mehr oder weniger großen Zahl von Bürgern gebilligt werden. Sehr viel schwieriger aber wird es dort, wo solche Werte unter den Bürgern, z. B. zwischen den politischen Parteien, selbst umstritten sind. Beispiele dafür gibt es genug, wenn man etwa an die heftigen Auseinandersetzungen über neue Richtlinien für die Schule denkt. Darf die Schule z. B. den Schülern wissenschaftliche Forschungen über die Familie im Unterricht mitteilen, selbst auf die Gefahr hin, daß die Schüler daraufhin »kritisch« gegen ihr eigenes Elternhaus werden? Oder darf der Lehrer im Sexualkundeunterricht andere Werteinstellungen vertreten als die Eltern?
Solche Fragen sind tatsächlich nicht leicht zu beantworten. Unser kleiner geschichtlicher Vergleich zeigte, daß früher die herrschenden Gruppen und Klassen (z. B. Unternehmer, Großgrundbesitzer, Kirchen) es für selbstverständlich hielten, ihre eigenen Wertüberzeugungen den von ihnen abhängigen Klassen und Schichten aufzuzwingen. Sie gaben früher sogar offen zu, daß es die wichtigste Aufgabe der Schule sei, den Schülern solche ideologischen Überzeugungen beizubringen.
Aber heute ist das so einfach nicht mehr möglich, weil es dem Verständnis eines demokratischen Staates und einer demokratischen Schule widerspräche, wenn die Schule dazu benutzt würde, die Werte und Lebensziele der einen Gruppe einer anderen aufzuzwingen (praktisch geschieht das übrigens schon dadurch, daß die Lehrer Angehörige der Mittelschicht sind und — wie wir aus Untersuchungen wissen — ihre damit verbundenen Wertvorstellungen in den Unterricht einbringen — und zwar ganz unabhängig davon, was der Lehrplan vorschreibt). Wie also soll die Schule mit den verschiedenen, einander zum Teil widersprechenden ideologischen Überzeugungen umgehen?
Die Antwort ist »theoretisch« einfach, aber schwer zu verwirklichen. Die Schule als Staatsschule ist an das Grundgesetz und an die in ihm formulierten Wertüberzeugungen (z. B. die Grundrechte) gebunden; sie kann also nicht gegen das Grundgesetz gerichtete Werte und Überzeugungen lehren. Darüber hinaus jedoch dürfte sie in der Tat keine ideologischen Überzeugungen lehren, über die man auf dem Boden des Grundgesetzes verschiedene Ansichten haben kann; sie kann — und sollte — diese Überzeugungen aber im Unterricht zur Kenntnis bringen und deren Hintergründe erklären. Schwer zu verwirk-

lichen ist dies unter anderem deshalb, weil die meisten Menschen (eben auch Lehrer, Eltern und Politiker) dazu neigen, ihre eigenen Überzeugungen für die »einzig möglichen« oder »einzig vernünftigen« zu halten.

Vermittlung von sachbezogenem Verhalten. Die Verbreitung ideologischer Überzeugungen ist jedoch nur ein Teil der Aufgabe der Schule, den Nachwuchs in die allgemeinen Werte der Gesellschaft einzuführen. Fast noch wichtiger ist das Training bestimmter *Verhaltensweisen.* Im Unterschied z. B. zu den »personenbezogenen« menschlichen Beziehungen in der Familie führt die Schule in *sachbezogene* (»funktionsbezogene«) Beziehungen ein. Der Lehrer ist kein »Vater« oder »Onkel«, sondern eher so etwas wie ein »Funktionär«. Im Umgang mit ihm muß das Kind die wichtige Erfahrung machen, daß man in den gesellschaftlichen Beziehungen nicht alles von allen erwarten kann — von einem Lehrer z. B. nicht die volle persönliche Zuwendung wie von den Eltern. Die menschlichen Beziehungen werden als »aufgeteilt« erlebt: Von bestimmten Menschen kann man nur Bestimmtes erwarten: Man muß lernen, sich mit seinen jeweiligen Bedürfnissen, Zielen und Schwierigkeiten *an die richtigen* (»zuständigen«) *Leute* zu wenden. Wichtig ist dies vor allem für den richtigen Einsatz der Gefühle.

Solche Lernprozesse sind z. B. wichtig für den Umgang mit gesellschaftlichen Organisationen und Bürokratien. Sie regeln in der modernen Massengesellschaft die »Zuständigkeiten« für unsere Bedürfnisse und Wünsche, wie sich dies etwa in der Aufteilung der öffentlichen Behörden ausdrückt: Finanzamt, Sozialamt, Arbeitsamt usw. Man würde z. B. nicht in der Lage sein, solche unterschiedlichen Ämter für seine eigenen Interessen und Probleme zweckmäßig zu benutzen, wenn man nicht lernen würde, menschliche Beziehungen nach Funktionen zu unterscheiden. Der Lehrer kann in seinem Amt diesen Lernprozeß einleiten und sollte dies auch tun.

Über diesen Punkt gibt es übrigens sowohl unter den Lehrern wie auch unter den Schülern oft erhebliche Meinungsverschiedenheiten. Viele Lehrer halten es für »kalt« und »herzlos«, eine überwiegend sachliche Beziehung zu den Schülern aufzubauen und suchen eine engere Gemeinschaft mit ihren Schülern. Und vielen Schülern ist ebenso wohler dabei, weil sie darin die bisherige Geborgenheit in der Familie wiederfinden. Das zeigt aber nur, wie schwierig das notwendige »Umschalten« von den familiären auf allgemeine gesellschaftliche Verhaltensweisen ist.

Training von Arbeits- und Leistungsverhalten. In der Schule lernt man Arbeits- und Leistungsverhalten. Die Schule läuft ab wie ein »Betrieb«, mit regelmäßigem Arbeitsbeginn und

Arbeitsende; in der schulischen Arbeitszeit sind bestimmte Aufgaben zu bewältigen, man wird zur Pünktlichkeit, Sorgfalt und Genauigkeit angehalten – alles Tugenden, die auch später im Beruf nötig sind. Man muß arbeiten, wenn »die Zeit da ist«, auch wenn man keine Lust hat: Schule ist kein Spiel.

So wichtig es ist, dies alles zu lernen, so dürfen diese Gesichtspunkte der »Selbstdisziplinierung« doch nicht der alleinige Maßstab der Schule sein. Es ist ein Unterschied, ob solche Disziplin autoritär von außen (von den Lehrern) erzwungen wird, oder ob die Schüler einen Spielraum der Mitbestimmung in der Schule haben, ob sie z. B. den Sinn und Zweck der Arbeit diskutieren und in Frage stellen können. Gerade in den letzten Jahren ist die Schule wegen solcher Disziplinforderungen oft heftig angegriffen worden. So hat man gesagt, die Schule richte mit ihren Disziplin- und Gehorsamsforderungen die Schüler nur ab für ihre spätere Ausbeutung in der kapitalistischen Produktion. Man muß bei solchen Kritiken aber sehr genau unterscheiden zwischen dem *notwendigen* Arbeitsverhalten und *überflüssiger* Disziplinierung. Diszipliniertes Arbeitsverhalten muß man in jedem Fall lernen, ganz gleich, ob man in einer kapitalistischen oder sozialistischen Gesellschaft lebt.

Eine besondere Rolle spielt in diesem Zusammenhang der Anspruch der Schule auf *Leistung*. Die Maßstäbe für Leistungen im Unterricht werden wie im Berufsleben auch von außen (durch die Lehrpläne; durch die Lehrer) vorgegeben, der Schüler wird daran gemessen. Maßstab ist also nicht – oder jedenfalls nicht in erster Linie – die eigene (subjektive) Einschätzung der Leistung durch den Schüler selbst; auch dies spielt natürlich in gewisser Weise eine Rolle, da ja der Lehrer den Schülern pädagogisch helfen soll, die geforderte Leistung zu erreichen, und deshalb darf er den Schüler nicht entmutigen, sondern muß auch seine subjektive Leistung anerkennen. Auch hier unterscheidet sich aber die Schule vom Spiel. Beim Spiel setzt man die Leistung selbst fest, und wenn man keine Lust mehr hat, hört man auf.

Die Leistung des Schülers wird als *individuelle* angesehen und gemessen, also als Leistung des einzelnen. Das zeigt sich unter anderem bei Klassenarbeiten, wo man nicht voneinander abschreiben darf. In der Forderung nach der Leistung des einzelnen kommt zum Ausdruck, daß auch unsere Gesellschaft auf der Grundlage der Rechte und Pflichten des *einzelnen Bürgers* aufgebaut ist. Die Grundrechte z. B. sind Rechte und Pflichten von einzelnen und nicht Rechte und Pflichten von Gruppen. Man kann zwar im Beruf wie in der Schule *gemeinsam arbeiten* und z. B. auch *in Gruppen lernen*, aber seine

Leistungsfähigkeit muß grundsätzlich jeder für sich allein nachweisen. Indem die Schule dies fordert, fördert sie also ein Verhalten, das auch eine wichtige Grundlage des Zusammenlebens in der Gesellschaft bildet, und wer es nicht lernt, wird kaum ein befriedigendes Leben in dieser Gesellschaft führen können.

Training demokratischer Verhaltensweisen. Die bisher erwähnten Verhaltensweisen, die die Schule beibringt, sind auch in nicht-demokratischen Gesellschaften anzutreffen. Auch in kommunistischen Ländern z. B. wird Leistungsverhalten anerzogen, werden Tugenden wie Pünktlichkeit, Sorgfalt und Genauigkeit angestrebt. Es leuchtet ein, daß ein solcher Katalog für eine demokratische Schule nicht ausreichen kann. Hinzu kommen müssen vielmehr Verhaltensweisen wie »Kritikfähigkeit«, »Interessen vertreten können«, »Selbständigkeit« usw. Solche Verhaltensweisen müssen schon im Umgang mit der Schule selbst eine Rolle spielen, nicht erst für das Leben nach der Schulzeit. Das hat z. B. Folgen für den »Umgangston« zwischen Lehrern und Schülern. Der Lehrer darf die Schüler nicht ehrenrührig beschimpfen und erst recht nicht körperlich züchtigen. Ferner sollen die Schüler lernen, in angemessener Weise ihre Interessen gegenüber den Lehrern, aber auch gegenüber ihren Mitschülern zu vertreten, und sie sollen ohne Angst Fragen stellen und andere Meinungen als der Lehrer vertreten dürfen.

Die Erfahrung zeigt, daß im Unterschied zu den vorher genannten Verhaltensweisen diese demokratischen Verhaltensweisen noch keineswegs selbstverständlich in unseren Schulen sind. In diesem Punkte zeigt sich vielleicht am deutlichsten, wie sehr alte autoritäre und konservative Traditionen in unseren Schulen überlebt haben.

Die Pluralität und Widersprüchlichkeit der Schulziele

Bei der Erwähnung der »ideologischen Überzeugungen«, die die Schule lehrt, wurde auf den »pluralistischen Charakter« dieser Überzeugungen bereits hingewiesen. Ähnliches gilt auch für die Verhaltensweisen. Auch hier kann es keine *eindeutigen,* sondern nur pluralistische Lösungen geben; denn es kommt offenbar darauf an, die eben beschriebenen Verhaltensweisen in einer *ausgewogenen Kombination* zu vertreten. Es wäre z. B. ganz unsinnig, nur die Selbst- und Mitbestimmung der Schüler zu erwarten, ohne gleichzeitig disziplinierte Arbeit im Unterricht von ihnen zu fordern. Und umgekehrt wäre es genauso falsch, Leistungsanforderungen ohne Rücksicht auf Mitbestimmung, Selbständigkeit und Kritikfä-

higkeit des Schülers zu stellen. Die Notwendigkeit, derart verschiedene Verhaltensweisen und Fähigkeiten richtig aufeinander abzustimmen, führt im Selbstverständnis der Schule, der Lehrer und der Schüler nun dadurch oft zu Konflikten, daß es hier einen gewissen *Spielraum* für richtige Entscheidungen gibt.
Fassen wir zusammen: Die Ziele und Aufgaben der Schule sind in gewissem Maße *widersprüchlich* geworden. Da im Unterschied zu früheren Zeiten keine gesellschaftliche Teilgruppe allein mehr bestimmen soll, was in der Schule gelehrt und gelernt werden soll, hat die gesellschaftliche Pluralität von Werten und Interessen auch Eingang in die Schule gefunden. Daraus erklären sich auch die meisten politischen Auseinandersetzungen über die Schule in der letzten Zeit. Entgegen der immer noch weitverbreiteten Meinung, die Schule könne und müsse sich aus den pluralistischen Widersprüchen heraushalten, muß darauf hingewiesen werden, daß eine solche Ansicht auf Illusionen beruht. Gerade wenn die Schule – soweit es geht – *überparteilich* sein will, muß sie sich der Pluralität öffnen, d. h. einen gewissen Spielraum von ideologischen Überzeugungen und Verhaltensweisen zulassen und tolerieren.

Schule als Institution der »Mittelschicht«

Dieses Problem ist in den letzten Jahren vor allem auch unter dem Aspekt der »Bildungsbenachteiligung« der unteren sozialen Schichten diskutiert worden. Über die Gründe für diese Benachteiligung war schon im Kapitel über die Familie die Rede. Das Fazit war: Aus einer ganzen Reihe von Gründen, die sich akkumulieren (anhäufen), ist im allgemeinen das Unterschichtkind schon bei Schuleintritt benachteiligt, und während der Schulzeit akkumuliert sich die Benachteiligung weiter. Die Schule ist nämlich eine typische »Mittelklasseninstitution«: Die eben erwähnten ideologischen Überzeugungen und Verhaltensweisen, die die Schule anstrebt, sind sehr viel eher in der Mittelschicht verbreitet als in den Unterschichten. Und insofern ist schon der Übergang in die Schule für ein Mittelschichtkind weit weniger schwierig als für ein Unterschichtkind. Beim Übergang in das Gymnasium verschärfen sich die Unterschiede noch einmal: Die kulturellen Erwartungen, die das Gymnasium stellt (z. B. selbstverständlicher Gebrauch von Büchern; Interesse für Literatur, für intellektuelle Gespräche usw.) finden sich sehr viel eher im Familienmilieu der Mittelschicht als der Unterschicht.
Die Frage ist jedoch, welche Schlußfolgerungen man daraus ziehen soll. Soll man z. B. die Schule stärker auf die Unter-

schicht hin orientieren, also auf deren besondere »Begabungen«? Solche Konzeptionen hat es bis vor wenigen Jahren tatsächlich gegeben. Man ist z. B. davon ausgegangen, daß die Unterschichtkinder vor allem »praktisch« begabt seien und hat deshalb an die Volksschule keine besonderen intellektuellen und geistigen Ansprüche gestellt. Es gab sogar ein eigenes Konzept für die Landschulen: Die Landkinder sollten im Milieu des Landes bleiben und in erster Linie das lernen, was dafür nötig war.
Oder soll man umgekehrt die Unterschichtkinder besser an die Schulforderungen anpassen, indem man z. B. Vorschul-Kurse einrichtet?
Eine solche Alternative besteht jedoch nur scheinbar. Denn das kulturelle Verhalten der Mittelschicht und eben auch die Erwartungen der Schule enthalten viele Merkmale, die für das Verständnis der modernen Gesellschaft unentbehrlich sind. Das zeigt sich schon daran, daß Wissenschaft, Technik und Journalismus nur zugänglich sind auf der Basis der Mittelschichtsprache und der dementsprechenden geistigen Verhaltensweisen und Interessen. Würde man nicht versuchen, soviel Unterschichtkinder wie möglich in dieses kulturelle Milieu einzuführen, so würde man sie auch von der Teilnahme an Wissenschaft, Technik und Journalismus ausschließen und z. B. ihr Informations- und Entspannungsbedürfnis auf »Sensations-Journalismus« und Groschenhefte festnageln.
Andererseits gibt es aber auch eine ganze Reihe von Mittelschichterwartungen in der Schule, die damit nicht notwendig etwas zu tun haben und die daher durchaus entbehrlich sind (z. B. Erwartungen an die Umgangssprache von Unterschichtkindern und an deren »Benehmen« in der Schule).

Die Berufsausbildung

Die Sonderstellung der Berufsausbildung im Bildungssystem

Alle Berufe in unserer Gesellschaft bedürfen einer mehr oder weniger speziellen Ausbildung. Trotzdem wird der Begriff »Berufsausbildung« nur im Rahmen der unteren beruflichen Qualifikationen verwendet, also für die Ausbildung zu denjenigen gewerblichen und kaufmännischen Berufen, die mit dem Abschluß der Volksschule zu erreichen sind. Die überragende Bedeutung einer möglichst guten Berufsausbildung ist wohl für jedermann einsichtig; denn schließlich geht es hier um eine sehr wichtige Voraussetzung dafür, daß man für den Rest seines Lebens seinen Lebensunterhalt verdienen und eine anerkannte soziale Stellung einnehmen kann. Da zudem gesellschaftliche Positionen nicht mehr vom Vater »vererbt« werden, sondern auf Leistung beruhen sollen, stellt eine möglichst gute berufliche Qualifikation für die große Mehrheit der Menschen das einzige »Kapital« dar, das ihnen im wirtschaftlichen Wettbewerb zur Verfügung steht. Einen unerläßlichen Beitrag für die berufliche Qualifikation leistet — wie wir gesehen haben — die Schule; allerdings bietet sie als »allgemeinbildende« Schule dafür nur einen *allgemeinen* Beitrag, sie stellt gleichsam die Grundlagen her, auf die dann die Ausbildung für einen bestimmten Beruf aufbauen kann.

Während nun die Ausbildungsgänge für höhere Berufe durchweg *staatlich* sind, ist die Berufsausbildung im engeren Sinne, also die für die unteren Arbeitsqualifikationen, eine Sache der *wirtschaftlichen Unternehmen* selbst. Damit soll sich dieses Kapitel beschäftigen, weil es sich hier um den problematischsten und am meisten vernachlässigten Teil unseres Bildungs- und Ausbildungswesens überhaupt handelt. Wir werden dabei sehen, daß dies vor allem mit der Tatsache des *privatwirtschaftlichen Charakters* der Berufsausbildung zusammenhängt.

Das »Duale System«

Unser Berufsausbildungssystem wird als »duales System« bezeichnet. Es beruht nämlich auf zwei Säulen (Duo = zwei): der betrieblichen Ausbildung und dem Berufsschulunterricht. Die betriebliche Ausbildung dauert im allgemeinen 3 Jahre und findet im Betrieb des Lehrherrn (z. B. Industriebetrieb; Handwerksbetrieb; Einzelhandelsgeschäft) als praktische Ausbildung statt. Ferner ist durch Gesetz (Schulpflicht) ein Berufsschulunterricht bis zum 18. Lebensjahr vorgeschrieben.

Das Lehrverhältnis wird durch einen Lehrvertrag zwischen dem Lehrherrn und dem Lehrling bzw. seinem gesetzlichen Stellvertreter rechtlich geregelt. Wie jeder Vertrag, so beschreibt auch dieser die Rechte und Pflichten, die beide Partner gegeneinander haben. Allerdings können solche Lehrverträge nicht beliebig festgesetzt werden. Vielmehr wird die Vertragsfreiheit vor allem durch drei übergeordnete Regelungen eingeengt: durch das Berufsbildungsgesetz (1969); durch das Jugendarbeitsschutzgesetz (1960); und durch die sogenannten »Ordnungsmittel« der Selbstverwaltungsorgane der Wirtschaft.

Das Berufsbildungsgesetz von 1969 hat nach langen Auseinandersetzungen und mit vielen Kompromissen versucht, die bis dahin gültigen, zum Teil sehr verschiedenen und widersprüchlichen Bestimmungen über die Berufsausbildung zu vereinheitlichen. Vor allem enthält es verschärfte Vorschriften darüber, wer unter welchen Voraussetzungen Lehrlinge ausbilden darf.

Das *Jugendarbeitsschutzgesetz von 1960* enthält alle Sondervorschriften, die ein Arbeitgeber bei der Beschäftigung von Jugendlichen zu beachten hat, vor allem Vorschriften über die Dauer der Arbeitszeit. Demnach darf die tägliche Arbeitszeit von Jugendlichen 8 Stunden nicht überschreiten, die Wochenarbeitszeit der Jugendlichen unter 16 Jahren 40 Stunden, der über 16 Jahren 44 Stunden nicht überschreiten. Außerdem dürfen Jugendliche nicht vor 6 Uhr morgens und nach 20 Uhr abends und nicht länger als 4½ Stunden ohne Ruhepause beschäftigt werden.

Den unmittelbarsten Einfluß auf die Lehrverträge haben aber die sogenannten »Ordnungsmittel« der Selbstverwaltungsorgane der Wirtschaft: der Industrie- und Handelskammern einerseits und der Handwerkskammern andererseits. Diese Kammern nehmen etwa dieselbe Aufgabe für die Berufsausbildung wahr wie die Kultusminister für die Schulen: Sie bestimmen, für welche Berufe welche Qualifikationen erforderlich sind (= »Berufsbild«) und stellen dafür »Lehrpläne« (hier »Berufsbildungspläne« genannt) auf. Ferner kontrollieren sie die Ausbildung – jeder Lehrvertrag muß ihnen gemeldet werden – und legen die Prüfungsverfahren und Prüfungsinhalte fest. In der Regel geben sie »Muster-Verträge« für die Lehrherren heraus.

Die Berufsschule dagegen ist wie alle Schulen eine staatliche Einrichtung. Sie soll nach dem Gesetz mindestens 9 bis 12 (je nach Bundesland) Wochenstunden Unterricht während der Lehrzeit erteilen, vor allem Fachkunde, aber auch allgemeinbildende Fächer wie Deutsch und politischen Unterricht. In der Regel findet der Berufsschulunterricht an einem Tag oder an zwei Tagen der Woche statt, manchmal wird der Unterricht aber auch als »Block« erteilt, d. h. eine größere Anzahl der vorgeschriebenen Stunden wird wie in der Vollzeitschule an aufeinanderfolgenden Tagen erteilt.

Gründe für die Entstehung des »dualen Systems«

Um sich die Sonderstellung der Berufsausbildung erklären zu können, sind vielleicht wieder einige historische Hinweise nützlich. Zwei Traditionen haben sich hier verbunden, nämlich die Tradition der mitelalterlichen *Zünfte* und die Grundsätze der kapitalistischen *Gewerbefreiheit.*

Bevor es eine moderne Industrie gab, war die handwerkliche Produktion von Gütern die fortschrittlichste Produktionsmöglichkeit von Gütern überhaupt. Das Handwerk hatte also ein ähnliches Ansehen wie heute etwa die technologisch fortgeschrittene Industrie, z. B. die chemische Industrie oder der Automobilbau. Das Handwerk war in Zünften organisiert, die Zünfte sorgten u. a. dafür, daß nicht zu viele ein Handwerk ausübten und damit eine zu große Konkurrenz entstand. Der Nachwuchs wurde damals so ausgebildet, daß der Lehrling zu einem Meister ging, ihm bei der Arbeit zusah und selbst auf Anweisung hin kleinere Arbeiten ausführte. Durch diesen »Umgang« mit dem Meister in der Praxis der Arbeit lernte der Lehrling gleichsam »von selbst« seinen Beruf, und zwar als *Lebensberuf*, d. h. den erlernten Beruf übte er für den Rest seines Lebens aus. Der Lehrling wohnte im Hause seines Meisters und wurde so über die Berufsausbildung hinaus im Sinne seines »Standes« erzogen: Er lernte auf diese Weise die Sitten, Gewohnheiten und Verhaltensweisen seines Standes. Das Lehrverhältnis war also eine Art von totalem Erziehungsverhältnis: Der Meister übernahm auch die Erziehungsrechte der Eltern, z. B. die »väterliche Züchtigungsgewalt«, also das Recht der körperlichen Bestrafung, sowie die Aufsicht über die Freizeit.

Solche Vorstellungen gingen auch noch in die »Gewerbeordnung« von 1869 ein, die zum ersten Mal die verschiedenen Ausbildungsvorschriften gesetzlich zusammenfaßte. Einige Bestimmungen galten noch bis zum Jahre 1969, z. B. diese: »Der Lehrling ist dem Lehrherrn zu Zucht und anständigem Betragen verpflichtet«. In der Neufassung des Berufsbildungsgesetzes von 1969 lautet der entsprechende Satz: »Der Auszubildende hat ... den Weisungen zu folgen, die ihm im Rahmen der Berufsausbildung vom Ausbildenden ... erteilt werden«. In dieser neuen Formulierung kommt zum Ausdruck, daß das totale Erziehungsverhältnis, das aus der alten Zunftordnung übernommen worden war, nicht mehr gelten soll. Lehrling sein ist nur noch *eine Rolle* unter anderen, und Vorschriften darf der Lehrherr dem Lehrling nur machen »im Rahmen der Berufsausbildung«, d. h. nur im *sachlichen* Zusammenhang der Ausbildung selbst.

Die schon genannte Gewerbeordnung von 1869 führte aber noch ein weiteres Prinzip in die Berufsausbildung ein, nämlich das *Vertragsverhältnis* zwischen Lehrling und Lehrherrn. Die Vorstellung, daß Arbeitsverhältnisse durch einen »freien« Vertrag zwischen Unternehmern und Arbeitern entstehen, ist typisch für die kapitalistische Gesellschaft. In den alten Zünften gab es solche Verträge nicht. Durch den *Ausbildungsvertrag* wird die Berufsausbildung so ähnlich geregelt wie ein

Arbeitsverhältnis, und so sieht es auch das moderne Arbeitsrecht: Ein Lehrverhältnis (Ausbildungsverhältnis) ist zugleich auch ein Arbeitsverhältnis, was z. B. darin zum Ausdruck kommt, daß der Lehrling eine Art von Lohn erhält.
Die schulische Ergänzung der betrieblichen Ausbildung, die Berufsschule, ist erst sehr viel später dazugekommen. Zur gesetzlichen Pflichtschule wurde sie erst 1938. Schon Ende des vergangenen Jahrhunderts gab es Vorläufer, die sogenannten »Fortbildungsschulen«, die freiwillig besucht werden konnten.

Das Problem der »Jungarbeiter«

Ein Jugendlicher ist zwar zum Besuch der Berufsschule verpflichtet, sofern er nicht eine höhere Schule besucht, aber nicht dazu, ein Ausbildungsverhältnis abzuschließen. Die Zahl derjenigen Jugendlichen, der sogenannten »Jungarbeiter«, die nicht in ein Ausbildungsverhältnis eintreten, sondern gleich ein Arbeitsverhältnis aufnehmen, beträgt rund 240 000 im Jahr. Es handelt sich zu einem guten Teil um solche Jugendlichen, die den Volksschulabschluß nicht geschafft haben; bei ihnen zeigen sich besonders deutlich die Benachteiligungen der Unterschicht. Es ist bekannt, daß vor allem Kinder von Hilfsarbeitern wieder Hilfsarbeiter werden. Fast 70 % dieser Gruppe sind Mädchen. In diesem hohen Anteil kommt zum Ausdruck, daß in unserer Gesellschaft die Mädchen immer noch hinsichtlich ihrer beruflichen Ausbildung benachteiligt sind, und daß dies insbesondere und verstärkt wiederum für die Unterschichten gilt. Diese Gruppe der »Jungarbeiter« ist wirtschaftlich besonders stark gefährdet, weil sie bei wirtschaftlichen Krisen zuerst entlassen wird.

Probleme der gegenwärtigen Berufsausbildung

Seit Jahrzehnten ist dieses System der Berufsausbildung heftig umstritten. Seine Schwächen werden gerade in Zeiten wirtschaftlicher Krisen wie gegenwärtig besonders sichtbar, dadurch daß z. B. die Jugendarbeitslosigkeit und der Mangel an Lehrstellen jedermann deutlich wird. Es geht vor allem um folgende, grundsätzliche Probleme:
Abhängigkeit des Lehrstellenangebots von der wirtschaftlichen Lage. Da bisher kein Betrieb zur Ausbildung verpflichtet ist, hängt die Zahl der von der privaten Wirtschaft angebotenen Lehrstellen von den wirtschaftlichen Überlegungen der Betriebe ab. Ist die wirtschaftliche Lage ungünstig, wer-

den Kosten und damit auch Lehrstellen eingespart. Seit etwa 1960 hat sich das Angebot an Lehrstellen allmählich um die Hälfte verringert. Nur noch etwa 16 % aller Betriebe bilden überhaupt aus. Dieser Rückgang hat nicht nur *konjunkturelle*, sondern auch *strukturelle* Gründe. Ein Hauptgrund ist z. B. der wirtschaftliche Konzentrationsprozeß, der viele Klein- und Mittelbetriebe entweder aufsog oder zur Stillegung zwang. Die meisten Ausbildungsstellen werden nämlich von Klein- und Mittelbetrieben angeboten, die mehr Lehrlinge ausbilden, als sie selbst brauchen können. Etwa 30 % der Lehrlinge, (nämlich 400 000) lernen in Betrieben bis zu 10 Beschäftigten; weit über die Hälfte aller Lehrlinge, nämlich etwa 700 000, werden in Betrieben bis zu 50 Beschäftigten ausgebildet.

Zu geringe Qualität der Ausbildung. In vielen Fällen waren Lehrlinge »billige Arbeitskräfte«, vor allem in Kleinbetrieben. Diesen Betrieben brachten die Lehrlinge mehr ein, als ihre Ausbildung kostete. Das war nur möglich, weil die Ansprüche an die Qualität der Ausbildung verhältnismäßig gering waren. Durch das Berufsbildungsgesetz von 1969 sind die Anforderungen erhöht worden, und damit stiegen die Kosten für die Ausbildung; es wurde immer weniger interessant, aus Gründen des Profits Lehrlinge einzustellen. Will man die Anforderungen weiter erhöhen, so steigen auch die Kosten weiter. Insofern gibt es einen leicht erkennbaren Widerspruch zwischen der Qualität der Ausbildung und der Bereitschaft der Betriebe zur Ausbildung. Was die Qualität betrifft, so kommt es nicht nur darauf an, bestimmte praktische Einzelkenntnisse zu erwerben, sondern auch darauf, beruflich beweglich und anpassungsfähig zu werden, um sich den ständig sich verändernden beruflichen und wirtschaftlichen Entwicklungen anpassen zu können. Der einmal erlernte Beruf reicht nicht mehr unbedingt fürs ganze Leben. Hierbei kommt es auf Faktoren an, die in der bisherigen Berufsausbildung kaum eine Rolle spielen, z. B.: eine weniger spezielle Ausbildung; mehr systematischer Fachunterricht; mehr allgemeine Kenntnisse z. B. über Politik, Technik und Wirtschaft. Da — wie wir gesehen haben — systematischer Unterricht immer schulischer Unterricht ist, müssen die schulischen Anteile verbessert und vergrößert werden, ohne daß die praktischen Anteile etwa aufgegeben würden. Es käme darauf an, beides besser aufeinander zu beziehen.

Zu viele spezielle Ausbildungsberufe. Obwohl die Zahl schon erheblich verringert wurde, gibt es immer noch einige hundert spezielle Ausbildungsberufe. Das hängt u. a. damit zusammen, daß bisher vor allem das Handwerk Lehrlinge ausbildete, teilweise mehr, als es selber später benötigte. Die Industrie bildete dagegen sehr viel weniger aus als sie brauchte. Kamen nun neue berufliche Spezialisierungen hinzu, so wurde einfach ein neuer Ausbildungsberuf geschaffen. Das führte zu einer sehr speziellen Ausbildung, die oft schon nach kurzer Zeit wegen veränderter technischer Bedingungen nicht mehr benötigt wurde. Zudem macht diese Spezialisierung der Ausbildungsberufe es besonders schwer, allgemeine Richtlinien für die Ausbildung aufzustellen. Für die Zukunft kommt es darauf an, die Vielzahl der Ausbildungsberufe auf etwa ein Dutzend »Berufsbereiche« zusammenzufassen, also auf eine breite Grundausbildung erst am Schluß eine Spezialisierung folgen zu lassen. Solche »Berufsbereiche« oder »Grundberufe« könnten z. B. sein: spanabhebende Metallberufe, organisationsorientierte Büroberufe, pflegerische Berufe usw. Die Schwierigkeit einer solchen Reform ist wiederum vor allem im privatwirtschaftlichen Charakter der Ausbildungsbetriebe begründet. Ein privatwirtschaftlicher Betrieb ist notwendigerweise an wirtschaftlichen Zielen wie: Produktivität, Profit, kostensparende Arbeitsorganisation orientiert. Ein privatwirtschaftlicher Betrieb (und im Grunde auch ein sozialistischer Betrieb, wie sich in den sozialistischen Ländern gezeigt hat) ist nicht zum Zwecke des bestmöglichen Lernens organisiert; er kann vielmehr nur solche Lernchancen anbieten, die gewissermaßen sich als »Abfallprodukt« seiner wirtschaftlichen Interessen anbieten. Wird dagegen die Berufsausbildung nach pädagogischen Gesichtspunkten konzipiert, also danach, wie man das Lernen am besten organisieren kann, dann entsteht notwendigerweise ein Konflikt mit den betrieblichen Interessen.

Benachteiligung wirtschaftlich strukturschwacher Gebiete. Da die Ausbildungsmöglichkeiten von den Angeboten der Betriebe abhängen, ist das Angebot an Berufsausbildung eben auch abhängig von der lokalen Wirtschaftstruktur. In ländlichen Gebieten mit wenig Industrie sind die verhältnismäßig wenigen Lehrstellen meist nur bestimmten Wirtschaftszweigen zugeordnet. Zahlreiche Berufe kann man in der heimischen Umgebung gar nicht lernen. Entweder nimmt man das an, was angeboten wird, oder man muß wie ein Student das Elternhaus verlassen und in einer größeren Stadt eine Berufsausbildung beginnen. Das aber führt zu höheren Kosten, z. B. für die Unterbringung und Verpflegung am Ausbildungsort. Man hat diesen Mangel durch die Einführung von »überbetrieblichen Ausbildungsstätten« zu beheben versucht. Aber davon gibt es zu wenige, zumal sie weitgehend vom Staat finanziert werden müssen.

Die Misere der Berufsschule. Nach dem Konzept des »dualen Systems« soll die Berufsschule den praktischen Teil der Ausbildung vertiefen und systematisieren. Jedoch ist die Berufsschule der am schlechtesten ausgestattete Teil des ganzen Schulwesens. Der Lehrermangel ist hier am größten, die vom Gesetz vorgeschriebenen Mindeststundenzahlen an Unterricht können nur selten erteilt werden. Zudem leidet die Berufsschule unter der Vielzahl der Ausbildungsberufe. Nur für diejenigen Lehrlinge nämlich, die in hinreichender Anzahl denselben Beruf erlernen, kann eine Fachklasse eingerichtet werden. Berufe dagegen, die nur wenige Lehrlinge am Ort haben, müssen in der Schule zu einer Klasse zusammengefaßt werden, so daß für diese Lehrlinge ein systematischer Fachunterricht kaum möglich ist. Für eine Verbesserung des Berufsschulunterrichts ist also die Zusammenfassung der vielen Ausbildungsberufe in wenige Grundberufe eine unerläßliche Voraussetzung.

Die Berufswahl. Nur etwa 15 % der Jugendlichen, die die Volksschule verlassen, treffen eine überlegte Berufswahl. Die anderen lassen sich eher von Freunden, von Verwandten oder auch von modischen Einflüssen in einen bestimmten Lehrberuf »drängen«. Dabei besteht die Gefahr, daß man eine Lehre beginnt, die nicht befriedigt oder für die man körperlich oder seelisch nicht geeignet ist. Um Fehlentscheidungen zu vermeiden, ist die Berufsberatung eingerichtet worden, die auch spezielle Eignungsuntersuchungen durchführt. Die Berufsberatung ist bei uns (wie die Arbeitsstellenvermittlung) eine öffentliche, halbstaatliche Einrichtung und darf nicht gewerblich betrieben werden. Der Gesetzgeber will auf diese Weise vermeiden, daß hier eine Art »Menschenhandel« mit den Rat- und Arbeitsuchenden betrieben wird.

Trotzdem richten sich die Berufsberater vielfach weniger nach den Interessen des einzelnen als nach dem jeweiligen Arbeitskräftebedarf der Wirtschaft. Die Frage, welcher Beruf Zukunft habe, können die Berufsberater kaum zutreffend beantworten, weil man das einfach nicht weiß. Die letzten Jahre haben gezeigt, daß scheinbar aussichtsreiche Berufe plötzlich wegen technischer Neuerungen überflüssig werden. Auch aus diesem Grunde wäre eine breite und gründliche Grundausbildung sinnvoll, damit man später in der Lage ist, ohne allzu große Schwierigkeiten eine neue Tätigkeit auszuüben. Jedenfalls haben neuere Untersuchungen eine verhältnismäßig große Unzufriedenheit der Lehrlinge mit ihrer Ausbildung gezeigt: Etwa 40 % würden nicht noch einmal denselben *Ausbildungsbetrieb* wählen, und etwa 35 % würden nicht noch einmal denselben *Ausbildungsberuf* wählen. Im 3. Lebensjahr, also mit entsprechender Erfahrung, äußern sogar über 50 % diese Ansicht.

Reformvorschläge

Die zahlreichen Mängel der Berufsausbildung, von denen wir nur einige aufgeführt haben, haben eine Fülle von Reformvorschlägen hervorgebracht. Das gegenwärtige System ist in den wesentlichen Punkten schon seit der Jahrhundertwende kritisiert worden. Jedoch haben die mit diesem System verbundenen wirtschaftlichen Interessen sich immer wieder durchsetzen können. Wie immer bei Reformdiskussionen, gibt es auch hier Vorschläge, die entweder unrealistisch sind, weil sie z. B. nicht bezahlt werden können, oder die »das Kind mit dem Bade ausschütten«, also z. B. eine totale Verschulung der Berufsausbildung unter Verzicht auf den praktischen Anteil fordern. Die verschiedenen Meinungen können hier nicht im einzelnen dargestellt werden, aber eine gewisse Einigkeit der Reformer herrscht über folgende Punkte:

1. Die *Finanzierung* der Berufsausbildung muß neu geregelt und gesichert werden. Das Angebot an Berufsausbildung kann nicht weiterhin von den Zufällen der Konjunktur abhängig gemacht werden. Auf lange Sicht hat es natürlich keinen Sinn, für Berufe auszubilden, die anschließend nicht mehr gebraucht werden. Insofern bestimmt in jedem Fall die allgemeine wirtschaftliche Lage die Berufsausbildung mit. Andererseits reicht es aber nicht, wenn man die Betriebe nur fragt, wie viele Lehrlinge mit welcher Qualifikation sie in absehbarer Zeit brauchen. Erstens sind die privatwirtschaftlichen Betriebe natürlich daran interessiert, gerade für die unteren Qualifikationen möglichst geringe Ansprüche zu stellen, denn höherqualifizierte Arbeiter kosten zumindest auf die Dauer auch mehr. Und zweitens gibt es eine Reihe von wichtigen Lernaufgaben, an denen die Betriebe unmittelbar gar nicht interessiert sein können, z. B. politische Bildung. Die Reformvorschläge gehen dahin, daß sich alle Betriebe an der Finanzierung beteiligen sollen, auch diejenigen, die selbst nicht ausbilden wollen oder können. Zusammen mit den Mitteln des Staates könnten so verhältnismäßig unabhängig von der jeweiligen Wirtschaftslage Plätze für die Berufsausbildung geschaffen werden.
2. Die notwendigen Reformen der Berufsausbildung, z. B. Verbesserung des Berufsschulunterrichts und die Zusammenfassung der Lehrberufe in Grundberufe, müssen einheitlich für das ganze Bundesgebiet geregelt werden, etwa so wie im Schulwesen auch. Die dafür nötigen Lehrpläne und Lehrmittel müßten in einem dafür zu schaffenden Institut entwikkelt werden, an dem möglichst alle beteiligt werden, die mit der Ausbildung zu tun haben (Unternehmer, Gewerkschaften,

Staat). Bei den gegenwärtigen Überlegungen des Bundestags für ein neues Berufsbildungsgesetz spielen diese zwei Punkte eine zentrale Rolle.

Jugendkriminalität

Die Sozialisation kann scheitern

Wir haben bisher den »normalen« Gang der kindlichen und jugendlichen Entwicklung dargestellt. Das Kind wächst in einer Familie auf, lernt dort die wichtigsten »Grundmuster« des sozialen Verhaltens; es tritt in die Schule ein, wo es neben Kenntnissen und Fähigkeiten auch weitere Verhaltensweisen und »ideologische Überzeugungen« lernt, die es für ein selbständiges, verantwortungsvolles Leben als Erwachsener braucht; im Jugendalter vollzieht sich dann der Übergang in die Rolle des Erwachsenen, was oft mit persönlichen Krisen und Schwierigkeiten verbunden ist. Mit dem Eintritt in den Beruf — sei es nach dem Besuch der Hauptschule, sei es später nach dem Abschluß des Studiums — und der juristischen Mündigkeit werden allmählich die Rechte und Pflichten von Erwachsenen erlangt.
Früher nahm man an, daß Erziehung und Sozialisation nur für Kinder und Jugendliche von Bedeutung seien; Erwachsene dagegen seien »fertige Menschen«, die nichts Wichtiges mehr dazulernen müßten. Heute dagegen wird sowohl durch Forschungen wie auch durch die Lebenserfahrung immer deutlicher, daß der Prozeß der Sozialisation das ganze Leben über anhält. Neue berufliche (z. B. Arbeitsplatz- oder Berufswechsel), politische oder kulturelle Entwicklungen müssen erlernt und verarbeitet werden.
Jedoch verläuft die kindliche und jugendliche Entwicklung nicht immer »normal«. Die Massenmedien berichten immer wieder von Kindern, die sich zu Diebesbanden zusammenschließen; von jugendlichen Gewalttätern, Einbrechern und Autodieben. Die meisten erwachsenen Kriminellen sind schon im Kindes- und Jugendalter auffällig oder kriminell geworden. Die Erziehung und Sozialisation kann also falsch verlaufen oder scheitern, und in diesem Kapitel wollen wir der Frage nachgehen, woran das liegt und was unsere Gesellschaft mit jugendlichen Kriminellen macht.

Abweichendes Verhalten und Kriminalität

»Kriminell« ist jemand, der gegen ein bestehendes Gesetz verstößt, also z. B. etwas stiehlt. Nun kann aber ein Kind unter 14 Jahren strafrechtlich nicht zur Verantwortung gezogen werden. Das bedeutet aber, daß ein Kind nach Meinung des Gesetzgebers den Unterschied von bloß »abweichendem Verhalten« und »Kriminalität« nicht zu erkennen vermag. Gesetzwidriges Verhalten von Kindern und Jugendlichen »fällt nicht vom Himmel«, d. h. es handelt sich dabei nicht um ein *isoliertes* Fehlverhalten, sondern um ein *allgemeines* Fehlverhalten. Ein jugendlicher »Dieb« ist eben nicht nur jemand, der etwas stiehlt, sondern überhaupt jemand, der sich auch in anderen Zusammenhängen »abweichend« verhält. Am deutlichsten wird dieser Zusammenhang bei Kindern. Kinder stehlen nur selten etwas, um sich zu bereichern. In der Regel verschenken sie das Diebesgut, um sich dadurch bei ihren Kameraden Anerkennung und Zuwendung zu verschaffen, oder sie werfen es achtlos weg, weil sie z. B. nur die »Mutprobe« des Diebstahls selbst interessiert.

Wenn Kinder und Jugendliche gegen wichtige Normen der Gesellschaft verstoßen, also gegen das, was allgemein für richtig gehalten wird, dann nennt man ein solches Verhalten »dissozial« oder »abweichend«. Nicht jedes abweichende Verhalten muß kriminell werden, im Gegenteil beruhen auch alle schöpferischen Neuheiten für die Gesellschaft auf abweichendem Verhalten. Wer sich in einer bestimmten Frage anders verhält als die Mehrheit, ärgert zwar meistens die anderen Leute, ist aber noch keineswegs kriminell. In vielen Fällen sind die »Abweichenden« gerade die »Normalen«, z. B. diejenigen, die für ihre Freiheitsrechte eintreten oder für ein menschlicheres Verhalten. Als zu Beginn unseres Jahrhunderts die ersten Frauen die Universität besuchten, erregten sie Aufsehen durch diese »Abweichung« von der weiblichen Rolle. Heute ist es selbstverständlich, daß Mädchen studieren. Und als vor wenigen Jahren Verlobte, also nicht verheiratete Paare, eine gemeinsame Wohnung suchten, galt auch dies als »abweichend«, und viele Zeitgenossen befürchteten den Verfall unserer Sitten. Es gibt aber auch andere Beispiele für abweichendes Verhalten: z. B. Rockerbanden, die ältere und gebrechliche Menschen zusammenschlagen; oder jugendliche Cliquen, die Rauschgift nehmen.

Man sieht aus diesen Beispielen: »Abweichendes Verhalten« kann sowohl eine *selbstbewußte, freiheitliche* Auffassung von der eigenen Lebensgestaltung zum Ausdruck bringen, es kann aber auch anzeigen, daß jemand einer »kriminellen« Karriere zusteuert. Da aber abweichendes Verhalten fast immer von der sozialen Umgebung verachtet wird, kann es leicht von der Umgebung als kriminell erklärt werden. Etwa nach dem Motto: Wenn jemand schon lange Haare trägt, dann kann auch sonst mit ihm nicht viel los sein.

Ursachen der Kriminalität

Es ist sehr schwierig, die Ursachen der Kriminalität genau zu erforschen, weil es sich nämlich dabei um einen sehr komplizierten Zusammenhang vieler Faktoren handelt. Lange Zeit hat man nur nach den *Tätern* gefragt, also danach, was diese getan haben und warum sie es wohl getan haben. Erst in letzter Zeit fragt man auch danach, was umgekehrt die Gesellschaft bzw. die soziale Umgebung mit dem Täter macht: In welchem Maße drängt die Umwelt jemanden, der sich abweichend verhält oder der einmal eine Gesetzesübertretung begangen hat, in eine »kriminelle Karriere« (Lebenslauf), indem sie ihn einfach so lange für einen »Kriminellen« hält, bis er es selber auch glaubt und sich danach verhält.
Es ist auch deshalb schwierig, die Ursachen der Kriminalität genau zu erforschen, weil die Erkenntnisse und Theorien immer nur *allgemein* gelten, jedoch nicht unbedingt für den *Einzelfall.* Wir wissen z. B., daß häufiges Schuleschwänzen ein wichtiges Anzeichen für eine kriminelle Karriere ist, aber bei weitem nicht jeder Schuleschwänzer wird kriminell. Oder man hat z. B. einen großen Teil der Kriminalität dadurch zu erklären versucht, daß benachteiligte soziale Schichten sich eben auf diese Weise das holen, was die Gesellschaft für wertvoll hält (»Lebensstandard«), was aber beim besten Willen durch Arbeit nicht zu schaffen ist. Aber der weitaus größte Teil der Unterschicht wird eben *nicht* kriminell.
Soviel ist allerdings sicher: Wenn man einmal von den Fällen absieht, wo medizinische Ursachen vorliegen (z. B. Hirnschädigungen), so wird Kriminalität nicht vererbt, sondern als Verhalten erst nach der Geburt gelernt. Dabei spielen vor allem folgende Faktoren eine Rolle:
Die Familie versagt. Bei der Erörterung über die Erziehungsaufgabe der Familie wurde darauf verwiesen, wie wichtig das Erlernen der sozialen »Grundmuster« in der Familie ist. Diese Muster werden aber nur gelernt, wenn einerseits die Normen, d. h. die gesellschaftlichen Ansprüche, von den Eltern klar gefordert werden, andererseits aber das Kind mit seinen Bedürfnissen nach Anerkennung, Liebe und Geborgenheit auf seine Kosten kommt. Wird dieses Gleichgewicht aufgehoben, dann kann das Kind nur schwer den Sinn der Anforderungen der Eltern einsehen und wird dazu neigen, solchen Forderungen nicht zu gehorchen, sobald die Gewalt der Eltern nicht mehr da ist. Oder das Kind wird sich »Kompensationen« suchen, also einen Ausgleich. Es kann z. B. eine andere Person finden, die ihm Zuwendung gewährt (z. B. eine Kindergärtnerin oder eine Großmutter), oder es greift zu »Ersatzhandlungen« wie dem Diebstahl, weil es sich etwa mit dem Diebesgut Liebe

und Zuwendung »kaufen« will.
Drei Erziehungsfehler sind in diesem Zusammenhang wichtig, vor allem, wenn sie häufig vorkommen, also »typisch« für die familiäre Erziehung sind:

1. *Überstrenge Erziehung.* Das Kind wird überstreng erzogen, jeder kleinste Verstoß gegen die Regeln wird bestraft, ohne daß die Strafe genügend erklärt wird. In diesem Falle lernt das Kind nicht, sich selbständig zu verhalten, sondern bleibt abhängig von Menschen, die es sofort bestrafen, wenn es einen Fehler gemacht hat. Es kann also kein selbständiges »Gewissen« ausbilden, sondern bleibt abhängig von »Autoritäten«, die ihm sagen, *was* zu tun ist, ohne auch nur zu erklären, *warum* es zu tun ist. Das Kind fühlt sich mißachtet und unbeliebt.
2. *Verwöhnung.* Das Gegenteil, die »Verwöhnung«, ist nicht minder schlimm. Mit »Affen-Liebe« werden dem Kind alle Wünsche von den Augen abgelesen und nach Möglichkeit erfüllt. Ein solches Kind lernt nicht, seine Wünsche und Bedürfnisse aufzuschieben und wenigstens zeitweilig zugunsten der Bedürfnisse anderer Menschen darauf zu verzichten. Es lernt den Zusammenhang von Geben und Nehmen nicht, im Extremfall wird es unsozial und ohne ein selbständiges Gewissen aufwachsen.
3. *Fehlende Kontinuität* (= »heute so, morgen anders«). Nicht wenige Eltern richten ihre Forderungen danach, wie ihnen gerade zumute ist. Sind sie gut gelaunt, darf das Kind etwas tun, was ihm sonst verboten ist. In diesem Falle vertreten die Eltern dem Kind gegenüber nicht irgendwelche gesellschaftlichen Normen und Ansprüche, sondern nur ihre jeweilige persönliche Gefühlslage. Die Folge ist, daß das Kind kein soziales Verhalten lernen kann, es lernt nur, sich nach Stimmungen zu richten.

Irgendwann machen wohl alle Familien einmal solche Erziehungsfehler. Die Frage ist nur, ob dies gelegentlich oder *durchgängig* geschieht; nur im letzteren Fall ist eine solche Erziehung sehr problematisch. Es wäre jedoch ungerecht, die Schuld dann allein bei den Familienangehörigen, vor allem bei den Eltern, zu suchen. Die Familie ist keine Idylle, losgelöst von den allgemeinen gesellschaftlichen Problemen. Sie muß ja auch alle die Belastungen aushalten, die etwa am Arbeitsplatz der Eltern auftreten. Die persönlichen Probleme und Konflikte, die am Arbeitsplatz auftreten, aber dort schon wegen der Konkurrenz aller gegen alle nicht bearbeitet und ausdiskutiert werden können, werden in die Familie verlagert und belasten die Familienbeziehungen auf mannigfache Weise. Zorn und Enttäuschung über Kollegen und Vorgesetzte sowie die Angst um die eigene berufliche Position werden nicht im Betrieb abreagiert — wo man sich das nicht leisten kann —, sondern in der Familie. Dabei werden oft an die Familie, d. h. an die anderen Mitglieder der Familie, uneinlösbare Forderungen und Erwartungen gestellt: Sie soll ein Hort der Ruhe und des Friedens sein inmitten einer als feindselig und bedrohlich empfundenen Umwelt. In diesem Zusammenhang ist das Kind natürlich das »schwächste Glied der Kette«, weil es die Gründe für derartige Belastungen noch nicht zu erkennen vermag. Diese Belastungen verschärfen sich dann, wenn die wirtschaftliche Existenz der Familie gefährdet ist, wie dies bei allen einkommensschwachen Schichten durchweg und ständig der Fall ist.

Kriminelles Verhalten wird in einer kriminellen Teilkultur gelernt. Wenn eine ganze gesellschaftliche Teilgruppe (z. B. Obdachlose; Gastarbeiter; sonstige Minderheiten) von der übrigen Gesellschaft verachtet und unterdrückt wird, dann kann sich sehr leicht daraus eine »kriminelle Teilkultur« entwickeln. Beispiele dafür finden sich etwa in den USA, wo ganze Stadtviertel oft von solchen Gruppen bewohnt werden, die von den anderen verachtet werden und mit denen man keinen Kontakt haben will (z. B. Neger, Puertoricaner und sonstige völkische Minderheiten). In solchen Gebieten gelten die Normen der »offiziellen« Gesellschaft manchmal nur zum Teil. Kinder lernen hier z. B., daß Diebstahl nur gegenüber der eigenen Gruppe verboten ist, nicht jedoch gegenüber Fremden. Oder das Kind sieht von klein auf, daß man seine Interessen ganz selbstverständlich mit Gewalt vertreten muß. So entsteht Kriminalität bzw. kriminelles Verhalten oft einfach dadurch, daß die »offiziellen« Normen der Gesellschaft sich im Widerspruch befinden zu den Normen des »Milieus«, in dem das Kind aufwächst.

Die sogenannte »Jugendverfehlung«. Nicht jeder, der unter den bisher genannten Bedingungen aufwächst, wird tatsächlich kriminell. Überraschend ist im Gegenteil eher, wie viele Menschen *nicht* kriminell oder sozial auffällig werden, obwohl sie unter mehr oder weniger ungünstigen Bedingungen aufwachsen mußten. Aber zweifellos *gefährden* die genannten Bedingungen einen Menschen, und zwar nicht nur im Hinblick auf *eine* Straftat, sondern auch im Sinne einer »kriminellen Karriere«, d. h. in Richtung auf eine Lebensführung, die *ständig* von krimineller Abweichung bedroht ist. Im Unterschied dazu gibt es eine ganze Reihe krimineller Taten — gerade Gewalttaten —, die eine *einmalige,* gleichsam explosive Lösung eines Konflikts darstellen. Hier handelt es sich um oft bis zur Unerträglichkeit gesteigerte Konfliktsituationen, aus denen man keinen Ausweg sieht und wo dann »die Sicherung durchbrennt«. Ein Beispiel dafür sind etwa Eifersuchtstaten. Vor allem im Jugendalter sind Verfehlungen und Gesetzesbrüche dieser Art relativ häufig, allerdings weniger als Gewalttaten, sondern vor allem als Eigentumsdelikte (Raub und Diebstahl). Man spricht hier von einer »Jugendverfehlung« und meint damit, daß die besonderen Schwierigkeiten und Konfliktsituationen des Jugendalters manchmal zu entsprechenden Vergehen führen, daß aber eine Wiederholung solcher Taten nicht zu erwarten ist. Infolgedessen geht das Jugendstrafrecht mit solchen Taten und Tätern milder um als mit anderen.

Sind die Unterschichten krimineller als andere? Die Insassen der Fürsorgeerziehungsheime und Jugendstrafanstalten kommen zu etwa 85 % aus den unteren sozialen Schichten. Daraus könnte man schließen, daß Unterschichten krimineller seien als Mittelschichten und Oberschichten. Das ist teilweise richtig und wird dadurch bedingt, daß die Gesellschaft eben diese Schichten benachteiligt und zu wenig dazu beiträgt, die Lebensverhältnisse dort zu verbessern. Das Einkommen reicht oft nur für das Allernötigste. Oft müssen kinderreiche Familien unter den engsten und, am Maßstab unseres allgemeinen Lebensstandards gemessen, unzureichenden Wohnverhältnissen leben, weil die Vermieter guter Wohnungen entweder keine Kinder dulden, oder aber weil die Miete zu hoch ist. Solche Wohnverhältnisse führen aber — wie immer, wenn zu viele Menschen auf engem Raum zusammenleben — zu Konflikten, die eine vernünftige Erziehung und ein vernünftiges Aufwachsen der Kinder erheblich erschweren.

Darüber hinaus haben die Eltern selbst dann, wenn sie eine »drohende Verwahrlosung« ihres Kindes bemerken, kaum die Möglichkeit, das Abgleiten in die Kriminalität zu verhindern. Während Eltern aus den Mittel- und Oberschichten eine solche Entwicklung ihres Kindes unter anderem dadurch verhindern können, daß sie es in ein teures Internat schicken, sind Eltern aus den Unterschichten bestenfalls auf staatliche Erziehungshilfe angewiesen, die in der Regel von überlasteten und schlecht ausgebildeten Personen ausgeübt wird; außerdem sind solche staatlichen Einrichtungen Behörden, denen man mit Mißtrauen gegenübersteht.

Der geringe finanzielle Spielraum und die verhältnismäßig geringere Bildung in Unterschichtfamilien führen dazu, daß für Konflikte kaum Kompensationen (= Ausgleichsmöglichkeiten) zur Verfügung stehen. Das gilt schon für den einzelnen Jugendlichen: Ein Oberschüler hat im allgemeinen einen viel größeren Spielraum für Konfliktlösungen als ein Lehrling oder Jungarbeiter, deren Lebensverhältnisse sehr viel stärker eingeengt sind.

Hinzu kommt noch etwas anderes: Da die Gesellschaft davon

ausgeht, daß Unterschichtangehörige eher kriminell sind als andere, greifen Polizei und Justiz dort sehr viel eher ein. Das ist inzwischen durch zahlreiche Untersuchungen gut bewiesen. Wenn z. B. ein Junge aus der Unterschicht einen Warenhaus-Diebstahl begeht, so ist man sofort der Meinung, daß er ja »ohnehin kriminell und verwahrlost« sein müsse, während man bei einem Jungen aus der Mittel- oder Oberschicht sehr viel eher geneigt ist, diese Tat als Ausnahme, als typische Jugendverfehlung, jedenfalls nicht als kriminell zu bezeichnen. Dies führt dann nicht selten dazu, daß der Junge aus der Unterschicht vor den Jugendrichter kommt, während man bei dem anderen von vornherein auf eine Anzeige verzichtet. Selbst wenn beide vor den Jugendrichter gelangen, so kommt es auch hier häufig vor, daß der Junge aus der Unterschicht mit drastischen Maßnahmen (z. B. Fürsorgeerziehung oder Verurteilung zu Jugendstrafe) bestraft wird, während der Junge aus der Oberschicht mit glimpflicheren Maßnahmen (z. B. Ersetzen des gestohlenen Wertes vom Taschengeld) wegkommt.

Oder ein anderes Beispiel: Ein Polizist wird in einem Unterschichtenviertel eher randalierende Jugendliche mit auf die Wache nehmen als in einem »guten Viertel«. Dies bedeutet einmal, daß das, was kriminell ist, zu einem bestimmten Teil abhängig ist von der sozialen Schicht, der man angehört. Es bedeutet außerdem, daß die Chance eines Unterschicht-Angehörigen, bei einer Straftat erwischt und bestraft zu werden, größer ist als die eines Mittel- oder Oberschicht-Angehörigen. In der konkreten Polizei- und Rechtspraxis gibt es tatsächlich immer noch so etwas wie »Klassenjustiz«.

Hinzu kommt die allgemeine Tatsache, daß typische »Mittelschicht-Verbrechen« entweder gar nicht oder nur sehr lässig verfolgt werden. Ein Beispiel ist die sogenannte »Wirtschaftskriminalität«. Der Schaden, der jährlich durch Wirtschaftsverbrechen in großem Stil entsteht, ist erheblich höher als der, der durch Raub und Diebstahl entsteht. Solche Verbrechen sind aber sehr viel schwerer nachzuweisen als die typischen Unterschicht-Delikte Raub und Diebstahl. Kommt es dann zur Verhandlung, dann stehen teure Anwälte und Gutachter zur Verfügung, die den Rechtsspielraum bis an seine Grenzen auszunutzen verstehen.

Fürsorgeerziehung und Jugendstrafe

Wie reagiert nun die Gesellschaft auf Jugendliche, deren Sozialisation zu scheitern droht oder die eine Straftat begangen haben? Solange noch keine Straftat vorliegt, kann auch kein

Gericht in Aktion treten; jemanden zu bestrafen, weil er möglicherweise eine Straftat begehen wird, ist nach unserem Grundgesetz nicht möglich. Aber im sogenannten »Jugendwohlfahrtsgesetz« (JWG), das bereits 1922 beschlossen wurde und heute in der Fassung von 1961 gilt, sind zur Unterstützung der Erziehungstätigkeit der Familie eine Reihe von Maßnahmen vorgesehen. So können Eltern z. B. einen »Erziehungsbeistand« beim Jugendamt beantragen, der bei der Erziehung eines schwierigen Kindes hilft und berät. Außerdem können die Eltern »freiwillige Erziehungshilfe« (FEH) beantragen; ein Jugendlicher kann auf Wunsch der Eltern in ein Fürsorgeerziehungsheim gebracht werden, allerdings nur solange, wie die Eltern es auch wünschen. Die Einweisung in ein Fürsorgeerziehungsheim kann auch gegen den Willen der Eltern erfolgen, dann bedarf es aber eines Urteils des Vormundschaftsgerichtes.

Ab 14 Jahren unterliegt ein jugendlicher Straftäter dem Jugendstrafrecht. Es wird auf 14- bis 17jährige straffällige Jugendliche angewandt und kann – je nach dem Stand der geistig-seelischen Entwicklung – auch auf 18- bis 21jährige, sogenannte »Heranwachsende«, Anwendung finden. Früher wurden jugendliche Straftäter genau wie Erwachsene behandelt. Zahlreiche wissenschaftliche Erkenntnisse über die Probleme des Jugendalters ließen es jedoch geraten erscheinen, von dieser Praxis abzugehen. Man erkannte, daß es auch im Interesse der Gesellschaft sinnvoller ist, soweit wie möglich *Erziehungsmittel* anzuwenden, als kriminelle Karrieren durch das Zusammensperren von Jugendlichen mit erwachsenen Tätern in der Strafanstalt auch noch zu fördern. Vor allem bei den sogenannten »Jugendverfehlungen« erschien eine solche Strafpraxis unangebracht. Deshalb gab es bereits im Jahre 1923 das erste deutsche Jugendgerichtsgesetz (JGG), das mehrmals geändert wurde und nun in der Fassung von 1953 gilt.

Das Jugendstrafrecht unterscheidet sich vom Erwachsenenstrafrecht dadurch, daß alle Maßnahmen, die dort ergriffen werden, nicht primär der Strafe, sondern der Erziehung dienen. Das Jugendstrafrecht ist nicht, wie das Erwachsenenstrafrecht, *Tat*strafrecht, sondern *Täter*strafrecht. Das bedeutet, daß die strafrechtliche Reaktion nicht an der Tat, sondern am Täter orientiert ist. Es gibt im Jugendstrafrecht keine Bestimmung, die für eine bestimmte Straftat eine bestimmte Strafart und ein bestimmtes Strafmaß festsetzt, wie das im Erwachsenenstrafrecht der Fall ist. Die Maßnahmen des Jugendstrafrechts hängen vielmehr von der jeweiligen Situation (Entwicklung, Umwelt usw.) des jugendlichen Straftäters ab. Es ist also durchaus denkbar, daß sich ein geistig weiterentwickelter und damit einsichtsfähiger Jugendlicher für die gleiche Tat härtere Maßnahmen gefallen lassen muß als ein weniger entwickelter und damit weniger einsichtsfähiger. Der Jugendrichter hat die Möglichkeit, diejenigen Maßnahmen anzuordnen, die seiner Überzeugung nach angemessen und geeignet sind, den jugendlichen Straftäter erzieherisch zu beeinflussen. Dazu gehört z. B., daß Jugendstrafe nur als »letztes Mittel« angesehen wird, wenn erzieherische Maßnahmen nichts genutzt haben. Zu den erzieherischen Maßnahmen, die der Jugendrichter zur Verfügung hat, gehört z. B. die Weisung, einen bestimmten Umgang zu vermeiden; oder die Auflage, einen Schaden gutzumachen; oder die Verpflichtung, sich durch einen Erziehungsbeistand beraten zu lassen; oder auch die Einweisung in ein Fürsorgeerziehungsheim.

Widersprüche zwischen Zielsetzung und Wirklichkeit

Die Maßnahmen des Jugendstrafrechts wie auch der Fürsorgeerziehung gehen davon aus, daß es nicht auf Bestrafung ankommt, sondern auf Erziehung. Die bisher falschgelaufene Erziehung und Sozialisation soll nachträglich noch korrigiert werden. Man spricht in diesem Zusammenhang von »Re-Sozialisation« (= Wiederherstellung einer richtigen Erziehung) oder »Nach-Sozialisation« (= eine bisher falschgelaufene Sozialisation richtigmachen). Beide Begriffe haben einen wichtigen Bedeutungsunterschied: Wenn man von »Re-Sozialisation« spricht, so meint man, daß im ganzen die bisherige Erziehung eigentlich richtig war, daß der Jugendliche nur »ausgeflippt« ist und nun wieder in den ursprünglich richtigen Prozeß zurückgeführt werden muß; bei »Nach-Sozialisation« geht man jedoch davon aus, daß die bisherige Sozialisation im großen und ganzen falsch verlaufen ist, und daß es jetzt darauf ankommt, nachträglich und verspätet eine richtige Sozialisation in Gang zu setzen. Diese Zielsetzungen sind an sich einleuchtend und vernünftig, aber der Widerspruch zur Realität in den Jugendstrafanstalten und Fürsorgeerziehungsheimen ist groß. Gerade in den letzten Jahren wurden solche Einrichtungen und Maßnahmen nicht nur durch wissenschaftliche Untersuchungen, sondern auch politisch heftig kritisiert.
Widerspruch von Erziehung und Strafe. Sosehr auch offiziell die Forderung nach dem Vorrang der Erziehung vor der Strafe erhoben wird, so hartnäckig halten sich nicht nur in den Strafanstalten und Fürsorgeheimen, sondern auch in der Öffentlichkeit die überlieferten Vorstellungen vom nötigen Vorrang der Strafe. Die Vorstellung, daß eine Tat »gesühnt« werden müsse, beherrscht nach wie vor das Denken und Fühlen. Man erkennt dies u. a. daran, daß immer noch ein so großer

Teil der Bevölkerung für die Todesstrafe eintritt. Solche Einstellungen hängen zusammen mit tiefsitzenden Gefühlen: Angst der Bürger vor dem Rechtsbrecher; tiefsitzende Gefühle der Rache; aber auch so etwas wie Neid: Ich darf das nicht, was ich manchmal auch gern täte, und dann sollen es auch die anderen nicht dürfen. Hinzu kommt, daß Strafgefangene und Fürsorgezöglinge zu den »Ausgestoßenen« in der Gesellschaft gehören. Politiker scheuen sich, sich allzu sehr für sie zu engagieren, weil das erstens keine Wählerstimmen einbringt und zweitens dem eigenen Ansehen nur schaden kann. So fehlt nicht zuletzt das Geld, das nur die Politiker zur Verfügung stellen könnten.

Hinzu kommen längst überholte Vorstellungen von Erziehung: daß man das »Böse« im Menschen nur mit Härte und Strenge austreiben könne. Gewiß kann die Strafe selbst auch einen erzieherischen Wert haben. Sie kann z. B. zur Besinnung führen, zum Nachdenken darüber, ob man den mit der Straftat eingeschlagenen Weg weitergehen will. Aber schon dafür wäre die Voraussetzung, daß der jugendliche Täter überhaupt gelernt hat, solche Überlegungen anzustellen. Oder anders ausgedrückt: Eine solche Erwartung setzt bereits eine sehr weit gelungene Sozialisation voraus, die jedoch in vielen Fällen gerade nicht vorliegt. Unter erzieherischen, nämlich pädagogischen Gesichtspunkten geht es jedoch um etwas ganz anderes: um die Frage nämlich, was der betreffende Jugendliche bisher *nicht* gelernt hat, aber noch lernen müßte, um in Zukunft ein straffreies und auch für ihn selbst befriedigendes Leben führen zu können. Daran gemessen ist die Strafe zweitrangig, d. h. sie ist nicht als solche, als Sühne, interessant, sondern nur insofern sie wirklich zu einem solchen Lernprozeß gehört. Dieser Maßstab hat sich jedoch nur in ganz wenigen Fürsorgeheimen und Jugendstrafanstalten durchsetzen können.

Das einschüchternde Ritual. Das Ritual, d. h. die Regeln und Formen des Umgangs mit dem Jugendlichen, ist sowohl vor dem Jugendgericht wie auch in der Strafanstalt und in den meisten Fürsorgeheimen einschüchternd und nicht ermutigend. Die Szenerie bei der Verhandlung vor einem Jugendgericht unterscheidet sich fast gar nicht von einem Strafverfahren gegen Erwachsene. Richter und Staatsanwalt in ihren schwarzen Roben sitzen auf erhöhtem Podest und blicken auf den angeklagten Jugendlichen herab. Dies allein und zudem die Formvorschriften, wie z. B. feierliche Vereidigung von Zeugen usw. lassen eine Atmosphäre aufkommen, die dem angestrebten Erziehungszweck absolut entgegensteht. Der Jugendliche sehe sich — so hat es einmal ein Jugendrichter formuliert — einer Front von Erwachsenen gegenüber, die ganz und gar

nicht den Anschein erweckt, dem Jugendlichen helfen zu wollen. Entweder kapituliert oder resigniert der Jugendliche vor dieser Übermacht oder er entwickelt Trotzreaktionen. Beides aber widerspricht der erzieherischen Absicht.
Diese einschüchternde Atmosphäre setzt sich in den meisten Strafanstalten und Fürsorgeheimen fort.
Mangelhafte pädagogische Ausbildung. Die Personen, die beruflich mit jugendlichen Straftätern oder Fürsorgezöglingen zu tun haben, sind, von Ausnahmen abgesehen, pädagogisch völlig unzureichend ausgebildet und somit kaum in der Lage, den Erziehungsauftrag ernsthaft zu verfolgen. Das gilt schon für die meisten Jugendrichter. Sie müssen sich in ihrem Studium keine pädagogischen Kenntnisse erwerben und haben meistens auch wenig Ahnung davon. Obwohl das Jugendgerichtsgesetz ausdrücklich Erfahrung und Befähigung zur Erziehung von Jugendrichtern verlangt, gibt es keine entsprechende Ausbildung. Häufig werden vielmehr Jugendrichter dann berufen, wenn sie zwei oder mehr Kinder haben. Man glaubt, daß sie damit über entsprechende pädagogische Fähigkeiten verfügen. Zudem ist unter den Richtern das Amt des Jugendrichters nicht sonderlich beliebt; es eignet sich nicht für eine berufliche Karriere.
Ähnlich steht es mit der Ausbildung von Heimerziehern und Aufsichtsbeamten in den Strafanstalten, die sich nach der Verurteilung des Jugendlichen bzw. nach seiner Einweisung in ein Fürsorgeheim mit ihm befassen müssen. Viele Heimerzieher haben überhaupt keine pädagogische Ausbildung, sondern sind aus anderen Berufen gekommen und gleichsam »angelernt« worden. Bei der Ausbildung der Aufsichtsbeamten in den Strafanstalten überwiegt der juristische und polizeiliche Aspekt, pädagogische Fragen spielen eine ganz untergeordnete Rolle. Zudem sind diese Berufe unterprivilegiert, d. h. sie genießen im Vergleich zu anderen Berufen ein sehr viel geringeres Ansehen. Von der besonderen Schwierigkeit der pädagogischen Arbeit her gesehen, nämlich unter so ungünstigen Voraussetzungen einen Erziehungsauftrag zu verwirklichen, müßten diese Berufe besonders gut ausgebildet und sehr viel höher bezahlt werden.
Unzureichende Lernmöglichkeiten. So gut wie nichts von dem, was jugendliche Strafgefangene oder Fürsorgezöglinge für das spätere Leben lernen müssen, können sie in den Anstalten wirklich lernen. Das liegt nicht nur am Personal, sondern auch am Anstaltscharakter selbst. Paßt sich z. B. der Jugendliche den Bedingungen der Anstalt an, so erhält er Vergünstigungen, die ihm zwar das Leben in der Anstalt erleichtern, ihn aber in seiner eigenen Persönlichkeit schwächen und für das Leben »draußen« kaum tüchtig machen. Ebenso ver-

hält es sich mit der Arbeit, die die Jugendlichen verrichten müssen. Nur in seltenen Fällen erhalten sie eine schulische Ausbildung oder können einen Beruf erlernen, mit dem sie später etwas anfangen können. Meist werden sie in der Anstalt mit untergeordneten Hilfsarbeiten im Garten, in der Wäscherei oder der anstaltseigenen Reparaturwerkstatt beschäftigt; oder Unternehmen der Umgebung geben mehr oder weniger stumpfsinnige Handarbeiten an die Anstalt ab. Statt von ihrer Arbeit Rücklagen machen zu können für das Leben draußen, werden sie bei minimalem Lohn ausgebeutet. Statt zu lernen, wie man sein Leben selbst organisiert und plant, schreibt die Anstalt alles bis in die letzte Kleinigkeit vor. In solchen Anstalten lernt man nicht, wie man in einer freien Gesellschaft lebt, sondern nur, wie man in der Ausnahmesituation einer Anstalt lebt und überlebt.

Hohe Rückfallquote

So kann es nicht verwundern, daß der entlassene Jugendliche (und das gilt in gleicher Weise für den erwachsenen Strafgefangenen) bei seinem Bemühen, wieder in der Gesellschaft Fuß zu fassen, überall auf Ablehnung und Vorurteile stößt. Das fängt mit der Beschaffung eines Zimmers oder einer Wohnung an und hört bei dem Bemühen um einen Arbeitsplatz, um einen Freundeskreis usw. auf. Die Strafe hängt ihm an wie ein sichtbares Zeichen (= Stigma) und stempelt ihn auch dann zu einem »Menschen zweiter Klasse«, wenn er sich nur einbildet, daß die anderen ihn anders behandeln als einen »normalen« Menschen. Der Aufenthalt in der Strafanstalt oder in dem Fürsorgeheim hat ihm nichts beigebracht, was er nun erfolgreich verwenden könnte. Meist ist er schlimmer dran als vorher. So kann es niemanden erstaunen, wenn ca. 60 bis 70 % der einmal straffällig gewordenen Jugendlichen wieder rückfällig werden und auch als Erwachsene ständig mit den Gesetzen und damit mit der Gesellschaft in Konflikt geraten.
Sicher wird man durch noch so vernünftige pädagogische Maßnahmen die Kriminalität nicht abschaffen können. Aber man könnte sehr vielen Kindern und Jugendlichen eine kriminelle Karriere ersparen.

ZWEITER TEIL:
Vom Wirtschaftswunder zum täglichen Kapitalismus

1. Kapitel: Jugendarbeitslosigkeit und Wirtschaftskrise

»Für einen Großteil der Jugendlichen wird der Weg in die Arbeitswelt mit Arbeitslosigkeit beginnen«, so kommentierte der DGB die Lage, in der sich Anfang 1974 viele der rund 500 000 Hauptschulabsolventen befanden. So kommen in München beispielsweise 7000 Bewerber auf 1000 Lehrstellen in der Elektrobranche. Die Folge: Im Raum Offenbach/Frankfurt haben Hunderte, im Ruhrgebiet, im Hamburger, Stuttgarter und Münchner Raum haben Tausende von Berufsschülern keine Lehrstelle. Nur Gelegenheitsjobs stehen ihnen — wenn die Konjunktur es erlaubt — zeitweise offen.

Die Lehrstellen sind jetzt rar

	Bei den Arbeitsämtern registrierte Lehrstellen	Schulabgänger aus allgemeinbildenden Schulen
1969	680.000	630.000
1973	371.000	780.000

Quelle: Wirtschaftswoche

In Prozentzahlen ausgedrückt heißt dies: 1973 konnten nur 60,7 % aller Schulabgänger eine Lehrstelle finden, 1974 sind es nur noch etwas mehr als 50 %.

Auch für Realschulabgänger und Abiturienten sieht es schlecht aus. Kaum ein Drittel der Abiturienten kann noch mit Sicherheit davon ausgehen, einen Studienplatz zu finden. Realschüler finden nicht allein durch ihren höheren Schulabschluß bessere Stellen. Die Folge ist, daß z. Z. ein regelrechter Konkurrenzkampf um Lehrstellen stattfindet. Abiturienten drängen in Lehrstellen, die früher nur von Realschulabsolventen angestrebt wurden, und werden dort natürlich eher angenommen als Realschüler; diese verdrängen Hauptschüler aus qualifizierten Lehrstellen. Hauptschulabgänger mit Abschluß wiederum verdrängen Hauptschüler ohne Abschluß. Auf der Strecke bleiben Hauptschüler, die kein Abgangszeugnis haben: Sie bilden die Hauptreserve der jugendlichen Arbeitslosen.

Aber auch, wer noch eine Lehrstelle bekommen hat und kurz vor dem Abschluß steht, kann keineswegs mit einem Arbeitsplatz als Geselle im erlernten Beruf rechnen. Im Handwerk wird nämlich doppelt soviel Nachwuchs ausgebildet, wie auf absehbare Zeit Gesellen- und Meisterstellen vorhanden sein werden. In Kfz-Berufen z. B., die an der Spitze aller Lehrlingsberufswünsche stehen, konnten nur 30 % im erlernten Beruf unterkommen.

Wer lernt was?
Wahl der Lehrberufe 1972

Jungen		Mädchen	
KFZ-Mechaniker	90.300	Verkäuferin	79.600
Elektriker	52.800	Friseuse	43.200
Maschinenschlosser	45.700	Industriekaufmann	37.200
Industriekaufmann	37.400	Bürokaufmann	33.300
Großhandelskaufmann	33.300	Bankkaufmann	25.600
Starkstromelektriker	29.700	Großhandelskaufmann	23.000
Werkzeugmacher	26.100	Arzthelfer	21.300
Maler	21.200	Einzelhandel	20.400
Klempner	17.900	Bürogehilfe	17.900
		Schneiderin	16.900

Für die Zukunft rechnet die Bundesanstalt für Arbeit mit 150 000 überflüssigen Kfz-Mechanikern. Ihnen bleibt nur die Möglichkeit, Anlernberufe zu ergreifen und damit die Gefahr, bei Struktur- oder Wirtschaftskrisen als erste auf die Straße gesetzt zu werden oder Kurzarbeit leisten zu müssen. Denn sie gehören zu der Hälfte aller Lehrlinge, die in falschen Berufen ausgebildet worden sind – so jedenfalls ist die Ansicht führender Bildungsforscher.
Das Frankfurter Battelle-Institut errechnete, welche Berufe überhaupt noch eine Zukunftsaussicht haben:

Welche Jobs noch Chancen bieten
In diesen Berufen wird der Bedarf an Arbeitskräften bis 1990 jährlich um soviel % wachsen

Ingenieure	3,0	Kunststoffverarbeiter	1,5
Sozialpfleger	3,0	Hilfsarbeiter	1,4
Chemiker, Physiker, Mathem.	2,9	Drucker	1,3
		Papierhersteller	1,2
Bank- und Versicherungs-Kaufleute	2,8	Maurer	1,0
Lagerarbeiter	2,5	Fahrzeugführer, Straßenwarte	1,0
Metallarbeiter	2,3	Dienst-, Wachberufe	0,7
		Tischler	0,5
Publizisten, Dolmetscher, Künstler	2,0	Fleisch- und Fischverarbeiter	0,4
Ärzte, Apotheker	2,0	Körperpfleger	0,3
Elektriker	2,0	Holzverarbeiter	0,1
Bauausstatter	1,9	Textilverarbeiter	- 0,1
Maler, Lackierer	1,9	Spinnberufe	- 0,1
Bürokräfte	1,9	Bäcker	- 0,1
Reinigungsberufe	1,9	Straßenbauer	- 0,1
Chemiearbeiter	1,8	Lederverarbeiter	- 0,2
Schlosser	1,8	Textilhersteller	- 0,2
Techniker	1,7	Steinbearbeiter	- 0,8
Unternehmer	1,7	Seelsorger	- 1,1
Rechtsberufe	1,6	Bergleute	- 2,9
Lehrer	1,6	Landwirte	- 3,6

Ausbildungsbedingungen für Lehrlinge

Unter diesen Umständen ist natürlich nicht damit zu rechnen, daß sich die Lage der Lehrlinge in Lehrbetrieben und Ausbildungsstätten gerade jetzt schnell und gründlich ändern wird. Im Gegenteil: Im Handwerk, wo heute noch 34 % der Lehrlinge ausgebildet werden (in der Industrie sind es dagegen nur 16 %), herrschen heute noch immer die Zustände, gegen die die Lehrlinge seit Jahren revoltieren.
Schlimmer noch: Drohende Arbeitslosigkeit und Krisenangst

verstärken den Druck von oben und führen in vielen Betrieben zu noch mehr Schmalspurausbildung, noch mehr ausbildungsfremder Arbeit der Lehrlinge, Gleichgültigkeit der Lehrmeister und Routine. Wie das konkret aussieht, schildert ein junger Arbeiter aus München:

»Mein Betrieb ist auf Kartonagen, also Verpackung spezialisiert. Meine Ausbildung ist nicht besonders gut, weil ich ja nicht mit Papier umgehen kann. Ich drucke meistens auf Pappe und Karton. Bei der Gehilfenprüfung wird mir vieles dann natürlich fehlen.

Zur Ausbildung hat der Meister keine Zeit, deshalb fällt diese Aufgabe den Gehilfen zu ... Oft mache ich den ganzen Tag denselben Arbeitsgang. Die Gehilfen machen es einmal vor, hat's der Lehrling verstanden, kann er acht Stunden drauflos arbeiten.

Hat die Brotzeitfrau Urlaub, gehe ich zum Einkaufen. Muß etwas fertig werden, muß ich Überstunden machen und samstags arbeiten.«

Die Lage der Lehrlinge hat sich also nicht gebessert, sondern eher verschlimmert. Wie das im einzelnen aussieht, zeigt eine Studie, die zur Lage der Lehrlinge in Hamburg gemacht worden ist:

1. Die Berufsschulsituation

- Für 40 % der Berufsschüler bleiben die Planstunden unter dem (allgemein schon als unzureichend angesehenen) Gesetzessoll von 8–12 Wochenstunden. Außerdem fallen wegen Lehrermangel zusätzlich für 44 % der Schüler regelmäßig Unterrichtsstunden aus.
- 75 % der Lehrlinge erkennen keinen Zusammenhang zwischen schulischer und betrieblicher Ausbildung.
- Die Hälfte der Lehrlinge im dritten Lehrjahr glaubt, für die Prüfung nicht genug zu lernen. Fast zwei Drittel der Lehrlinge im dritten Lehrjahr sind überzeugt, in der Berufsschule nichts für ihre spätere Berufspraxis zu lernen.

2. Die betriebliche Berufsausbildung

- 36 % der Lehrlinge werden von einem Ausbilder betreut, die restlichen 60 % werden von Gesellen, Lehrlingen, Hilfsarbeitern oder gar nicht angeleitet.
- Nur 31 % der gewerblichen Lehrlinge haben im Betrieb eine Lehrwerkstatt.
- Nur 44 % der Lehrlinge haben einen Ausbildungsplan.
- 30 % der Lehrlinge müssen Überstunden machen.
- Fast die Hälfte aller Lehrlinge gibt an, ausbildungsfremde Hilfstätigkeiten ausüben zu müssen.
- 73 % der Lehrlinge werden im normalen Produktionsprozeß beschäftigt!

■ Nach diesen Zahlen ist es kein Wunder mehr, daß im dritten Lehrjahr 71 % der Lehrlinge meinen, sie würden in den Betrieben mehr oder weniger ausgebeutet.

■ Im ersten Lehrjahr würden 28 % ihren Lehrberuf, 38 % ihre Lehrfirma nicht noch einmal wählen. Im dritten Lehrjahr sind es bereits 51 %, die ihren Lehrberuf und 55 %, die ihren Lehrbetrieb nicht noch einmal wählen würden.

3. Die Interessenvertretung

■ 61 % der Lehrlinge sind gewerkschaftlich organisiert oder sind bereit, es zu tun.

■ Einen Anstoß zur Reform der Berufsausbildung erwartet die Hälfte der Lehrlinge von den Gewerkschaften, während Unternehmer mit 12 %, der Staat mit 9 % und die Parteien mit 8 % auf die Plätze verwiesen werden.

■ Allerdings beurteilen 63 % der Lehrlinge die derzeitige gewerkschaftliche Aktivität in Sachen Berufsausbildung äußerst kritisch.

■ Einen Betriebsrat haben nur 48 % der Lehrlinge, eine Jugendvertretung 33 %. Diese Zahlen werden verständlich, wenn man die Verteilung der Lehrlinge über die Betriebsgrößen berücksichtigt.

■ Vier Fünftel der Lehrlinge sind der Meinung, daß den Gewerkschaften das Streikrecht nicht beschnitten werden dürfte. Drei Viertel der Befragten halten wilde Streiks aus unterschiedlichen Gründen zeitweise für gerechtfertigt.

Dazu heißt es ferner: »Bei allen diesen Zahlen über die Ausbildungsmöglichkeit in Betrieben und Berufsschulen muß man bedenken, daß in Hamburg, wo diese Lehrlingsumfrage gemacht worden ist, die Lehrlinge, verglichen mit ihren Kollegen auf dem flachen Lande oder aus kleineren Mittelstädten, noch gut dran sind. In Hamburg gibt es ein größeres Berufsangebot, der Jugendliche hat mehr Auswahl, in den Berufsschulen ist das Fachklassenprinzip fast durchgängig verwirklicht, und die Lehrlinge bekommen auch mehr Berufsschulunterricht, als es im Bundesdurchschnitt der Fall ist.«

Wo liegen die Ursachen dieser Situation?

Zunächst einmal ohne Zweifel in der Tatsache, daß Lehrlinge häufig als billige Arbeitskräfte eingesetzt werden. So kostet ein Lehrling, der im Handwerk arbeitet, pro Jahr durchschnittlich nicht mehr als 5241,– DM. Ein erwachsener Arbeiter oder Angestellter mit Familie ist nicht einmal für das Doppelte zu haben.

Bei gleicher oder vergleichbarer Arbeit wie von anderen Arbeitern und Angestellten auch bedeutet dies, daß jeder Unternehmer, der Lehrlinge so beschäftigt, einen besonderen Gewinn aus deren Arbeit zieht. Dieses Interesse der Hand-

werksmeister und kleineren Unternehmer wird heute von den meisten nicht einmal bestritten, sondern mit den Worten eines Kemptener Friseurmeisters offen zugegeben: »Man will doch selbstverständlich vom Lehrling etwas haben!«
Je mehr der Unternehmer am Lehrling verdienen will, um so weniger Geld gibt er für dessen Ausbildung aus; der Lehrling wird mehr für ausbildungsfremde Arbeit eingesetzt und lernt nichts. Zu diesem Resultat kommen Berliner Bildungsforscher in einer Studie über die Ausbildungsbedingungen von Lehrlingen in der BRD: »Die meisten lassen die jungen Leute mit einem Minimum an Kosten durchlaufen und versuchen, schon im zweiten Lehrjahr zu einer Rendite (= Gewinn) zu kommen!«
Zum anderen liegen die Ursachen in einer langen Ausbildungstradition, die dem Lehrling eine besonders unterwürfige Rolle aufzwingt. Lehrlinge sind nämlich nicht nur — wie alle anderen Arbeiter und Angestellten — der Betriebsleitung, sondern zusätzlich der Aufsicht und Gewalt des Ausbildungsleiters unterstellt. So kann man an ihnen nicht nur wie an jedem Arbeiter verdienen — man kann sie auch unter besonderen Druck setzen und für Arbeiten abkommandieren, die sonst nur für teures Geld von anderen Arbeitskräften ausgeführt würden. So kommt es auch, daß Lehrlinge Dienstleistungen und Schmutzarbeiten ausführen müssen, die nichts mit der Ausbildung zu tun haben. Hinzu kommt, daß viele Lehrlinge länger arbeiten müssen, als es gesetzlich erlaubt ist. Unzumutbare Arbeitsbedingungen und sogar Übergriffe auf die Person der Lehrlinge sind keine Seltenheit:

- Da wurde der Heizungsmonteurlehrling Michael Blaschkovski mit Hand und Schweißdraht von seinem Chef in der Firma Richard Schäffer in Rodalben (Taunus) verprügelt, weil er lange Haare hatte. Er mußte das Auto des Meisters waschen, die Straße kehren und für die Gesellen einkaufen gehen.
- Da wurde der Kochlehrling Wolfgang Tooten in der Gaststätte Müller-Menden in Mühlheim, der jeden Tag bis zu 10 und 12 Stunden hatte arbeiten müssen, entlassen, als er einmal vergaß, die Frau des Lehrherrn zu grüßen.

Noch immer wirken also jene Verhältnisse nach, die den Lehrling zu Beginn der Industrialisierung in Deutschland geradezu zum Freiwild kapitalistischer Ausbeutung machten. Damals, ab 1810, »konnte jeder, der einen Gewerbebetrieb unterhielt, Lehrlinge ausbilden. Lehrlinge wurden zur billigsten Arbeitskraft. Sie mußten 12 Stunden am Tag malochen für Kost und Logis, dabei noch Lehrgeld bezahlen. Daher die Redewendung: Die Länge der Lehrzeit hing ab von der Höhe dieses Lehrgeldes.«

Aus diesen wilden Tagen des Kapitalismus stammt auch die Festschreibung der Rollen von Lehrherr und Lehrling. In der Preußischen Gewerbeordnung von 1869 heißt es: »Der Lehrling ist der väterlichen Zucht des Lehrmeisters unterstellt.« Genau diese tradierte Vorstellung verbinden auch noch heute viele Lehrherren mit ihrer Ausbilderrolle. Und in der Tat gehört diese besondere Abhängigkeit noch zu den Merkmalen jeder betrieblichen Ausbildung von Lehrlingen. Der Lehrling unterlag und unterliegt einer besonderen Gewalt, die weit über das Arbeitsverhältnis hinausgeht. So haben die Lehrlinge in der BRD denn auch schon seit Jahren gegen die besonders finsteren Verhältnisse in ihrer Berufsausbildung revoltiert. Schließlich waren die wirtschaftlichen Verhältnisse in den 60er Jahren anders als jetzt. Statt Wirtschaftskrise und Arbeitslosigkeit, statt Arbeitsplatzunsicherheit, Lohnsenkungen durch Kurzarbeit und Wegfall von Akkordgruppen gab es Vollbeschäftigung und reales Wachstum, Konsumwelle und großes Gerede vom krisenfreien Wohlstandsstaat. Wer damals eine Lehre anfing, war eine gesuchte Arbeitskraft, denn es gab stets mehr Stellen als Bewerber. Firmen umwarben Schulabgänger mit Anzeigen wie die folgende aus der Kölnischen Rundschau vom 16. 10. 1963: »Wir bieten nicht nur eine gründliche Ausbildung, sondern Aufstiegs- und finanzielle Entwicklungsmöglichkeiten, hohe Weihnachtsgratifikation, Fahrgelderstattung, Unterstützungskasse, Altersversorgung.« Um so krasser mußte die überdurchschnittliche Ausbeutung der Lehrlinge, ihre persönliche Unterdrückung und die miserable Ausbildung in vielen Lehrbetrieben auffallen. Denn gerade im Zeichen der Vollbeschäftigung wurden die Lehrlinge unmittelbar für die normale Produktion eingesetzt.

Lehrlinge ergreifen die Initiative

Mit der Studentenbewegung, die Ende der 60er Jahre an den Universitäten entstand, breitete sich auch unter den Lehrlingen, jungen Arbeitern und Angestellten der Gedanke aus, daß man sich am besten für seine gemeinsamen Interessen organisiert und für deren Verwirklichung kämpft. Überall in den Großstädten – in Essen, Hamburg, Frankfurt und München – entstanden politische Gruppen von Lehrlingen, die zunächst versuchten, die Öffentlichkeit auf ihre miserable Ausbildung aufmerksam zu machen. Protestveranstaltungen, Demonstrationen und schließlich Lehrlingsstreiks waren die Mittel, mit denen man gegen die schlechte Ausbildungssituation anzukämpfen versuchte.

Erste Erfolge blieben nicht aus. Die Lehrlinge konnten ihre jeweiligen Forderungen durchsetzen. Die Verhältnisse im Lehrbetrieb wurden für eine breite Öffentlichkeit erstmals ein Thema der Diskussion. Endlich war deutlich geworden, woran es der Berufsausbildung mangelte:
Sie war nicht schlecht, weil Hauptschulabsolventen etwa dümmer oder unbegabter sind als andere Jugendliche. Sie war nicht schlecht, weil der Industrie- oder Handwerksbetrieb etwa eine schlechte Ausbildungsstätte wären. (Überhaupt ist es nicht gut, daß Ausbildung mehr und mehr als Paukerei von theoretischem Bücherwissen verstanden wird!) Sie war und ist schlecht, weil sie privatwirtschaftlich betrieben wird: Das Gewinnstreben des Unternehmens führt dazu, die Ausbildungskosten zu senken und die produktiven Leistungen der Lehrlinge zu steigern. Solche Kosteneinsparung hat zur Folge, daß eine gute Ausbildung einfach unterbleibt. Statt dessen muß der Lehrling normal arbeiten und dazu noch Tätigkeiten verrichten, für die ältere Kollegen sich nicht hergeben. Ebenso wurde mit dem Lehrlingsprotest auch deutlich, daß eine gute Ausbildung hohe Verluste für die einzelnen Unternehmer bringen würde. Dies läßt sich an Hand von Zahlen aus Großbetrieben beweisen, die in Zeiten der Vollbeschäftigung Lehrbetriebe mit relativ guten Ausbildungsmöglichkeiten eingerichtet haben.
Die privatwirtschaftliche Berufsausbildung war damit auch im Bewußtsein großer Bevölkerungsteile an die Grenzen ihrer Leistungsfähigkeit gekommen. Insbesondere der kleinere Ausbildungsbetrieb erwies sich schon in der Kostenfrage gegenüber der Konkurrenz der Großbetriebe als unzureichende Ausbildungsstätte. So konnte es nicht verwundern, daß die sozialliberale Bundesregierung das Problem in den Katalog ihrer Reformpolitik aufnahm und die Dinge beim Namen nannte: Kanzler Brandt in seiner Regierungserklärung vom 18. Januar 1973: »Die Bundesregierung kennt zwar die Bedeutung der Betriebe als Ausbildungsstätten; aber sie will dafür sorgen, daß die berufliche und gesellschaftliche Entwicklung des einzelnen nicht durch das besondere Wirtschaftsinteresse eines Betriebes beeinträchtigt werden kann.«
Und wenn schon qualifizierte Ausbildung für den Durchschnittsbetrieb zu teuer bzw. mit Abstrichen vom Gewinn verbunden ist, dann liegt es nahe, die Ausbildung in staatliche Hände zu übernehmen. Der Staat zumindest ist nicht an die privatwirtschaftlichen Gewinninteressen einzelner Unternehmen gebunden. Folglich ist der Grundgedanke hinter allen sozialdemokratischen und gewerkschaftlichen Reformvorschlägen für die Ausbildung: Genau wie die Schulbildung soll auch die Berufsausbildung in die Verantwortung des Staates über-

gehen. Nach diesen Vorstellungen

- werden in Zukunft staatliche Verwaltungsbehörden an Stelle der Kammern die Eignung von Ausbildungsbetrieben feststellen und die berufliche Bildung überwachen;
- müssen sich in Zukunft die Ausbilder zum Nachweis ihrer Befähigung staatlichen Prüfungen unterziehen;
- wird in Zukunft der schulische Teil der Berufsausbildung erweitert (unter anderem durch Verdoppelung des Berufsschulunterrichts).

Die Reaktion der Unternehmer

An diesem Punkt machten die Unternehmer nicht mehr mit:

- DIHT-Präsident Otto Wolff von Amerongen: »Wir lehnen das ab.«
- Arbeitgeberpräsident Hanns Martin Schleyer: »Fachverband der Wirtschaft ausgeschaltet.«
- Handwerkspräsident Schnittker: »Berufsausbildung wird erstickt.«

Denn mehr Macht für den Staat, mehr Kontrolle und bessere Ausbildung der Lehrlinge ohne staatliche Kostenübernahme – dafür aber den Lehrling als billige Arbeitskraft nicht mehr jederzeit im Hause zu haben, das ging den Unternehmern zu weit. Nicht mehr Kontrolle durch den Staat und höhere Kosten für die Betriebe, sondern mehr Macht für die Unternehmer und mehr Geld vom Staat ist ihre Losung. Um dem noch mehr Nachdruck zu verleihen, begannen sie mit der Aktion »Lehrlingsstopp«. Jungunternehmer Peter Herring, Chef einer Gießereimaschinenfabrik im westfälischen Schwelm, klagt: »Die gesetzlichen Vorschriften machen gerade uns mittleren Unternehmern die Berufsausbildung kaputt. Da muß ich leider auf Lehrlinge verzichten.« Die Heilbronner Maschinenfabrik Läpple stellte bislang jährlich 50 Lehrlinge ein. 1974 nimmt sie keine Stifte mehr an. Firmeninhaber Erich Läpple: »Wir sind es leid, uns noch länger durch den Dreck ziehen zu lassen.« Für Helmut Becker, den Juniorchef der größten europäischen Gebrauchtwagenhandlung, ist tatsächlich der Lehrlingsrückgang »eine Retourkutsche auf die Verketzerung der Ausbildungsbetriebe«.

Natürlich standen dahinter nicht bloß politische Motive. Vielmehr benutzten viele Lehrbetriebe ihre ohnehin schon angeschlagene Konjunkturlage, um die Lehrlinge nicht nur abzuweisen, sondern gleichzeitig krisenbedingte Kündigungen oder Einstellungsstopps als Kampf- und Disziplinierungsmittel gegen politische Lehrlinge und Schüler einzusetzen. Aber auch

innerbetrieblich schlagen die Bosse zurück.
Insbesondere richtet sich der Kampf der Unternehmer gegen diejenigen, die versuchen, im Betrieb die Rechte der Lehrlinge und jungen Arbeiter und Angestellten durchzusetzen. Er richtet sich gegen die, die in dem Kampf für eine bessere Ausbildung die gemeinsamen Interessen aller zu organisieren versuchen. Daß solche Interessenvertretung heute viele Lehrlinge umfaßt und organisiert, zeigt sich an vielen Beispielen. So glauben die meisten Lehrlinge, einen größeren Einfluß ihrer Interessenvertretung durch folgende Maßnahmen zu erreichen: regelmäßige Lehrlingsversammlung, stärkere Kontrolle der Betriebe durch die Jugendlichen, Ausweitung der Rechte für Jugend- und Schülervertretungen, umfassendere Lehrverträge, Tarifverträge für Lehrlinge. Kampfbereitschaft und Streikaktivität der Lehrlinge und jungen Arbeiter/Angestellten nehmen laufend zu.
Solche Aktivitäten aber passen den Unternehmern nicht ins Konzept. Im Gegenteil, sie zögern nicht, politisch aktive Jugendvertreter zu feuern – obwohl nach dem Betriebsverfassungsgesetz gerade diese gewählten Vertreter während ihrer Amtszeit einen besonderen Kündigungsschutz genießen.
Der rechtliche Schutz für gewählte Jugendvertreter, Vertrauensleute und Betriebsratsmitglieder erstreckt sich aber nur auf die Dauer ihrer Amts- bzw. Ausbildungszeit. Nach Beendigung der Ausbildung besteht kein Zwang für die Unternehmer, Jugendvertreter weiter zu beschäftigen. Daher können die Unternehmer drei Monate vor Beendigung des Lehrverhältnisses dem Auszubildenden mitteilen, daß er nicht in ein Arbeitsverhältnis übernommen wird. Begründet werden diese verschleierten Kündigungen, wenn überhaupt, mit der Behauptung, es seien keine freien Arbeitsplätze da, oder ganz unverfroren mit dem Hinweis auf die politische Tätigkeit der Betroffenen, die den Betriebsfrieden gestört hätte.
Parallel zu den Kündigungen durch die Unternehmen ist auch die gehäufte Einziehung von noch amtierenden Jugendvertretern und Vertrauensleuten zum Wehr- bzw. Ersatzdienst zu beobachten. Allein im Raum Kassel wurden ca. 20 Jugendvertreter zum Wehrdienst einberufen. Ein DGB-Sekretär in Düsseldorf ist der Ansicht, daß dies kein Zufall ist: »Die Unternehmer haben ja bei solchen Aktionen immer Mitwisser in den Kreiswehrersatzämtern.«
Dabei bewegen sich solche Aktivitäten der Unternehmer hart am Rande der Legalität. Denn die »Nichtverlängerung« von Arbeitsverhältnissen bei Jugendvertretern und anderen Jugendlichen ist bei Licht besehen natürlich eine politische Kündigung. Also auch eine Art Bestrafung derjenigen, die zur Verbesserung der sozialen und wirtschaftlichen Lage der Kol-

legen organisiert gearbeitet haben. Und dieses zu tun, sich für solche Zwecke frei zusammenschließen zu können, ist vielleicht eins der fundamentalsten Rechte der Arbeiterklasse. *Dieses Recht (Koalitionsrecht) ist Bestandteil der Verfassung der Bundesrepublik in Artikel 9 Abs. 3 Grundgesetz!* Selbst das Argument, Lehrlinge dürften nicht streiken oder an Arbeitskämpfen teilnehmen, verfängt nicht. Längst schon haben Arbeitsgerichte festgestellt, daß das Ausbildungsverhältnis auch ein Lohnverhältnis ist. Und deshalb gehört dem Lehrling das freie Streikrecht wie jedem anderen Arbeiter und Angestellten auch. Eine politisch motivierte Entlassung von aktiven Lehrlingen aus dem Ausbildungsverhältnis oder eine Nichtverlängerung ihrer Beschäftigung nach Abschluß der Ausbildung ist also ein Bruch des verbrieften Koalitionsrechtes. Denn hier geht es um grundlegende Rechte aller Lohnabhängigen.

Die Lehren aus dem Kampf der Lehrlinge

Die Lage der Lehrlinge und jungen Arbeiter hat sich nicht verbessert

Noch immer sind Lehre und Berufsausbildung ein Opfer der Gewinnkalkulation im Lehrbetrieb. Die Bevölkerungsgruppe, die bislang am wenigsten von den Bildungseinrichtungen profitiert hat – die Arbeiterklasse –, erhält auch weiterhin die schlechteste Berufsausbildung. Nicht nur, daß sie eine schlechte Ausbildung bekommt, die meisten von ihnen werden auch falsch bzw. für Berufe ausgebildet, die sie später nicht ausüben können. So verrichten sie während der Lehrzeit unterbezahlte Arbeit und können nach der Lehre nicht einmal davon ausgehen, eine angemessene Stelle zu bekommen. Das heißt, nach der Lehre müssen sie sehen, daß sie in einem Anlernberuf unterkommen. Im Kfz-Gewerbe haben Bildungsforscher sogar den Eindruck, daß eine hohe Zahl der Lehrlinge eingestellt wird, obwohl man weiß, daß viele von ihnen keine Arbeit als Kraftfahrzeugmechaniker nach der Lehre haben werden. Für viele Lehrlinge ist schon längst nicht mehr einzusehen, warum sie sich dem Leistungsdruck von Berufsschule und Prüfung unterziehen sollen, wenn nicht sicher ist, daß sie eine Stelle in dem erlernten Beruf finden werden. In Zahlen ausgedrückt stellt sich dies noch krasser dar:

- Rund 70 % aller Hauptschulabsolventen beginnen eine betriebliche Lehre. Aber etwa 16 % brechen die Lehre ab oder fallen wiederholt durch die Prüfung.
- Rund 54 % der Hauptschüler schaffen überhaupt eine abgeschlossene Berufsausbildung.

- Rund die Hälfte von diesen (49 %) wechseln den Beruf und ergreifen Anlern- und Hilfsarbeiten.
- Also können weniger als 30 % der Hauptschüler später in qualifizierten Berufen unterkommen!

Die Krise verschärft die Lage
Mit der Arbeitslosigkeit, die durch die weltweite Wirtschaftskrise verursacht wird, muß sich auch die Lage der jungen Arbeiter und Angestellten verschlechtern. Je mehr junge Leute nämlich einen Arbeitsplatz suchen und je weniger Arbeitsplätze bereitstehen, um so stärker wird der politische und betriebliche Druck auf den einzelnen. Nicht nur, daß sich die Abgänger verschiedener Schulzweige (Gymnasium, Realschule oder Hauptschule) gegenseitig Konkurrenz um knappe Lehrstellen machen. Die Konkurrenz der jungen Leute untereinander führt auch zu verstärkter Anpassung an das Diktat der Betriebe. Schließlich wollen die meisten im Moment erst einmal einen Job – und nicht unbedingt wegen ihrer Ansichten auf der Straße stehen. Dies stärkt natürlich den Standpunkt der Unternehmer, und die Zahl der Lehrlinge, jungen Arbeiter und Angestellten wächst, die bereit sind, auch dann klein beizugeben, wenn sie im Recht sind. Angesichts von Kurzarbeit und Entlassungen halten viele schon jetzt mit ihrer Kritik in Betrieben zurück, obwohl laut Bundesarbeitsgericht Kritik kein Entlassungsgrund sein dürfte.

Es geht darum, die Ursachen der Ausbildungsmisere und der Wirtschaftskrise zu erkennen
Solange der Boom zum wirtschaftlichen Alltag gehörte, war Vollbeschäftigung selbstverständlich, Arbeiter und Lehrlinge waren rar, die Löhne stiegen mit den wachsenden Gewinnen der Unternehmen. Manch einer hat geglaubt, dies könne ewig so weitergehen. Andere haben ihre politische Strategie darauf gebaut und geglaubt, man könne in diesem System durch geduldige Formarbeit und parlamentarische Erfolge Zug um Zug die Lage der arbeitenden Klasse verbessern. Sie alle stehen vor dem Scherbenhaufen. Die Wirtschaftskrise verlangt einen rigorosen Reformstopp – sagen die Oberen. Die Forderungen der Arbeiter und Angestellten nach besserem Einkommen, sicheren Arbeitsplätzen und besserer Bildung müssen auf der Strecke bleiben, ohne daß sich jemand ernsthaft aufregt und zur Wehr setzt. Warum? Nicht zuletzt deshalb, weil keiner richtig begreift, wieso es nach einer so langen Periode gesellschaftlichen Reichtums plötzlich zu Krisen kommen konnte. Und in der Tat, wenn man das Geschehen in der Welt nicht begreift, wenn einem Wohlstand und Arbeitslosigkeit wie ein launisches Schicksal erscheinen, dann kann man wenig

unternehmen, nicht zuletzt deshalb, weil man viel zu hilflos und unerfahren ist. So setzt eine langfristige Verbesserung der Lage der Arbeiter und Angestellten voraus, daß man sich gegen Ausbeutung und Ausbildungsmisere, gegen Arbeitslosigkeit und Lohngefährdung nicht nur gelegentlich Luft macht. Es setzt voraus, daß man die Zusammenhänge begreifen lernt. Nur so können vernünftige Ziele erkannt und erfolgreiche Kämpfe geführt werden.

2. *Kapitel:*
Der lange Marsch in die Krise

Arbeitslosigkeit unter Westdeutschlands Lehrlingen ist nur ein Merkmal dafür, daß sich die Lage der arbeitenden Klasse in der BRD tiefgreifend verändert. Noch deutlicher wird dies angesichts der Arbeitslosenzahlen seit dem Ende des Jahres 1974:

- Mit mehr als einer Million Stempelgängern droht erstmals seit 1952 wieder Massenarbeitslosigkeit für Arbeiter und Angestellte (von 1950–1952 hatte die BRD jeweils um 1,2 Millionen Arbeitslose; von 1953 an sank die Zahl rapide ab).
- In der Europäischen Gemeinschaft (EG) gehört die bundesdeutsche Arbeitslosenzahl damit zu den höchsten und stellt etwa ein Fünftel der rund 5 Millionen Arbeitslosen in der Gemeinschaft.

Dabei sind diese Statistiken über Arbeitslose noch mehr als schmeichelhaft. Bei diesen Zahlen werden arbeitslose türkische, jugoslawische oder spanische Arbeiter nicht mitgezählt. Nach offiziellen Angaben sind sie als Nichtweiterbeschäftigte eingestuft und mußten nach ihrer Entlassung die BRD verlassen. Arbeitslos sind sie in ihrer Heimat, und da diese nicht zur EG gehört, tauchen sie in deren Arbeitslosenstatistik gar nicht erst auf, obwohl sie wegen wirtschaftlicher Schwierigkeiten in der BRD entlassen wurden. In der Krise von 1966/67 wurden auf diese Weise rund 300 000 Arbeitslose nicht mitgezählt. 1974 und 1975 dürfte ihre Zahl noch größer sein.
Eine weitere Menge nichtgezählter Arbeitsloser verbirgt sich hinter der Zahl von etwa 350 000 Kurzarbeitern Ende 1974. Eine Reihe von Firmen der Auto-, Bau- und Textilindustrie versucht nämlich, mit den Kurzarbeitsgeldern vom Arbeitsamt Leute in Kurzarbeitsstellen zu halten, die nicht wieder in die Produktion zurückgegliedert werden können. Auf diese Weise wird versucht, Massenentlassungen zeitlich hinauszuschieben oder die Zahl der Entlassungen in kleinen Mengen über größere Zeiträume zu verteilen.
Zählt man die unterschlagenen Arbeitslosen mit, dann ergibt sich das düstere Bild von etwa 1,5 Mill. Arbeitslosen. Das wäre die größte Arbeitslosenzahl seit 1949 – dem Jahr der Gründung der Bundesrepublik!
Schon hören einige Wirtschaftszeitungen »Signale wie 1929«, und die Vertreter der internationalen Hochfinanz wie der amerikanische Milliardär Rockefeller haben »düstere Visionen wie vor 1930«. Wie Seifenblasen sind die Vorstellungen vom kri-

senfreien Wohlstand in der »sozialen Marktwirtschaft« zerplatzt. So muß einem fast wie Hohn vorkommen, was die Vertreter der herrschenden Verhältnisse wohlfeil unter die Leute zu bringen trachten: Dort wird gerade der Wirtschaftsform, der wir Krise und Arbeitslosigkeit der Massen verdanken — der Marktwirtschaft —, als einziger Wirtschaftsordnung zugetraut, soziale Sicherheit und Arbeitslosigkeit ein für allemal gemeistert zu haben. Deshalb verweist man mit prahlerischem Stolz auf das, was wir in 25 Jahren erreicht haben. Deshalb rühmt man sich, den alten Kapitalismus überwunden und einen dritten Weg gefunden zu haben. Die Ziele dieser Politik, »ununterbrochene Beschäftigung aller Arbeitswilligen«, »Anhebung des Lebensstandards« und »gleichmäßige Verteilung des Vermögens (...) wie nie zuvor in der deutschen Geschichte«, gelten als erreicht. Ja, man zögert nicht, angesichts der Fakten zu erklären, das in Deutschland übliche duale System der Berufsausbildung habe sich im Prinzip in der Vergangenheit bewährt. Folgt man den Vertretern der herrschenden Ordnung, dann dürfte es z. B. Ausbildungskonflikte, Krisen und Arbeitslose längst nicht mehr geben. Solche Dinge gehören ihrer Ansicht nach höchstens zu Opas häßlichem Kapitalismus.

Doch Zahlen und die Alltagsnöte von Millionen Menschen sprechen eine andere Sprache: Das als soziale Marktwirtschaft hochgepriesene Arbeiter- und Angestelltenparadies BRD ist an seine inneren Grenzen gestoßen. Nach Jahren eines langen, krisenfreien Aufschwungs folgt offensichtlich eine Periode wiederkehrender Krisen und sozialer Unsicherheit, die insbesondere Arbeiter und Angestellte trifft. Die Verblüffung darüber ist so groß, daß den Meinungsmachern der Republik vorerst nichts anderes einfällt, als klimatische Vergleiche zu wählen. So wie gutes und schlechtes Wetter von Hoch- und Tiefdruckgebieten abhängt, schreiben sie die Veränderungen der sozialen Lage »anderen Großwetterbedingungen der Wirtschaft« zu.

Wie passen diese beiden Dinge zusammen, Wirtschaftswunder und Wirtschaftskrise? Und was hat sich in der BRD wirklich entwickelt: Eine *kapitalistische Gesellschaft* mit normalem Wirtschaftsaufschwung und normaler Krise oder eine neue Art von *sozialer Marktwirtschaft*, in der die Krisenprobleme des Kapitalismus auf Dauer gebannt sind? Fangen wir also dort an, wo die Geschichte des Problems ihren Anfang nimmt. Beginnen wir mit dem Jahre Null — 1945 —, dem Ende des Krieges.

Null ist eine leere Menge. Bei Null fängt die Skala von Meßgeräten an, bei Null gibt es nichts. Im »Jahre Null« war folgerichtig *alles* zerstört, es war für alle der Neubeginn, alle hatten die gleichen Startchancen. Der Krieg hatte *das ganze* Land, *das ganze* Volk schwer getroffen. Die Lasten des Zusammenbruchs und des Leidens waren gerecht verteilt.
Solche und ähnliche Vorstellungen verbinden sich mit dem Wort vom »Jahr Null« bei Kriegsende und Neubeginn. Die Vergangenheit ist ausgeschaltet. Nichts wirkt mehr. So macht sich insbesondere die Vorstellung breit, daß mit dem militärischen Zusammenbruch und der materiellen Zerstörung unseres Landes auch alle ökonomischen, technischen und sozialen Rückwirkungen des Faschismus (= Drittes Reich oder Hitlerdiktatur) ausgelöscht waren. 1945 gilt für die meisten als ein voraussetzungsloser Neubeginn. Nichts möchte die herrschende Meinung mehr betonen und hervorheben als einen solchen voraussetzungslosen Neubeginn. Schließlich begründet sie damit das gängige Bild von der bundesrepublikanischen Gesellschaft:

■ Nur die soziale Marktwirtschaft konnte einen Aufschwung aus dem Nichts auf die Höhen des Wirtschaftswunders leisten.

■ Nur die Marktwirtschaft konnte die Chancen gerecht verteilen; da alle bei Null anfingen, niemand im Vorteil war und nichts vorentschieden, hat allein die Leistung darüber befunden, wer heute oben und wer unten steht.

■ Und schließlich ist diese Bundesrepublik ein völlig neues soziales Gebilde, das allerhöchstens ein politisches, keineswegs aber ein wirtschaftliches und soziales Erbe des Faschismus angestrebt hat.

Soweit das gängige Meinungsbild. Was sagen aber die tatsächlichen Ereignisse und Zahlen?
Das faschistische Deutsche Reich kapitulierte am 8. Mai 1945 bedingungslos. Nach sechsjährigem Krieg hatte das Deutschland der Nazis und Großunternehmer ein grauenvolles Ende gefunden:

■ Fast alle größeren deutschen Städte waren in einem gnadenlosen Bombenkrieg vernichtet worden. Allein in Frankfurt am Main wurden von 177 000 Häusern rund 130 000 ausradiert — mehr als 70 %. Hamburg wurde zu rund 60 % und das Ruhrgebiet mit fast 10 000 000 Einwohnern und 5 Großstädten wurde zu annähernd 80 % zerstört. Was übrig blieb, war beschädigt.

■ Fast alle Brücken über größere Flüsse waren auf Hitlers Befehl zerstört worden.

■ Millionen Menschen waren ausgebombt, sie hatten alles verloren, was ihnen an Hausrat geblieben war. Zwei Drittel des gesamten Volkes waren obdachlos und ohne Behausung.
■ 10 000 000 Menschen waren durch Flucht und Vertreibung heimatlos geworden und verelendet in das Gebiet der späteren BRD gekommen.
■ 3,5 Millionen Männer waren im Krieg gefallen oder vermißt. 2 Millionen saßen in Kriegsgefangenschaft!
■ Über eine halbe Million Alte, Frauen und Kinder waren den Bombenangriffen der Alliierten zum Opfer gefallen.
■ 2 bis 3 Millionen deutsche Frauen und Männer waren aus religiösen und/oder politischen Gründen in Konzentrationslagern ermordet worden.
■ Die Lebensmittelversorgung war zusammengebrochen; im Transportwesen herrschte das totale Chaos, es gab keine Post, keine Zeitung und keine Verwaltung; die Straßen waren völlig zerstört, Schulen, Universitäten, Theater und Kinos sowie andere Einrichtungen des öffentlichen Lebens waren so gut wie verschwunden!
Mit einem Wort: die Infrastruktur war durch den Krieg erheblich zerstört, die Bevölkerung vernichtet, beraubt und verelendet. Aber während die Bevölkerung, ihr Hab und Gut und die öffentliche Versorgung katastrophal getroffen waren, sah das Bild im Bereich der Industrie erstaunlich anders aus:
■ Während Frankfurt zu zwei Dritteln zerstört wurde, blieb die Fabrik des IG-Farbenkonzerns mitten in Frankfurt völlig unversehrt.
■ Die industriellen Anlagen der Metallindustrie waren zu nur 10 % zerstört; die Chemieindustrie zu 10–15 % und der Maschinenbau zu höchstens 15 %. Lediglich die Textilindustrie hatte 20 % Zerstörungen hinnehmen müssen.
■ Die deutsche Industrie war bei Kriegsende stillgelegt, aber nicht zerstört.

"Gleiche Belastung" von Industrie und Wohnbevölkerung bei Kriegsende

	in %	
Zerstörung von Häusern, Infrastruktur und Konsumgütern	65–80	
Zerstörung der Industrie	10–15	(Quelle: Grosser)

Das Erbe des Faschismus

Die Gründe für diese wundersame Rettung der deutschen Industrie nennt der namhafte, liberale französische Historiker Alfred Grosser: »Eine ausgefeilte Technik der Tarnung, die von den Deutschen eingeführte Verlegung wichtiger Industrien (in ländliche Gebiete ohne Bombenbedrohung, d. V.), aber auch die Absicht der Alliierten, mit den Bombardements von Städten eher die ›Moral der Bevölkerung zu untergraben‹ als Industrieanlagen zu zerstören, und schließlich die ›gelenkten Bombardements‹, bei denen Fabriken verschont wurden, an deren Erhaltung diese oder jene nichtdeutsche Gesellschaft interessiert war.«

Was darunter zu verstehen ist, berichtet Ulrich Küntzel in seinem Buch »Dollarimperialismus«. Er zeigt auf, daß der spätere Außenminister der USA und Bruder des US-Geheimdienstchefs, John Foster Dulles, während des Krieges in seiner Eigenschaft als Senator (im höchsten und einflußreichsten Parlament der USA) die Interessen der Deutschen Bank und ihrer Kunden aus der Großindustrie vertrat. Er sorgte bei amerikanischen wie englischen Bombenangriffen für eine pflegliche Behandlung seiner Kunden — während gleichzeitig andere Kollegen als Scharfmacher für eine Bombardierung der Zivilbevölkerung auftraten.

Doch während Haus, Wohnung, Hab und Gut der vielen »kleinen Leute« dem Feuersturm des Krieges zum Opfer fielen, erstreckte sich die Begünstigung der Unternehmer nicht bloß auf die bewußte Verschonung ihres Produktivvermögens. Die Unternehmer traten auch unmittelbar und übergangslos das lukrative wirtschaftliche Erbe des Faschismus an. Die Herrschaft der Nazis hatte wirtschaftlich vor allem zwei Resultate hervorgebracht:

1. Mit dem Faschismus begann 1933 in Deutschland eine beispiellose politische und wirtschaftliche Unterdrückung der arbeitenden Klasse. So richtete sich der Terror des Nazistaates zuerst gegen die Organisationen einer freien Arbeiterschaft: Die Gewerkschaften wurden verboten und aufgelöst. Die Nazis beseitigten dann die innerbetriebliche Interessenvertretung der Arbeiter — die Betriebsräte — und ersetzten sie durch sogenannte Treuhänder der Arbeit, die nicht Arbeiter, sondern Vertreter der Unternehmer waren. Sie beseitigten auch die politischen Organisationsformen der arbeitenden Klasse: ihre Parteien.

Das waren damals die SPD und die KPD.

1934 wurde ein »Gesetz zur Ordnung der nationalen Arbeit« erlassen, das die Tarifverträge sowie die Freizügigkeit der Arbeitsplatzwahl abschaffte. Statt dessen führte es die Dienstverpflichtung ein, also eine Art politisch verordnete Zwangsarbeit, der jeder bei Strafe am anbefohlenen Ort nachzukommen hatte, der im Rahmen dieses Gesetzes verpflichtet wurde. Alle diese Maßnahmen hatten vornehmlich zum Ziel, die Löhne zu senken und die Arbeitszeit zu erhöhen. Denn durch einen organisierten gewerkschaftlichen und politischen Kampf der Arbeiter war es gerade gelungen, die unwürdigen Arbeits- und Einkommensbedingungen des vorigen Jahrhunderts abzuschaffen und den Unternehmern ein Mindestauskommen sowie einen achtstündigen »Normalarbeitstag« abzutrotzen. Ohne den gewerkschaftlichen Schutz waren die Arbeiter nun der wirtschaftlichen Willkür des Faschismus ausgeliefert. Entsprechend wurden die Löhne herabgedrückt und der Arbeitstag verlängerte sich wieder auf 10 Stunden (60-Stunden-Woche).

Reallohnsenkung im Faschismus 1933-38

Stundenlohn von Facharbeitern	in Pf.	
1930	102	
1938	78	(Quelle: Statistik des Deutschen Reiches)

Mehr Arbeit und weniger Lohn aber war und ist die Zauberformel für höhere Gewinne. Kein Wunder, daß in deutschen Unternehmen die Gewinne seit 1933 sprunghaft stiegen und die Wachstumsraten des Umsatzes erheblich übertrafen.

Gewinnexplosion im Faschismus am Beispiel MANNESMANN-WERKE

Gewinn 1933 = 100

1933	100	
1943	1250	(Quelle: Statistik des Deutschen Reiches)

2. Die faschistische Wirtschaftspolitik hatte zu einer großen Konzentration des industriellen Vermögens geführt und dieses Vermögen in der Hand weniger Unternehmer zusammengefaßt. So nahm allein von 1936 bis 1940 die Zahl kleinerer und mittlerer Unternehmen (bis zu 1 000 000 RM) um gut 50 % ab. Gleichzeitig verminderte sich das Kapital dieser Unternehmensgröße um mehr als 60 %. Die Zahl der großen Konzerne und Unternehmen (20 Mill. RM und mehr) blieb im gleichen Zeitraum in etwa erhalten. Ihre Kapitalmasse hingegen stieg um etwa 30 % an — während sich die zur Verfügung stehende Geldmenge und das Produktivkapital in allen anderen Unternehmen verminderten.
Auch hier war die Anwendung brutaler staatlicher Gewalt Ausgangspunkt der Begünstigung großer und größter Konzerne:

- 1933 erließ das Hitler-Regime ein »Gesetz über die Bildung von Zwangskartellen«, womit die Konzentration des Industrievermögens staatlich verordnet wurde.
- 1934 wurde ein Gesetz zur »Arisierung von Banken und Industriebetrieben« erlassen. Auf seiner Grundlage wurde das Vermögen jüdischer Unternehmer gewaltsam den anderen Betrieben zugeschlagen. Die Gesamtsumme dieses legalisierten Diebstahls betrug etwa 600 Milliarden RM.

■ 1934 wurde ein »Gesetz zur Vorbereitung des organischen Aufbaues der deutschen Wirtschaft« erlassen. Es gliederte die Wirtschaft im Deutschen Reich in 6 sogenannte Reichsgruppen und gab dem »Generalrat der deutschen Wirtschaft« die Möglichkeit der Investitionskontrolle. Das bedeutete: Der Generalrat konnte das Investieren in einigen Industriezweigen verbieten und zwang zugleich zur Pflichtinvestition in den wichtigsten Industriebranchen. So erhob der Generalrat z. B. ab 1934 auf jede Tonne geförderte Braunkohle einen Betrag von 2 RM. Damit finanzierte er die Gründung einer eigenen Benzinproduktion auf Braunkohlenbasis.

■ Wie an dem letzten Beispiel deutlich wird, ging es bei den geplanten Wirtschaftsmaßnahmen nicht so sehr um wirtschaftlichen Aufschwung zur Steigerung der Konkurrenzfähigkeit, sondern um die Vorbereitung für einen neuen Weltkrieg. Nach außen, zum Weltmarkt hin, kapselte sich das faschistische Deutschland sogar mit einer 1934 eingeführten strengen Devisenbewirtschaftung ab.

■ Zur Finanzierung der industriellen Produktion wurden zudem hohe Besteuerungen eingeführt, die das Arbeitereinkommen weiter schmälerten. Wirksamste Finanzierungsmethode blieb jedoch neben der Zwangsinvestition die Schaffung von sogenanntem inflationärem Geld durch Staatsverschuldung und ungedeckte Scheinwechsel. Dazu gründeten die großen Rüstungsunternehmen des Reiches eine sogenannte Metallforschungsgesellschaft (Mefo). Diese Firma stellte ungedeckte Wechsel aus, die — so der damalige Finanzminister — ausdrücklich als »Deckung für den Druck von Banknoten« herangezogen wurden.
Die Folge davon war ein starker Preisanstieg bei den Industriegütern, damit verbunden eine weitere Steigerung der Gewinne sowie die sich verschärfende Konzentration des Unternehmervermögens auf die führenden Gesellschaften der Metall-, Elektro- und Chemieindustrie.
Alle diese Strukturverhältnisse des Faschismus wirkten am Kriegsende natürlich ungeschmälert nach. Sie verschoben sich durch die Folgen des Krieges sogar noch zugunsten der Unternehmen. Und nicht nur durch die unterschiedlichen Ausmaße der Zerstörung von Konsumgütern einerseits und Industrieanlagen andererseits. Faschismus und Krieg führten auch zu einer grundlegenden Veränderung in der Erwerbstätigkeit der Bevölkerung. Sie sorgten dafür, daß mittelständische und vorkapitalistische Erwerbsformen verschwanden und massenhaft Arbeitskräfte freigesetzt wurden. Schon zwischen 1933 und 1939 verschwanden 217 500 bäuerliche Betriebe und etwa 700 000 Handwerksbetriebe und setzten rund 1,5 Millionen Arbeitskräfte frei. Aber erst Kriegs- und Nachkriegsvertrei-

bung setzten mehr als 10 Millionen Menschen von Beschäftigungsmöglichkeiten in ihren angestammten Berufen der Landwirtschaft und des Handwerks frei. So setzte der Krieg praktisch das Werk der Wirtschaftsstrukturveränderung im Faschismus fort. Durch diese massenhafte Freisetzung von Menschen, durch die Zerstörung des Landes und die Verelendung in der Nachkriegszeit sank der Lebensstandard natürlich noch mehr. Diese Millionen Menschen wollten nur überleben; sie wollten eine Arbeit finden — ziemlich egal schien die Bezahlung, wenn sie nur das Leben zu erhalten vermochte.

Zwar sollte die Nachkriegswirtschaft in Deutschland durch einen Viermächtebeschluß vom 26. März 1946 auf nur die Hälfte ihrer Vorkriegskapazität gedrosselt werden, die Chemie- und Elektroindustrie sogar auf ein Fünftel. Zwar sollten große Teile deutscher Industrieanlagen abmontiert und als Entschädigung ins Ausland geliefert werden. Zwar sollten die großen Kartelle und Trusts der faschistischen Epoche aufgelöst und zergliedert werden. Nur Möbel und Fahrräder sollten wie früher produziert und die Kohleförderung sollte sogar gesteigert werden. Aber diese Maßnahmen wurden praktisch nicht durchgeführt. Im Jahre 1945 wurden auf dem Gebiet der heutigen BRD nur Industrieanlagen im Werte von weniger als 1 Milliarde Dollar demontiert. Die Entflechtung der Konzerne beschränkte sich auf die Firma Krupp und den IG-Farben-Konzern, dessen Nachfolger die heutigen Firmen BASF, Hoechst und Bayer wurden.

Ein Deutschland für amerikanische Konzerne?

Der Grund für diesen Sinneswandel der Alliierten lag in einem Umschwung der amerikanischen Politik. Ab 1946 begannen die USA unter dem neuen Präsidenten Truman, den Einfluß der Sowjetunion in Europa zu bekämpfen. Damit begann eine weltweite Kampagne gegen Sozialisten und Kommunisten, die sich insbesondere nach dem Sieg der chinesischen Revolution über den Amerika-Schützling Tschiang Kaischek (1948/49) zur wahren Hysterie steigerte. Das geschah aber nicht auf Grund politischer Konflikte zwischen den USA und der Sowjetunion. Beide Staaten waren ja enge Verbündete in der Anti-Hitler-Koalition des Krieges gewesen. Vielmehr strebten die Vereinigten Staaten danach, Europa als kapitalistisches Wirtschaftsgebiet zu erhalten und den eigenen Interessen unterzuordnen. Die USA suchten auf dem europäischen Markt Anlagemöglichkeiten für ihr Kapital, um für ihre auf

Hochtouren laufende Industrie lukrative Absatzmöglichkeiten zu schaffen. Doch: Um Europa nach der Zerstörung durch den Zweiten Weltkrieg zu diesem Glück zu verhelfen, reichte ein politischer Kurswechsel allein nicht aus.

Nötig war eine Ankurbelung der europäischen Wirtschaft, insbesondere der westdeutschen; denn diese stellte nach wie vor, trotz Krieg und Zerstörung, das beachtlichste Wirtschaftspotential auf dem Kontinent dar. Nötig war dazu jedoch Kapital, *Startkapital*, und ein politischer Rahmen, in dem dieses gesichert werden konnte. Das Kapital floß bald: 1947 eröffneten die USA nämlich ein Kredit- und Zuschußwesen zur Ankurbelung der europäischen Wirtschaft, den Marshall-Plan. 6,5 Milliarden Dollar kamen von 1948 bis 1952 zumeist als Geschenke in Westdeutschland an. Außerdem zahlten die USA die Zahlungsbilanzdefizite der europäischen Staaten einschließlich der Finanzlücke in den Besatzungszonen der westlichen Alliierten in Deutschland. Dazu war es allerdings notwendig, daß sich vor allem in dem Westzonengebiet so etwas wie ein eigener Staat herausbildete, der die politische Sicherheit für diese Politik abgeben konnte. Dazu war es ebenso notwendig, daß neben der Wiederaufnahme der Produktion in diesem Staat eine Währung geschaffen wurde, die die verheerende Inflation der Kriegsproduktion beseitigte. Und schließlich war es notwendig, daß intakte Unternehmen in diesem Teil Deutschlands wiederhergestellt und gesichert werden konnten. Welche politischen Einzelheiten, Konflikte und Auseinandersetzungen damit verbunden waren – schließlich wollten alle Nachkriegsparteien einschließlich der CDU den Kapitalismus in Deutschland abschaffen –, wollen wir hier nicht weiter behandeln (dies geschieht im Kapitel »Politische Entwicklung der BRD«). In diesem Zusammenhang genügt die Einsicht, daß für die Hilfsmaßnahmen der USA ein eigener Staat auf dem Boden der drei westlichen Besatzungszonen als politischer Garant der kapitalistischen Industrie notwendig war und schließlich auch geschaffen wurde.

Wie im Lehrbuch der politischen Ökonomie trat dieses Staatswesen zuallererst wirtschaftspolitisch hervor, noch bevor es seine politische Gestalt (Staatsform, Verfassung, Regierung, Verwaltung usw.) bekommen hatte: Folgerichtig beginnt die Geschichte der Bundesrepublik mit der Währungsreform, zu der der Historiker Grosser sagt: »Sie war das unumgängliche Vorspiel zu einem Wiederaufschwung der Wirtschaft. Ihr sichtbarer Erfolg konnte als eine Art Wunder erscheinen. Von einem zum anderen Tag zeigten die Läden volle Schaufenster, die Fabriken öffneten ihre Tore oder beschleunigten ihr Produktionstempo. Ein ganzes vom Unglück heimgesuchtes Land schien plötzlich wieder zu relativem Wohlstand zu

kommen. Die Industrieproduktion, die noch im Juni bei Index 51 lag, erreichte im Juli Index 61 und im Dezember den Index 79.
Man stellte fest, daß Westdeutschland nicht so grenzenlos verarmt war, wie man geglaubt hatte, und daß Bauernhöfe, Fabriken und Läden in Erwartung einer gesunden Währung sorgfältig Vorräte an Lebensmitteln, Grundstoffen und Waren zurückgehalten hatten. Noch am 17. Juni 1948 bedauerte der eine oder andere Apotheker, einer Mutter nicht ein Medikament für ihr krankes Kind geben zu können. Am 20. hatte sich das Wunder ereignet: Er verkaufte dieses Medikament, ohne daß in der Zwischenzeit ein Lieferwagen vor der Tür gehalten hätte. Die Bauern, Fabrikbesitzer und Kaufleute, die heimlich Vorratslager angelegt hatten, wurden dafür belohnt, daß sie die gesetzlichen Vorschriften mißachtet hatten. Die Bestimmungen der Reform begünstigten sie weitgehend. Von den zwei Prinzipien, auf die sich in der Theorie das sehr verwickelte Verfahren der Währungsgesundung gründete, wurde nur eines wirklich angewandt. Man leitete eine brutale Deflation ein, ohne aber die Opfer, die sie kostete, gleichmäßig zu verteilen. Die Inhaber materieller Güter wurden gegenüber den Sparern erheblich bevorzugt. Der allgemeine Tauschkurs war 1 zu 10, d. h. 10 neue Deutsche Mark (DM) entsprachen 100,— alten Reichsmark (RM). Aber dieser Kurs galt fast nur für Schuldforderungen und bewegliche Werte. Die Bargeldreserven und die Bankguthaben kamen erheblich schlechter weg. Von 100 ursprünglichen RM blieben hier noch 6,50 DM übrig. Was die öffentlichen Anleihen von Privatpersonen betrifft, so wurden sie kurz und bündig für wertlos erklärt. Doch die offiziellen Preise und Löhne blieben auf demselben Stand. Sie wurden jetzt nur in DM statt in RM gebucht. Da die realen Preise bis dahin aber Schwarzmarktpreise gewesen waren, gehörten auch die Arbeiter und Angestellten zu den Nutznießern der Operation. Ihre wahren Opfer waren somit die Sparer. Von ihnen gerieten viele vollends in Not.«

Der Nachkriegs-Boom

Die wundersame Warenvermehrung am Tage nach der Währungsreform war wohl das einzige und letzte Wunder der Nachkriegsentwicklung. Ansonsten geschah nichts Außergewöhnliches. Allerdings wirkten die günstigen Strukturbedingungen von Faschismus und Krieg in dem Moment, als die ausländischen Hilfsgelder als Startkapital in die brachliegende westdeutsche Wirtschaft strömten. Insbesondere die konsequente Entwertung der Löhne, die Zerstörung des Lebensstandards durch Terror und Krieg und die wahre Flut von geflohenen und vertriebenen Arbeitskräften taten das Ihre. Auf Grund der daraus folgenden Niedriglöhne und der geringen Zerstörung der Industrie genügten wenige Reparaturinvestitionen, um ein schnelles Wirtschaftswachstum und hohe Gewinne zu ermöglichen. Plötzlich war auch genügend Investitionskapital vorhanden, so daß schon im Jahre 1949 mehr Kapital für Produktionsanlagen aufgebracht wurde als 1936. So stiegen die Investitionen von 6,9 Milliarden Mark auf 7,8 (1949) und erhöhten sich bis 1954 auf mehr als das Doppelte, auf 14,1 Milliarden Mark. Der Nachkriegsmarkt der Bundesrepublik war außerdem mehr als günstig, denn durch die Zerstörung der meisten Konsumgüter war ein lang anhaltender Nachholbedarf der gesamten Bevölkerung so gut wie sicher. Schnell gingen infolgedessen die Produktionszahlen und die Umsätze in die Höhe.

Monatlicher Umsatz

	Mrd. DM	
1950	6,6	
1955	13,8	(Quelle: Pritzkoleit)

Dieses sprunghafte und lukrative Wachstum wurde von einer staatlichen Wirtschaftspolitik begünstigt, mit der die CDU-Regierung die Unternehmer unterstützte:

■ Zum Beispiel durch das Gesetz zur Investitionsförderung (vom 13. 12. 1951), mit dem die Schwerindustrie ein Geschenk von einer Milliarde DM aus dem Steuersäckel des Staates erhielt.

■ Zum Beispiel durch die Abschreibung nach § 7a des Einkommensteuergesetzes. Dieses Gesetz legt fest, wie hoch eine Produktionsmaschine, die etwa 10 Jahre hält und 10 000,— DM kostet, bei der jährlichen Steuererklärung als Kostenbelastung zu Buche schlagen darf und von der Gewinnsteuer frei abgezogen werden kann (Abschreibung). In unserem Beispiel dürfte die Maschine mit jährlich 1000 DM abgeschrieben werden. Wenn jemand einen hohen Steuersatz von 50 % bezahlen muß, dann könnte er mit der Abschreibung von 1000 DM jährlich pro Maschine 500 DM sparen und so weiteres Investitionsvermögen für sein Unternehmen schaffen. Nun sah der § 7a des Einkommensteuergesetzes aber vor, daß man von 1949 bis 1951 zum Ersatz alter oder vom Krieg beschädigter Anlagen bei Maschinen bis 100 000,— DM zusätzlich zur Normalabschreibung von 10 % jährlich weitere 50 % abschreiben konnte. Ein Unternehmen, das von 1949 bis 1951 vier Maschinen zu je 100 000 DM kaufte — also 400 000 DM investierte —, konnte 406 250 DM an Steuern sparen und sein Investitions-

kapital durch Steuermittel vollständig ersetzen. Wer damals im großen Stile investierte, bekam seine Maschinen über die Abschreibung nach § 7a des Einkommensteuergesetzes vom Staat praktisch geschenkt.
Aber nicht nur das. Die Abschreibungspraxis begünstigte diejenigen, die riesige Mengen Kapital besaßen, und förderte auf diese Weise vor allem die großen Konzerne. Deren Investitionen aber gingen vor allem in große, die Produktivität steigernde Anlagen und förderten den schnellen Produktionsanstieg. So stieg die Produktivität zwischen 1950 und 1955 in der Gesamtwirtschaft um 30 %, in der hochkonzentrierten Produktionsmittelindustrie aber um fast 45 %. Gleichzeitig sank der Lohnanteil am Umsatz der Gesamtwirtschaft um 6,3 %, bei den großen Konzernen der Produktionsmittelindustrie – trotz zwischenzeitlicher Lohnerhöhungen – sogar um 15 %. Mit einem Wort: niedrige Löhne, sinkender Lohnanteil am Umsatz der großen Firmen und von der Steuer praktisch geschenkte Produktionsanlagen und Geräte wirkten schon wenige Jahre nach dem Krieg wie eine belebende Spritze für die Wirtschaftsentwicklung und führten zu sprunghaft steigenden Gewinnen.

Verdopplung der Gewinne in 4 Jahren

	Mrd. DM	
1950	15,0	
1954	30,2	(Quelle: Mandel)

Der Export

Wenn die Produktion von Gütern so schnell anwächst und die Kaufkraft der Massen niedrig bleibt, sollte man meinen, daß es bald zu Absatzschwierigkeiten und Krisen, zu Arbeitslosigkeit und Kurzarbeit kommen muß. Doch das genaue Gegenteil trat Anfang der 50er Jahre ein: Von 1950 bis 1954 stieg die Zahl der Beschäftigten jährlich um eine halbe Million, und die Arbeitslosenzahl ging von 1,5 Millionen auf 500 000 zurück. Die industrielle Produktion stieg trotz wachsender Warenangebote kontinuierlich an. Die Gründe dafür liegen darin, daß die westdeutsche Wirtschaft von der weltwirtschaftlichen Lage der 50er Jahre besonders profitieren konnte:

1. Seit 1944 hatte sich die kapitalistische Welt ein Weltwährungssystem gegeben, das den Dollar zum Maßstab aller anderen Währungen machte. So mußten die zerrütteten Nachkriegswährungen in Europa und Japan nicht selbst für eine Golddeckung dieses Münzgeldes sorgen. Statt dessen diente der Dollar als Deckung. Er konnte direkt gegen Gold ausgetauscht

werden. Seine Deckung war der riesige Goldschatz des berühmten Fort Knox. Dadurch wurden die Währungen in feste Wechselkurse gebunden. Als Währung des reichsten Landes der Welt, als Währung, für die man auf der ganzen Welt alles kaufen konnte, stand der Dollar hoch im Kurs. Dagegen war der Kurswert der Deutschen Mark niedrig festgelegt. Niedriger als es dem Wert der westdeutschen Waren und der industriellen Leistungskraft entsprochen hätte. Ein Vorteil dieser Regelung war, daß amerikanische Waren durch den überhöhten Dollarkurs teuer wurden und für die europäischen Käufer fast unerschwinglich waren. Amerikanische Waren machten der heimischen Industrieproduktion infolgedessen auf dem Kontinent keine gefährliche Konkurrenz. Gleichzeitig aber wurden westdeutsche Waren im Ausland erheblich billiger; denn für wenige hoch im Kurs stehende Dollar bekam man viele Mark und die deutschen Waren daher zu Spottpreisen. Ein Nachteil für die Bundesrepublik war, daß nicht nur westdeutsche Waren, sondern auch westdeutsche Kapitalanlagen spottbillig wurden, und das führte bald zu einem Ansturm amerikanischen Kapitals.

2. Bereits 1951 hatten sich die USA und andere Länder wieder auf eine umfangreiche Rüstungsproduktion eingerichtet. In Ostasien, in Korea, China und Südostasien (Vietnam) drohten neue Kriege. Große Kapazitäten der amerikanischen, britischen und französischen Industrie produzierten Waffen und lieferten weniger Industrie- und Konsumgüter auf den Markt. Die Wirtschaft der BRD aber durfte nach dem Willen der Siegermächte keine Waffen herstellen. Sie produzierte für den normalen Markt und stieß damit in eine internationale Marktlücke, die sich wie ein Sog für westdeutsche Waren auswirkte.

3. Der Sieg über das faschistische Deutschland war zugleich auch der Sieg der amerikanischen Wirtschaft über ihre Konkurrenten in Europa. Die USA waren eindeutig die führende kapitalistische Weltmacht. Ihre Wirtschaft beherrschte Weltmarkt und Welthandel. Aus dieser politischen und wirtschaftlichen Vormachtstellung heraus konnten die USA auch die Weltwirtschaftsbeziehungen in ihrem Sinne neu ordnen. Dazu gehörte im Gegensatz zur Vorkriegssituation ein System von wirtschaftlichen Kooperationsverträgen mit den anderen kapitalistischen Ländern, das eine Abkapselung der einzelnen Länder vom Weltmarkt sehr erschwerte. So gehörte der Abbau von Schutzzöllen und Maßnahmen zur Devisenbewirtschaftung ebenso zu diesem System wie gegenseitige wirtschaftspolitische Unterstützung und ein internationales Kreditwesen. Die ab 1950 stark ins Exportgeschäft einsteigende bun-

desdeutsche Wirtschaft konnte von diesen Einrichtungen, z. B. des GATT und der OEEC nur profitieren. Mit dem starken Eindringen in den Weltmarkt wirkten sich die freien Handelsbeziehungen für die Bundesrepublik und deren Waren als überdurchschnittliche Begünstigung aus.

Kein Wunder, daß sich bei der geringen Massenkaufkraft und dem hohen Preis der Importe in Westdeutschland der Export bundesdeutscher Waren schneller entwickelte als die Einfuhr. Die bundesdeutsche Wirtschaft hatte deshalb schon bald einen sogenannten Außenhandelsüberschuß in Form von immer stärker anwachsenden ausländischen Währungsreserven. Ein Umstand, der auch heute noch die Wettbewerbsvorteile der westdeutschen Unternehmen ausmacht. In allen wichtigen Industriebereichen – in der Chemieindustrie und im Automobilbau, der Elektrotechnik und der Datenverarbeitung, im Schiffsbau und Maschinenbau – lag der Exportanteil 1953 schon über 30 %, und in der Gesamtindustrie betrug er bei einem Umsatz von 126 Milliarden DM 1953 immerhin schon 12 %. Im gleichen Maße wuchsen die Außenhandelsbilanzen der BRD von 3 Milliarden Mark minus (1950) auf 2,6 Milliarden Mark plus (1954) an. In der Bundesbank begannen sich zum erstenmal die Währungen anderer Ländern zu stapeln, so daß die BRD schon 1954 ausländische Reserven im Wert von 11 Milliarden Mark aufzuweisen hatte.

Tendenzwende

Gleichzeitig mit diesem Wachstum der Industrieproduktion und den riesigen Unternehmensprofiten konnte eine allmähliche Steigerung des Lebensstandards nicht ausbleiben. Nicht nur dadurch, daß Arbeiter und Angestellte bei stetigem Wachstum der Industrie allmählich ein höheres Lebensniveau erreichen mußten. Angesichts des allgemeinen Reichtums erwarteten die arbeitenden Menschen im Büro und Betrieb auch einen absolut größeren Anteil am Reichtum. Dies drückte sich schon 1951 im ersten großen Streik in Hessen aus und noch deutlicher 1954 beim heftigen Arbeitskampf in Bayern. Die Kampfsituation der arbeitenden Klasse verbesserte sich zusehends durch die allgemeine wirtschaftliche Prosperität, nämlich dadurch, daß die große Arbeitslosigkeit der Nachkriegszeit durch die Auswirkung der Produktionssteigerung nahezu aufgesogen wurde und Mitte der 50er Jahre eine regelrechte Vollbeschäftigung erreicht war. Eine große Zahl von Arbeitslosen bedeutet eine Schwächung von Arbeiterinteressen, weil die arbeitslosen Arbeiter natürlich eher bereit sind, für schlechtere Löhne zu arbeiten als überhaupt nichts zu bekommen. Die allgemeine Vollbeschäftigung räumt diese Art von Konkurrenz unter den Arbeitern und Angestellten schnell ab. Die Verknappung der Arbeitskräfte führt vielmehr zu einer Verteuerung der Arbeitskraft, denn das Arbeitskräfteangebot ist klein, das Stellenangebot der Unternehmer (also die Nachfrage) hingegen groß. So stiegen die Bruttomonatseinkommen der Industriearbeiter real von 264,– DM (1950) über 324,– DM (1954) auf 383,– DM 1958 an. Angestellte verbesserten sich im gleichen Zeitraum von 333,– DM auf reale 500,– DM. Die Verbesserung der ohnehin schon extrem niedrigen Einkommen ergab sich nicht automatisch, sondern war hart umkämpft. In den Jahren 1953 und 1954 sind jeweils 1,5 Millionen Arbeitstage durch Streiks ausgefallen, 1955 immerhin noch 850 000 Arbeitstage und 1957 sogar ganze 2,3 Millionen Arbeitstage, als die Metallarbeiter Schleswig-Holsteins vom Oktober 1956 bis Februar 1957 im Ausstand waren.

Ab 1957 begann auch eine allmähliche Verkürzung der Arbeitszeit in einzelnen Industriebereichen. Sie gipfelte zunächst 1960 in der Einführung der 40-Stunden-Woche (= freier Samstag) in der Metallindustrie – eine Verbesserung der Arbeitsbedingungen, die ebenfalls nur gegen großen Widerstand der Unternehmer durchgesetzt werden konnte. Damit waren die unerhört günstigen Anfangsbedingungen der westdeutschen Wirtschaft aufgebraucht. Hinzu kam, daß sich in all den Jahren die Bevölkerung der BRD ständig um qualifizierte Arbeitskräfte vermehrt hatte, die als Flüchtlinge aus der DDR kamen. Sie waren als zusätzliche Arbeitskräfte für das westdeutsche Wirtschaftswachstum gern gesehen, sie hatten nichts gekostet – jedenfalls keine Ausbildungskosten –, waren aber hochqualifiziert und für die Produktion ideal geeignet. Diese Vermehrung der Arbeitskräfte der BRD wurde 1961 schlagartig stillgelegt, weil die DDR-Regierung den Flüchtlingsstrom mit dem Bau der Berliner Mauer stoppte.

Die westdeutsche Wirtschaft geriet mit dem Auslaufen dieser Vorteile in eine schwierige Lage: Die internationale Konkurrenz wurde stärker, insbesondere dort, wo sie technologisch weiter fortgeschritten war. Außerdem verteuerten sich seit 1961 die deutschen Waren auf dem Weltmarkt. 1961 war die DM in ihrem Wechselkurs verteuert worden (Aufwertung), weil durch den hohen Exportüberschuß immer mehr inflationäre Währungen aus anderen Ländern in die deutsche Staatskasse geflossen waren. Aber auch im Inland hatte sich die Lage verändert. Auf dem Binnenmarkt wurde die Konkurrenz ebenfalls größer: 1958 wurde die EWG gegründet. Dieser gemeinsame Markt der europäischen Länder baute weitere Zollschranken ab, erlaubte die Niederlassungsfreiheit für Unternehmen und den freien Kapitalverkehr für ausländische Firmen. Diese konnten also in die BRD nicht nur zollbegünstigt Waren einführen, sie konnten dort auch Firmen gründen bzw. deutsche Fabriken aufkaufen und den westdeutschen Firmen eine einheimische Konkurrenz machen. Dies begünstigte natürlich vor allem die Amerikaner. Wie wir schon sahen, war deren Währung gegenüber der DM zu hoch bewertet, so daß man für geringes amerikanisches Geld höherwertige Fabrikanlagen, Maschinen und Investitionsgüter in der Bundesrepublik erhalten konnte als in irgendeinem anderen Land der Welt. So gehörte ausländischen Unternehmen bald ein großer Teil der westdeutschen Wirtschaft (in manchen Industriezweigen zwischen 54 und 33 % aller Firmen). Die Amerikaner besaßen fast die Hälfte (43 %) all dieser ausländischen Beteiligungen.

Am stärksten war der westdeutsche Bergbau von der sich verschärfenden Konkurrenz betroffen. In immer größeren Mengen kam ein billiger Brennstoff in die BRD, gegen den die Kohle machtlos war: das Heizöl. In früheren Jahren waren Westdeutschlands Zechen in der Lage, durch Einfuhrzölle für guten Absatz ihres heimischen Brennstoffs zu sorgen. Gegen Heizöl aber halfen keine Schutzzölle. Ergebnis: große Verkaufseinbußen bei der Kohle, weil sich Betriebe und Privathaushalte auf Öl umzustellen begannen. Tausende von Bergleuten wurden arbeitslos, mußten umschulen oder wurden frühzeitig auf Rente gesetzt. Viele Bergleute hatten schon nach wenigen Jahren Arbeit unter Tage erhebliche Steinstaubmengen in der Lunge, so daß sie bei Zechenstillegungen als schwerbeschädigt (zu 51 % erwerbsunfähig) galten. Mit solchen Schäden findet sich kaum eine gute Arbeit, daher wurden viele zu Rentnern und mußten eine erhebliche Einkommenssenkung hinnehmen. Dabei sollte sich der Bergbau zunächst nur gesundschrumpfen, wie es hieß. Die Bundesregierung zahlte aus Steuergeldern Stillegungsprämien und unterstützte die Neuansiedlung anderer Industriezweige im Ruhrgebiet. Doch den Niedergang des Bergbaus hielt sie kaum auf. Bis in die Mitte der 60er Jahre hinein wurden immer mehr Zechen unrentabel, weil sie der Konkurrenz anderer Brennstoffe nicht gewachsen waren. Die Steinkohle, einst Symbol der deutschen Industriegröße, wurde zum »kranken Mann« an der Ruhr.

Erst 1968, nach langem, zähem Hin und Her, kam es zu einer wirtschaftlichen Neuordnung des Steinkohlebergbaus, der insbesondere für die Stahl- und Eisenindustrie als Energielieferant lebenswichtig ist. Der Aufhänger dieser Neuordnung war, daß man eine Ruhrkohleeinheitsgesellschaft gründete, deren Treuhänder die Bundesregierung wurde. Mit dem ehrenvollen

Amt war allerdings die Verpflichtung der Regierung verbunden, etwaige Verluste der Ruhrkohlegesellschaft »im Interesse der Energiewirtschaft« aus dem Steuersäckel auszugleichen. Solche Verluste mußten aber zwangsläufig auch weiterhin entstehen, denn die Gründung der Ruhrkohle AG sah ein Paket eigenwilliger Regelungen vor:
So war mit der Gründung ein sogenannter Hüttenvertrag verbunden, der den Stahlfirmen (Thyssen, Krupp, Hoesch, Klöckner) Kohle und Koks zu einem Schleuderpreis von 71 DM (Marktpreis über 100 DM) garantierte. Die Ruhrkohle wurde durch diesen Vertrag verpflichtet, den Hüttenbetrieben ihre gesamte Kohleförderung zum Spottpreis zu überlassen. Oft genug mußte der Essener Ruhrkohlekonzern sogar teure Kokskohle in Polen, Australien und Südafrika kaufen und zum vereinbarten Preis von 71 DM mit Verlust an die Stahlfirmen weiterverkaufen. Jährliche Verluste von rund 150 Millionen DM — beglichen aus dem Steuersäckel — waren Ende der 60er Jahre keine Seltenheit beim Ruhrkohlekonzern. Die Ruhrkohle wurde also erst mit Steuergeldern gesundgeschrumpft, um dann mit Steuergeldern praktisch für die Stahlindustrie am Leben erhalten zu werden.

Die grosse Konzentration

Für die anderen Industriebereiche erforderten die wachsende internationale Konkurrenz und die Veränderung der günstigen Nachkriegsbedingungen ebenfalls ein Umdenken. Die Zeiten, wo für Niedriglöhne und geringe Investitionen hohe Gewinne zu haben waren, waren endgültig vorüber. Eine Verbesserung der »Ertragslage« (= Gewinne) der Unternehmen bei kürzerer Arbeitszeit, höheren Löhnen und wachsender Konkurrenz war nur noch möglich durch eine Steigerung der Produktivität, die zugleich immer mehr Kapitalaufwand für jede Mark Profit verlangte. So stieg denn auch der Kapitalaufwand der Unternehmen pro Arbeiter von 31 000 DM über 41 000 DM (in den 50er Jahren) auf 71 000 DM in den 60er Jahren an.

Konzentration in der Hand der Banken

Damit stieg der Kapitalbedarf der westdeutschen Industrie an. In der Regel hat selbst ein großer Kapitalbesitzer nicht die benötigten Massen von Kapital. Erst mehrere Geldgeber gemeinsam können die nötigen Mittel aufbringen. Die gebräuch-

lichste Form gemeinsamer Beteiligung ist die gesetzlich geregelte Aktiengesellschaft.
In der BRD stellen Banken in der Regel den Hauptumschlagsplatz des Aktien-Kapitals dar, das die einzelnen Geldgeber anlegen wollen. Denn das deutsche Aktienrecht kennt die Regelung, daß die Banken für alle bei ihnen bearbeiteten Aktien das Stimmrecht wahrnehmen können, egal ob ihnen die Aktien gehören oder nicht. Dies macht die Kapitalanlage für private Geldgeber angenehm und bequem. Es stärkt aber auch zugleich die Banken, die mit ihren Aktienpaketen großen Ein-

Die Macht der Banken

Diese Aktien-Pakete halten Deutschlands größte Geschäftsbanken an wichtigen Industrie-Unternehmen

Gesellschaft	Branche	Aktienkapital in Mio.DM	Marktwert in Mio.DM	Beteiligung in %
DEUTSCHE BANK				
Daimler-Benz AG	Automobil	1.189,0	5.921	ca.57
Didier-W. AG	Bauzulieferind.	71,3	171	über 25
Bayer.Elektrizitäts-Werke AG	Energievers.	22,0	143	über 25
Bergmann-Elek.-Werke AG	Elektrotechnik	70,0	keine Börsennotiz	über 25
Hapag-Lloyd AG	Transport	145,0	336	über 25
Philipp Holzmann AG	Bauindustrie	45,0	364	über 25
Karstadt AG	Handel	300,0	2.310	über 25
Pittler Maschinenfabrik AG	Maschinenbauindustrie	18,0	35	über 25
DRESDNER BANK				
Dortmunder Union Schultheiss-Brauerei AG	Brauerei	148,4	1.006	über 25
Grün & Bilfinger	Bauindustrie	22,5	82	64
Metall-Ges. AG	Metallindustrie	206,7	827	über 25
Portland-Zement-W. Heidelberg AG	Bauzuliefererindustrie	108,0	1.040	über 25
Hapag Lloyd AG	Transport	145,0	336	über 25
Kaufhof AG	Handel	300,0	1.212	über 25
Lübecker Flender-Werke AG	Schiffbau	25,0	keine Börsennotiz	über 25
Kempinski Hotelbetriebe AG	Hotelbetrieb	11,0	34	über 25
Ver. Kammgarn-Spinnereien AG	Textilindustrie	10,0	12	über 25
Pittler Maschinen-Fabrik AG	Maschinenbau	18,0	35	über 25
COMMERZBANK				
Karstadt AG	Handel	300,0	2.310	über 25
Kaufhof AG	Handel	300,0	1.212	über 25
Brauerei Isenbeck AG	Brauerei	6,0	22	über 25
Hannoversche Papierfabrik Alfeld-Gronau	Papierfabrik	28,0	40	über 25
Hochtief AG	Bauindustrie	46,5	270	über 25
Kempinski Hotelbetriebs-AG	Hotelbetrieb	11,0	34	über 25
Maihak AG	Maschinenbau	3,0	14	50,2
Flender-Werft AG	Schiffbau	25,0	keine Börsennotiz	68,9
Wayss & Freytag AG	Bauindustrie	20,0	keine Börsennotiz	über 25
Westfälische Zellstoff AG	Zellstoffproduktion	16,0	45	über 25

(Quelle: Wirtschaftswoche)

fluß auf die Firmenleitungen der Aktiengesellschaften haben. Nicht zuletzt, weil sie Vertreter in die Aufsichtsräte, die höchsten Kontrollgremien der Firmen entsenden. So stellten Bankvertreter 1960 schon 30 % aller Aufsichtsräte der 661 Aktiengesellschaften (930 Aufsichtsräte von insgesamt 3300). Doch dieses Bild ist irreführend, denn drei Banken, die Deutsche Bank, die Dresdner Bank und die Commerzbank, besitzen mehr als die Hälfte aller dieser 930 Sitze in den Aufsichtsräten. Welche Wirtschaftsmacht den Banken damit zufällt, kann man daran sehen, daß sie damit mehr als drei Viertel des gesamten Industrieumsatzes kontrollieren. Man kann also mit gutem Recht davon sprechen, daß die Großbanken die Nervenzentren unserer Wirtschaft kontrollieren und den Großteil der Wirtschaftsmacht auf sich konzentrieren.
Diese Macht ballt sich aber nicht nur auf dem Aktienbereich zusammen. Immer weniger Aktiengesellschaften finanzieren ihre Investitionen aus eigenen Gewinnen; sie nehmen in der Regel Investitionskredite bei Banken auf, was deren Einfluß auf die Wirtschaftstätigkeiten der meisten Unternehmen noch weiter steigert. Die Vorstandsetagen der Banken sind damit die eigentlichen Kommandozentralen der Wirtschaft geworden. Nicht mehr der alte private Unternehmer – der Kapitalist – ist Herr dieser Gesellschaft, sondern das namenlose Kapital der Aktionäre vertreten durch die Banken. Dies ist geradezu symbolisch, denn es macht deutlich, daß das Kapital als anonyme Größe, als versteinertes Verhältnis von Menschen über uns herrscht und nicht die Reichen, so sehr sie Vorteile und Vorrechte an dieser Gesellschaft in Anspruch nehmen.

Konzentration in der Industrie

Der Hauptabnehmer von Kapital – und damit der wichtigste Ort der Kapitalkonzentration – ist die Industrie, die ständig mehr Kapital braucht, um den technischen Fortschritt zu ermöglichen. Denn die internationale Konkurrenz drängt vor allem mit technologisch hochstehenden Fabrikaten und Riesenkapitalsummen auf den europäischen Markt, der insbesondere für die BRD-Wirtschaft zum Hauptabsatzgebiet ihrer Warenangebote geworden ist. Wie gewaltig diese Macht ist, läßt sich unter anderem daran erkennen, daß der amerikanische Automobilgigant General Motors 1968 größere Einnahmen als die Staatskasse der BRD hatte:
Oder auch daran, daß von den 200 größten Firmen der Welt allein 107 aus den USA stammen, bzw. daß die meisten modernen Erfindungen der Nachkriegszeit in den USA gemacht wurden. So konnten die USA 1960 z. B. 514 Patentlizenzen

Besser bei Kasse als Bonn

Einnahmen von General Motors im Vergleich zu staatlichen Steuer-Einnahmen 1969

Milliarden Dollar, bei Bundesstaaten nur Bundes-Einnahmen

	Mrd. $
General Motors	24,3
USA 1968	130,8
Großbritannien	26,9
Frankreich	26,6
Bundesrepublik	21,4
Italien	14,7
Niederlande	5,7
Schweden 1968	5,6
Belgien	5,0
Schweiz 1968	1,4

(Quelle: Spiegel)

an BRD-Unternehmen verkaufen, umgekehrt aber wurden nur 85 westdeutsche Lizenzen an US-Unternehmen abgesetzt.
Die alten Wirtschaftsstrukturen konnten da nicht bestehen — das zeigte sich schon 1957/58, als die ersten Auswirkungen der Konkurrenz im Rückgang des Umsatzes der westdeutschen Industrie sichtbar wurden. Nur große Industrieunternehmen konnten den Kampf durchstehen und von ihm auch profitieren. Die Verstärkung der Konkurrenz führt also zunächst einmal dazu, daß sich zunehmend mehr Kapital auf immer weniger Unternehmen konzentriert. Immer mehr Unternehmen schließen sich infolgedessen zu großen Konzernen zusammen. Dieser Prozeß begann in der BRD etwa 1958/1959, abzulesen an den jährlichen Unternehmenszusammenschlüssen:

Konzentration wozu ?
Unternehmenszusammenschlüsse in der BRD

	jährl. Zahl der Zusammenschlüsse
1968	65
1969	168
1970	305
1971	220
1972	269
1973	289

Das Ergebnis: Ende der 60er Jahre wurde der Löwenanteil des industriellen Gesamtumsatzes von einer ganz kleinen Oberschicht riesiger Konzerne gemacht. 3 % aller Unternehmen verbuchten 60 % des gesamten Umsatzes der Industrie. Die großen Gewinner dieser Kapitalkonzentration waren dabei vor allem drei Industriebereiche: Chemie, Elektro und Stahl.

Die Chemie

Die drei westdeutschen Chemiegiganten vergrößerten ihren Marktanteil in fünf Jahren von 34 % auf 49,4 % und steigerten ihren Weltumsatz in geradezu gespenstischer Weise von jeweils 1,5 Milliarden DM auf 14,4 (Bayer), 15,3 (Hoechst) und 15,9 (BASF) Milliarden DM.
Ebenso sprunghaft stiegen die Profite bei Bayer von 523 auf

840 Millionen DM, bei Hoechst von 566 Millionen DM auf 808 und bei BASF von 501 auf 660 Millionen DM. Dies verdanken die drei Chemiegiganten einer bedingungslosen Konzentration der Chemieindustrie. Nach wenigen Jahren gegenseitigen Kampfes erwarb Bayer mit dem Veba-Konzern zusammen die Chemischen Werke Hüls, Europas größten Hersteller von synthetischem Kautschuk. Zusammen mit der BP kaufte Bayer je 50 % der Erdölchemie und mit den beiden anderen Chemiegiganten je ein Drittel der Duisburger Kupferhütte. BASF sicherte sich die Lackfabriken Herbol, Glasurit und Siegel, die Wintershall AG, die Kalifabrik Salzdetfurth, eine Beteiligung an der Erdölraffinerie Albatros (Belgien) sowie Anteile an den Chemiefabriken Dr. Wohmar GmbH, der Röhm GmbH und den Rheinischen Olefin Werken (zusammen mit Shell). 88 % des Kalimarktes gehören infolgedessen der BASF und 50 % des Marktanteils bei der Herstellung von Lackfarben. Die Farbwerke Hoechst schließlich erwarben zu 75 % die Kasseler Werke AG in Kassel und die Firma Ruhr-Chemie AG zu 33 %. Mit diesem gigantischen Konzentrationsakt wurde die westdeutsche Chemieindustrie im Inland zum wichtigsten Industriezweig und darüber hinaus zum Chemieproduzenten Nr. 1 in der westlichen Welt.

Die drei größten Chemiekonzerne der BRD kämpften drei Jahre um die Vorherrschaft in wichtigen Beteiligungsfirmen und blockierten sich gegenseitig (Stand 1969)

Farbwerke Hoechst AG, Frankfurt	VEBA Bonn/Berlin	Farbwerke Bayer AG, Leverkusen	Badische Anilin- und Sodafabrik AG-Ludwigshafen
25% Cassella Farbwerke Frankfurt; 4600 Beschäftigte, 290 Mill. DM Umsatz 51,1% Chemieverwaltungs-AG Holdinggesellschaft Frankfurt	100% Hibernia AG Holdingges. 25% Chemische Werke Hüls AG; 16000 Beschäftigte, 1,5 Mrd. DM Umsatz zusammen mit Bayer: 21% Chemieverwaltungs-AG Frankfurt	21% ChemieverwaltungsAG (mit VEBA) 25% Chemische Werke Hüls AG 25% Bunawerke Hüls, Tochter der Chemischen Werke Hüls (50 %) 25% Cassella Farbwerke Frankfurt 25% Herbol Werke AG Köln; 1400 Beschäftigte, 110 Mill. DM Umsatz	25% Cassella Farbwerke Frankfurt 75% Herbolwerke AG Köln

Ende 1969 beschlossen sie, ihre Interessenbereiche durch eine großangelegte "Flurbereinigung" ihrer Interessenzonen übersichtlich aufzuteilen.
Die neue Beteiligung der Konzerne sah so aus:

75% Cassella Farbwerke Frankfurt	36% ChemieverwaltungsAG Frankfurt 25% Chemische Werke Hüls AG	36% Chemieverwaltungs-AG Frankfurt 25% Chemische Werke Hüls AG 50% Bunawerke Hüls	100% Herbol-Werke AG Köln

<u>Chemieverwaltungs-AG</u>

50% Chemische Werke Hüls AG

<u>Chemische Werke Hüls AG</u>

50% Bunawerke Hüls

Elektroindustrie und Rüstung

In der Elektroindustrie beherrschen nur noch zwei Unternehmensgiganten das Feld: Siemens und AEG, die zudem über viele gemeinsame Tochtergesellschaften miteinander verflochten sind.

Dieser Supergigant Siemens/AEG ist bei weitem das größte Unternehmen der BRD. Rechnet man beide Konzerne zusammen, dann liegt deren Jahresumsatz rund 3 Milliarden DM über dem offiziellen Tabellenführer VW. Rechnet man noch die Firma Bosch hinzu, ebenfalls mit Siemens und AEG aufs engste verquickt, dann dürfte dieser Trust das führende Elektrounternehmen der Welt sein (1973: 12,1 Milliarden Dollar Umsatz; Tabellenführer General Electric: 11,6 Milliarden).

Siemens/AEG verdanken ihre Weltmarktstellung vor allem zwei Dingen:

- der militärisch-industriellen Produktion in Westdeutschland und
- der Entwicklung auf dem Gebiet der elektronischen Datenverarbeitung.

In der Datenverarbeitung war die internationale Konkurrenz so stark, daß den westdeutschen Unternehmen nur noch die rückhaltlose Konzentration als letzte Maßnahme vor dem Untergang übrigblieb. Denn bei einem Jahresumsatz von mehr als 25 Milliarden Dollar beherrscht der amerikanische IBM-Konzern nicht nur 53,4 % des Weltcomputermarktes, sondern auch 60 % des Geräteumsatzes in der BRD. Siemens konnte noch 1965 auf dem Weltmarkt nur 1,2 % und in der BRD nicht mehr als 5,2 % Marktanteile nachweisen.

IBM ist nicht nur der größte Computergigant, IBM ist auch eines der modernsten Unternehmen — geradezu abonniert auf den technologischen Fortschritt. IBM ist schließlich auch ein Unternehmen, das mit knallharten Bandagen arbeitet und von dessen Preispolitik das amerikanische Justizministerium 1972 feststellte: »Festsetzen von Preisen auf räuberischem Niveau.« IBM als Konkurrent bedeutete allerhöchste Konzentration der ökonomischen Kräfte, denn »niemand außer einem IBM-Anwalt« — so das angesehene britische Magazin »New Scientist« — »würde heute behaupten, daß IBM nicht über die finanziellen, technischen und personellen Mittel verfügte, sich wie ein Monopolist zu verhalten und jeden Konkurrenten aus dem Markt zu werfen«.

Angesichts dieses Weltmarktes gibt es in der europäischen Computerindustrie seit Ende der 60er Jahre ein aufgeregtes Zusammenrücken und Zusammenarbeiten. Siemens, der französische Konzern CII (Compagnie International pour L'Informatique) und die holländische Firma Philips arbeiten auf engstem Raum mit gemeinsamer Planung, technischer Entwicklung und Finanzierung quasi wie ein Konzern zusammen und haben eine Tochtergesellschaft »Multinational Data« gegründet. Englands International Computers Ltd, bislang größtes europäisches Computerwerk, arbeitet mit AEG und Nixdorf Computer zusammen. Ihre gemeinsame Tochtergesellschaft heißt »Telefunkencomputer«.

Angefangen hatte diese internationale Konzentration in der BRD, wo Siemens und AEG schon 1965 in einer geheimen Studie das Übergewicht der US-Konkurrenz beklagten und von der Bundesregierung verstärkte Unterstützung durch Forschungsgelder für den Computerbau forderten. Die 700 Millionen Mark Forschungsgelder, welche die Regierung daraufhin für die Elektroindustrie ausgab, teilten beide Firmen bis auf einen Rest von 50 Millionen DM untereinander auf, um den Anschluß an das internationale technische Niveau der Computer zu erreichen. Mit Erfolg: In nur 6 Jahren stieg der Marktanteil von Siemens bei Computern um 150 % auf ein Fünftel des Gesamtabsatzes. Der Umsatz von Siemenscomputern stieg um 400 % auf 1,5 Milliarden DM. Heute fühlt sich die westdeutsche Computerindustrie im Verbund mit den europäischen Koproduzenten in der Lage, den Marktanteil von IBM in Europa zumindest unter 50 % zu drücken. Denn, so meint Nixdorf: »Auch IBM kocht nur mit Wasser.«

Die Elektroindustrie ist heute aber vor allem Rüstungslieferant — auch wenn dieses auf den ersten Blick gar nicht so aussieht. Die Elektroindustrie produziert keine Gewehre, keine Flugzeuge, Panzer, Bomben usw. Aber die modernen Waffen wären heute überhaupt nicht mehr denkbar ohne elektronische Steuerungsanlagen. Wenn man heute z. B. ein Jagdflugzeug baut, dann muß man über 60 % der Kosten für die elektronische Ausrüstung aufbringen. Bei Panzern und Geschützen machen elektronische Kosten zum Teil bis zu 70 % aus. Kein Wunder also: der AEG-Betriebsbereich Hochfrequenz (Radar, drahtlose Nachrichtentechnik) arbeitet fast nur noch für die Rüstung. Siemens rüstet ganze Kriegsschiffe aus und richtet seine Nachrichtentechnikabteilung fast ausschließlich auf die Anforderungen der Bundeswehr aus. Den größten Auftrag aber sicherten sich die Konzerne mit dem Projekt des MRCA-Kampfflugzeuges: Der gesamte Auftragswert des Projektes umfaßt etwa 35—40 Milliarden DM, davon ca. 25 Milliarden DM allein für die Entwicklungskosten elektronischer Anlagen. Um dieses Forschungsprojekt sichern zu können, haben die Firmen Siemens, AEG und Standard Elektrik/Lorenz (SEL) eine gemeinsame Tochterfirma gegründet: die Elektroniksystem GmbH. Siemens ist außerdem an dem Rüstungsunternehmen Messerschmitt Bölkow Bohm in München beteiligt. Über diese Firma auch an der Panavia Airkraft GmbH und

der deutschen Airbus Gesellschaft. Diese beiden Unternehmen sind Flugzeugfabriken und werden mit dem Bau des MRCA-Kampfflugzeuges beauftragt.
Wichtig an der Rüstungsproduktion ist für die Elektroindustrie weniger die Herstellung von Waffen. Vielmehr die Tatsache, daß der Staat mit seinen immensen Forschungs- und Entwicklungsgeldern wahre Unsummen für die Entwicklung hochmoderner technischer Geräte der Elektrobranche ausgibt. Ohne diese Gelder könnten die deutschen Elektrokonzerne wahrscheinlich kaum noch nennenswerte moderne Geräte entwickeln und würden international lange nicht mehr konkurrenzfähig sein. Die Elektroindustrie verdankt also ihre heutige Schlüsselposition in der Welt der Industrie ganz einfach der Tatsache, daß ein großer Teil der Steuergelder für die Entwicklung der Produktionstechnik der führenden Konzerne ausgegeben wird. Skandalös ist dies schon. Denn während die arbeitenden Menschen von ihrem Einkommen die Forschungskosten der Privatunternehmen finanzieren, müssen sie immer mehr auf öffentliche Versorgung bei Schulen, Krankenhäusern und einem vernünftigen Verkehrssystem verzichten — weil angeblich kein Geld da ist!

Stahl, Metall und Rüstung

In der deutschen Stahlindustrie hängt der wirtschaftliche Erfolg seit eh und je vom Rüstungs- und Waffengeschäft ab. Krupp und Thyssen sind Namen, mit denen alle Welt deutsche Waffenproduktion verbindet. Auch Mannesmann und Rheinstahl verdanken diesem Gewerbe ihre Spitzenexistenz. Erfolg: Die bundesrepublikanischen Konzerne stehen heute an der 4. Stelle in der Welt-Stahlproduktion.
Doch: Nach dem Boom der ersten Nachkriegsjahre wirkte es sich bei wachsender ausländischer Konkurrenz verhängnisvoll aus, daß es nach alliierten Vorschriften keine Rüstungsproduktion in Westdeutschland mehr geben sollte. Die deutsche Metall- und Stahlindustrie befand sich in der Gefahr, den Anschluß an die internationale Entwicklung zu verlieren. Mit der Rüstung war nicht nur ein wichtiger Markt, sondern vor allem auch ein wichtiger Geldgeber für die Entwicklung moderner Produktionstechniken verlorengegangen. Diese schwierige Lage konnte nur mit dem damals verfassungswidrigen Aufbau einer eigenen westdeutschen Rüstungsindustrie und einer scharfen Konzentration des Kapitals im Stahlbereich gemeistert werden. Der vollständige Durchbruch zur internationalen Konkurrenzfähigkeit gelang der deutschen Stahlindustrie jedoch erst, nachdem Thyssen und Rheinstahl 1973 zu einem Stahl- und Rüstungsgiganten zusammengelegt wurden. Heute produziert dieser Konzern schon ein Drittel des gesam-

ten westdeutschen Stahls.
Ohne die Rüstungsmilliarden wäre diese Entwicklung überhaupt nicht denkbar gewesen:

- Allein der Schiffsbau setzt rund 40 % an die Bundeswehr in Form von Kriegsschiffen und U-Booten ab. 30 % der Reparaturaufträge bei der hamburgischen Werft Blohm+Voss werden von der Marine in Auftrag gegeben.
- Ein weiteres Drittel des Umsatzes von Blohm+Voss kommt durch die Zulieferung der Stahlwannen für den Kampfpanzer »Leopard« zustande, der bei der Firma Krauss-Maffei (vom Flick-Konzern) produziert wird und von dem diese Firma monatlich rund 40 Stück zum Gesamtpreis von 70 Millionen DM absetzt.
- Die Henschel-Werke Kassel, eine Tochter von Thyssen/Rheinstahl, produzieren überhaupt nur noch für die Truppe: Raketen, gerüstete Panzer, Flak- und Spähpanzer sowie den Schützenpanzer »Marder«.
- Neben Henschel Kassel unterhält der Rheinstahl-Konzern eine U-Boot Werft in Bremen sowie Henschel-Flugwerke für die Hubschrauber der Bundeswehr.
- Krupp, dessen Chef Alfried Krupp von Bohlen und Halbach 1951 bei Haftentlassung als Kriegsverbrecher noch geschworen hatte, nie wieder Waffen produzieren zu wollen, macht heute im Waffengeschäft schon wieder kräftig mit. Berge-Panzer, Klein-U-Boote, Torpedos und dergleichen mehr gehören zum alltäglichen Produktionsprogramm des Krupp-Konzerns. Die Krupp-Tochtergesellschaft »Rheinmetall« in Düsseldorf ist ganz auf die Herstellung von Schußwaffen, insbesondere von Maschinengewehren, abgestellt. Im Kruppwerk Atlas-Elektronik in Bremen werden zwei Drittel der Produktion auf Bestellung der Bundeswehr auf Band gelegt, bei der Krupp-Tochter MAK annähernd 50 %.
- Die Kasseler Waggonfabrik Wegemann, früher einer der führenden Eisenbahnwaggon-Produzenten, hat sich in Zusammenarbeit mit Rheinmetall ganz auf die Ausrüstung des »Leopard-Panzers« mit Panzertürmen umgestellt.
- Die Firma Daimler-Benz wiederum liefert für die modernen westdeutschen Panzer jene hochentwickelten Motoren, die vor allem die technische Qualität der Kampffahrzeuge ausmachen. Die Dynamit-Nobel AG liefert die Geschützmunition für die westdeutschen Panzer. So schließt sich der Kreis: Krauss-Maffei baut den Panzer, Daimler-Benz die Motoren und Dynamit-Nobel stellt das Pulver her. Und alle gehören zum Flick-Konzern.

Diese Liste der Rüstungsfabrikanten im Stahl- und Metallsektor ließe sich noch endlos fortsetzen um Automobilproduzenten, Lastwagen- und Jeep-Hersteller und Waffenlieferanten.

Doch deren Rüstungsgeschäfte und -gewinne sind nur unbedeutende Posten. Die stattlichen Aufträge von jährlich rund 15 bis 20 Milliarden DM, die das Bundeswehrbeschaffungsamt in Koblenz zu vergeben hat, gehen zu fast 90 % an die wenigen Spitzenunternehmen der Stahl- und Elektroindustrie.

Der militärisch-industrielle Komplex

Bei den Summen und der geschilderten Abhängigkeit vieler Firmen vom Rüstungsgeschäft nimmt es nicht wunder, was man über die Einflußnahme der Industrie auf die Staatsverwaltung bei aufmerksamer Lektüre in unseren Zeitungen entdecken kann:

- Die führenden Manager nehmen Einfluß auf die Rüstungs- und Wehrpolitik der Bundesrepublik. Die Direktoren von Krupp, Rheinstahl, Rheinmetall, Krauss-Maffei, Vereinigte Flugwerke, Daimler-Benz, Messerschmitt Bölkow Bohm, AEG, Siemens, Flick und Quandt treffen sich im 3-Monats-Rhythmus im Verteidigungsministerium zum »rüstungswirtschaftlichen Arbeitskreis« und beeinflussen die Strukturentscheidungen des Verteidigungsministeriums.
- Einer der führenden Rüstungspolitiker der Bundesrepublik, Karl Theodor Mommsen, wurde 1969 Staatssekretär im Verteidigungsministerium, nachdem er vorher Generaldirektor beim Rüstungskonzern Rheinstahl gewesen war. 1973 wechselte er zum mittlerweile wieder groß ins Rüstungsgeschäft eingestiegenen Krupp-Konzern.
- Konzernvertreter nehmen auch Einfluß auf parlamentarische Ausschüsse. So war der Flickgesellschafter Pohle lange Zeit Mitglied des Verteidigungsausschusses in Bonn. Lothar Hase (CDU), Mitglied im Verteidigungs- und Haushaltsausschuß, offenbarte gar, wie man das Geschäft eines Rüstungslobbyisten zu betreiben hat. Gern gibt er zu, daß er einerseits bei den Unternehmen Parteigelder schnorrt und andererseits alles tut, um die Rüstungsproduzenten mit lukrativen Aufträgen zu versehen. Als Kasseler Abgeordneter und als Vertrauensmann von Rheinstahl/Henschel gibt er außerdem zu, alles getan zu haben, um keinen Pfennig an Kassel vorbeifließen zu lassen.
- Ferner sind ausgemusterte Offiziere in der Industrie gern gesehene Manager – insbesondere im Verkaufsbereich. Alte Kameraderie gilt auch heute noch als ein wichtiges Verkaufsargument. So finden wir Generalleutnant Mahr bei Rheinmetall, Generalmajor Wilke von der Luftwaffe bei dem Flugzeugproduzenten Dornier, Brigadegeneral Kaufmann bei Messerschmitt Bölkow-Bohm und Konteradmiral Topp bei der Howaldts-Werft.

■ Obristen wiederum sitzen in den Verkaufsabteilungen von Krupp, SEL, MTU, AEG und Siemens. Die Offiziersinflation in der Industrie nahm sogar derart zu, daß das Verteidigungsministerium in Bonn seinen pensionierten Offizieren untersagen mußte, vor einer Frist von drei Monaten Jobs in der Rüstungsindustrie anzunehmen.
Was bei alledem herauskommt, ist eine kaum noch zu kontrollierende Verfilzung von Staatsapparat und Rüstungsindustrie. Hier ist eine Grauzone politisch-wirtschaftlicher Entscheidungen entstanden, die sich jeder Kontrolle entzieht. Dies ist nicht nur bedenklich wegen der dort gefällten Entscheidungen über das Steuergeld. Hier entsteht zudem ein gefährliches Maß an Machtkonzentration im politischen *und* ökonomischen Bereich, das schon in ganz anderen Ländern wie z. B. in Italien und in Griechenland zu einer ständigen Brutstätte für Putschideen und Diktaturgelüste von Militärs geworden ist. Ferner ist der militärisch-industrielle Komplex ein ständiger Quell der Korruption und kriminellen Bereicherung. Kein anderer Wirtschaftsbereich hat dermaßen skandalumwitterte Affären aufzuweisen wie die Rüstungsindustrie. Der heutige Kruppdirektor und ehemalige Verteidigungsstaatssekretär Mommsen hat der Zeitschrift »Spiegel« gegenüber haarsträubende Geschichten über die Verschwendung von Steuergeldern für Korruption oder aberwitzige Entwicklungsprojekte angedeutet. Die Skandalchronik geht vom Panzer HS 30 über ein geplatztes Senkrechtstarter-Projekt (1,2 Mrd. DM) bis zum Atompanzer, für den 500 Mill. DM verschleudert wurden. Für den Steuerzahler ist dies auf Dauer ruinös. Den Konzernen kommt es sehr wohl entgegen. Sie finanzieren mit solchen Phantasieprojekten nicht etwa die Herstellung aberwitziger Geräte, sondern vor allem ihre Forschungen. Nutzen aus solchen Mondgeschäften ziehen aber auch und vor allem die Agenten und Vermittler der Lobby in ihren rund 180 Bonner Vermittlungsbüros, Verbindungsstellen und Verkaufsbüros der Rüstungsindustrie, wo man für nichts mit nichts aus nichts Millionen machen kann.

Ergebnisse der Konzentrationsbewegung

Seit 1950 haben in der Bundesrepublik Deutschland zweihunderttausend Industrieunternehmen ihre selbständige Existenz aufgegeben. 130 000 Groß- und Einzelhändler erlitten dasselbe Geschick. 146 Banken sind seit 1950 verschwunden. 1969, nach der ersten großen Wirtschaftskrise, nahm die Konzentration so sehr zu, daß man alle 33 Stunden eine Fusion feststellen konnte, 525 Firmenzusammenlegungen allein in zwei Jahren.

■ Vermittelt über die Banken ist die westdeutsche Wirtschaft in höchstem Maße untereinander verbunden und verschwägert.

■ 17 Unternehmen stellen so die Schaltzentrale der westdeutschen Wirtschaft dar. Darunter sind Auto-, Chemie-, Elektro- und Stahlfirmen die absoluten Herren:

VW lag 1973 noch auf Platz 1

Rang 1973	1972	Gesellschaft	Branche	Umsatz Mrd. DM
1	1	Volkswagenwerk	Auto	16,98
2	4	BASF	Chemie	15,95
3	2	Siemens	Elektro	15,45
4	3	Daimler-Benz	Auto	15,44
5	5	Farbwerke Hoechst	Chemie	15,34
6	6	Bayer	Chemie	14,66
7	8	VEBA	Öl/Chemie	12,30
8	9	Thyssen	Stahl	11,90
9	7	AEG-Telefunken	Elektro	11,80
10	16	Krupp	Stahl	8,86
11	11	Gutehoffnungshütte	Maschinen	8,80
12	16	Esso	Öl	8,40
13	12	Mannesmann	Stahl	8,10
14	14	Ruhrkohle	Kohle	8,00
15	13	RWE	Strom	7,80

(Quelle: Welt)

■ Der Umsatz der westdeutschen Industrie hat sich im Zeitraum von 10 Jahren mehr als vervierfacht (+400 %). Gleichzeitig sind die Löhne um 300 % gestiegen. Mit anderen Worten: Von jedem Tausender, der in die Firmenkasse geflossen ist, kassierten die Unternehmer am Ende 10,– DM mehr als 1960, weil der Lohnanteil am Umsatz gefallen, die Ausbeutung also größer geworden war. Mit diesem kräftigen Konzentrations- und Ausbeutungssprung und mit einer erheblichen technologischen Entwicklung gelang es den westdeutschen Unternehmen, ihre internationale Stellung nicht nur zu halten, sondern erheblich zu verbessern. Heute, am Ende einer der größten Konzentrationswellen der westdeutschen Geschichte, gehören die BRD-Konzerne neben amerikanischen und japanischen Unternehmen tatsächlich zu den Herrschern der westlichen Welt:

Herrscher der westlichen Welt

Die jeweils zehn größten Unternehmen in wichtigen Branchen; Umsätze 1972 in Milliarden Dollar

AUTO-INDUSTRIE		NAHRUNGS- und GENUSSMITTEL-Ind.	
General Motors (USA)	30,4	Unilever (GB/NL)	8,9
Ford Motor (USA)	20,2	Nestlé (CH)	4,1
Chrysler (USA)	9,8	Procter & Gamble (USA)	3,5
VW (D)	5,0	Swift (USA)	3,2
Toyota (J)	4,2	Kraftco (USA)	3,2
Daimler-Benz (D)	4,2	Greyhound (USA)	2,9
Nissan (J)	4,0	BAT (GB)	2,6
Fiat (I)	3,6	General Foods (USA)	2,4
Renault (F)	3,5	Beatrice Foods (USA)	2,4
British Leyland (GB)	3,2	W.R. Grace (USA)	2,3

ÖL-KONZERNE		CHEMIE, PHARMAZEUTIK	
Exxon (USA)	20,3	Du Pont (USA)	4,4
Royal Dutch/Shell (NL/GB)	14,1	ICI (Imp.Chemical Ind.) (GB)	4,2
Mobil Oil (USA)	9,2	BASF (D)	4,2
Texaco (USA)	8,7	Farbwerke Hoechst (D)	4,2
Gulf Oil (USA)	6,2	Montedison (I)	3,6
Standard Oil of Calif. (USA)	5,8	Bayer (D)	3,3
British Petrol. (GB)	5,7	Union Carbide (USA)	3,3
Standard Oil (Ind.) (USA)	4,5	Akzo (NL)	2,6
Shell Oil (Houston) (USA)	4,1	Rhône-Poulenc (F)	2,5
Continental Oil (USA)	3,4	Dow Chemical (USA)	2,4

ELEKTRO-und ELEKTRONIK-Industrie	
General Electric (USA)	10,2
IBM (USA)	9,5
ITT (USA)	8,6
Western Electric (USA)	6,6
Philips (NL)	6,2
Westinghouse Electric (USA)	5,1
Siemens (D)	4,7
Hitachi (J)	4,4
RCA (USA)	3,8
Matsushita (J)	3,4

(Quelle: Spiegel)

■ Die Konzentration des Kapitals hat nicht nur das Anwachsen von Umsätzen und Gewinnen zur Folge. Mit jeder Kapitalkonzentration war seit 1960 auch eine ständige technologische Verbesserung und Erneuerung verbunden, welche die Arbeit der Industriearbeiter immer produktiver werden ließ:

Produktionswert je Arbeitsstunde in der Industrie

	in DM
1954	7,65
1959	10,37
1964	14,71
1969	20,37

Der Produktionswert je Arbeitsstunde in der Industrie der BRD hat sich im Zeitraum von 1954 bis heute nahezu verdreifacht. Die Gründe: bessere Qualifikation, höhere Arbeitsintensitä der Arbeiter und höheres technologisches Niveau. Die Verfügung über die derart steigenden Werte gesellschaftlicher Produktion liegt nach wie vor in Händen privater Großunternehmen.

■ Insgesamt 600 Personen der führenden Konzerne lenken heute infolge der Konzentration und der Rolle des westdeutschen Kapitals im internationalen Wettbewerb die gesamte westdeutsche Wirtschaft. Auf 0,001 % der Bevölkerung konzentriert sich damit eine immer größer werdende politische und ökonomische Macht. Nie zuvor in der modernen Geschichte hatte eine kleinere Elite mehr Macht und mehr Reichtum. Dabei ist diese Gruppe von 600 Managern weit davon entfernt, ihre Macht irgendeiner Kontrolle der Bevölkerung zu unterwerfen. Was in den Konzernetagen allein als Kontrolle zählt, ist die Erfolgsbilanz, der Gewinn, den ein Unternehmen unter der Führung seines Managers macht. Damit wird deutlicher denn je, daß allein das Gesetz der Kapitalverwertung Kontrolle und Herrschaft über die Geschicke der Wirtschaft ausübt.

■ Längst ist auch die Vorstellung zerstoben, daß der Privatbesitz oder das Familienvermögen großer Industriebarone Schlüssel zur Herrschaft in unserer Gesellschaft sind. Von den 600 Führungsmanagern der westdeutschen Wirtschaft sind nur wenige noch Privatunternehmer (Flick, Quandt, Oetker, Springer, Mohn usw.). Die Spitzenposten der Industriegiganten und der Banken sind längst in den Händen angestellter Generaldirektoren, die emotionslos und gradlinig Profit produzieren, häufig namenlos und unbemerkt von der Öffentlichkeit. So unpersönlich sie die Herrschaft des Gewinnprinzips in unserer Gesellschaft durchsetzen, so auswechselbar sind sie. Nichts macht dies deutlicher als das Managerkarussell in der westdeutschen Wirtschaft, wo die Bosse von Konzern zu Konzern wandern nach dem Motto: Nicht was man managt, sondern daß man managt, zählt. Ebenso klargeworden ist auch, daß die 0,001 % dies nicht ohne Vorteile im persönlichen Bereich tun. Von dem, was sie allein verdienen, können mindestens 12 – 15 Familien leben, und vom Einkommen des westdeutschen Spitzenverdieners könnten gar über 100 Familien mit je zwei Kindern ihr Auskommen finden:

Die goldenen Nasen

Vergleich der Jahresbezüge von Spitzenmanagern in den USA und der Bundesrepublik (in DM)

Verlage	715.000	Andrew Heiskell, TIME
	260.000	John L. McGraw, MC GRAW-HILL
	3500.000	Siegfried Moenig, BAUER-VERLAG
Auto	1660.000	Richard Gerstenberg, GENERAL MOTORS
	900.000	Joachim Zahn, DAIMLER-BENZ
	2340.000	Henry Ford II, FORD MOTOR
	850.000	Rudolf Leiding, VOLKSWAGENWERK
Eisen/Stahl	1060.000	Steward S. Cort, BETHLEHEM STEEL
	750.000	Ernst Wolf Mommsen, FRIEDRICH KRUPP
	810.000	George A. Stinson, NATIONAL STEEL
	450.000	Egon Overbeck, MANNESMANN
	770.000	C. William Verity jr., ARMCOSTEEL
	350.000	Dietrich W. von Menges, GUTEHOFFNUNGS-HÜTTE
Chemie	895.000	Charles B. McCoy, DU PONT
	725.000	Kurt Hansen, BAYER
Banken	705.000	David Rockefeller, CHASE MANHATTAN
	450.000	Jürgen Ponto, DRESDNER BANK
Energie	730.000	Donald C. Cook, AMERICAN ELECTRIC POWER
	300.000	Rudolf von Benninghausen-Foerder, VEBA

(Quelle: Business Week)

■ Die Macht der 600 beschränkt sich dabei nicht auf die Wirtschaft allein. Die Verflechtung von Industrie und Staat bei der Rüstungsproduktion ist so weit fortgeschritten, daß man nicht mehr davon sprechen kann, die Staatsbürokratie wäre noch ein Bereich selbständiger politischer Entscheidung. Dies macht deutlicher als manches andere, wo die Grenzen politischer Demokratie in einem Staat liegen, dessen Wirtschaftssystem privatwirtschaftlich-kapitalistisch bestimmt ist.

Die Krise 1966/67

Ab 1960 fiel die Kapazitätsauslastung in der westdeutschen Industrie von 95 % (1960) auf 78 % (1967) herab, bei der Investitionsgüterindustrie sank sie gar von 97 % auf 75 % im März 1967. Da brachliegende Maschinen zwar Kosten verursachen, aber nichts einbringen, gehen die Gewinne der Unternehmen allgemein zurück. Schlimmer noch: Die kurzfristige Verschuldung der Industrie stieg (Rechnungen konnten nicht bezahlt werden, Kredite mußten zurückgezahlt werden, neue Kredite blieben aus) auf das Doppelte an, der Umsatz aber fiel um 30 %. Die Selbstfinanzierung der Unternehmen fiel von 70 % auf 20 % – nur noch ganz wenige Firmen konnten aus der eigenen Tasche investieren, der Rest mußte sich verschulden. Die Investitionen gingen zurück, verstärkt durch eine verhängnisvolle Wirtschaftspolitik der CDU-Regierung unter Kanzler Erhard. Im Winter 1966 und Frühjahr 1967 trat die erste große Wirtschaftskrise in der Bundesrepublik ein:

- Eine Vielzahl kapitalistischer Betriebe, besonders kleine und mittlere, ging pleite. Die Großen drosselten ihre Produktion oder stellten die Arbeit in einigen Abteilungen ganz ein. Schlagartig stieg die Zahl der Arbeitslosen auf 700 000, ebenso schlagartig wurde massenhaft Kurzarbeit eingeführt.
- Die Löhne der beschäftigten Arbeiter und Angestellten wurden gekürzt. Zwar sank nicht der Tariflohn, aber die betrieblichen Zulagen, die Sondertarife, die Überstunden usw. fielen weg, ebenso wie betriebliche Sozialleistungen.
- Der Druck auf die Arbeiter wuchs. Krankmeldungen gingen zurück, die Arbeitshetze wurde verstärkt, Frauen und ältere Männer wurden aus der Fabrik am ehesten entfernt, wenn sie dem neuen Tempo nicht gewachsen waren.
- Unrentable und überalterte Produktionsanlagen wurden verschärft abgeschrieben, damit das vorgeschossene Kapital schneller wieder hereinkam. Produktionsanlagen von bankerotten Firmen wurden verschrottet oder zum Spottpreis verschleudert.

Mit der Krise gelang es, die übermäßig hergestellten Waren für den Konsum und für die industrielle Produktion wieder zu beseitigen bzw. deren Wert zu liquidieren. Die Profitrate – also der prozentuale Gewinn gemessen an den ausgegebenen Kosten – stieg infolgedessen wieder an, weil sich vor allem die Löhne und die Produktionskosten verbilligten. Investieren wurde wieder reizvoller. Dem gab die neue – nach dem Sturz von Erhard aus CDU und SPD gebildete – Regierung mit einer Wirtschaftspolitik zusätzliche Impulse durch Kredite und Subventionen. Das Ergebnis war ein Boom, von dem sich keiner vor der Krise eine Vorstellung hätte machen können.

Während die Löhne zurückblieben, stiegen Umsatz und Profite schneller, insbesondere deshalb, weil der Export für die deutsche Wirtschaft sich weiter verbesserte. Das Kapital konzentrierte sich weiter. Mit diesem Aufschwung war also eine zunehmende Kapitalkonzentration in den produktivsten Wirtschaftsbereichen zu erwarten. So führte der Aufschwung nach 1968 nicht nur zur sprunghaften Zusammenlegung wichtiger Betriebe, sondern auch zur weiteren Steigerung der Profite bei gleichzeitigem Anwachsen der Produktionskosten. Das Ergebnis: Es war zwar massenhaft Kapital vorhanden, aber die Profitrate war gesunken. So nimmt es kaum wunder, wenn westdeutsche Unternehmen ab 1969 immer mehr danach trachteten, profitablere Anlagesphären für ihr Kapital zu finden. Einer dieser profitableren Anlageorte war das Ausland, in das jetzt ein immer größer werdender Teil des westdeutschen Kapitals abzufließen begann.

Run ins Ausland

Direktinvestitionen der deutschen Wirtschaft im Ausland, I. Quartal 1973

	Mill.DM
Niederlande	1.132
Spanien	267
Schweiz	1o4
Frankreich	1o1
Kanarische Inseln	1o7
Israel	9o
Belgien/Luxemburg	82
Kanada	86
USA	53

Westdeutschlands Unternehmer zieht es neuerdings stärker ins Ausland. Allein im ersten Vierteljahr 1973 investierten sie 2,2 Mrd. DM DM in ausländische Fabriken, Maschinen, Gebäude und Grundstücke. Wert der Auslandsinvestitionen im letzten Jahr: 2,8 Mrd. DM. (Quelle: Spiegel)

Weltwährungskrise

Auch außerhalb der BRD – auf dem Weltmarkt – geriet das kapitalistische Wirtschaftssystem in eine schwere Krise. Der Grund: Bis in die 60er Jahre hinein war der US-Wirtschaft kein Konkurrent gewachsen. Doch dies änderte sich von Jahr zu Jahr schneller. Bundesdeutsche und japanische Industrie begannen, den Amerikanern den Rang abzulaufen: Das Weltwährungssystem beruhte aber auf der amerikanischen Führungsposition. Danach war der Wert des Dollars bestimmt, und darauf beruhten die Wechselkurse der anderen Währungen, wie es im Währungsabkommen von 1944 festgelegt worden war. Wie wir schon sahen, war mit dem hohen Kurs ein erheblicher Vorteil für die US-Wirtschaft beim Kapitalexport verbunden und für die bundesdeutsche oder japanische Wirtschaft beim Warenexport. Als sich nun durch das Aufholen der westdeutschen und japanischen Konkurrenz der Wert des Dollars veränderte, hätten die Wechselkurse eigentlich neu bestimmt werden müssen, aber dies unterblieb — wegen der damit verbundenen Vorteile auf beiden Seiten. Verstärkt wurde diese Unterhöhlung der Weltwährung noch durch eine andere Tatsache. Seit Mitte der 60er Jahre engagierten sich die USA mehr und mehr in Vietnam. Dieser endlos scheinende und kostenverschlingende Krieg führte dazu, daß die USA Unsummen in diesen Krieg warfen, die sie durch die Verschuldung des Staatshaushaltes beschafften. Der Dollar wurde damit weiter entwertet. Gleichzeitig wurde die Lage der ausländischen Wirtschaft auf dem amerikanischen Markt immer besser, und das galt insbesondere für die BRD. Trotz eigener Wirtschaftskrise schnellte der deutsche Handelsüberschuß in die Höhe, während derjenige der Amerikaner schnell absank.

Bei der Bundesbank wie bei anderen Nationalbanken türmten sich wertlose Dollars. Neue mußten aufgekauft werden, denn auf den Devisenmärkten begannen Spekulanten, in Massen wertvolle Mark gegen wertlose Dollars zu verkaufen. Damit geriet der Dollar noch mehr in Gefahr. Um nicht vollends abzusacken, waren die anderen Notenbanken schließlich gezwungen, immer mehr wertlose Dollars aufzukaufen. Schließlich befanden sich im Ausland mehr Dollar, als durch die Golddeckung gesichert war. Die Weltwährungskrise war perfekt. Der Dollar mußte abgewertet werden und als Weltleitwährung zurücktreten, um das Schlimmste zu verhüten. Doch dabei blieb es nicht. Die Krise war so heftig, daß der Dollar seine Rolle als wichtigste Währung der westlichen Welt verlieren mußte.

Die schleichende Inflation

Weltseuche Inflation
Preisanstieg I. Quartal 1974
gegenüber dem I. Quartal 1973

	in %
Japan	25,8
Italien	14,3
Dänemark	13,8
England	12,7
Frankreich	11,3
Schweiz	10,2
Schweden	9,8
USA	9,8
Österreich	8,5
Niederlande	8,5
Belgien	8,5
BRD	7,4

Mit der Weltwährungskrise trat auch eine weltweite Inflation auf, die alle westlichen Länder erfaßte.
Zu erkennen ist dieser Vorgang an wachsenden Preisen und an steigendem Geldwertschwund, der in der Bundesrepublik seit fast 20 Jahren anhält und einen Verfall der Deutschen Mark von rund 49 % herbeigeführt hat:

25 Jahre Geldwertschwund
Entwicklung der Verbraucherpreise in %
Anstieg in 25 Jahren: 85 %

1951	+ 7,9
1952	+ 2,0
1953	- 1,7
1954	+ 0,1
1955	+ 1,6
1956	+ 2,5
1957	+ 2,2
1958	+ 2,0
1959	+ 1,1
1960	+ 1,4
1961	+ 2,3
1962	+ 2,9
1963	+ 2,9
1964	+ 2,4
1965	+ 3,1
1966	+ 3,7
1967	+ 1,7
1968	+ 1,6
1969	+ 1,9
1970	+ 3,4
1971	+ 5,3
1972	+ 5,5
1973	+ 6,9
1974	+ 9,0 (geschätzt)

Woher kommt diese Inflation?

Sicher nicht, wie man oft hört, vom Steigen der Löhne — denn die Zerrüttung der US-Währung ist wohl kaum den steigenden Löhnen in der Bundesrepublik anzulasten. Ferner ist trotz Lohnerhöhung der Anteil der Lohnkosten an den kapitalistischen Produktionskosten ständig gefallen und nicht etwa gestiegen. Außerdem hat der Preisauftrieb in den Jahren 1968/69 trotz maßvoller Lohnforderungen der Arbeiter nicht etwa zum Preisstopp oder Preisrückgang geführt. Im Gegenteil — die Preise stiegen gerade in dieser Zeit besonders schnell an. Nein: Das viel zitierte Lohn-Preis-Karussell wird entschieden von den Preisen in Gang gebracht, nicht umgekehrt. Diese Erfahrung haben wir alle in den Lohnkämpfen der letzten Jahre machen müssen, denn jeder erkämpfte Groschen wurde uns bald mit Zinseszins wieder aus der Tasche gezogen durch darauf einsetzende gewaltige Preissteigerung.
Man kann auch nicht alleine die US-Finanzen oder die steigenden Ölpreise dafür verantwortlich machen. Denn z. B. 1972, als die US-Inflation 3,3 % betrug, stieg sie in der Bundesrepublik um 5,2 % an. Ebensowenig ist eine inflationäre Politik der SPD daran schuld, denn mit Ausnahme der

Jahre 1952 und 1953 hat es auch unter CDU-Kanzlern inflationiert:

All diese Erklärungen sind nur politische Eintagsfliegen. Entscheidend für die Erklärung der Inflation ist vielmehr, daß die Verschuldung der westlichen Staaten etwa genauso anstieg wie die Inflation.

Staaten in der Kreide

Öffentliche Verschuldung in wichtigen Industrieländern 1972

	Öffentl. Verschuldung in Mrd. DM	Anteil der Verschuldung in %
Großbritannien	420,3	81
USA	2.156,9	56
Belgien	67,1	56
Niederlande	72,5	47
Italien	152,0	40
Schweden	50,6	36
Schweiz	28,1	27
Bundesrepublik	152,2	17
Frankreich	93,3	14
Japan	99,4	10

(Quelle: Spiegel)

In 10 Jahren seit 1960 ist allein die Verschuldung der Bundesrepublik von 52,2 auf 168 Milliarden angestiegen (+ 224 %). Dabei machte die Staatsverschuldung 1974 nur 18 % aller Schulden in unserem Land aus. Am meisten verschuldet sind die Unternehmen mit ca. 500 Mrd. Mark jährlich, also etwa so viel wie insgesamt pro Jahr an Werten hergestellt wird. Hausbesitzer haben in der Bundesrepublik zusätzlich noch runde 300 Milliarden Mark Schulden gemacht, die privaten Haushalte schließlich 50 Milliarden. Zusammen belaufen sich 1974 die Schulden in der BRD auf die Phantasiesumme von 1,014 Billionen Mark. Die US-Wirtschaft steht derzeit mit 3,03 Billionen Dollar in der Kreide. Summen, die sich niemand mehr vorstellen kann. Um so klarer läßt sich feststellen, woher die Unsummen stammen, die in aller Welt ausgeliehen werden. Es handelt sich dabei in aller Regel – neben den gesparten Geldern von den Banken und Sparkassen – um anlagesuchendes Privatkapital, das in zunehmendem Maße auf den internationalen Kreditmärkten angeboten wird und allein in Europa monatlich die Summe von rund 500 Milliarden DM ausmacht. Grund für dieses Herumvagabundieren von anlagesuchendem Kapital ist wiederum die Tatsache, daß mit steigender Konkurrenz die Kosten für die industrielle Produktion ständig ansteigen und die Profitrate in den hochindustrialisierten Ländern langsam fällt – während gleichzeitig Unsummen von Kapital als Gewinne aufgehäuft werden können. Viele Kapitalisten investieren wegen der fallenden Gewinnerträge überhaupt nicht mehr in der Industrie, sondern verlegen sich auf das Kreditgeschäft und leihen gegen höhere Zinsen aus; jedenfalls für Prozentsätze, welche die westdeutsche Industrie mit ihren durchschnittlich 8 % in Gewinnraten

längst nicht mehr aufweisen kann.
Da dieses Geld nun massenhaft als Kaufkraft auf den Markt kommt und damit Waren aus der Konsumgüter- und Industriegüterbranche ankauft, tritt etwas Merkwürdiges ein: Obwohl nämlich überakkumuliert wird und im Prinzip zu viel Waren hergestellt werden, wird die Nachfrage größer als das Angebot. Gäbe es keine Kredite, wäre aber längst eine große weltweite Absatzkrise eingetreten. So ist Geld jedoch durch Leihgabe da, um die überproduzierten Waren kaufen zu können. Es ist sogar noch mehr Geld als Waren vorhanden. Folglich klettern die Preise, die Löhne ziehen nach, die Verschuldung steigt weiter. Mehr Nachfrage und weitere Preiserhöhungen sind das Ergebnis. Dieser Prozeß findet jährlich, monatlich, wöchentlich, ja sogar täglich statt. Daher wird er schleichende Inflation genannt.
Mit den hohen Schuldensummen von Unternehmen und Staat tritt noch etwas anderes auf. Die staatlichen Ausgaben werden z B. eingesetzt, um der Industrie Aufträge zu verschaffen, insbesondere dann, wenn sie unter normalen Umständen an Absatzschwierigkeiten und damit an Krisenzeichen zu leiden hätte. Darum dürfen die Staatsausgaben weder den Unternehmern Konkurrenz machen, noch das Lohngefüge zerrütten, indem etwa Arbeiter mit staatlicher Unterstützung durch Bildungsgelder eine höhere Ausbildung bekommen und dann mehr Lohn verlangen. Deshalb führt die staatliche Ausgabenpolitik mit gewisser Zwangsläufigkeit zur ständigen Ausweitung der Rüstung. Denn Rüstungsgüter sind Güter, die der Staat wie ein Verbraucher kauft, ohne daß er irgendwie in gesellschaftlichen Reichtümern hinzufügen müßte, was er gekauft hat. Die Güter verschwinden gewissermaßen in einer wirtschaftlichen Grauzone, überlasten den Markt nicht mehr und führen zu keinerlei Veränderungen im Lohngefüge. Ganz abgesehen davon, daß die Waffen durch das Wettrüsten immer schnell altern und neue angeschafft werden müssen, genau in dem Tempo, in dem die Entwicklungsarbeiten der Unternehmen zu Erfolg, d. h. zu neuen Waffensystemen geführt haben.
Fassen wir zusammen: Auch die Inflation ist ein Zeichen wirtschaftlicher Krise, ebenso wie Pleiten und Arbeitslosigkeit. Nur äußert sie sich darin, daß brachliegendes Kapital immer noch Verwendung als Leihkapital findet und so über die Zersetzung des Geldwertes Arbeitsplätze und Lebensstandard der Arbeiter bedroht.

Spätesten mit der Krise 1966/67 und der weltweiten Inflation waren die goldenen Jahre des westdeutschen Kapitalismus innenpolitisch und binnenwirtschaftlich zu Ende. Die Bundesrepublik war wieder in die normalen Bedingungen des Weltmarktes eingegliedert — auch wenn sie dabei das Schlußlicht bei den Krisenerscheinungen abgibt. Die besonders günstige Lage kommt daher, daß sich deutsche Waren immer noch besser auf dem Weltmarkt verkaufen als die aller anderen Länder. Woran das liegt, ist einfach zu erkennen: Die Löhne sind keinesfalls niedriger als in anderen Industrieländern. Die Markt hat auch keinen Vorteil mehr bei internationalen Wechselkursen. Bleibt nur noch eines: Die westdeutschen Arbeiter streiken weniger als ihre ausländischen Kollegen, d. h. den Unternehmern gehen jährlich erheblich weniger Arbeitstage durch Streik und Arbeitskämpfe verloren als in den USA, England und Italien. Wenn dies nun dazu führte, daß die Arbeiter und Angestellten zwar etwas weniger Anteil am Reichtum haben, dafür aber ein stets gesichertes Lohnwachstum, sichere Arbeitsplätze und Sozialleistungen, dann wäre sogar zu überlegen, ob das nicht doch eine vernünftige Strategie ist. Es ginge dann etwas langsamer, dafür aber sicher und stetig voran.
Aber: Die wirtschaftlich-politische Wirklichkeit hat die Illusionen einer solchen Politik schnell ersterben lassen. Heute haben wir trotz maßvoller Arbeitskämpfe, trotz »verantwortungsbewußter« Arbeiter und Angestellter 1,5 Millionen Arbeitslose, und ein Ende der Krise ist nicht in Sicht. Im Gegenteil:

■ 1974 erlebte die Weltwirtschaft eine der schwersten Krisen seit dem Ende des Zweiten Weltkrieges.

■ Im Oktober 1974 begannen überall auf der Welt die Börsenkurse der Aktien zu fallen — untrügliches Zeichen einer Wirtschaftskrise in der ganzen Welt.
80 Millionen Aktionäre zwischen Tokio und Hamburg verloren 1974 rund 90 % ihres Vermögens. Allein in der BRD wurden 50 Milliarden DM vernichtet.

■ Wie 1929 — am Vorabend der Weltwirtschaftskrise — die Darmstädter Nationalbank, so ging 1974 in der BRD die Herstatt-Bank pleite und hinterließ 1,2 Milliarden DM Verlust.

■ 1974 war ein Jahr der Pleiten. Schon 1973 gingen 3700 Firmen zu Bruch. 1974 waren es mehr als 7000. Die Konkurse bedeuten einen Verlust von 8 Milliarden DM.

■ Besonders exportabhängige Wirtschaftszweige, wie die Automobilindustrie, erlebten den kalten Wind der Krise zu-

Pleiten wie noch nie
Konkurse und Vergleichsverfahren
1949 - 1974

1949	4226
1951	5802
1954	5494
(Bereinigungspleiten nach der Währungsreform)	
1962	unter 2000
1964	3281
1967	4337
1973	5515
1974	7800

erst. Ebenso betroffen waren und sind das Baugewerbe sowie die Textilindustrie. Der Absatzrückgang dieser Branchen betrug 1974 gegenüber dem Vorjahr zwischen 21,7 % (Bau) und 10 % (Textil). Die Möbelindustrie, die Schuhherstellung, die Feinindustrie und die optische Industrie konnten im Jahre 74 gerade mit plus minus null abschließen, d. h. sie konnten gerade ihre Kosten decken, ohne Gewinne zu machen.

■ Lediglich Chemie, Elektronik, Maschinenbau und Stahlherstellung — die am weitesten konzentrierten und fortgeschrittenen Industriebereiche — verbuchten Auftrags- und Produktionszuwächse (Elektronik: +13,4 %, Stahl: +8 %, Chemie: + 28 % und Papiererzeugung: + 44 %). 1975 gerieten auch sie in die Krise.

Das Ergebnis: Sprunghafter Anstieg der Arbeitslosen, Rückgang der Krankmeldungen (von 7 % Krankmeldungen auf weniger als 1 % Ende des Jahres 74), weniger Lohn (die Lohnwachstumsrate kippt von 12,5 % auf weniger als 7 % zum Jahresende 74).

Diese Arbeitslosigkeit ist nicht von kurzer Dauer. 18 % der Arbeitslosen sind schon über ein Jahr ohne Arbeit, 30 % seit etwa 6 Monaten. Hauptbetroffene sind Metallarbeiter (14 %), Bauarbeiter (11 %) und Verwaltungsangestellte (13 %). Die Arbeitslosigkeit trifft zudem vor allem die Jüngeren (48 % sind unter 35 Jahre, 21 % 30-40 Jahre alt), und sie trifft die ungelernten Arbeiter (57 % der Arbeitslosen machten ungelernte Arbeiten, 30 % der Arbeitslosen hatten eine Lehre absolviert). Hinzu kommen 900 000 Kurzarbeiter, von denen wiederum 45 % im Fahrzeugbau und in der Textilindustrie beschäftigt waren. Zwar gibt es heute — im Gegensatz zu früheren Jahrzehnten — eine soziale Unterstützung für Arbeitslose durch Staat und Versicherung, deren Leistungen leider noch viel zu wenig bekannt sind (s. Anhang).

Doch diese soziale Versicherung ist kein staatliches Geschenk für Arbeiter und Angestellte. Es gäbe auch heute keine sozialen Leistungen für Arbeiter und Angestellte, wenn sie diese nicht vorher durch Beitragsleistungen ansparten. Mit anderen Worten: die staatlichen und privaten Sozialleistungen sind nichts anderes als ein vorweg einbehaltener und damit an-

gesparter Bestandteil des Lohnes bzw. des Gehaltes von Arbeitern und Angestellten. Ein weiterer Teil sozialer Leistungen wird aus dem Staatshaushalt finanziert, und hier ist es noch deutlicher, daß die Leistungen aus den vorher geleisteten Steuerzahlungen der Bürger bezahlt werden. Insofern sind die finanziellen Mittel für die soziale Vorsorge und Unterstützung begrenzt, denn es ist immer nur soviel da, wie vorher einbezahlt wurde. Es zeigt sich nun — im Zeichen weltweiter Wirtschaftskrisen —, daß die Wohltätigkeit des Staates begrenzt ist. Je mehr Ansprüche durch schlechte Zeiten gestellt werden, um so geringer werden die Mittel für den einzelnen. Wie bedroht die vormals so gepriesenen Sozialleistungen des Staates in der Krise sind, kann man schon heute daran sehen, daß der Sozialminister auf den Rückgang von Sozialleistungen in Krisenzeiten hinweist und die Kürzung der Unterstützungssummen in Aussicht stellt (vgl. Frankfurter Rundschau vom 16. 1. 75).
Auch hier zeigt sich, daß die Schönwetterperiode des Kapitalismus an ihre Grenzen stößt. Die Zeit der Illusionen auch über den sozialen Charakter unserer Gesellschaft ist vorbei, seit die westdeutsche Wirtschaft wieder voll in das Auf und Ab der Krisen auf dem Weltmarkt eingegliedert ist. Mitte der 70er Jahre, also nach fast 30 Jahren, sind die Fettpolster der außerordentlichen Startbedingungen unserer Wirtschaft aufgebraucht. Zwar versucht die staatliche Wirtschaftspolitik, immer stärker in den Wirtschaftsablauf einzugreifen, um den Ausbruch von Wirtschaftskrisen zu verhindern. Aber die wachsende Wirtschaftstätigkeit des Staates — seit der Krise 1966/67 hat sie ganz erheblich zugenommen — kann an der Tatsache nichts ändern, daß die Blütezeit der westdeutschen Wirtschaft vorbei ist.
Der Grund dafür: Die staatliche Wirtschaftspolitik kann die besonderen Mechanismen der kapitalistischen Wirtschaft — Mehrwertproduktion, Kampf um den Extraprofit und Konkurrenz — nicht außer Kraft setzen. Sie kann versuchen, Angebot und Nachfrage auf den Märkten zu steuern, indem der Staat Kredite gibt und die Investitionstätigkeit der Unternehmen durch Steuergeschenke und -prämien anreizt, aber in die Planung der Unternehmen, in die Produktion und Investition kann die staatliche Wirtschaftspolitik nicht eingreifen. Noch weniger kann sie Angebot und Nachfrage auf dem Weltmarkt steuern, denn dafür reichen die Mittel eines Nationalstaates nicht aus. Aber die Wirtschaftsperspektive, die Entwicklung von Angebot und Nachfrage, die Produktionsbedingungen und die Konjunktur werden heutzutage auf dem Weltmarkt bestimmt und nicht in Bonn, London, Washington oder sonstwo auf der Welt. Die Staatseingriffe bleiben also begrenzt.

Dort wo sie wirklich zum Zuge kommen — wenn der Staat also selber Waren kauft —, führen sie allenfalls zu einer zeitweiligen Verbesserung der Konjunkturlage. Außerdem natürlich zum ständigen Anwachsen der Rüstung und beschwören damit zugleich die Gefahr herauf, daß bestimmte Kreise mit militärischen Mitteln, mit Krieg oder Diktatur die Alltagsprobleme des Kapitalismus zu lösen trachten. Eine wirkliche Lösung der wirtschaftlichen Probleme des Kapitalismus — das hat sich gerade in der jüngsten Wirtschaftskrise gezeigt — gibt es durch staatliche Wirtschaftssteuerung nicht. Der Kapitalismus ist seinem Wesen nach eine Wirtschafts- und Gesellschaftsordnung, die von Zeit zu Zeit in Krisen stürzt und in der sich die Krisenerscheinungen immer mehr verstärken. Er ist also eine Wirtschafts- und Sozialordnung, die nicht nur auf der Herrschaft des Kapitals über die Lohnarbeit beruht, sondern zugleich auf der materiellen und physischen Bedrohung der Arbeiterklasse durch die mit der Krise verbundenen Erscheinungen wie Arbeitslosigkeit und politische Unterdrückung.
So schließt sich denn der Kreis. Hervorgegangen aus einer weltweiten Krise des Kapitalismus, aus einem der furchtbarsten Kriege der Geschichte, entstand ein deutscher Staat und eine Gesellschaftsordnung, die nach Zeiten ungewöhnlichen Wachstums und ungewöhnlicher Ausbeutung wieder in die alten Probleme der kapitalistischen Wirtschaft hineingeraten ist. Gleichwohl verändern sich die Bedingungen dieses kapitalistischen Alltags. Denn diese Gesellschafts- und Wirtschaftsordnung entwickelt sich nicht gradlinig und planvoll, sondern von Krise zu Krise. Damit verändern sich auch die Existenzumstände der kapitalistischen Gesellschaft. Die Konzentration des Kapitals wächst, die Zahl der Arbeiter und Angestellten nimmt zu, andere Klassen und Schichten wie Bauern, kleine Händler, Handwerker, aber auch kapitalistische Kleinbetriebe werden verdrängt. Die Wirtschaft wird immer stärker in den Weltmarkt eingegliedert und schafft so weltweite Bedingungen der Wirtschaftsentwicklung. Um so anfälliger wird diese Wirtschaftsordnung für Krisen, und um so mehr berühren sie ihren Lebensnerv.

DRITTER TEIL:
Die Lage der arbeitenden Klassen in der Bundesrepublik

1. *Kapitel:*
Gibt es noch ein Proletariat?

Vor mehr als 100 Jahren erschien ein Buch, das seit damals großes Aufsehen erregt. Er hieß: »Die Lage der arbeitenden Klasse in England« und war von Friedrich Engels geschrieben. Es berichtete von den Arbeits- und Lebensbedingungen der Arbeiter in englischen Textilfabriken sowie den Stahl- und Kohlefabriken von Birmingham. Es berichtete von der Arbeit kleiner Kinder im Alter von 5 bis 10 Jahren, die zu Tausenden täglich fast 10 Stunden arbeiten mußten. Es schilderte die Arbeit der Frauen, die trotz Haushalt und Familie oft gezwungen waren, 10—12 Stunden zu arbeiten. Es berichtete von der entsetzlichen Arbeitshitze, von der Verstümmelung der Arbeiter durch Arbeitsunfälle und durch die Gewalt der Maschinen. Und es schilderte schließlich das Elend der Arbeiter außerhalb der Arbeitswelt: ihre katastrophalen Wohnverhältnisse, ihre Hungersnot und ihren menschenunwürdigen Lebensstandard.
Heute wird diese Schilderung gern dazu benutzt, um angesichts des Elends vor hundert Jahren auf den großen Reichtum und die soziale Sicherheit der Arbeiter heute hinzuweisen. Glaubt man diesen Vorstellungen, dann sind Arbeiter heute gut situierte Bürger. Sie haben es nicht nötig, um ihre Interessen zu kämpfen, wie vor hundert Jahren. Der Klassenkampf, so heißt es, sei passé, die soziale Frage gelöst, durch Sozialversicherung, Vollbeschäftigung, Mitbestimmung, Arbeitsschutz und vieles mehr. Der technische Fortschritt durch die große Konzentration und Kapitalkumulation scheint zudem dafür gesorgt zu haben, daß auch am Arbeitsplatz die Zeiten des alten Kapitalismus vorbei sind. Industriearbeit gilt nicht mehr als Dreckarbeit und körperliche Schwerarbeit. Im Gegenteil: der moderne Arbeiter steht im Ruf, fast schon zum Ingenieur geworden zu sein, von dem nicht mehr Maloche, sondern qualifizierte Arbeit verlangt wird.
Aber: Wie oberflächlich solche Betrachtungen über den Wohlstand der Arbeiter sind, entlarvt sich angesichts so nüchterner Dinge wie Arbeitslosigkeit und fehlende Arbeitsplätze für Jugendliche. Noch mehr erschüttert wird diese Postkartenidylle durch die genaue Betrachtung der wirtschaftlichen Entwicklung der BRD. Widersprechen sich nicht die großen Einkommens- und Vermögenskonzentrationen bei 0,001 % der Bevölkerung und die Tatsache, daß dieser Reichtum durch die Leistung der Arbeiter einerseits und ihre geringe Entlohnung

andererseits überhaupt erst geschaffen wurden? Vieles deutet darauf hin, daß das große ökonomische Wachstum der BRD nur auf Kosten der Arbeiter entstehen konnte, auch wenn sich ihre Lebenslage dabei zusehends verbessert hat. In dem Maße, wie sich das westdeutsche Wirtschaftswunder aber als ganz gewöhnlicher Kapitalismus entlarvt, stellt sich die Frage, was sich an der Lage der arbeitenden Klasse denn so grundlegend geändert haben kann gegenüber der Zeit vor hundert Jahren. Eine andere Frage hingegen, die früher oft diskutiert wurde, hat sich heute längst von selbst beantwortet. Nämlich die Frage, ob es in der Bundesrepublik überhaupt noch eine Arbeiterklasse oder ein Proletariat gibt.

Arbeiter werden im Alltagsdeutsch meistens nur solche Personen genannt, die Schwerarbeit machen oder in der Fabrik beschäftigt sind. Im offiziellen Sprachgebrauch der statistischen Bundes- und Landesämter sind Arbeiter solche Erwerbstätige, die aufgrund eines Lohnvertrages arbeiten, also stundenweise oder nach Sätzen bezahlt werden. Proleten oder Proletarier hingegen kommen im offiziellen Sprachgebrauch der Statistik nicht vor. Für diese beiden Bezeichnungen gibt es nur eine sozialwissenschaftliche und eine umgangssprachliche Bedeutung. In der Alltagssprache ist Prolet in der Regel ein Schimpfwort, mit dem man die ärmsten und heruntergekommenen Leute bezeichnet, also Obdachlose, Penner, Sozialfälle usw. Mit Proletariat werden heute oft Arbeitslose und verelendete Menschen bezeichnet, die Opfer der wirtschaftlichen Entwicklung geworden sind (so z. B. in der Bezeichnung »Akademisches Proletariat« für arbeitslose Akademiker — »Weltproletariat« für die Armen der Dritten Welt). Diese umgangssprachlichen Bedeutungen geben dabei durchaus etwas Richtiges wieder — aber sie drücken nur einen Teil der Wahrheit aus. Denn »Proletariat« bezeichnet in der sozialwissenschaftlichen Sprache eine ganze Klasse von Menschen, die ihren Lebensunterhalt nur dadurch verdienen kann, daß sie ihr Arbeitsvermögen gegen Lohn an kapitalistische Unternehmen verkauft.

Die Klassenlage

Dabei spielt es zunächst keine Rolle, was jemand in seiner Firma zu tun hat; ob er also Schwerarbeit oder Büroarbeit macht. Ebenso unwichtig ist auch, nach welchem System er entlohnt wird, ob er also Gehalt oder Lohn bekommt. Es ist auch nicht entscheidend, ob jemand Angestellter, Industriear-

beiter, Hilfsarbeiter, Verkäufer, Bankangestellter usw. genannt wird. Sie alle haben ja eins gemeinsam: Sie müssen für ihren Lebensunterhalt arbeiten, und zwar so arbeiten, daß sie ihre Arbeitskraft in einem ihnen nicht gehörenden, ihnen fremden Unternehmen einsetzen und dafür Lohn oder Gehalt bekommen, also ein Entgelt, um sich am Leben zu halten. Aber, betrachtet man diese Gruppe derjenigen, die Gehalt oder Lohn für ihre Arbeit bekommen, dann macht es schon einen Unterschied, ob man z. B. Industriearbeiter oder Angestellter ist:
Industriearbeiter sind die älteste Gruppe des Proletariats. Sie sind diejenigen, welche die Auswirkungen der Lohnbewegung und Klassenkämpfe am ehesten und härtesten zu spüren bekommen und auch am heftigsten darauf reagieren. Angestellte, besonders im Verkauf und im Büro, haben lange Zeit andere Erfahrungen gemacht. Noch vor hundert Jahren gab es so wenige Angestellte, daß jeder von ihnen darauf hoffen konnte, selber Unternehmer zu werden. Auch heute noch gibt es eine Reihe von Angestellten, sogenannte leitende Angestellte, die zur Klasse des Kapitals zählen. Ihre Gehälter sind in Wirklichkeit direkte oder indirekte Beteiligungen am Unternehmerprofit, Prämien, Auszeichnungen, Abfindungen, Provisionen und andere Pauschalleistungen. Zu den Angestellten dieser Art zählen wir übrigens nicht nur Aufsichtsratsmitglieder und Direktoren, sondern auch Prokuristen, Abteilungsleiter usw. Anders liegt der Fall bei dem normalen Büropersonal und den durchschnittlichen Verkäufern in Handelsunternehmen. Hier handelt es sich tatsächlich um Lohnempfänger, die vom Handelsunternehmen eingestellt werden, nicht damit sie mehr Wert schaffen, sondern damit sie dem Unternehmen helfen, einen möglichst großen Teil vom Profit abzubekommen. Sie vermehren damit den Profit der Handelsunternehmer, sie sind daher ohne Frage Proletarier. Das drückt sich auch in ihrer Arbeitssituation aus. Mehr und mehr erleben sie durch Rationalisierung des Büros die gleichen Arbeitsbedingungen wie Industriearbeiter: Arbeitshetze, fabrikartige Maschinensäle für Schreibkräfte und Buchungsgeräte, Druck und Aufsicht von oben.
Ebenfalls zur proletarischen Klasse gehören natürlich diejenigen Arbeiter und Angestellten, deren Betrieb im Besitz der sogenannten öffentlichen Hand ist, also in den Händen der Bundesregierung, der Länder oder der Gemeinden. Denn wer immer der Besitzer von Verkehrsbetrieben, E-Werken und anderen Firmen sein mag, es handelt sich bei all diesen natürlich um kapitalistische Betriebe. Sie werden profitbringend unternommen und nach marktwirtschaftlichen Gesetzen geführt. Daß sie sich in den Händen des Staats befinden, ändert weder etwas an der Klassenlage der Arbeiter des öffentlichen

Dienstes noch am kapitalistischen Charakter dieser Betriebe selbst.
Nicht zur Arbeiterklasse zählen jene Lohnempfänger, die als Beamte im Staatsdienst stehen. Sie sind zwar keine verkappten Kapitalisten, wie leitende Angestellte, aber auch keine Proletarier. Sie erhalten zwar Lohn, aber sie verkaufen ihre Arbeitskraft nicht an kapitalistische Unternehmer, sondern an den Staat — und dieser Unterschied ist entscheidend. Denn: Arbeiten sie für den Staat und werden von ihm bezahlt, dann ist das im Prinzip genauso, als würden sie sich von Privatleuten für private Dienstleistungen engagieren lassen, weil sie mit Staatsgeldern aus den Steuern aller Steuerzahler bezahlt werden und darum nicht Lohnarbeiter, sondern Diener, eben Staatsdiener sind, die aus dem Steuerbeitrag aller Steuerzahler nicht anders als z. B. das Hauspersonal entlohnt werden. Deshalb fehlt ihnen auch eine wichtige soziale Erfahrung, die alle anderen Lohnempfänger haben: die des Klassenkonflikts. Staatsdiener sind in dem Sinne sogar nicht einmal eine Klasse. Einerseits sind sie Lohnempfänger, andererseits leben sie außerhalb von Klassenkonflikten und werden nicht ausgebeutet. Das drückt sich auch in ihrem politischen Bewußtsein aus: Staatsdiener neigen nämlich dazu, Konflikte und besonders Klassenkonflikte abzulehnen und solche Gruppen und Parteien zu wählen, die ihnen gesellschaftliche Harmonie und Frieden versprechen. Die Sache des Proletariats ist nicht die ihre. Aber sie kann zu der ihren werden: Wenn es genügend Ansatzpunkte dafür durch gemeinsame Lohn- und Arbeitskämpfe gibt bzw. geben wird.

Die Klassenstruktur der BRD

Legt man die von uns vorgenommene Begriffsbestimmung zugrunde, dann ergibt sich für die Bundesrepublik folgendes Bild zur Klassenstruktur:
1974 lebten in der BRD 62 Millionen Menschen, von denen rund 42 % erwerbstätig waren. Den Rest bilden Kinder, Rentner und Pensionäre sowie nicht berufstätige Frauen, Arbeitslose usw. Ein Drittel dieser 26,5 Millionen Erwerbstätigen sind Frauen, 65 % Männer, etwa 9 % sind Selbständige und 5 % werden als mithelfende Familienangehörige gezählt. Der größte Teil der Selbständigen sind wiederum Bauern, kleine Handwerker oder Besitzer kleiner Einzelhandelsgeschäfte. Abhängig beschäftigt waren 1974 in der Bundesrepublik etwa 23 Millionen Menschen oder 86 % aller Erwerbspersonen.
44 % der Erwerbstätigen hatten einen Lohnvertrag, 29 %

einen Angestelltenvertrag, 7,5 % waren beamtet. Zieht man von den Angestellten die leitenden Manager und die Staatsdiener im Angestelltenverhältnis ab, dann ergibt sich folgendes zahlenmäßiges Bild über die Arbeiter und Angestelltenklasse:
Rund 70 % aller Erwerbspersonen unseres Landes zählen also zur arbeitenden Klasse. Zählt man die nicht arbeitenden Familienangehörigen dieser Klasse hinzu, dann sind das über 50 Millionen Menschen oder 83 % aller in der Bundesrepublik lebenden Menschen.
Zwei Drittel der proletarischen Klasse arbeiten im produzierenden Gewerbe (65 %), ein Fünftel im Handel und Verkehr (20 %), 15 % sind in öffentlichen oder privaten Dienstleistungsunternehmen tätig.

Klassenstruktur der erwerbstätigen Bevölkerung der BRD (1974)

	in %
Arbeiter, Angestellte	70
Selbständiger Mittelstand (Händler, Ärzte, Bauern, Anwälte)	14
Staatliche Lohnarbeiter	12
Unternehmer, Manager	4

(Quelle: Bundesministerium für Wirtschaft)

Der größte Teil der Arbeiterklasse ist also immer noch in der Industrie beschäftigt und produziert die Waren und Werte unseres jährlichen Bruttosozialprodukts (Bsp), während der Rest mit Verkauf, Vertrieb und Verwaltung von Kapital beschäftigt ist. Deshalb wird die erste Gruppe zu Recht als produktiver Teil der Arbeiterklasse, die anderen beiden Gruppen als unproduktiver Teil der Arbeiterklasse bezeichnet. Für die Unternehmen jedoch ist dies kein bedeutsamer Unterschied. Während nämlich produktive Arbeiter den gesellschaftlichen Reichtum überhaupt erschaffen, sorgen die unproduktiven dafür, daß ihre brotgebende Firma größtmöglichen Profit in der Konkurrenz mit anderen machen kann. Beide Gruppen sind schließlich nur auf verschiedenen Seiten des kapitalistischen Wirtschaftssystems beschäftigt und befriedigen mit unterschiedlichen Tätigkeiten das gleiche Interesse der Unternehmer: Die einen schaffen Mehrwert überhaupt, die anderen verschaffen den größtmöglichen Anteil vom Mehrwert für ihr jeweiliges Unternehmen.

Verteilung der Arbeiterklasse auf Wirtschaftsbereiche 1974

	in % der Arbeitnehmer
Industrie	65
Handel, Verkehr	20
Dienstleistung	15

(Quelle: Bundesministerium für Wirtschaft)

Dieser Mehrwert ist eigentlich nichts anderes als dasjenige, was übrigbleibt, wenn man vom Bruttosozialprodukt die Löhne für produktive Lohnarbeiter und die Kosten für die Produktion — also für Rohstoffe, Halbfabrikate, Mieten, Strom, laufende Kosten und natürlich auch für Investitionen — abzieht. Aus diesem Mehrwert werden die Staatskosten (1973: 18 % des Bsp) bezahlt, die Sozialleistungen (1973: 21 % des Bsp) und schließlich die Löhne der unproduktiven Arbeiter im Handel und Dienstleistungsbereich. Sind diese Leistungen alle bezahlt, bleibt schließlich die Gesamtsumme der Unternehmergewinne und Vermögenseinkommen übrig.

Diese machten 1973 rund 250 Milliarden DM aus bzw. 26 % von 926 Milliarden DM Bruttosozialprodukt. Die Einkommen aller 22 Millionen abhängig beschäftigten Erwerbstätigen dagegen betrugen nur 53 % oder rund 470 Milliarden. Wenn man bedenkt, daß die Statistik dabei sowohl die staatlichen Lohnarbeiter als auch die angestellten Topmanager mitrechnet, dann ist diese Zahl natürlich noch um etliches zu hoch gegriffen. Da 1973 schon 18 % der Arbeitnehmer mehr als 25 000 DM im Jahr verdienten, kann man annehmen, daß der Anteil der niedriger bezahlten Arbeiter und Angestellten am Bsp von 1973 allenfalls 45 % betragen haben kann; oder: Drei Viertel der Erwerbstätigen verfügen nicht einmal über 50 % des Bsp, obwohl sie die gesamte Wertmenge des jährlichen Reichtums herstellen oder verwirklichen. Dabei hat sich das prozentuale Verhältnis von Gewinneinkommen und Brutto-Lohn-Gehaltssumme seit 1960 ständig verschlechtert. Oder anders ausgedrückt: In diesem Zeitraum sind die Gewinne ständig gestiegen, und die Masse der Lohn- und Gehaltseinkommen ist demgegenüber zurückgeblieben. In 10 Jahren stieg dabei das Pro-Kopf-Einkommen der Selbständigen um mehr als 100 %, das der Abhängigen allenfalls um 65 %:

Geschenke für Unternehmer

Pro-Kopf-Einkommen der Erwerbstätigen in der Bundesrepublik (in DM)

	Selbständige	Arbeitnehmer
1960	14.604	6.109
1962	16.318	7.372
1964	19.661	8.512
1966	22.276	9.945
1968	27.215	10.891

(Quelle: Spiegel)

Nun sind die Bruttolöhne aber in 10 Jahren von durchschnittlich 6000 DM pro Jahr (1960) auf rund 16 000 DM pro Jahr (1970) gestiegen. Daraus kann man nur den Schluß ziehen, daß die Arbeit der Arbeiter um vieles produktiver geworden und der von ihnen produzierte Mehrwert stark gestiegen sein muß – und zwar trotz der Lohnerhöhungen. Dieses Lohnwachstum hält sich allerdings in bescheidenen Grenzen, denn die statistischen Zahlen berücksichtigen ja nicht, welchen Wert unser Geld durch die Inflation in den 20 Jahren verloren hat. So verringert sich das durchschnittliche Wachstum der Löhne von statistischen 65 % (1960–68) auf reale 30 %, zieht man die Inflationsrate ab.

Wieviel bleibt wirklich?

Beispiel: Facharbeiter, verheiratet, 2 Kinder

	Brutto-Wochen-Verdienst (DM)	Steuern u. Abgaben	Netto-Verdienst	Kaufkraft (in Preisen v. 1957)
1957	119	14	105	105
1961	155	23	132	123
1965	218	36	182	151
1969	264	55	209	159
1973	350	84	266	185

(Quelle: Spiegel)

Mit anderen Worten: Im Gegensatz zu der Lehre vieler Marktwirtschaftler ist das Pro-Kopf-Einkommen der Arbeiter und Angestellten, ihr Anteil am volkswirtschaftlichen Reichtum und ihre Beteiligung am gesellschaftlichen Vermögen nicht gestiegen, sondern gesunken. Konkret bedeutet dies, daß ein Arbeitnehmerhaushalt einschließlich aller Einnahmequellen (z. B. auch staatlicher Sozialleistungen) heute nominal etwa 1600 DM bzw. 968,– DM real besitzt (gemessen an den Preisen von 1957). Dabei muß man berücksichtigen, daß in vielen Haushalten die Ehefrau und oft auch herangewachsene Kinder mitarbeiten, denn sonst wäre dieser Durchschnitt gar nicht denkbar. Schließlich verdienten 1973 27 % der Arbeitnehmer unter 9600 DM brutto, 21 % verdienten zwischen 9600 und 16 000 DM und 34 % zwischen 16 000 und 25 000 DM brutto. Über 50 % aller Lohn- und Gehaltsempfänger hatten also netto im Monat weniger als 1500 DM verdient.
Diese Durchschnittszahlen verdecken freilich die Tatsache, daß es noch Millionen Angehörige der Arbeiterklasse gibt, die unter wesentlich eingeschränkteren wirtschaftlichen Bedingungen leben. Fast ein Viertel der Arbeiterhaushalte – unter ihnen viele Mehrpersonenhaushalte – bezogen 1970 ein Nettoeinkommen von weit weniger als 900 DM. Für Mehrpersonenhaushalte ist dies angesichts der Höhe von Mieten und Preisen ein äußerst geringer Betrag. Und auch bei den besser verdienenden Arbeiterhaushalten ist anzumerken, daß es sich bei ihnen häufig um große Familien handelt, die ihr Einkommen nur durch mehrere Einkommensbezieher erarbeiten können, deren Lebensstandard aber letztlich niedriger ist als der kleinerer Familien. So sinkt das Einkommen je Haushaltsangehörigen vom Einpersonen- bis zum Vierpersonen-Haushalt in der Arbeiterfamilie um weit mehr als 50 %. Aber auch bei besser verdienenden Arbeitern reicht der Lohn in der Re-

gel nicht aus, um den durchschnittlichen Lebensstandard allmonatlich zu erreichen. Allenfalls Spitzenverdiener unter den Arbeitern bringen allein jene 1471 DM auf, die die Bundesstatistik für den Verbrauch eines durchschnittlichen Arbeitnehmerhaushalts pro Monat errechnet hat. Dies belegt einmal mehr, daß sich der Lohn – als Preis für das Arbeitsvermögen – in einer kapitalistischen Marktwirtschaft wie jede andere Ware nach den durchschnittlichen Produktionskosten für das Herstellen des zu verkaufenden Angebots bemißt. Beim Arbeitsvermögen bemißt er sich also ganz offensichtlich an den Kosten für die Aufrechterhaltung des Arbeitsvermögens, also nach den Lebenshaltungskosten. Dies belegt auch, daß der Lohn auf dem Arbeitsmarkt von Unternehmerseite andauernd unter das normale – also durchschnittliche – Preisniveau gedrückt wird. Anders wäre es nicht zu erklären, daß die überwiegende Mehrheit mit ihrem Verdienst die statistisch errechneten Durchschnittslebenshaltungskosten von fast 1500 DM eben nicht erreicht.

Einer der Gründe dafür sind die unterschiedlichen Löhne in verschiedenen Industriezweigen. So verdienen Stahlarbeiter in der BRD 16 % mehr als der Durchschnitt von 295 DM brutto in der Woche. Arbeiter der Textilindustrie verdienen oft 30 % weniger als der Durchschnitt. Aber auch die Arbeiter der Nahrungsmittelindustrie, der elektrotechnischen Industrie und bei den Verbrauchsgütern verdienen bis zu 15 % unter Durchschnitt. Ein anderer Grund ist, daß man in den Bundesländern höchst ungleich verdient. Im ländlichen Bayern verdient man bestenfalls 88 % vom Bundesdurchschnitt, im entwickelten Nordrhein-Westfalen 105 %. Der Unterschied zwischen NRW und Bayern macht so ganze 50,– DM pro Woche aus. Auch hat sich der Unterschied zwischen Angestellten- und Arbeiterlöhnen in 20 Jahren Bundesrepublik kaum zu ändern vermocht. Zwischen 1950 und 1971 verdienten Arbeiter immer rund 20 % weniger als Angestellte, auch wenn sie die gleiche Arbeit zu verrichten hatten. 1971 z. B. bekam ein durchschnittlicher Arbeiter brutto rund 1300 DM im Monat, ein Angestellter aber rund 1600 DM. Schließlich kommt noch hinzu, daß Arbeiter im höheren Alter stets weniger verdienen, während bei Angestellten das Einkommen mit dem Alter steigt. So erreicht ein Arbeiter ab 45 etwa nur noch 90 % des Durchschnittslohnes, während ein Angestellter des gleichen Alters schon auf 106 % des Gehalts angestiegen ist – allerdings bekommt ein Angestellter unter 30 Jahren in der Regel nur 80 % seines Einkommens, während ein Arbeiter in diesem Alter voll zu verdienen pflegt.

Diese Unterschiede drücken sich natürlich im realen Lebensstandard der Arbeiter und Angestellten aus. Bei einem Nettohaushaltseinkommen von rund 300 bis 600 DM machen die Kosten für Lebensmittel 53 % aus, Kleider und Schuhe 12,4 Prozent, Wohnung 10 %, Verkehrsmittel 8 %, für den Rest aller sonstigen Lebensbedürfnisse bleiben zwischen 30 DM und 60 DM übrig. Bei einem Nettoeinkommen von 800 bis 1200 DM fällt der Anteil der Lebensmittel schon auf 30 %, Verkehrsmittelausgaben steigen auf 13 % und Bildungsausgaben machen schon 8 % aus. Für die Ausstattung der Arbeiterhaushalte bedeutete dies 1972, daß nur 49 % von ihnen einen Pkw besaßen. 81 % konnten auf ein TV-Gerät blicken, 89 % auf einen Kühlschrank, 43 % auf eine Waschmaschine, 28 % auf eine elektrische Nähmaschine und 13 % auf ein Telefon. Diese Zahlen weichen nun erheblich von dem ab, was die Statistik als durchschnittliche Haushaltsausstattung des deutschen Normalbürgers errechnet hat:

Der häusliche Komfort

Von je 100 Haushalten besaßen 1973

3	Geschirrspüler
10	Filmkamera und Projektor
11	Bügelmaschine
19	Elektr. Grill
22	Elektr. Heimwerker
27	Elektr. Küchenmaschine
27	Kaffeemaschine
33	Diaprojektor
37	Telefon
37	Schreibmaschine
38	Tiefkühltruhe
50	Tonbandgerät
54	Elektr. Rasierapparat
60	Elektr. Nähmaschine
62	Plattenspieler
69	PKW
93	Fotoapparat
94	Radio
95	Staubsauger
95	Waschmaschine
97	Kühlschrank
98	Fernseher

(Quelle: Globus)

Betrachtet man diese realen Unterschiede im Lebensstandard, wird die tatsächliche Benachteiligung der Arbeiterklasse unmittelbar deutlich — auch angesichts der Tatsache, daß sie noch nie zuvor in Deutschlands Geschichte eine so große Verfügung über langlebige Konsumgüter hatte wie seit 1945. Dies ist also offensichtlich kein Beweis dafür, daß es den Arbeitern heute so gut geht, daß von einer Klassengesellschaft nicht mehr gesprochen werden könnte. Dies ist allenfalls ein Indiz dafür, daß sie von Jahr zu Jahr einen immer größer werdenden Reichtum geschaffen haben, von dem sie allerdings immer weniger abbekommen haben. Aber ihre Arbeit war so

produktiv, daß selbst dieser fallende Anteil am Reichtum sich immer noch in einer echten Verbesserung ihrer Lebenssituation ausdrückte.
Alle diese Ungereimtheiten wie

- wachsende Reallöhne der Arbeiter bei sinkendem Anteil der Arbeitereinkommen am Bruttosozialprodukt,
- steigender Lebensstandard bei immer stärkerem Zurückbleiben der Arbeiter hinter dem durchschnittlichen Konsumniveau,

lassen sich gleichwohl plausibel erklären mit der Tatsache, daß die Werte der Waren mit dem technischen Fortschritt trotz steigender Preise tatsächlich gesunken sind. Denn bei einer bundesdeutschen Inflationsrate von fast 50 % in 20 Jahren sind Preissteigerungen von 30 % oder 40 % in Wirklichkeit eine 10–20%ige Wertsenkung, weil die Preise langsamer stiegen als der Geldwertverlust davontrabte. So haben wir tatsächlich eine Reihe von Waren, deren Preissteigerungen weit unter 50 % in 20 Jahren liegen und die also real im Wert gesunken sind: Autos, Möbel, Nahrungsmittel. Elektrogeräte wie Waschmaschine und Kühlschrank sind in dieser Zeit entweder nicht im Preis gestiegen oder sogar gesunken. Phonogeräte sind sogar erheblich billiger geworden, nicht zuletzt durch die Erfindung modernster Produktionstechnologien und -einrichtungen. Der geringe Anstieg des Arbeiterlebensstandards ist angesichts dessen wahrscheinlich noch schmaler ausgefallen als wir es uns bisher verdeutlicht haben. Das zeigt auch, wie wenig von den minimalen Verbesserungen des Lebensstandards bei Licht übrigbleibt – sosehr sie auch immer als Verdienst der Marktwirtschaft herausgestrichen werden. Die gestiegenen Löhne und der wachsende Lebensstandard – so paradox es auf den ersten Blick klingen mag – sind tatsächlich sogar Hinweise auf die wachsende Ausbeutung der Arbeiter, die immer größeren Reichtum schaffen, prozentual aber immer weniger davon abbekommen und nicht nur statistisch, sondern ganz real Opfer der Schere zwischen schnell steigendem wirtschaftlichem Reichtum und langsam steigendem eigenem Lebensstandard wurden.

Die Lage am industriellen Arbeitsplatz

Mit der Konzentration des Kapitals vor allem nach 1966/67 hat ein scharfer technischer Fortschritt in unseren Fabriken stattgefunden. Er hat viele Arbeitsplätze gründlich verändert. Unter anderem dahingehend, daß immer mehr menschliche Arbeit von mechanischen (Maschinen produzieren vom

Abeiter gesteuert) oder automatischen (Maschinen produzieren und steuern sich selbst) Produktionsmaschinen übernommen wurde. Allgemein verbindet sich damit die Vorstellung, daß Industriearbeiter nun mehr und mehr ingenieurartige Arbeit machen bzw. besser ausgebildet sein müssen, weniger tun müssen, sauberere Arbeitsplätze haben und vor allem einen gemütlicheren Arbeitstag. Doch die genaue Untersuchung der Industriearbeit zeigt, daß solche Vorstellungen falsch sind bzw. nur für einen geringen Teil der Arbeiter zutreffen. Denn die wachsende Technisierung der Fabriken hat vor allem Arbeitsplätze geschaffen, die zwar nicht mehr die alten Arbeitsleistungen abverlangen, aber keineswegs solche, für die man etwa mehr Kenntnisse brauchte. So finden wir im Bereich der mechanisierten und automatisierten Produktion vor allem:

- *Bandarbeit,* die typisch ist für die Automobilindustrie. Die Arbeit am Band ist bestimmt vom sogenannten Takt des Bandes. Alle 45 Sekunden muß z. B. ein Arbeiter an einem Pkw-Montageband einen neuen Wagen übernehmen und dort den Stoßdämpfer an die Hinterachse festschrauben: Schraubenschlüssel auf die erste Mutter setzen — anziehen — auf die zweite Mutter setzen — wieder anziehen — auf die dritte Mutter setzen — wieder anziehen — auf die letzte Mutter setzen und wieder anziehen — abstoßen und zur Ausgangsstellung zurückfahren. Jetzt sind 40 Sekunden vergangen, und der Arbeiter hat etwa 5 Sekunden Zeit bis zur Übernahme des nächsten Wagens. Bei diesem wiederholt sich der Vorgang: Schraubenschlüssel auf die erste Mutter setzen — anziehen usw., das ist das Typische an der repetitiven Teilarbeit: in kurzen Zeitabständen — in unserem Beispiel alle 45 Sekunden, also 80mal in der Stunde — immer wieder die gleiche Arbeit ausführen, nur diese und immer wieder diese. Die Arbeit ist so beschaffen, daß dabei in einem normalen Achtstundentag kaum weitere als die vertraglich vereinbarten Pausen von der Arbeitskraft gemacht werden können. So ist sie gezwungen, sich in der Stunde voll zu verausgaben, und das 8 Stunden lang jeden Tag.

Ähnliche Arbeitsbedingungen finden wir bei Arbeitsplätzen für Verpackungsarbeiter in der Margarineindustrie, wo die Margarinedosen auf dem Band antransportiert und vom Arbeiter in die Versandkartons geräumt werden. Schließlich gehört auch noch der Sortierarbeitsplatz von Flaschenabfüllanlagen dazu, wo stündlich zwischen 3600 und 13 000 Flaschen vorbeifahren und von der Arbeitskraft intensiv kontrolliert werden müssen. Das sind am Tage 28 800 bis 100 000 Flaschen, die der Kontrolleur zu beobachten hat, um fehlerhafte Flaschen auszusortieren oder schadhafte Verschlüsse zu ersetzen.

■ *Steuerarbeit,* die überall dort auftritt, wo die Produktion zwar mechanisiert ist, aber die menschliche Arbeit zur Steuerung der Maschinen unverzichtbar ist. Ein Arbeiter, der Steuerungsarbeit leistet, sitzt getrennt vom Produktionsvorgang in einer Steuerkabine. In ihr sind alle seine Bedienungsinstrumente für die Arbeit vorhanden. So arbeitet z. B. ein Walzwerkarbeiter an einer Walzmaschine, indem er über seine Steuerinstrumente Maschineneinstellung und Maschinenlauf so lenkt, daß er ständig die wichtigsten Arbeitshandlungen — Bramme (gleich Walzgut) einfahren, drehen, ausfahren usw. — in seiner Hand hat. Steuerarbeiten dieser Art kennt jeder. Man denke nur an das Auto. Auch dort wird gesteuert, Instrumente werden ständig bedient, um die Fahrt des Autos den jeweiligen Straßenbedingungen anzupassen. Steuerarbeit finden wir im allgemeinen überall dort, wo sich der Arbeitsprozeß wegen ständig wechselnder Bedingungen nicht so weit vereinfachen läßt, daß er immer nach ein und demselben Muster ablaufen kann. Prozesse dieser Art verlangen darum elastische Apparaturen, deren Tätigkeit sich schnell an die jeweiligen Bedingungen anpassen läßt. Diese Anpassung durchzuführen ist in der mechanisierten Produktion Sache der Steuerarbeiter.
Die gleiche Arbeit verrichten natürlich auch Kranführer und Baggerführer. Ebenfalls Maschinenführer an einer mechanischen Papiermaschine, die zwar nicht mehr das modernste Gerät in dieser Industrie ist, aber immer noch große Verbreitung hat. Hier sitzt der Arbeiter zwar nicht in einer Steuerkanzel, aber er greift ständig regulierend in die großen Papiermaschinen ein und steuert sie. Maschinenführungs- und Steuerungsarbeiten sind für Stahlindustrie, Papierindustrie und die große Maschinenbauindustrie typisch. Hier kommen sie vor allem als Stahlwalzen, Papiermaschinen, als Kräne und Bagger vor. Zusammen mit der Bandarbeit dürfte die Maschinensteuerungsanlage wohl die häufigste Form der Industriearbeit sein.

■ *Anlagenkontrollarbeit,* die bei solchen Maschinen auftritt, die ihre Produktion durch Abtaster und Regler steuern. Sie tun dies bei Fehlern, die in der Produktion auftreten können, und stoppen die Maschine sofort. Die Aufgabe der Arbeiter besteht nun darin, das reibungslose Funktionieren dieser Stoppmechanismen zu kontrollieren und die Störungsquelle zu beheben. Arbeitsplätze dieser Art finden sich in der Automobilindustrie als Transferstraßen, wo Motorblocks auf die richtige Zylinderbohrung hin überprüft werden. In der Papierindustrie treten solche Arbeitsplätze mit der Verbreitung moderner Papiermaschinen auf, an denen die Arbeiter nur noch die Funktionstüchtigkeit der Regeleinrichtung überprüfen und nicht mehr — wie an der alten Papiermaschine — in die Produktion selbst eingreifen müssen. Schließlich gehört die Arbeit an modernen Margarinemaschinen in diese Rubrik, wo der Arbeiter auch nur noch das Funktionieren der Automatik am Rohrkühler oder an der Packmaschine kontrollieren muß.

▪ *Arbeit an automatischen Maschinen,* wie sie heute besonders in der Textilindustrie anzutreffen ist. Typisch für die Arbeit ist der moderne, vollautomatische Webstuhl geworden. Er ist mit technischen Kontrollen ausgestattet, die den Lauf der Maschine selbständig überwachen und kontrollieren. Ein Webautomat besitzt z. B. Kett- und Schußfadenwächter, die beim Fadenriß im Gewebe — der wichtigsten Störungsquelle — die Maschine zuverlässig und sofort abstellen. Die Möglichkeit, daß Fehler auftreten, die von den Automaten nicht erfaßt werden und daher den Einsatz des Arbeiters verlangen, ist zwar noch gegeben, tritt jedoch selten auf. Die Bindung des Arbeiters an einzelne Maschinen ist deshalb nicht mehr notwendig. Seine Tätigkeit kann darum in großem Umfang auf mehrere Maschinen verteilt und als sogenannte Mehrstellenarbeit organisiert werden. Ein Weber hat daher zwischen 20 und 45 Webstühle auf einmal zu betreuen. Arbeitsplätze dieser Größe sind in Webereien keineswegs ungewöhnlich: Es gibt Weber, die bis zu 64 automatische Webstühle bedienen müssen. In seinem Bereich achtet der Webereiarbeiter vor allem auf einen reibungslosen Produktionsablauf, um die Störungen seiner 40 bis 60 automatischen Webstühle möglichst gering zu halten. Treten doch Stillstände auf, so hat er den Fadenbruch zu beheben. Im Durchschnitt treten pro Stunde etwa 45 Stillstände im Arbeitsbereich des Webers auf. Um einen einzigen Fadenbruch zu beheben, benötigt der Arbeiter zwischen 50 Sekunden und 1 Minute 20 Sekunden. Bei durchschnittlich 45 Stillständen pro Stunde heißt dies, daß seine Arbeitszeit weitgehend den Stillständen der Maschinen gewidmet ist, denn fast immer ist wenigstens eine gestört. Viel Zeit für weitere Kontrollen bleibt nicht. Doch selbst bei der Behebung dieser Störung sind seine Möglichkeiten stark begrenzt. Der Weber kann mehr oder weniger nur Fadenbrüche beheben, wobei er einfache Handgriffe ausführt: Bruchstelle suchen — Faden greifen, Fadenende abschneiden — Faden für das fehlende Zwischenstück nehmen — Zwischenfaden mit Weberknoten an das Kettenende knüpfen — Fadenzipfel vor dem Knoten abschneiden — Faden durch die Lamellen führen — Litze freilegen — Faden auf die Kette legen — die Lade zurückführen usw. Verrichtungen, die mehr Zeit beanspruchen, muß der Weber an andere Arbeiter abtreten, weil er es sich nicht erlauben kann, länger an einer Maschine zu verweilen. Zu groß ist die Hetze, die ihn zwischen seinen 40 und 60

Webstühlen hin und her eilen läßt.

- *Meßwartenarbeit,* die dort auftritt, wo der Produktionsvorgang nur noch mit Meß- und Anzeigegeräten gesteuert werden kann. Dies ist vor allem in der Chemie- und Ölindustrie der Fall. »Meßwartentätigkeit ist vornehmlich Kontrollarbeit. Sie enthält eine besondere Note durch zwei Eigenarten des technischen Systems: durch die zahlreichen Automatiken, mit denen sich die Anlage in einem bisher unbekannten Ausmaß selbst kontrolliert und korrigiert, und durch den Umstand, daß eine große Zahl von Anzeige- und Bedienungsinstrumenten in der Meßwarte zusammengefaßt sind. Beide Faktoren prägen die Arbeit, sie schaffen Verhältnisse, die wichtige Unterschiede zwischen der Meßwartentätigkeit und anderen Formen industrieller Arbeit erkennen lassen. Der wichtigste Unterschied ist zweifellos die radikale Trennung von Arbeitsraum und Produktionsprozeß.« Der Hauptanteil der Arbeit besteht in sogenannten Fernkontrollen, man sitzt in einer Warte mit Instrumenten und Meßgeräten und beobachtet den reibungslosen Verlauf der Produktion. Im Störungsfall greift der Arbeiter allenfalls über Instrumente ein. Meist aber nur dadurch, daß er den Techniker oder Ingenieur vom Störungsfall unterrichtet. Der Konzentrationszwang sinkt infolgedessen bei der Arbeit ab. Die Störungsmeldung durch die Meßgeräte ist zumeist noch mit akustischen oder optischen Signalen verbunden (Warnhupe oder rotes Blinklicht). Auch gleicht die Maschinerie in der Regel Störungen durch Zusatzschaltungen aus. Um ein Beispiel zu geben: Beim Ausfall einer wichtigen Kühlpumpe schaltet sich automatisch ein Reserveaggregat ein. Der Meßwartenarbeiter nimmt den Defekt in Augenschein und unterrichtet dann die Instandhaltungsarbeiter. Seine Aufgabe besteht also insgesamt gesehen weniger in der Wahrnehmung von Störungen, sondern eher in der Durchführung bzw. Anregung zu Arbeiten, die zur Störungsüberwindung erforderlich sind. Die Automatik wirkt jedoch nur wie eine Notbremse. Die Aufgaben des Arbeiters bestehen deshalb darin, vorzubeugen, einzugreifen und tatsächliche Störungsfälle zu vermeiden. Er beobachtet die Meßgeräte deshalb also dahin, ob unregelmäßige Entwicklungen sich andeuten und er macht seine Störungsmeldung schon dann, wenn Katastrophen noch nicht eingetreten sind.
- *Instandhaltungsarbeit,* die mit dem technischen Fortschritt ständig an Bedeutung gewinnt. Es handelt sich dabei um Facharbeit, die von Elektrikern, Schlossern, Drehern und anderen Facharbeitern gemacht wird. Ihre Aufgabe: im Störungsfall den Schaden an einer Maschine durch direkte Reparatur zu beheben. »Bei einer Störung im Elektrobetrieb eines Walzwerks z. B. sieht das so aus: Hupe ertönt — zwei Elek-

triker springen auf und laufen in die Elektrowarte — suchen dort die Störungsursache an den Anzeigetafeln — laufen zum defekten Anlagenteil — wechseln blitzschnell das schadhafte Teil aus — die Anlage ist wieder betriebsbereit. Dauer der Aktion: 55 Sekunden. So einfach ist es freilich nicht immer. Oft ist die Störungsursache so schwierig zu finden, daß es lange dauert, bis der Instandhalter mit der Suche Erfolg hat. Er muß die möglichen Ursachen abwägen, die Zeichnungen studieren, die betreffende Anlage langsam prüfen und so den Fehler allmählich einkreisen. Die Beseitigung des Fehlers selbst ist dann oft wieder recht einfach: Ein gelockerter Kontakt wird gelötet; eine Schraube nachgezogen; ein Relais ausgewechselt. Darum kommt es bei den Instandhaltern auch weniger auf das »gewußt wie« an, sondern mehr auf das »gewußt wo«.

In diese Spalte von Industriearbeit gehört auch die Tätigkeit des Industriedrehers, die ebenfalls hauptsächlich mit der Instandhaltung beschäftigt ist. Die Aufgabe des Industriedrehers ist es: »Einzelne Maschinenteile herzustellen, die als Ersatzteile über den Markt nicht mehr oder nicht schnell genug zu beschaffen sind oder die — vielleicht weil sie in alte ausgearbeitete Lager passen müssen — ungewöhnliche Maße haben. Zur Vorbereitung der Arbeit gehört auch, daß der Dreher sich über den Charakter des Materials Rechenschaft ablegt, die richtigen Bearbeitungsstellen auswählt, das richtige Verhältnis von Vorschub und Schnittgeschwindigkeit festlegt. (...) Zwar gehört nicht der Entwurf, aber ein wichtiger Teil der Planung und Vorbereitung zur eigentlichen Ausführung seiner Berufsarbeit. Wenn alle Vorbereitungen getroffen sind, beginnt erst ein vorsichtiges Probieren (...). Geschieht nicht genau das Geplante, dann muß sofort abgeschaltet, umgeschaltet oder korrigiert werden. Hierzu gehört die Fähigkeit, die Aufmerksamkeit auf mehrere Ziele aufzuteilen. Eine solche Probierphase kann sich bei Beginn der verschiedenen Bearbeitungsphasen an einem Werkstück wiederholen. Sie wird kürzer oder länger sein, je nachdem ob es sich um das erste Mal der Erledigung einer Aufgabe handelt, um Wiederholung im Rahmen einer kleinen Säge oder um eine Arbeit, wie sie in ähnlicher Weise schon früher angefallen ist. Wenn schließlich der eigentliche Bearbeitungsprozeß begonnen hat, kann der Dreher sich oft darauf beschränken, den Vorgang im Auge zu behalten.«

Folgen der Industriearbeit: Wachsende Arbeitsbelastung

Betrachtet man diese Beispiele von Industriearbeit, dann fällt auf, daß eigentlich nur die Instandhaltungsarbeit eine selbständige technische Aufgabe ist. Sie fordert den ganzen Mann – auch wenn sie anstrengend ist und oft unter ziemlichem Zeitdruck verrichtet werden muß. In allen anderen Beispielen aber ist der Arbeiter kaum in der Lage, seine Arbeit selbst zu bestimmen oder zu organisieren. Die Maschine gibt den Arbeitsrhythmus an, die Maschine schreibt die Arbeitsorganisation vor, die Maschine bestimmt den Produktionsgang – der Arbeiter nicht. Er ist vielmehr zum Anhängsel der Maschine geworden, die er bedienen muß. Er arbeitet nicht mehr selbst, er dient vielmehr einer Maschine. Diese hat die Aufgaben der Produktionstätigkeit des Menschen sozusagen übernommen. Gleichzeitig ist natürlich die Geschicklichkeit und die handwerkliche Fähigkeit des Arbeiters bei den meisten Arbeitsplätzen auf die Maschine übergegangen. Sie vollführt die komplizierten handwerklichen Operationen, und der Arbeiter dient als Kontrolleur ihres reibungslosen Funktionierens. Wo das außer der Facharbeit nicht der Fall ist, wo der Arbeiter noch selbst an der Herstellung beteiligt ist, hat eine solche Arbeitsteilung stattgefunden, daß die Arbeit aus einfachen und endlos zu wiederholenden Handgriffen zusammengesetzt ist und auf diese Teilarbeit zusammenschrumpfte. Mögliche Erleichterungen, die sich aus der Vereinfachung der Arbeit oder der Kontrollaufgaben ergeben, finden nicht statt. Die Bandarbeit nutzt die Vereinfachung der Arbeit zu einer immensen Anhebung der Arbeitsleistung. So muß ein Mann, der am Band Hinterachsen festschraubt, in 40 Sekunden alle 4 Schrauben setzen und anziehen, sich vom Band abstoßen, um sich in weiteren 5 Sekunden die neu herantransportierten Wagen zu holen und in 40 weiteren Sekunden den Arbeitsrhythmus von neuem zu beginnen. Dies ist ein pausenloser Zwang achtstündiger Arbeit, mit dem der Arbeiter zu höchster Arbeitsleistung und Konzentration gezwungen wird. Oder: Akkordarbeiter erwerben ihr Brot unter extremen Bedingungen. In einem modernen Papierwerk macht die Maschine einen Lärm von 90 Phon. In einem modernen Glaswerk erzeugt die Glasmaschine eine Hitze von 60°, und die körperliche Schwerarbeit beim Walzenwechsel im Walzwerk für Steuerarbeiter ist immer noch eine ungeheuer schwere Tätigkeit. Wo die Maschine technisch verbessert und der Ausstoß wie in der Papierindustrie durch Automaten nunmehr auf das Fünffache der alten Produktionsleistung steigt, führt die Automation heute dazu, daß der Arbeiter mehr tun muß als vorher. Die moderne Papiermaschine zum Beispiel ist um vieles länger und breiter und erfordert mehr Kontrollgänge und schnellere Arbeitshandlungen. Die Lärmbelästigung steigt oft auf 120 Phon an. Die Einführung des Webautomaten führte dazu, daß die Textilarbeiter bis zu 60 Webstühle bedienen und stän-

dig von Fadenbruch zu Fadenbruch hetzen müssen, ganz zu schweigen davon, daß ein Maschinenwerk mit 60 Webautomaten extrem laut (100 Phon) und heiß (48°) ist.
Auch die Instandhaltungsarbeit, scheinbar ein Stück alter Handwerkstradition, ist nicht von den Folgen der technischen Veränderung verschont geblieben. Auch hier dringen Arbeitsrationalisierungen vor: Störungsmöglichkeiten werden wie in der Checkliste vorgegeben, Vorgabezeiten für die Reparaturdauer werden eingeführt und mit Leistungslöhnen verbunden. Ziel: Verkürzung der Arbeitszeit, Erhöhung der Auslastung der einzelnen Arbeitskraft. Bis auf die Ausnahme der wenigen Arbeitsplätze in der Chemieindustrie, wo es Meßwartenarbeit gibt, hat der technische Wandel eigentlich dazu geführt, daß die Arbeit für die Industriearbeiter schwerer geworden ist und die Arbeitshetze größer. Von Erleichterungen, Verbesserungen oder gar Humanisierung am Arbeitsplatz kann keineswegs die Rede sein:

- So ist die Zahl der Arbeiter, die ausgesprochene Schwerarbeit leisten müssen, auf 20 % aller Industriearbeiter gestiegen (das sind rund 1,5 Millionen Menschen).
- Durch die wachsende Arbeitsgeschwindigkeit und die ständig gestiegenen Leistungsnormen ist am Fließband und auch bei der Automatenarbeit die körperliche Belastung der Schwerarbeit erheblich gestiegen.
- Mit der immer intensiveren Ausnutzung des Arbeitsvermögens hat die nervliche Belastung ständig zugenommen. Insbesondere durch die verschärfte Arbeitsteilung und das hohe Tempo nimmt die Monotonie zu. Gleichzeitig wächst der Konzentrationszwang durch den Arbeitsrhythmus. Die aufkeimende Erlahmung der Konzentration muß der Arbeiter ständig herunterkämpfen. Kreislaufstörungen, Herzrhythmus-Störungen, Schlaflosigkeit und Magenerkrankungen sind die Folge.
- Weitere Quelle der Belastung ist der wachsende Lärm, der das vegetative Nervensystem ständig überlastet. Wer bei 100 Phon (Weber) oder gar 120 Phon (Maschinenbediener) arbeiten muß, der arbeitet unter Lärmbedingungen, die höher sind als bei einem mit 95 Phon startenden Düsenklipper. Daß infolgedessen Gehörschäden bei Industriearbeitern ständig zunehmen, kann nicht verwundern.
- Ferner nehmen Nachtschichten immer mehr zu. Zugenommen hat auch, daß viele Arbeiter zwischen Tag- und Nachtschicht wechseln — insgesamt betrifft dies heute ca. 1,6 Millionen Arbeiter. Die Folge ist eine Störung des biologischen Tag/Nacht-Rhythmus. Arbeitsmediziner haben herausgefunden, daß sich der Mensch auf einen anderen Rhythmus auch nach jahrelanger Gewöhnung nicht einstellen kann. Höhere Anfälligkeit

gegenüber Krankheiten und höherer Verschleiß bei Nachtarbeit sowie mangelnde Erholung über Tag sind die Folgen.

■ Schließlich werden alle Arbeitsvollzüge in der Industrie ständig von einem System der Arbeitszeitmessung kontrolliert. Mit diesem Kontrollsystem wird die optimale Regelarbeit festgelegt, also das Tempo, das man unter besten Bedingungen am Arbeitsplatz zur Verrichtung seiner Tätigkeit erreichen kann. Dies wird zur Grundlage der Arbeitszeitbemessung der Leistungslöhne genommen. Der Arbeitsdruck und die Arbeitshetze nehmen damit ständig zu, um die letzten Luftlöcher im Arbeitstag zu schließen. Längst ist die Zeit vorbei, da Arbeiter durch eine geschickte Anordnung ihrer Arbeit die Gelegenheit hatten, ungeplante selbstgewählte Ausspann- und Ruhepausen einzulegen.

■ Bei Refa wird der jeweilige Arbeitsvorgang mit der Stoppuhr gemessen und danach das Produktionstempo für Dauertätigkeit festgelegt. An dieser Zeitvorgabe orientiert sich der Leistungslohn;

■ bei MTM werden Tausende von Arbeitsabläufen durch Zeitlupenaufnahmen in ihre Grundbewegungen (hinlegen, greifen, bringen) zerlegt und – durch Addition der Einzelheiten – Normalzeitwerte tabelliert. Durch Umgestaltung von Arbeitsplätzen werden unwirksame Bewegungen eingespart und somit die Stückzahlen gesteigert.

Das Ergebnis dieser wachsenden Arbeitsintensivierung zeigt sich u. a. an der Zahl der Arbeitsunfälle und Erkrankungen aufgrund von Arbeitsbelastung:

■ jährlich geschehen über 2 Mill. Arbeitsunfälle in der BRD. Davon allein 220 000 im Bergbau, 163 000 im Baugewerbe und 162 000 bei Eisen und Metall.

■ 68,5 % der Berufskrankheiten konzentrieren sich auf weniger als ein Drittel der Versicherten, die vor allem aus dem Bergbau, dem Baugewerbe, der Stahl- und der Chemieindustrie stammen.

■ Die in den letzten Jahren auftretende hohe Zahl von Unfall- und Berufskrankheiten aus dem Bereich von Dienstleistung und Verwaltung macht darüber hinaus deutlich, daß auch im Büro die Verschärfung der Arbeitsbelastung zugenommen hat. Gerade seit 1966/67 findet im Büro eine scharfe Arbeitsteilung in Handarbeit (Phonotypistin) und kaufmännische Arbeit statt. Mit der EDV wird auch die Buchhaltung modernisiert und in manuelle (Lochkarten lochen) und dispositionelle Arbeit geteilt (z. B. Programmierer). Die manuellen Arbeiten wiederum werden zunehmend verschärft und deren Normen (z. B. Anschläge auf der Schreibmaschine) erhöht. Körperliche Schäden und Nervenbelastung wie in der Fabrik sind die Folgen.

Folgen der Industriearbeit: Entqualifizierung

Der technische Fortschritt führt im Kapitalismus dazu, daß die Arbeit in kleinere Teile zerlegt wird. Ferner geht ihre tatsächliche Produktivität auf die Maschine über. Der Mensch als Arbeiter benötigt infolgedessen immer weniger direktes Handwerksgeschick. Das moderne Maschinensystem verlangt nämlich keineswegs, daß man zu seiner Bedienung irgendwelche Kenntnisse der technologischen und physikalischen Vorgänge hat, die in der Maschine ablaufen: Früher war zum Entzünden von Licht immerhin Kenntnis über Brennstoffe und deren Verwendung nötig. Selbst eine Kerze verlangt noch Qualifikationen — wenn man nicht will, daß sie rußt. Einen Lichtschalter umzulegen, verlangt jedoch keine Kenntnis über Widerstand oder das Ohmsche Gesetz. Wenn man den Schalter umlegt, so gibt es Licht — mehr braucht man im Prinzip nicht zu wissen. Die Arbeitskenntnisse der großen Arbeitermasse steigen mit dem technischen Fortschritt genauso wenig wie in unserem Beispiel. Im Gegenteil, sie gehen zurück. Der Arbeiter wird also auch in dieser Beziehung zum Anhängsel der Maschine, die er bedient, aber nicht versteht. Was er benötigt, ist eine Art Grundkenntnis, um die Bedienungsinstrumente der Maschine zu verstehen. Ob am Fließband, an der Automatenkontrolle oder am automatischen Webstuhl — überall sind die Anforderungen an die Arbeiter auch tatsächlich gesunken, während die Arbeitsbelastung ständig steigt. Verlangt werden am Arbeitsplatz statt tatsächlicher Qualifikationen vielmehr Konzentrationsfähigkeit und Disziplin. Die Arbeit des Webers am Webautomaten ist ein besonders gutes Beispiel hierfür — aber auch der Streß am Fließband.

Technische Kenntnisse verringern sich mit der Automation. Auch scheinbar technisch anspruchsvolle Arbeiten, wie Steuern oder Meßwagenarbeit, sind nur Anlernarbeiten, die nicht mehr verlangen, als man braucht, um ein Auto zu fahren. Immerhin erfordert die Steuerarbeit noch so etwas wie technische Sensibilität, also eine Art Gefühl für die Maschine, gewonnen durch ungefähre Kenntnis darüber, wie sie läuft. Insgesamt nehmen denn auch die Anlernberufe ständig zu. Gleichzeitig aber nehmen die Anlernzeiten kontinuierlich ab. Immer mehr Arbeiter arbeiten nicht mehr als Facharbeiter. Deren Zahl fiel von 1966 um rund 10 % von 44 % auf 35 % aller Industriearbeiter. Viele qualifizierte Gesellen, ja auch Meister, machen heute überwiegend Anlernarbeit — mit der Wirtschaftskrise und neuen technischen Veränderungen wird die Zahl noch rapide ansteigen. D. h. also, für die Maße der Industriearbeiter ist die heutige Lehre eigentlich sinnlos. Was sie benötigen, um in der Fabrik ihren Lebensunterhalt zu verdienen, ist in einem Jahr Grundausbildung gut und gerne zu leisten. Angesichts dessen zeigt sich übrigens, was es heißt, wenn Unternehmer heute das Berufsbildungsgrundjahr als eigenständigen Ausbildungsabschnitt propagieren. Nämlich die Abschaffung der Lehre und eine einjährige Ausbildung für die Maschinenarbeiter; oder: weniger können, weniger begreifen, aber mehr leisten. Selbst vor der qualifizierten Instandhaltungsarbeit macht dies nicht mehr halt. Die fortschreitende Rationalisierung dieser Tätigkeit führt auch hier dazu, daß die Arbeit in unqualifizierte Ausführungs- und qualifizierte Planungstätigkeit geteilt wird. Nur so lassen sich die bloß manuellen Teile der Arbeit beschleunigen und vereinfacht durchführen.

Auf der anderen Seite ist klar, daß das technisch-wissenschaftliche Personal in der Fabrik und außerhalb von 4 % 1967 auf 10—12 % Ende der 70er Jahre anwachsen wird. Dadurch kommen natürlich qualifizierte Arbeitskräfte in die Unternehmen. Aber auch deren Ausbildung wird zunehmend verschlechtert, allein schon aus Kostengründen. Rationalisierung der Lernmethoden, wachsender Lern- und Leistungsdruck sowie die allmähliche Verkürzung der qualifizierten Ausbildung zeigen, daß auch hier großer Anstoß und höhere Ausbildung gemessen an bisher erreichten Ausbildungsmaßstäben effektiv schlechter werden.

Industrielle Randgruppen: Frauen und ausländische Arbeiter

1974 waren in der BRD 2,5 Millionen ausländische Arbeitsemigranten beschäftigt. 3,6 Millionen deutsche Frauen arbeiteten als Angestellte in Büros, Warenhäusern und Friseurläden, 3,4 Mill. Frauen als Arbeiterinnen in Westdeutschlands Fabriken. Trotz ihrer Verschiedenheit haben beide Gruppen etwas Folgenschweres gemeinsam:

- ohne sie würde die westdeutsche Wirtschaft nicht mehr funktionieren können,
- gleichwohl — oder vielleicht gerade deshalb — sind beide äußerst unterprivilegiert.

Arbeitsemigranten

In der BRD arbeiten 2,5 Millionen ausländische Arbeiter — doppelt so viel wie 1964. Sie kommen fast zur Hälfte aus der Türkei (1 Million), aus Anatolien oder dem Hochland Kleinasiens. Der Rest stammt vor allem aus Jugoslawien, Spanien und Italien. Alle diese Länder haben große Gebiete mit wirtschaftlicher Rückständigkeit, Armut und Arbeitslosigkeit gemeinsam. Deshalb suchen die Bewohner dieser Gegenden Arbeit im Ausland, insbesondere in der BRD. Westdeutschland ist zu einer Art Traumland der Südeuropäer geworden, wo nach ihrer Ansicht das große Geld zu machen ist, wo alle Menschen im Reichtum leben und wo jeder eine Chance hat. Für sie spielt die Bundesrepublik die gleiche Rolle wie die USA für die Auswanderer des vorigen Jahrhunderts.

Um so härter ist ihr Erwachen, wenn sie erst einmal in Westdeutschland sind. Hier landen sie fast alle »auf der letzten Stufe der Sozialstruktur«, wie ein Vertreter der IG Metall dies ausdrückt. Bis auf wenige Ausnahmen in der Chemie- und Automobilindustrie erhält die Mehrzahl der ausländischen Arbeiter skandalös niedrige Löhne. Denn: rund 60 % der ausländischen Arbeiter sind nach Angaben der Bundesanstalt für Arbeit in Betrieben unter 500 Beschäftigten tätig, 20 % sogar in Betrieben unter 50 Beschäftigten. Hier erhalten sie nun Stundenlöhne, die mitunter weit unter dem niedrigsten Tariflohn liegen. Dafür leisten sie schwere, schmutzige Arbeit und machen Überstunden nach Überstunden. Nach den Erfahrungen der Bundesanstalt sind für ausländische Arbeiter gerade in kleineren und mittleren Betrieben 75–92 Stunden pro Woche keine Seltenheit. Dieser Tatbestand wird noch verschlimmert dadurch, daß viele Ausländer illegal in der BRD arbeiten. Sie werden ahnungslos von kriminellen Anwerbern gegen tausend DM bar in die Bundesrepublik eingeschleust — oft als Touristen getarnt. Die Frankfurter Rundschau registrierte 1973, daß allein 40 000 Türken in Westdeutschland illegal arbeiten, d. h. ohne Arbeitsgenehmigung, ohne Sozialversicherung, ohne Kindergeld, ohne gesetzlich geregelten Urlaub und ohne feste Wohnung — abgefunden mit den absolut niedrigsten Löhnen.

Aber nicht nur niedrige Löhne und schwerste Arbeit erschweren das Leben der ausländischen Arbeiter. Unvertraut mit hiesigen Gesetzen und Regeln fallen sie zusätzlich Betrügern mit der Lohnsteuer zum Opfer: Schon blüht ein ganzes Gewerbe, das davon lebt, ausländischen Arbeitern die Lohnsteuer zum Pauschalpreis abzukaufen und dem Finanzamt zur Rückerstattung vorzulegen. Gewinn pro Karte: 300 bis 400 DM.

Schlimmer noch sind die Wohnverhältnisse, in denen ausländische Arbeiter zu leben haben. So dienen ihnen bei bestimmten Firmen als Unterkunft:

- »Holzverschläge — wie bei der Baufirma Philipp Holzmann AG in Frankfurt: Vier-Mann-Kojen, knapp so groß wie ein

Badezimmer. Bettpreis 60 DM.

■ Ehemalige Werkshallen – wie bei der Kammgarn-Spinnerei Johann-Wilhelm Scheidt AG in Kettwig an der Ruhr: ein Raum pro Familie, für 10 Familien 1 Küche, in keinem Raum fließend Wasser. Monatliche Mieteinnahme der Firma: knapp 5000 DM (...).

■ Ehemalige Kasernen – wie bei der Baumschule Gustav Lüdemann im schleswig-holsteinischen Halstenbek: eiserne Feldbett-Gestelle, schmutzige Wäsche, nackter Dielenfußboden. Miete: 1,25 DM pro Tag.

■ Sanierungsreife Mietshäuser – wie bei der Hamburger Werkzeugmaschinenfabrik Heidenreich und Harbeck: 4 Mann in einem engen Raum, pro Bett 85 Mark monatlich, für 36 Türken ein Badezimmer und 2 Toiletten.« (»Spiegel«)

Welche unglaublichen Zustände in den Unterkünften der ausländischen Arbeiter herrschen, berichtete der Spiegel schon 1970: In Sanierungsgebieten gehört es zu den Geschäftspraktiken der Hausbesitzer, abrißbestimmte Altbauten mit ausländischen Arbeitern zu belegen und Wucherpreise von 10 DM pro Quadratmeter und mehr zu verlangen. Nicht selten benutzen Hausbesitzer ausländische Arbeiter als Mittel dazu, die Häuser in Sanierungsgebieten von deutschen Mietern zu räumen. Sie tun dies in der Hoffnung, die exotischen Lebensgewohnheiten der Ausländer würden ruhe- und ordnungsbesessene deutsche Mieter bald vertreiben, die gesetzlich oder gewaltsam nicht so einfach aus ihren Wohnungen zu vertreiben wären. Die Folge davon ist, daß sich besonders in alten Wohngebieten ausländische Bewohner häufen. Gleichzeitig unterlassen die Hausbesitzer mit dem Einzug der Neubürger so gut wie jede Instandhaltung der Häuser: Zum Teil gut erhaltene Altbauten kommen auf diese Weise mutwillig herunter. Sie werden durch diese Machenschaften oft erst zu tatsächlichen Sanierungsobjekten und bilden bald unansehnliche Bezirke, in denen weitere Wohnungen von Deutschen geräumt werden. In die verlassenen Wohnungen rücken weitere ausländische Arbeiter nach. In Städten wie Berlin, Frankfurt und Köln ist die Entwicklung so weit fortgeschritten, daß schon ganze Stadtbezirke von deutschen Bewohnern verlassen worden sind. Heute wohnen hier vornehmlich Türken, abgesondert in eigene Stadtbezirke. In der BRD herrschen damit schon fast die gleichen Zustände wie in den Gettos der USA. Hier wie dort gibt es ganze Wohngegenden für anderssprachige Minderheiten, mit eigenen Kulturformen und einem eigenen Lebensstil. Hier wie dort sind die Gettos heruntergekommene halbverfallene Stadtgebiete, die kein Einheimischer zu betreten wagt. Schon zeigen sich die ersten Anzeichen von Spannungen und Konflikten zwischen deutschen und ausländischen Bewohnern der Stadtviertel:

■ Mehr und mehr wachsen die Aggressionen und Vorurteile gegen Ausländer — in einem Land wie dem unsrigen haben Haß und Vorurteile gegen andere Völker ja eine lange Tradition. Eine sozialwissenschaftliche Untersuchung über die Einstellung der Deutschen zu den Ausländern ergab folgendes Bild: 35 % aller Befragten betrachteten Gastarbeiter als ein »notwendiges Übel«, jeder siebte hält sie für »dumm« und »vulgär«, jeder sechste legt ausdrücklich Wert auf »Distanz«. Mit anderen Worten: die Gastarbeiter sind eher geduldet als akzeptiert. »Benutzen, ohne sich stören zu lassen« — darauf reduziert sich nach Erkenntnissen Kölner Wissenschaftler die Grundeinstellung der Westdeutschen, Arbeitgeber wie Arbeitnehmer, gegenüber den Gastarbeitern. »Benutzen«, d. h.: Gastarbeiter verrichten für weniger Geld die Arbeit, die bundesdeutsche Bürger nicht mehr verrichten wollen; Gastarbeiter leben, meist für mehr Geld, in Wohnungen, in denen bundesdeutsche Bürger gar nicht mehr leben möchten. Solche Einstellungen kommen nicht von ungefähr. Die Deutschen haben darin eine lange Tradition. Schon 1908 gab es in Deutschland 100 000 sogenannte Fremdarbeiter, und die Nazis verschleppten über 5,5 Millionen Zivilisten nach Deutschland, um sie als Zwangsarbeiter in den schwersten Industriebereichen für Hungerlöhne 10—12 Stunden arbeiten zu lassen. Das offensichtlich schlechte Gewissen der Bevölkerung reagierte sich damals wie heute dadurch ab, den Ausländern alle möglichen schlechten Dinge nachzusagen und ihnen mit Vorurteilen zu begegnen.

■ Mit der ökonomischen Krise wachsen die Spannungen zwischen deutschen und ausländischen Arbeitern weiter. Überall hört man heute den Ruf, daß die Ausländer nach Hause geschickt werden sollen, um deutschen Arbeitern Platz zu machen, die arbeitslos sind. Abgesehen davon, daß ausländische Arbeiter ohnehin zu den ersten gehören, die man feuert, zeigt sich daran folgendes: Deutsche und Ausländer werden in Krisenzeiten zu echten Konkurrenten um den täglichen Broterwerb — eine Sachlage, in der Vorurteile und Abneigungen schnell umschlagen in blinden Haß und Gewalttätigkeit. Die Beispiele aus anderen Ländern mit verschiedenen Nationalitäten zeigen deutlich, welche Ergebnisse ein solcher Haß und ein solches Mißtrauen innerhalb der Arbeiterschaft bringen können. Die Fremden werden leicht zu Sündenböcken für Arbeitslosigkeit gestempelt. Es sind die Ausländer, die den deutschen Arbeitern die Arbeitsplätze wegnehmen und für ihre schwierige materielle Lage verantwortlich sind — so sieht es jedenfalls mancher deutsche Arbeiter oder Angestellte. Dies lenkt natürlich von der Frage ab, woher denn die Arbeitslosigkeit tatsächlich stammt. Außerdem versperrt es den Blick auf die Tatsache, daß die deutschen Kollegen sicherlich die nächsten Entlassenen sein werden, wenn ihre ausländischen Kollegen erst einmal zu Hause sind. Denn: nicht die Ausländer tragen die Schuld an Wirtschaftskrisen, sondern ein ganzes Bündel von wirtschaftlichen Zusammenhängen des kapitalistischen Wirtschaftssystems.

■ Weitere Spannungen drohen auch dort, wo ausländische Arbeiter ihre Kinder auf öffentliche Schulen schicken müssen. Heute besuchen 400 000 Kinder von Ausländern eine öffentliche Schule in der BRD. Weitere 400 000 müßten es tun. Für sie gibt es aber kaum Lehrer der eigenen Volksgruppe, ausländische Kinder sitzen oft in deutschsprachigen Klassen, verstehen die Sprache kaum, sind von daher schlecht in den Leistungen, benehmen sich albern, laut und verstockt, werden bestraft, reagieren bockig, lernen dann noch weniger, machen Streiche, fallen auf, sind der Schrecken aller Lehrer und lernen wieder nichts. Gleichzeitig gehen sie den deutschen Schülern und Eltern auf die Nerven. Gepaart mit alten Vorurteilen bleiben Konflikte zwischen deutschen Schülern und ausländischen Kindern sowie deutschen und ausländischen Eltern nicht aus.

So fern ist es angesichts der wachsenden Arbeitsplatzkonkurrenz zwischen Deutschen und Ausländern auch längst nicht mehr, daß regelrechte »Nationalitätenkonflikte« ausbrechen und von bestimmten politischen Kräften geschürt werden. Wie unsinnig solche Konflikte allerdings sind, wird deutlich, wenn man bedenkt, daß alle Arbeiter und Angestellten — gleich welcher Herkunft — am kapitalistischen Arbeitsplatz ein und dasselbe Schicksal tragen müssen. Denn innerhalb der Fabrik sind alle Arbeiter, ob Deutsche oder Türken, Italiener oder Spanier »Fremdarbeiter«. Am Schicksal der ausländischen Arbeiter zeigt sich nur deutlicher als bei ihren deutschen Kollegen, welches Ausmaß kapitalistische Ausbeutung annehmen kann.

Die Lage der weiblichen Arbeiter

In der BRD sind rund 8 Mill. Frauen berufstätig. 3,6 Mill. von ihnen arbeiten als Angestellte, Verkäuferinnen, Phonotypistinnen, Friseusen usw.; 3,4 Mill. als Arbeiterinnen. Schließlich sind 200 000 als Beamtinnen beschäftigt. Der Rest, 6 % aller Frauen, ist selbständig — zumeist im eigenen Geschäft, dem sogenannten Tante-Emma-Laden. Von den 3,4 Millionen Arbeiterinnen leistet die überwiegende Mehrzahl (70 %) eintönigste Bandarbeit oder bedient Halbautomaten. Deutschlands Frauen verrichten in der Fabrik in der Regel die am weitesten unten stehende, unqualifizierte Arbeit: 51 % aller berufstätigen Frauen leisten Handlangerarbeiten, Lehre oder Anlernzeit kennen sie nicht. Sie erleiden in den Fabriken die wohl härteste Arbeitsbelastung und werden zudem aufs schlechteste bezahlt. Diese einseitige Behandlung der Frauen wird in der Regel mit einem uralten Vorurteil gerechtfertigt. Nämlich damit, daß diese Arbeiten für Frauen gerade richtig seien. Für bessere Arbeiten gelten Frauen seit eh und je als zu dumm: »Arbeiterinnen mit geringer geistiger Beweglichkeit genügen die einförmigen unterteilten und sich stets wiederholenden Handgriffe meistens vollauf« — meint dazu die Unternehmersprecherin Helga Läge. Frau Läge weiß auch, warum: »Die Frau neigt mehr zur Passivität, zum Mit-sich-geschehen-Lassen.« Solche Redeweisen dienen jedoch als billige Argumente für die Unterprivilegierung der Frauen am Arbeitsplatz. Deshalb fällt es auch so leicht, Frauen mit diesen und ähnlichen Argumenten schlechter zu bezahlen als Männer:

- 50 % der Arbeiterinnen verdienen nur zwischen 300 und 600 DM.
- Kaum eine Arbeiterin verdient über 1000 DM im Monat; während Westdeutschlands Beamtinnen je nach Stellung im Beruf immerhin zwischen 600,— und 2500,— DM verdienen.
- Die Industrielöhne der Frauen liegen schon seit hundert Jahren stets um 30 % unter denen der Männer.
- Für dieselbe Arbeit werden Frauen einfach schlechter bezahlt als ihre männlichen Kollegen. »Bei der Firma Elsenbusch im westfälischen Dorsten werden Türen geschliffen und gedübelt — von Frauen in Lohngruppe I (DM 3,68 Stundenlohn), von Männern in Lohngruppe IV und V (DM 4,43 und 4,76).« Firmenbegründung, so Gewerkschafterin Hertha Lischke-Arbert: »Frauen dübeln die leichteren Türen.«
- Bei der Firma Blaupunkt im niedersächsischen Hildesheim, wo jede zweite Frau in der niedrigsten Lohngruppe II (DM 4,70) rangiert, verdienen Männer am selben Arbeitsplatz jeweils 5 % mehr Soziallohn.
- Bei der Hamburger Firma Nadge und Neffen schichten Arbeiterinnen über 12 000 Furniere am Tag — für 4,68 DM in der Stunde; Männerlohn bei gleichwertiger Arbeit: 5,75 DM.

Was treibt die Frauen dennoch an solche Arbeitsplätze? Keinesfalls die Freude am Beruf, denn nur jede vierte Frau will bis zur Rente arbeiten. Rund 50 % aller Frauen wissen nicht, wie lange sie arbeiten wollen. Der Grund: Die meisten Frauen arbeiten, weil sie kurzfristig Geld herbeischaffen müssen. Sie arbeiten, weil sie dringende finanzielle Verpflichtungen oder unabwendbare Anschaffungen abdecken müssen. So kommt es denn, daß 50 % aller Mütter einer Arbeit nachgehen, obwohl Kinder da sind. Rund 2,9 Millionen Mütter müssen heute arbeiten, 2,4 Millionen davon mit Kindern unter 15 Jahren im Haus. Ginge es nach ihnen, würden sie sicher zu Hause bleiben und ihre Kinder hüten. Wir wissen aber, daß das durchschnittliche Haushaltseinkommen von 1500 DM – der Mindestlebensstandard einer vierköpfigen Familie – nur dadurch zustande kommt, daß in den meisten Arbeiter- und Angestelltenfamilien die Frauen mitarbeiten. Ihnen bleibt kaum eine Wahl, obwohl sie fast alle davon träumen, es bald geschafft zu haben und aufhören zu können. Aber in der Regel bleibt dies bloßer Wunsch. Denn auch wenn die Kinder aus dem Haus sind, wird sich zumeist nichts ändern. Was man auf der einen Seite einspart, wird auf der anderen Seite weniger, weil ältere Arbeiter weniger verdienen. Frauen trifft dies noch viel härter als Männer. Frauen, die im Akkord nicht mehr mitkommen, landen viel eher bei unwürdigen und schmutzigen Arbeiten als Männer und erhalten dafür auch noch höhere Lohneinbußen.

Viele Frauen suchen deshalb Büroarbeiten, weil sie hoffen, dort bessere Arbeitsbedingungen zu finden. Aber die Tätigkeit im Büro hat längst ihre anziehenden Seiten verloren. Zwar träumen viele Schulabgängerinnen immer noch vom schönen Sekretärinnenleben auf der Chefetage, wo man wenigstens als Randfigur am großen Leben teilnehmen kann. Aber die Realität ist anders. Nicht nur deshalb weil die schicken Jobs in zunehmenden Maß von Männern besetzt werden, sondern weil die Massenarbeit im Büro selbst immer mehr Züge von Fabrikarbeit bekommt. Normensystem und Anschlagszeiten bei »Schreibdamen« im Größbüro unterscheiden sich kaum noch vom Akkord in der Fabrik. In Großraumbüros herrscht demzufolge eine hohe Belastung, nicht nur weil Schreibmaschineschreiben als ausschließliche Tätigkeit körperlich anstrengend ist. Sondern auch, weil in zunehmendem Maße die Arbeitshetze an der Schreibmaschine oder an der Lochmaschine um sich greift. Auch die Bezahlung der Frauen im Büro wird zunehmend schlechter. Ein Grund dafür ist die starke Arbeitsteilung, die innerhalb des Büros immer einfachere Arbeiten hervorbringt. Diese können dann in zunehmendem Maße von schlecht bezahlten Frauen verrichtet werden.

Alles in allem sind die Arbeitsbedingungen für Frauen in Fabriken oder Büros äußerst schlecht. Die Mehrzahl der Frauen zerreibt sich – wie die Soziologin Helge Pross schreibt – zwischen Arbeitsplatz und Familie. Sie sind dabei oft völlig überfordert und können weder dem einen noch dem anderen gerecht werden. Arbeiterinnen leiden daher frühzeitig an Herzfunktionsstörungen, Störungen der Monatsblutung, Kreuzschmerzen und Schulterverspannungen sowie Magen- und Darmstörungen. Neurosen und andere seelische Störungen sind bei berufstätigen Müttern am häufigsten, weil sie leicht Schuldgefühle haben. Viele von ihnen glauben, ihre Kinder nicht genügend beachten, pflegen und lieben zu können, weil sie die größte Zeit des Tages außer Haus arbeiten müssen. Dieses Gefühl wird bei vielen berufstätigen Frauen dadurch verstärkt, daß ihnen oft Vorwürfe von ihrer Umwelt gemacht werden. Schwiegermütter oder Mütter, Nachbarinnen und wohlmeinende Kollegen, aber auch Fürsorgerinnen und Pädagogen werfen berufstätigen Müttern vor, ihre Kinder zu vernachlässigen. Auch Presse und Fernsehen spielen hier mit, wenn für die Verwahrlosung der Jugend in der Regel die Berufstätigkeit der Mutter als ein wichtiger Grund angegeben wird.

Westdeutschlands Frauen können in ihrer Lage nicht auf die Hilfe des Staates oder der freien Wohlfahrtsverbände warten:

- Nach der letzten Zählung (1967) gab es nur 426 Kinderkrippen mit 14 800 Plätzen für Kleinkinder. Auf den Bedarf umgerechnet heißt dies: Auf 23 Arbeiterkinder, die dringend einen Kinderkrippenplatz brauchen, kommt nur ein Platz, auf dem ein Kind unterkommen kann.
- Obwohl medizinisch nicht ausreichend, gilt bei uns immer noch ein Mutterschutz für berufstätige Frauen von bloß 6 Wochen vor und 8 Wochen Urlaub nach der Entbindung.
- Frauen, die wegen der Pflege von Kleinkindern pausieren, haben keinen Anspruch darauf, an ihren Arbeitsplatz zurückkehren zu können.
- Werden Kinder länger krank und brauchen Pflege, so sind die meisten Frauen gezwungen, ihren Jahresurlaub zu nehmen, einen Anspruch auf »Pflegeurlaub« haben sie nicht.

Aber auch von ihren männlichen Kollegen können sie wenig Hilfe erwarten. Diese tun alles andere, als gemeinsam mit den Frauen für eine bessere soziale Lage zu kämpfen – obwohl dies das einzige Mittel wäre, um die Situation zu ändern. Statt dessen gilt immer noch, was der Spiegel 1971 schrieb: »Als Väter, Verlobte und Gatten schicken sie ihre Bräute, Töchter und Frauen zwar in die Fabriken, um mit ihrem Verdienst die gemeinsame Lebensbasis auf- oder auszubauen. Als Arbeitskollegen, Vorgesetzte und Gewerkschaftsgenossen aber wachen sie eifersüchtig darüber, daß das Weib an der Maschine dem Manne untertan bleibt. Indem sie, anstatt Solidarität zu üben, Arbeitskraft mit zweierlei Maß messen, steigern die Männer ihren eigenen Marktwert, verhindern jedoch eine grundlegende Verbesserung der Lohn- und Arbeitssituation berufstätiger Frauen – doppelt schizophren, da es in erster Linie Arbeitertöchter sind, denen die monotonen, einseitigen und häufig strapaziösen Arbeiten in der Industrie zufallen.«

Klassenkämpfe in der Bundesrepublik

Obwohl der Lebensstandard der westdeutschen Arbeiterklasse bei Licht besehen keineswegs rosig ist, kann man nicht bestreiten, daß sich ihre Lage seit 1945 stark verbessert hat. Die Löhne sind gestiegen, die Arbeitszeit ist gesunken und die Versorgung mit langlebigen Konsumgütern ist einigermaßen akzeptabel. Ganz zu schweigen davon, daß der Preis dafür eine ständig steigende Arbeitshetze und Belastung am Arbeitsplatz ist – diese Verbesserungen sind der arbeitenden Klasse politisch und sozial nicht in den Schoß gefallen. Wie überall in der kapitalistischen Welt, ist auch in der BRD jede materielle Verbesserung nur durch harte Klassenauseinandersetzungen errungen worden. Dies mag einigermaßen verwundern, weil die BRD im Vergleich zu anderen Ländern — etwa zu England, Frankreich, Italien und den USA — wie ein Ort der inneren sozialen Ruhe und Harmonie aussieht. Während in Italien Generalstreiks mit 10 Millionen Arbeitern und Angestellten zum täglichen Bild der Klassenkämpfe gehören, während in England durch einen Bergarbeiterstreik 1974 die ganze Industrie völlig lahmgelegt wurde und die Unternehmen eine 3-Tage-Woche einführen mußten, während in den USA nationale Streiks nicht nur Versorgung und Produktion lahmlegen, sondern auch in bürgerkriegsartige Auseinandersetzungen mit der Polizei übergehen, vermag man sich in der BRD allenfalls an die spontanen Streiks von 1969 oder den ÖTV-Streik von 1974 zu erinnern. In Zahlen ausgedrückt heißt dies: Von 1948–68 fanden in der BRD 894 Streikaktionen statt. Das sind in 20 Jahren weniger Streiks als allein 1958 in Frankreich in einem Jahr (950 Streiks). Bemerkenswert daran ist, daß 1958 das Jahr mit der absolut niedrigsten Zahl von Arbeitskämpfen in Frankreichs Nachkriegsgeschichte war.

Richtig am Eindruck, die Bundesrepublik sei eine Insel des sozialen Friedens, ist: In der Bundesrepublik wurde vergleichsweise wenig gestreikt. Falsch ist, daß soziale Auseinandersetzungen nicht stattgefunden hätten. Allerdings nimmt die offizielle Öffentlichkeit kaum Notiz von Auseinandersetzungen in den Betrieben. Wenn man die bürgerlichen Zeitungen aufschlägt, erfährt man alles mögliche aus der ganzen Welt, nichts jedoch von den Ereignissen, die sich unmittelbar vor unseren Augen hinter den Mauern der Fabriken abspielen. So ist es kein Wunder, wenn im politischen Bewußtsein der BRD die Nachkriegszeit als eine Epoche ohne Klassenauseinandersetzungen erscheint.

Zugleich machen selbst handfeste Klassenauseinandersetzungen in der BRD einen harmlosen Eindruck. Wenn bei uns gestreikt wird, dann wird dies betont unpolitisch getan. Als man Arbeiter bei spontanen Streiks danach fragte, wie sie zur roten Fahne als Streiksymbol stehen, ergaben sich folgende typische Antworten:

»Die rote Fahne bedeutet für mich Politik. Der Streik hatte aber keine politischen Gründe.«

»Das hätte ich mir verbeten. Bei uns war kein politischer Akzent drin. Ich sage Ihnen ehrlich, bei uns ging es wirklich nur ums Geld. Wir wollen mehr vom Profit abhaben.«

»Das finde ich Quatsch. Wir haben mehr Lohn gefordert und nicht Kommunismus oder so was.«

»Rot ist für mich ein rotes Tuch. Ein Kommunist, der lebt für mich zu weit weg. Ich bin mitten drin zwischen rot und schwarz. Nicht braun, nein parteilos, blau.«

Kämpfe für Reallohnsteigerungen

Eine der Ursachen für dic Harmlosigkeit der Streiks liegt ohne Frage darin, daß im Gefolge von Faschismus und Nachkriegszeit die politische Organisation des Proletariats völlig zerschlagen oder politisch vernichtet worden ist. So kamen Kommunisten und Sozialisten zu Hunderttausenden in die Konzentrationslager der Nationalsozialisten und wurden dort ermordet. 1956 wurde in Westdeutschland die Kommunistische Partei verboten. Viele ihrer Anhänger kamen ins Gefängnis, und die SPD unternahm zusammen mit den Gewerkschaften alles, um ein politisches Verständnis von Arbeitskämpfen zu verhindern.

Gleichzeitig wuchs sowohl die politische Macht wie die Klassenkampfbereitschaft von oben, von seiten der Unternehmer. Die Schwäche der Arbeiterbewegung in Westdeutschland trug eben erheblich zur Stärkung der Unternehmerposition bei. In keinem Land der westlichen Welt gibt es so wenig Streiks und gleichzeitig so massive Aussperrungen wie in der BRD. Seit das Bundesarbeitsgericht 1956 die Aussperrung der Arbeiter (Einstellen der Produktion und Schließen der Betriebe auch nicht bestreikter Unternehmen) als rechtmäßige Antwort der Unternehmer auf den Streik erklärte, fanden jedes Jahr Aussperrungen statt: Von 1949–1968 gab es in der BRD 40 Aussperrungen, von denen rund 4 Millionen Arbeiter betroffen waren und bei denen 1,6 Millionen Arbeitsstunden in der In-

dustrie ausfielen. Nirgendwo sonst in Europa und den USA ist jemals auch nur annähernd so oft ausgesperrt worden.
Dies alles geschah zum Teil als Folge politischer Niederlagen der Arbeiterbewegung: 1952 wurde gegen den Widerstand der Gewerkschaften ein Betriebsverfassungsgesetz von der CDU durchgesetzt, das die antikapitalistischen Forderungen der Gewerkschaft nach Wirtschaftsdemokratie endgültig beseitigte. Statt dessen legte es die Gewerkschaften auf eine Friedenspflicht im Betrieb fest, derzufolge sie bei der Interessenvertretung der Arbeiter auch das Betriebswohl im Auge haben mußten. Das hieß und heißt auch heute, daß die Gewerkschaften gezwungen sind, sowohl Arbeiter- als auch Unternehmerinteressen zu berücksichtigen. Dies beschnitt nicht nur die klassenkämpferischen Ansätze von Arbeitern und Betriebsräten, es machte sie in vielen Fällen auch ungewollt zu Erfüllungsgehilfen der Unternehmerinteressen.
Die Gewerkschaften paßten sich dem an, insofern als sie einerseits eine pragmatische Interessenpolitik machten und um Lohnerhöhungen und Arbeitsverbesserungen stritten. Andererseits, indem sie innerhalb der Gewerkschaftsorganisation jede darüber hinausgehende politische Willensbildung der Arbeiter und Angestellten zu unterbinden versuchten. Mit Erfolg. Nur mit Mühe konnten sich noch gesamtpolitische Kampagnen in den Gewerkschaften durchsetzen. Eins der wenigen Beispiele waren die Kämpfe gegen die Wiederbewaffnung der BRD, gegen die Ausrüstung der Bundeswehr mit Atomwaffen und gegen die Notstandsgesetze.
Mehr und mehr setzten sich jedoch unpolitische Momente in der Gewerkschaftspolitik durch. Dies wurde seit 1958 verstärkt durch die politische Entwicklung der SPD. Seit ihrem Godesberger Programm versuchte diese Partei eine Volkspartei zu werden. Sie wollte damit ausdrücklich nicht mehr eine Arbeiterpartei sein. Sie lehnte natürlich auch jede politische Linie in den Klassenkämpfen ab und versuchte sie sogar zu unterdrücken. Der Erfolg: Ab 1959 schien der Geist der Auflehnung innerhalb der Arbeiterbewegung unter Kontrolle und ausschließlich auf die Mühlen der Tarifpolitik gelenkt. Bis auf den gewerkschaftlich geführten Metallarbeiterstreik 1958 fand keine nennenswerte Auseinandersetzung in den Jahren danach statt, und zu den Arbeitskämpfen 1963 mußten die Arbeiter – so der IG-Metall-Bezirksvize von Baden-Württemberg, Steinkühler – noch geschoben, also gedrängt werden.
Vielleicht liegt es daran, daß die im Herbst 1969 ausbrechenden spontanen Streiks solch ein Aufsehen erregten. Schließlich hatten alle herrschenden Meinungsmacher schon seit Jahren die Ansicht vertreten, es gäbe weder Kapitalismus noch ein Proletariat in der BRD. Also konnte es auch keine Klas-

senkämpfe mehr geben. Um so überraschter mußte die Öffentlichkeit sein, als am 8. und 9. September 1969 rund 150 000 Arbeiter in der BRD die Arbeit niederlegten. Und zwar ohne gewerkschaftliche Vorbereitung und Organisierung. Das heißt die Arbeiter schlossen sich zu Kampfhandlungen zusammen und entwickelten ganz neue Organisationsformen — oft genug sogar gegen die Gewerkschaftsführung am Ort. Ihr Ziel waren 30—80 Pfennig Lohn mehr pro Stunde — unabhängig von späteren Tarifverträgen. Denn: im Sommer 1969 befand sich die westdeutsche Wirtschaft in einer Phase der Hochkonjunktur. Nach der Krise 1967 waren das Bruttosozialprodukt und die industrielle Nettoproduktion 1968 und vor allem 1969 erheblich gestiegen. Von dieser positiven wirtschaftlichen Entwicklung profitierten fast ausschließlich die Unternehmer. Im Jahre 1968 klafften unübersehbar die Zuwachsraten der Bruttoeinkommen aus unselbständiger Arbeit und das Bruttoeinkommen der Unternehmer auseinander. Seit 1967 erhöhten sich zwar die Effektivlöhne, aber dies geschah vor allem infolge der vermehrten Überstunden, die notwendig waren, um die Flut der Aufträge bewältigen zu können. Die Arbeiter wurden — nachdem sie in der Krise 1966/67 die Unsicherheit ihrer Arbeitsplätze erkannt hatten — in dem konjunkturellen Aufschwung bis zum Sommer 1969 in einem aus früheren Entwicklungen unbekannten Ausmaß benachteiligt. Besonders drastisch waren diese Mißverhältnisse in der Eisen- und Stahlindustrie, in der auch die ersten Streiks ausbrachen. Trotz starkem Produktionszuwachs und überdurchschnittlicher Erhöhung der Arbeitsproduktivität blieb der Bruttostundenverdienst der Arbeiter von 1960—1968 stets unter dem Verdienstwachstum der Gesamtindustrie. Tarifverträge, deren Laufzeit während der Krise auf 18 Monate abgeschlossen waren, zwangen die IG Metall zum Stillhalten.

Neben der Lage der Gesamtwirtschaft und der einzelnen Branchen spielte dabei die spezifische betriebliche Situation eine Rolle. So streikten im Hüttenwerk Huckingen (Mannesmann-Konzern) rund 10 000 Arbeiter. Seit dem Krisenjahr 1967 war hier die Rohstahlproduktion gegenüber der gesamten Stahlindustrie wesentlich gestiegen, und die Zahl der Überstunden wuchs im gleichen Zeitraum um 100 %. Die ohnehin meist körperlich anstrengende Arbeit wurde in den heißen Sommermonaten zusätzlich erschwert und fand keine angemessene Entlohnung. Das Beispiel Hoesch — wo eine ähnliche Situation noch durch Lohnunterschiede innerhalb des Konzerns verschärft wurde — wirkte als Initialzündung.

Als die Arbeiter im Spätsommer 1969 auf die Straße gingen, war die Überraschung komplett. Nie zuvor war jemals so spontan und so militant in Westdeutschland gestreikt wor-

den. Doch die Sichtweise der bürgerlichen Öffentlichkeit und der Intellektuellen war mehr als fragwürdig. Denn: Hätten sie die Erfahrungen der westdeutschen Arbeiter gründlich studiert, dann hätte auffallen müssen, daß es eine gewisse Tradition in spontanen Streiks gab. In 20 Jahren waren es allein im Ruhrgebiet 270 nicht organisierte, spontane Arbeitsniederlegungen. Das sind ca. 30 % aller Streiks in der BRD. Mit anderen Worten: Im Ruhrgebiet streikten die Arbeiter seit 20 Jahren am häufigsten und auch am ehesten spontan, oft genug gegen den Widerstand ihrer Gewerkschaften. Diese hohe Streikbereitschaft hat natürlich etwas zu tun mit der Lage im Ruhrgebiet. Hier finden sich die meisten Arbeiter in der Bevölkerung (60 %). Hier finden wir das niedrigste Pro-Kopf-Einkommen (4 619,– DM pro Jahr). Hier finden wir auch die höchste gewerkschaftliche Organisierung von Arbeitern (80 %). An der hohen Streikbereitschaft der gesamten Bevölkerung mag es auch liegen, daß im Ruhrgebiet nur die wenigsten gewerkschaftlich organisierten Streiks stattfinden und sogleich streng zeitlich begrenzt werden. Der einzig wirklich große organisierte Streik im Ruhrgebiet war ein Protest von 24 Stunden gegen die Zechenstillegungen, bei dem 1955 560 000 Kollegen von der IG Metall und der IG Bergbau auf die Straße gebracht wurden. Dieser Streik war so bedeutend, daß er im Ruhrgebiet praktisch einem Generalstreik gleichkam.
Einen ähnlich großen Streik gab es in den frühen 50er Jahren sonst nur noch in Bayern (1954) und in Schleswig-Holstein (1956–57). Beide Male ging es um die schon lange fälligen Lohnerhöhungen in der Nachkriegsepoche. Dabei verdient der Bayernstreik 1954 deshalb besondere Beachtung, weil er eine der härtesten und längsten Kampfaktionen in der Nachkriegsgeschichte war.
Am Bayernstreik läßt sich auch studieren, welche Bedeutung das organisierte politische Handeln der Arbeiterklasse hat, wenn es von einer kampfbereiten Gewerkschaft vertreten wird. Genau diese Kampfbereitschaft ging aber im Verlauf der fetten Jahre der BRD verloren. Die Vorstellung machte sich breit, daß die Bundesrepublik kein klassisches kapitalistisches Land mehr sei, wo nur mit Klassenkämpfen und Auseinandersetzungen die Interessen der Arbeiter zu sichern wären. Offenbar kommen auch die Arbeiter mit einer partnerschaftlichen Politik besser weg als mit Konfrontation. Der Klassenkampf schien überholt, Marx wurde eingemottet. Statt dessen hoffte man auf die Techniken der modernen Wirtschaftssteuerung, die Arbeitsplatzsicherheit, auf das ständige Lohnwachstum und einen endlosen wirtschaftlich-technischen Aufschwung. Erhoffte man von dem Wirtschaftswachstum ständig steigenden Wohlstand, so erwartete man vom technischen Fortschritt eine um-

fassende Verbesserung der Lage im Betrieb. Schon dachte man an allmählichen Abbau der Arbeitshetze, an saubere Arbeitsplätze und heitere Fabrikräume. Schon dachte man an eine ständig steigende Verbesserung in der Ausbildung der Arbeiter (Stichwort von damals: Intellektualisierung der Arbeit). All dies schien machbar, Kampfmaßnahmen waren da fehl am Platze. Daß die Arbeiter gleichwohl Opfer dieser Wirtschafts- und Sozialpolitik waren, zeigte sich deutlich erst in der Krise von 1966/67. Plötzlich zeigte sich, daß das ganze System nur dann funktionierte, wenn die Unternehmergewinne *erheblich* schneller stiegen als die Löhne. Es zeigte sich, daß der Weg aus der Krise nur zu finden war, wenn die Arbeiter mit Lohnforderungen stillhielten, die Gewinne der Unternehmen aber kräftig stiegen.

Verschärfte Kämpfe gegen schleichende Reallohnsenkung

Die spontanen Streiks 1969 waren noch davon geprägt, daß sich die Arbeiter bei wachsendem Leistungsdruck, bei starker Arbeitshetze und Überstunden einerseits, sprunghaftem Profitwachstum andererseits, um ihren gerechten Lohn betrogen fühlten. Doch zeigte sich bald, wie trügerisch diese Vorstellung war. Angesichts der schleichenden Inflation mußten sie in den folgenden Jahren stets darum bangen, daß ihr Lohn der Kaufkraft nach überhaupt erhalten blieb und nicht etwa abnahm. Regelrecht zynisch nahm sich dagegen die Unternehmerparole aus, gerade die steigenden Löhne trieben die Preise in die Höhe.

In der Alltagssituation der Arbeiter trat etwas ganz anderes ans Licht: An Lohnerhöhungen zur Lebensstandardsteigerung dachte man kaum – man mußte erst einmal sehen, überhaupt die Preissteigerungen aufzufangen. Vielen Arbeitern und ihren Frauen wurde plötzlich klar, was Sozialwissenschaftler schon lange über den Charakter des Lohnes wußten: daß der Preis des Arbeitsvermögens (also der Lohn) auf dem Arbeitsmarkt sich nicht nach dem richtet, was einer leistet, sondern nach dem, was er und seine Familie zum Leben brauchen. Viele Arbeiter erkannten, daß sie nur dafür und nicht für ihre Leistung bezahlt wurden. Ihnen wurde deutlich, daß zwischen Lohn und Leistung eine riesige Lücke klaffen mußte, aus der sich der Unternehmergewinn speiste. Sie sahen deutlich, daß das Lohnsystem selbst die Ausbeutung der Arbeitskraft darstellt. 1971 brach dieser Konflikt organisiert auf. Um die Teuerung aufzufangen, die an den Einkommen der Arbeiter zerrte, mußten mindestens 7,5 % Lohn erstritten werden. Die IG Metall begann den Konflikt. Ihre Forderung: 11 %.

Angeboten wurden 4,5 %. Eine Einigung blieb aus. Der Streik begann in 66 von 610 Betrieben der Metallindustrie mit einer solchen Kampfmoral, daß die Gewerkschaft, so Steinkühler, schon bremsen mußte:

■ Von den 12 000 Mercedes-Arbeitern kamen am Streikmorgen ganze 5 zur Arbeit. Am Werkstor hing ein Spruchband: »Schleyers, Frankenbergers und van Hüllens Profitgier ist nicht zu stillen!«

■ Bei Bosch streikten nicht nur alle 1100 Arbeiter. Auch 200 der 270 Angestellten sahen, auf wessen Seite sie standen. Sie legten die Arbeit nieder und marschierten Seite an Seite mit den Kollegen aus der Fabrik.

■ Die ausländischen Kollegen erwiesen sich als harter Kern der Streikenden. Alle 6500 Ausländer bei Daimler legten geschlossen die Arbeit nieder.

■ Angesichts dieser Entschlossenheit schlugen die Unternehmer nach drei Tagen zurück. Sie sperrten 360 000 Arbeiter aus. Auch in solchen Betrieben, die nicht bestreikt wurden. Ziel: Den Druck von oben auf die Arbeiter zu verstärken, um sie zu verängstigen und in Steikende und Arbeitswillige zu spalten. Hoffnung: Die Streikunwilligen sollten Stimmung machen gegen die Streiker. Streikführer Wlücher sagte dazu: »Um uns zu treffen, werden Familienväter, Lehrlinge, Kriegsversehrte und Schwangere um ihren Lohn gebracht.«

■ Der harte Kurs hatte Auswirkungen. Nach wenigen Tagen mußte z. B. das VW-Werk die Käfer-Produktion einstellen und 130 000 Arbeiter nach Hause schicken, wo sie von der Arbeitslosenunterstützung leben mußten.

■ Doch die Solidarität wuchs: 8000 Hamburger Arbeiter, darunter allein 4000 von Blohm + Voss, legten die Arbeit aus Solidarität nieder. Bei Siemens in Frankfurt legten 1300 ihre Arbeit nieder, 2700 in anderen Frankfurter Betrieben. 1000 Kollegen streikten in Berlin aus Solidarität und Tausende im Ruhrgebiet. Selbst die Lehrer der GEW solidarisierten sich — selbst nicht streikberechtigt — mit 16 500,– DM für die Streikkasse.

Doch trotz erster Ansätze wirklicher Klasseneinheit kam nichts weiter heraus als eine auf das ganze Jahr berechnete Lohnerhöhung von 7 %. Bei einer Inflationsrate von annähernd 7 % kam das einem Reallohnstillstand gleich.

Gelernt jedenfalls hatten aus diesem Streik zunächst die Unternehmer. Mit einer konzentrierten Kampagne kämpften sie 1972 erst einmal für die CDU und drohten mit der Wirtschaftskrise, mit Kurzarbeit und verlangten niedrige Löhne für 1973. Sie drohten mit der Inflation und boten den Gewerkschaften einen Stabilitätspakt an, den die SPD-Regierung hinter den Kulissen aus taktischen Gründen zustande brachte.

Erfolg: Im Januar 1973 einigten sich IG Metall und Metallunternehmer auf ganze 8,5 % Lohnerhöhung bei einer zu erwartenden Inflationsrate von über 9 %. Doch es kam noch schlimmer: Die Preise für Lebensmittel schnellten in ungeahnter Geschwindigkeit in die Höhe. Kartoffeln stiegen um fast 92 %, Fisch um 20 %, Obst um 34 %, Fleisch und Brot um 15 %. Insgesamt stiegen die Nahrungsmittelpreise um 11 %. In der 2. Jahreshälfte stiegen die Mieten in den Ballungszentren bis zu 30 % an. Die Versicherungen für Automobile erhöhten sich um 30—40 %. Angesichts dessen lehnten 74 % der organisierten Metallarbeiter in einer Urabstimmung den Tarifhandel von 8,5 % ab. Doch der Vorschlag wurde angenommen, denn zur Ablehnung hätten mehr als drei Viertel dagegen stimmen müssen — so verlangt es die Satzung der IG Metall. Der Konflikt war damit programmiert. Zu offensichtlich waren Preisanstieg einerseits, Lohnabbau für die Kollegen andererseits.

Die Arbeiter erinnerten sich der Erfahrungen von 1969 und 1970. Schon im Frühjahr begann eine Welle spontaner Streiks.

Im April legten in Kassel 10 000 VW-Arbeiter die Arbeit nieder und verlangten eine Erfolgsprämie von 8 % und erreichten 7 % Zulage zum Lohn. Ein Streikender zur Werksleitung: »Der Rudi (gemeint ist der Generaldirektor des VW-Werks, Leiding) hat damals gesagt, wir müssen die Ärmel hochkrempeln, und jetzt haben wir sie obengelassen!« Nach den großen Ferien spitzte sich durch die Mieterhöhungen und Versicherungsprämienanstieg die Lage zu. Der heiße Sommer war da: Die Metallarbeiter begannen zu streiken.

Der ÖTV-Streik 74

Der Konflikt blieb aber nicht auf den Metallbereich beschränkt. Im Februar 74 sprachen sich 78 % der ÖTV-Mitglieder, 89,8 % der Eisenbahner und 85,2 % der Postgewerkschafter für einen Ausstand aus und begannen den ersten Streik im öffentlichen Dienst in Westdeutschland. Unter Dampf standen damals erstmals die 1,8 Millionen Angestellten und Arbeiter des öffentlichen Dienstes bei Bund, Ländern und Gemeinden. Was die Bundesbürger bislang nur aus den Auslandsberichten des Fernsehens kannten — widerwärtige Müllgebirge in den Straßen New Yorks, Londons, Roms und auf den Boulevards wandelnde Ratten, Chaos im städtischen Nahverkehr, Ausfall von Gas und Licht —, war kein exotischer Schauer mehr. Braunschweiger Stadtuniformierte rangierten am Streikmorgen um ½ 5 einen Bus und eine Straßenbahn

quer – bis 8.00 Uhr verließ für 50 000 wartende Fahrgäste kein öffentliches Verkehrsmittel die Depots. Die Frühschicht der Kölner Verkehrsbetriebe ließ am dritten Streiktag 100 000 Berufstätige 3 Stunden lang stehen – um 7.00 Uhr wurden die ersten Fahrer mit Schmährufen empfangen. Bei den Berliner Verkehrsbetrieben überraschten 10 000 Mann Joachim Piefke »mit einem Knopfdruck«: Zwischen 3.00 und 6.00 Uhr ruht der öffentliche Verkehr. Spätheimkehrer und Frühaufsteher stauten sich auf U-Bahnhöfen und an Haltestellen im Nieselregen. »Das ist der Segen des Funks«, spottete Piefke, »alle Omnibusfahrer konnten sich miteinander verständigen, und genauso war es bei der U-Bahn.«
In Nürnberg bemalten Müllkutscher Transparente mit Aufschriften wie: »Gibt Genscher keinen Pfennig her, macht keiner mehr die Tonnen leer« oder »Bleiben die Arbeitgeber stur, läuft nicht mehr die Müllabfuhr«. In Würzburg reimten Rathausbedienstete: »Heute bleibt die Küche kalt, die Stadt geht nun zum Wienerwald.« Berliner Postler pinselten: »Der Miet- und Benzinpreis steigt; die Antwort: Es wird gestreikt.« In Großstädten wie Hannover, wo am zweiten Streiktag 2000 städtische Bedienstete für anderthalb Stunden die Arbeit niederlegten, gewannen Gewerkschaftsfunktionäre nicht selten den Eindruck, »daß wir bei der Urabstimmung über 90 % erreichen«. (Spiegel 5/74)
Gefordert wurden 15 %, ein sogenannter Sockelbetrag von 180 DM, sowie 300 DM Urlaubsgeld. Das war etwas ganz Neues. Denn: Sockelbetrag bedeutet, daß die unteren Einkommen mindestens 180,– DM mehr bekommen sollten. Auch dann, wenn 15 % Gehaltserhöhung bei deren Gehalt viel weniger ausmacht als bei höheren Verdienern. Sockelbeträge gleichen die Einkommen an und sind natürlich im Interesse der Kleinverdiener – womit die Kollegen insgesamt ein gutes Stück solidarischer Gerechtigkeit erkämpfen wollten.
Schlagartig setzte eine Kampagne der Arbeitgeber ein. Man malte die Ölkrise an die Wand und beschimpfte die Maßlosigkeit der Arbeiterforderungen. Ganz offensichtlich hatte die Regierung als Tarifpartner auch darauf gesetzt, die sozialdemokratische Gewerkschaftsführung könne den Konflikt abwiegeln und unter den ÖTV-Angehörigen die Disziplin halten. Doch die Kampfbereitschaft der Kollegen brachte Regierung und Gewerkschaftsführung in Zugzwang. Das Regierungsangebot von 7,5 % war nicht annehmbar. Drei Tage wurde infolgedessen gestreikt. Zwar versuchte Bundeskanzler Brandt nochmals, sein Prestige in die Waagschale zu werfen, um eine Lohnerhöhung unter 10 % durchzusetzen. Aber vergebens, man einigte sich auf vorher wohl schon ausgehandelte 10,5 %, die gerade den Reallohnschwund ausglichen. 91,6 % der Strei-

kenden nahmen an.
Im gleichen Atemzug ging die Gegenpropaganda los. »Die Welt« stellte z. B. die Frage, »ob Streiks in einer zivilisierten Arbeitswelt noch ein angemessenes Mittel der Lohnauseinandersetzung sein können« und meinte dann: »dubios ist der Streik aber als Instrument, darüber zu entscheiden, welche Lohnrate volkswirtschaftlich verantwortet werden kann«. Die FAZ kam zu dem Schluß, daß man »den für den öffentlichen Dienst tätigen Gewerkschaften das Recht zum Arbeitskampf nicht ganz bestreiten« könne, fuhr dann aber einige Tage später fort: »Gewerkschaften dieser Machart sind geheime, vielleicht unfreiwillige Verbündete jener Radikalen, die von einer Entfremdung der Arbeiter gegenüber unserer freiheitlichen Ordnung die Überwindung des Systems erwarten. Aus Ordnungsfaktoren, die Stütze der Freiheit sein müssen, werden Desintegrationsinstrumente« ... »Der Streik, der die letzte Möglichkeit zur Lösung eines Konflikts sein soll, wird immer mehr zu einem Knüppel, mit dem man willkürlich und ohne Kontrolle zuschlägt.« Insgesamt meint die FAZ abschließend in ihrem Begleitkommentar zum ÖTV-Streik, »daß eine Demokratie keine Organisation ertragen kann, die den Bürgern insgesamt schadet und die Regierenden in die Knie zwingt«. Also empfiehlt sie, daß der Staat die Löhne selber festsetzen müsse. Im Gefolge des ÖTV-Streiks gab es die wohl schärfsten Angriffe auf die verfassungsmäßig festgelegte Tarifautonomie von Unternehmern und Gewerkschaften. Nie zuvor ist so massiv und so unverhüllt das Recht der Gewerkschaften angegriffen worden wie in diesen Tagen. Mit solchen Argumenten wurde schon immer gegen die wichtigste Errungenschaft der Arbeiterklasse angegangen, gegen die Tarifautonomie. Als Angriffsziel galt natürlich auch das einzige Instrument, mit dem sich Arbeiter gegen die Herrschaft der Unternehmer und des Kapitals zur Wehr setzen können: die Koalitionsfreiheit und die gewerkschaftliche Organisation.

Lehren aus den Streiks

Betrachtet man die Arbeitskämpfe der letzten acht Jahre, dann sieht man die zunehmende Härte in den Klassenauseinandersetzungen. Wer glaubt heute noch an Sozialpartnerschaft oder an den Sozialstaat? Jeden Fortschritt mußte sich die arbeitende Klasse selbst erkämpfen. Ihre Zurückhaltung in politischen und wirtschaftlichen Fragen wurde bisher ausgenutzt. Reallohnsenkungen waren immer die Quittung für das Stabilitätsbewußtsein der Arbeiterorganisationen. Dies sehen vor allem die Mitglieder, während die Führungsgremien der Gewerkschaften leichter dem Argument der gesamtwirtschaftlichen Verantwortung zugänglich sind (schließlich sitzen viele von ihnen in Aufsichtsräten mitbestimmter Betriebe). Die Belange der Mitglieder müssen demgegenüber stärker zu Worte kommen. Weiterentwicklung gewerkschaftlicher Demokratie ist vonnöten. Gefährlich ist es jedoch, gegen die Gewerkschaften in dem Sinne zu reden, daß sie überflüssig oder selbst schon zu Kapitalisten geworden seien. Wer so denkt, spielt denjenigen offen in die Hände, die nichts lieber sehen als schwache Gewerkschaften. Gleichwohl stecken richtige Gedanken hinter dem Unmut vieler Kollegen.

Wo es große Einheitsgewerkschaften gibt, wie unsere Industriegewerkschaften, stellen sie eine große Stärkung der Arbeiterklasse auf dem Weg zur Klasseneinheit dar. Sie sind aber auch eine Gefahr. Wenn Einheitsgewerkschaften sich als Ordnungsmacht im Sinne der herrschenden Ordnung verstehen und nicht als Kampfinstrumente, können sie leicht unschätzbare Vorteile für die Unternehmer bieten. Große Gewerkschaften sind mächtig genug, alle Arbeiter an die Kandare zu nehmen und in eine lammfromme Sozialpolitik einzubinden. Die FAZ, die gerade noch für die Abschaffung der Gewerkschaften plädiert hatte, hat diesen Unternehmervorteil klar erkannt: »So wie die Einheitsgewerkschaft das Auseinanderfallen der Gewerkschaftsbewegung in politisch und auch in der Tarifpolitik revalisierende Richtungsgewerkschaften verhindern sollte, so soll das Industriegewerkschaftsprinzip der Bildung kleiner Tarifgemeinschaften einen Riegel vorschieben. Solche Gruppenbildungen hätten nämlich zur Folge, daß vor allem jene Vereinigungen, die Personen in technischen Schlüsselpositionen organisieren würden, den gesamten Betrieb lahmlegen und damit Zugeständnisse für einen kleinen Bereich ohne großen Aufwand für die Gewerkschaft förmlich erpressen könnten. Da es in einem modernen, infolge seiner komplizierten Technik höchst empfindlichen Unternehmen eine große Anzahl solcher Schlüsselpositionen gibt, wäre ein Betrieb, in dem viele kleine Gruppen organisiert sind, ständig mit neuen Wünschen jeder einzelnen Gruppe konfrontiert. Jede von ihnen hätte ohne Zweifel die Neigung, mehr herauszuholen als die Rivalen, allein schon um gegenüber den Mitgliedern die Attraktivität der Organisation glaubhaft zu machen. Die Erfahrung zeigt weiter, daß die Tendenz zur Radikalisierung, zur Rücksichtslosigkeit gegenüber den gesamtwirtschaftlichen Notwendigkeiten in kleinen Tarifgemeinschaften viel schneller um sich greift als in großen Gewerkschaften (. . .). Wenn also hier den Organisationsgelüsten einer kleinen Gruppe energisch entgegengetreten werden muß, so wird damit zwar die individuelle Organisationsfreiheit eingeschränkt.

Jedoch muß diese Grenze gezogen werden, weil sehr schnell eine für das politische Heil wichtige Organisationsstruktur aufgegeben und in kleinen organisierten Gruppen Pressionsinstrumente geschaffen würden, die mit der sonst proklamierten Ordnungsfunktion der Gewerkschaften nichts zu tun hätten.« (FAZ 1974).

VIERTER TEIL: Das politische System

1. Kapitel: Staat, Öffentlichkeit und politische Entscheidung

Einige Wissenschaftler nennen unsere Gesellschaft eine »*Wirtschaftsgesellschaft*«. Sie meinen damit, daß die wirtschaftliche Entwicklung unseres Landes alle anderen Lebensbereiche – in der Politik wie im Privatleben – bestimmt. Tatsächlich sind es weniger die politischen Entscheidungen der Bevölkerung oder die Ordnungsvorstellungen der Regierung, als wirtschaftliche Probleme wie Inflation oder Arbeitslosigkeit, Wirtschaftskrise oder Stabilität, die über die Sozialpolitik, die Bildungsreform oder die Kulturpolitik und vieles andere mehr entscheiden. Doch obwohl unsere Wirtschaft das gesellschaftliche Leben so nachhaltig beeinflußt, ist sie selbst der gesellschaftlichen Kontrolle und Zielbestimmung entzogen. Im Gegenteil:

- unsere Wirtschaft wird von denjenigen bestimmt, denen die Fabriken gehören, von den Eigentümern oder den Aktionären bzw. von deren Managern
- unsere Wirtschaft unterliegt privaten Entscheidungen und wird nach den Prinzipien und Gesetzen der Privatwirtschaft geleitet
- mehr als 20 Millionen gewerbliche Arbeitnehmer sind von diesen Entscheidungen abhängig; mehr als 20 Millionen gewerbliche Arbeiter und Angestellte schaffen die Erträge der Privatwirtschaft, haben aber keinen Einfluß auf die Gestaltung des wichtigsten Lebensbereiches in unserem Land.

Wir sagen deshalb: unsere Wirtschaft ist privat organisiert. Sie zerfällt in eine Reihe von Einzelbetrieben, in denen nicht nach gesellschaftlichen Bedürfnissen, sondern nach dem Prinzip des privatwirtschaftlichen Gewinnstrebens gearbeitet wird. Dieses Prinzip der *privaten* Organisation sichert die Wirtschaft vor der *politischen* Kontrolle durch die Mehrheit der Bevölkerung und verhindert, daß die Menschen der Wirtschaft selbstgewählte Ziele und Aufgaben stellen. Es verhindert z. B., daß die Arbeiter und Angestellten selbst bestimmen, wofür sie arbeiten, ob für den Unternehmergewinn oder für die Befriedigung wichtiger gesellschaftlicher Bedürfnisse.

Staat, Politik und Demokratie

Die Trennung von privatwirtschaftlichem Besitz- und Entscheidungsbereich »Wirtschaft« und öffentlich-politischem Entscheidungsbereich »Staat« ist nicht zufällig entstanden. Sie entspricht vielmehr dem Konstruktionsprinzip unserer Tauschwirtschaft. Hier wird nämlich

- die Mehrzahl aller Güter in Privatunternehmen hergestellt und
- öffentlich »auf dem Markt« ausgetauscht.

Erst durch diesen Austausch erhalten die privatwirtschaftlichen Güter einen »gesellschaftlichen Charakter«. Sie können also ihre Aufgabe als Gebrauchsgegenstände für die Gesellschaft erst erfüllen, wenn sie über den Markt an den Mann gebracht worden sind. Werden die Güter nicht verkauft, dann erfüllen sie diesen gesellschaftlichen Zweck nicht und verfallen in den Warenlagern der Privatunternehmen.

Der Marktaustausch regelt aber auch die gesellschaftliche Arbeitsteilung der Privatunternehmen. Waren, die sich gut absetzen lassen, werden natürlich in größerem Maße hergestellt als andere. Schließlich führt der Marktaustausch auch dazu, daß sich die Technik einer privat wirtschaftenden Gesellschaft dort entwickelt, wo die untereinander konkurrierenden Unternehmen große Gewinne durch großen Absatz vermuten: dort werden sie ihr gesamtes Kapital einsetzen und die Technik entwickeln – in anderen Bereichen dagegen nur sehr zögernd oder gar nicht.

Private Produktion und öffentlicher Austausch der Waren bilden in unserer Gesellschaft also eine feste Einheit. Beide Bereiche unterliegen aber unterschiedlichen Bedingungen. Während in der privatwirtschaftlichen Produktion die Entscheidungsgewalt des Unternehmers gilt, muß im Austausch oder »auf dem Markt« – wie man verkürzend sagt – die Möglichkeit vorhanden sein, daß sich die Käufer und Verkäufer der Waren unbehelligt und gleichberechtigt gegenüberstehen. Der Warenaustausch darf nicht durch Gewalt gestört, die Preise dürfen nicht diktiert werden, sondern müssen sich durch Angebot und Nachfrage ergeben. Jeder Käufer und Verkäufer muß davon ausgehen können, daß die geschlossenen Kaufverträge eingehalten werden, daß mit echter Münze oder mit gesetzlichen Zahlungsmitteln bezahlt wird usw. Das gleiche gilt auch für den Arbeitsmarkt: Auch hier müssen Verkäufer (Arbeiter) und Käufer (Unternehmer) davon ausgehen können, daß der eine wirklich seine Arbeitskraft verkaufen kann und nicht schon woanders unter Vertrag steht oder unfrei ist – heutzutage z. B. in den Knast wandern muß, bevor er seine Arbeit antritt – und daß der andere wirklich die vereinbarte Summe auszahlt und nicht mehr als die vereinbarte Arbeitszeit verlangt.

Ist diese Sicherheit nicht gegeben, sind diese Freiheiten nicht garantiert, dann werden Käufer und Händler über kurz oder lang woanders hingehen — wo das »Marktklima« weniger schlecht ist —, und die Lohnarbeiter werden sich lieber woanders verdingen als ausgerechnet dort, wo man sie mit Gewalt übers Ohr hauen will.

Damit sich eine kapitalistische Privatwirtschaft tatsächlich durchsetzen kann, braucht sie nicht nur den »Markt«, sondern auch eine Einrichtung, welche die Tauschwirtschaft rechtlich durchsetzen und politisch schützen kann. Diese Einrichtung muß die Grundprinzipien der Tauschgesellschaft in Gesetze fassen:

- die grundsätzliche Gleichheit der Käufer und Verkäufer, ihre Freiheit auf dem Markt und ihre politischen Rechte in den sogenannten *Menschenrechten;*
- die politischen Freiheitsrechte und die Rechte an der politischen Mitsprache in der jeweiligen *Verfassung;*
- das Recht auf den Besitz an der jeweiligen Ware, die man verkauft, sowie das Verbot der widerrechtlichen Aneignung fremder Güter im Eigentumsrecht und im *Strafrecht;*
- das Recht und die Voraussetzungen, einen Vertrag abzuschließen im *bürgerlichen Recht;*
- die Rechte des Arbeitsvertrages und die Sicherung der leiblichen Existenz der Arbeiter vor der Willkür der Unternehmer im *Arbeits- und Sozialrecht.*

Der Staat braucht ferner Organe, in denen alle diese Rechte angefertigt, von den Bürgern überprüft und auf ihre Verfassungsmäßigkeit hin kontrolliert werden können. Und schließlich muß diese Einrichtung die zum Recht gewordenen Grundprinzipien der Tauschgesellschaft mit Gewalt gegen ihre Gegner durchsetzen oder gegen diejenigen, die nichts von Tausch und Handel wissen wollen. Im Inneren muß der Staat die Einhaltung der Gesetze erzwingen und die Gesetzesbrecher bestrafen können. Nach außen muß er die Tauschgesellschaft vor Feinden oder vor der Konkurrenz unlauterer Mitbewerber schützen.

Die Einrichtung, welche die Grundprinzipien des Tausches zu einem politischen System macht, nennen wir den *Staat.* Er ist gleichsam der ganze Apparat von Rechtssystem, Gesetzgeber/Parlament und Rechtsprechung, Regierung, Verwaltung, Polizei, Staatsanwaltschaft, Grenzschutz und Armee. Der Staat schafft eine staatliche Währung, setzt ihren Wert im Verhältnis zum Weltgold fest und schützt das Geld vor Mißbrauch und Fälschung.

Überall auf der Welt, wo es kapitalistische Gesellschaften gibt, hat sich der Staat als eine unabhängige, scheinbar neutrale Einrichtung herausgebildet. Er erfüllt seine Aufgaben nicht privatwirtschaftlich, also nicht nach dem Gewinnprinzip, sondern nach dem Kostendeckungsprinzip, d. h. der Staat geht seinen Aufgaben auch dann nach, wenn sie viel kosten und nichts einbringen. Dafür verlangt er von den Staatsbürgern eine Gebühr, die je nach den Aufgaben steigt oder fällt: die *Steuer*.

All diese Aufgaben könnten private Unternehmen nicht erfüllen, obwohl es hin und wieder private Firmen gibt, die Teilaufgaben des Staates übernehmen: so gibt es private Polizeiarmeen, deren Dienst man für teures Geld mieten kann und an denen private Unternehmer eine Menge Geld verdienen. Private Detektive sind auch in unserem Land keine Seltenheit, manche Staaten mieten privatwirtschaftlich organisierte Söldnerarmeen. Aber solche Fälle bleiben Ausnahmen. Die Regel lautet, daß Staatsaufgaben von privaten Unternehmen nicht geleistet werden können, weil die meisten staatlichen Leistungen überhaupt keinen Gewinn erbringen, sondern nur Kosten verursachen würden. Wir sagen deshalb: Der Staat übernimmt Aufgaben der gesellschaftlichen Durchsetzung des Kapitalismus dort, wo die Privatunternehmen und das Marktsystem aus Gründen fehlender Gewinnmöglichkeiten dazu nicht in der Lage sind. Der Staat *muß* diese Aufgaben übernehmen, weil ohne ihre Verwirklichung das privatwirtschaftliche System nicht funktionieren würde. Er *kann* sie übernehmen, weil allein das Staatswesen nicht auf kapitalistischer Grundlage zu wirtschaften braucht.

Staatliche Wirtschaftseingriffe

Diese Tatsache ist auch der Grund dafür, warum der Staat eine ganze Reihe von wirtschaftlichen Aufgaben übernimmt, die »normalerweise« in das Arbeitsgebiet der Privatunternehmen fallen würden. Dazu gehören sogenannte *Infrastrukturleistungen* des Staates. Man meint damit, daß der Staat die innere Struktur eines Landes — sein Verkehrswesen, seine Bildungseinrichtungen, den Straßenbau, den Bau von Wasserwegen, die Energieversorgung und anderes mehr — finanziert und ausbauen läßt. Zwar gibt es Länder, in denen das Bildungswesen vorwiegend privatwirtschaftlich organisiert ist (USA), zwar gibt es Länder, wo die großen Autostraßen Privatunternehmen gehören und auf denen man eine Benutzungsgebühr zahlen muß (Italien). Aber auch hier handelt es sich um Ausnahmen. Denn auch in den USA werfen nur wenige Privatschulen für Reiche wirklich Gewinn ab, und in Italien sind nur wenige Autobahnen rentabel. Die restlichen Einrichtungen bringen in jedem Fall Verluste und sind auch in den Ländern staatlich organisiert, wo es private Schulen, Uni-

versitäten oder Autobahngesellschaften gibt.
In den letzten Jahren haben sich solche staatlichen Aufgaben im Wirtschaftsleben schnell vermehrt. Viele große Wirtschaftsbereiche sind in Strukturschwierigkeiten geraten und unprofitabel geworden (Energie, Bahn- und Postverkehr, Grundstoffindustrie). Die Volkswirtschaft kann aber auf die Güter oder die Leistungen dieser Wirtschaftszweige nicht verzichten. Hier springt das Staatswesen ein und übernimmt die Finanzierung der Verluste, weil ansonsten die Unternehmen dieser Bereiche pleite gingen und keiner die lebensnotwendigen Güter produzieren würde. Etwas Vergleichbares spielt sich beim Aufbau moderner Großindustrien ab. In der Atomindustrie, in der Luftfahrtbranche und bei der elektronischen Datenverarbeitung sind zur Vorbereitung der Produktion so riesige Forschungssummen nötig, daß es kaum ein Einzelunternehmen in Europa gibt, das dieses Geld aufbringen und profitabel einsetzen könnte. Die Kosten sind zu hoch, und die Zeitspanne, bis das ausgelegte Geld mit Zinsen wieder hereingekommen ist, zu groß. Kein privates Unternehmen könnte das Risiko einer Investition in solchen modernen Industrien eingehen. Hier ist der Staat in den letzten Jahren zum Geldgeber für Forschungsvorhaben der Privatindustrie geworden. Ohne staatliche Programme gäbe es in der BRD weder eine konkurrenzfähige Datenverarbeitung noch eine erwähnenswerte Luftfahrtindustrie. Die Summen sind oft so riesig, daß sie nur über den Rüstungshaushalt aufgebracht werden können.
Seit der Weltwirtschaftskrise von 1929/30 werden solche staatlichen Wirtschaftseingriffe nicht nur zur Aufrechterhaltung der Produktion wichtiger Güter unternommen, wenn deren Herstellung privatwirtschaftlich unrentabel geworden ist. Seit jener Zeit greift der Staat auch ein, um die wirtschaftlichen Krisenerscheinungen des kapitalistischen Systems zu mildern und womöglich zu verhindern. Dazu besitzen die modernen kapitalistischen Staaten eine Reihe von Steuerungsinstrumenten. Sie verteuern oder verbilligen Investitionskredite, um die Produktionstätigkeit der Unternehmer zu steuern. Sie zahlen in Krisenzeiten Investitionsprämien und steigern damit die Gewinnmöglichkeiten. In Zeiten der Hochkonjunktur schöpfen sie durch Zwangssparen die Kaufkraft der Käufer ab (z. B. durch die sogenannte Konjunkturzulage). Das damit gesparte Geld kann dann in der Krise wieder als Finanzspritze benutzt werden. Doch diese Instrumente der Wirtschaftssteuerung können das weltweite Wirtschaftsgeschehen und damit die Krisenneigung des Kapitalismus nicht bewältigen. Bestenfalls gelingt ihnen eine Verzögerung der Krise. Zu den Ergebnissen der Wirtschaftspolitik gehört natürlich auch eine Milderung der Krisenfolgen. Alle diese »Steuerungsversuche«

bleiben aber an der Außenseite unserer Wirtschaft stehen. Auch hier verhindert der private Charakter der Wirtschaft, daß Wirtschaftspolitik etwas anderes tun kann als durch finanzielle Unterstützung oder Behinderung die Investitions- und Absatzpolitik der Unternehmen zu beeinflussen.

Staat und Gewalt

Es sieht so aus, als wäre der Staat eine selbständige und gesellschaftspolitisch neutrale Einrichtung. Doch schon die Tatsache, daß man den Staat als Mittel zur juristischen und politischen Durchsetzung des Kapitalismus ansehen muß, zeigt, daß er nicht wirklich neutral sein kann: Das gilt auch für die Gleichberechtigung und Freiheit der Menschen in unserer Gesellschaftsordnung. Hier sieht es im politischen Bereich ganz so aus, als gäbe es keine Gesellschaft mit größeren Freiheitsrechten. Aber die Freiheit beschränkt sich auf den öffentlichen Sektor. Demokratie in den Bereichen der Privatwirtschaft gibt es nicht. Vielmehr findet die Herrschaft des Menschen über den Menschen im Produktionssektor statt. Dies haben frühere Staatsrechtler, wie der englische Philosoph John Locke, ganz klar ausgesprochen. Für ihn war klar, daß der Lohnarbeiter durch den Arbeitsvertrag für die vereinbarte Arbeitszeit seine Freiheitsrechte aufgab und »Knecht auf Zeit« wurde.

Die politischen Freiheiten im öffentlichen Bereich sind daher nur halbe Freiheiten. Ein Staatswesen mag daher noch so liberal sein — als Einrichtung der kapitalistischen Gesellschaft ändert es nichts daran, daß in seinem Schoß die Lohnarbeiter ausgebeutet werden und die Unternehmerklasse die Lohnarbeiter beherrscht. Diese Doppelbödigkeit unserer modernen Gesellschaft entsteht daraus, daß man lediglich den öffentlichen Bereich des Austausches, nicht aber den privaten Bereich der Güterproduktion zum Gültigkeitsbereich von Freiheitsrechten erklärt.

Natürlich setzt sich eine solche Gesellschafts- und Rechtsordnung nicht von selbst durch. Tauschwirtschaft und bürgerlicher Staat fußen vielmehr auf der Ausübung von Gewalt. Die bürgerlichen Staaten selbst sind gewaltsam aus alten Feudalstaaten hervorgegangen. Die Tauschwirtschaft hat sich zum Teil mit den schlimmsten Formen der Brutalität und des Völkermordes in der ganzen Welt durchgesetzt. In überseeischen Gebieten wurde der Welthandel besonders brutal eingeführt und durchgesetzt: mit Kolonialkriegen und militärischen Zwangsmaßnahmen zur »Öffnung der Märkte« — wie man dies verharmlosend nannte. Aber auch die Lohnarbeiter ent-

standen nicht von selbst: die meisten von ihnen stammen aus ehemals ländlichen Gebieten, wo sie mit staatlicher Billigung von kapitalistischen Großgrundbesitzern aus ihren kleinen Höfen vertrieben wurden. Oftmals, nachdem man sie durch Kreditbetrug und Wucher ökonomisch ruiniert hatte. Derartiges spielt sich seit nunmehr 300 Jahren überall auf der Welt ab, wo der Kapitalismus Fuß faßt.
Vor 300 Jahren begann es in England mit der Vertreibung der englischen Bauern von Haus und Hof, um aus Ackerland Weide für Schafe und Schafzucht zu machen. In Deutschland wurden die Bauern vor 160 Jahren erst von der Leibeigenschaft befreit, um wenig später durch Wucher von Haus und Hof vertrieben zu werden. In Frankreich und Irland spielte sich wenig später dasselbe ab. Anfang des 20. Jahrhunderts mußten die amerikanischen Kleinfarmer daran glauben. Ihr Schicksal hat John Steinbeck in dem Roman »Früchte des Zorns« beschrieben. Heute sind es die tausend und abertausend Bauern der Dritten Welt, die aus ihren vorzeitlichen Dörfern vertrieben werden, um modernen Großfarmen zu weichen.

2. *Kapitel:*
Wie wird Politik gemacht?

Verfassung und Verfassungswirklichkeit in der Bundesrepublik

Das politische System der Bundesrepublik Deutschland versteht sich so, daß alle für die Gesamtheit der Bürger dieses Landes wichtigen Entscheidungen auf demokratische Weise getroffen werden sollen. Dieses Prinzip jedenfalls ist in der Verfassung (dem Grundgesetz) der Bundesrepublik festgelegt. Demokratie (das Wort kommt aus dem Alt-Griechischen) bedeutet Volks-Herrschaft, in der Formulierung unserer Verfassung: »Alle Staatsgewalt geht vom Volke aus.« (Grundgesetz, Artikel 20.) Daß der Staat seine Gewalt nur »im Namen des Volkes« ausüben darf, ist das Ergebnis jahrhundertelanger Kämpfe, in denen die Souveränität (= politische Entscheidungsmacht) dieser oder jener Obrigkeit, die ihre Herrschaft aus der Gnade Gottes oder ähnlich unkontrollierbaren Auftragsverhältnissen ableitete, durch die Emanzipationsbewegungen des Volkes angegriffen und schließlich zerschlagen wurde. Seitdem spricht man von »Volkssouveränität«, und heute findet man kaum mehr einen Staat auf der Welt, der darauf verzichtet, seine Macht demokratisch zu legitimieren, d. h. sich dabei auf einen Auftrag des Volkes zu berufen.
Hier beginnen nun allerdings die Schwierigkeiten.
Der bloße Begriff »Demokratie« gibt offensichtlich noch keine allzu genaue Auskunft über das jeweilige politische Entscheidungssystem.

Was heißt Demokratie?

Wenn wir einmal die üblichen Schulbücher befragen, was denn nun im Verständnis unserer eigenen politischen Ordnung der Begriff Demokratie näher bedeuten soll, dann finden wir meist folgende Antwort: Eine echte Demokratie ist die, in der sich der Staat nicht nur auf einen Auftrag des Volkes beruft, sondern wo »das Volk selbst entscheidet«, wo »politische Entscheidungen von unten nach oben getroffen werden«, wo »möglichst viele Bürger möglichst intensiv am politischen Leben beteiligt sind«, wo »ein Höchstmaß an Freiheiten für jeden Bürger besteht« usw.
In Büchern, die sich an eine Schicht mit »höherer Bildung«

wenden, finden sich allerdings zum Teil ganz andere Aussagen. So schreibt z. B. Ernst Forsthoff, einer der bekanntesten Staatsrechtslehrer der Bundesrepublik: »Staatsgesinnung ... erwächst nicht aus der Freiheit. Die Freiheit isoliert den Menschen — sie distanziert ihn vom Staat ... Der Dilettantismus, mit dem in Bürgerversammlungen die großen Fragen der Wirtschafts- und Sozialpolitik diskutiert zu werden pflegen und auch nur behandelt werden können, ist rührend und steril zugleich. Wenn die Staatsbürger daran weniger Gefallen finden, so darf man daraus folgern, daß sie inzwischen gelernt haben, die Grenzen ihrer Zuständigkeiten zu erkennen.«
Solche Auffassungen trifft man nicht nur bei Juristen. Auch unter Soziologen und Politikwissenschaftlern wird heute zum Teil die Ansicht vertreten, daß »Volks-Herrschaft«, falls sie zu wünschen wäre, jedenfalls nicht zu realisieren sei. Die gesellschaftlichen Probleme, vor denen wir stehen, sind nach dieser Auffassung so kompliziert, daß nur ein kleiner Kreis von Fachleuten (Experten) urteilsfähig sei. Außerdem handele es sich kaum noch um politische Entscheidungen; die Lösung für anstehende Probleme sei »aus der Sache selbst heraus« zwingend, ohne daß man nach diesem oder jenem politischen Interesse, nach dieser oder jener politischen Richtung frage. Der Soziologe Schelsky meint, daß die Lebensumstände in einer technisch und industriell hochentwickelten Gesellschaft »der Demokratie die Substanz entziehen«. Der logische Endpunkt solcher Vorstellungen ist: An die Stelle der Demokratie tritt die »Expertokratie« (Herrschaft der Fachleute) oder »Technokratie« (Herrschaft des »Sachzwangs«), ganz gleichgültig, ob man das nun wünscht oder nicht wünscht.
Man kann derartige Vorstellungen nicht nur bei Wissenschaftlern finden, die sich selbst vielleicht zu den »Experten« rechnen. Der vielzitierte »Mann auf der Straße« vertritt dieselbe Meinung, wenn er sagt: »Laß die da oben doch machen, was sie wollen. Sie tun es ohnehin. Unsereiner kann da sowieso nicht mitreden.« Aus Umfragen von Instituten für Meinungsforschung ergibt sich, daß solche Einstellungen in der Bundesrepublik sehr weit verbreitet sind. Eines dieser Institute hat einem repräsentativen Querschnitt der Bevölkerung (man wählt dabei die zu Befragenden so aus, daß die Antworten ungefähr die Meinung der Gesamtheit unserer Mitbürger wiedergeben) die Frage vorgelegt, welche Verhaltensweisen aus den nachstehend aufgeführten wichtig seien. Dabei ergab sich folgendes Bild:

Zur Auswahl angegebene mögliche Verhaltensweisen:	Prozentsatz derjenigen, die sie für wichtig halten:
Seine Arbeit richtig machen, die Kinder richtig erziehen, im persönlichen Leben aufrichtig, hilfsbereit und verantwortungsbewußt sein	31
Wählen	31
Steuern zahlen	30
Die Gesetze beachten, Behörden respektieren	23
Dem eigenen Land treu ergeben sein, gut darüber sprechen	21
Das Land verteidigen, in der Bundeswehr dienen	12
An öffentlichen und politischen Angelegenheiten teilnehmen, politisch mitdiskutieren, die eigene Meinung sagen, wenn nötig die Regierung kritisieren	4
Versuchen, sich über politische Fragen auf dem laufenden zu halten	3

(Mehrfachnennungen waren möglich)

Die Ergebnisse dieser Umfrage zeigen, daß in unserem Lande private, auf den kleinen Kreis der Familie beschränkte »Tugenden« weitaus höher bewertet werden als öffentliches Engagement. »Pflichten« gegenüber dem Staat (auch die Wahl gilt meist als Ableistung einer Pflicht) stehen viel höher im Rang als demokratische Rechte des Bürgers (Information, Einfluß, Kritik, Auseinandersetzung). Der Streit politischer Meinungen wird hierzulande oft eher negativ gewertet, nicht von ungefähr bezeichnen sich z. B. die meisten Tageszeitungen in der Bundesrepublik als »überparteilich« (selbst wenn sie einer Partei nahestehen).

Aufschlußreich sind die Bezeichnungen, die man in unserem Lande für jenes Schulfach benutzte oder noch benutzt, das in die Politik einführen soll. Zunächst hieß dieses Fach »Staatskunde« oder »Staatsbürgerkunde«, und dieser Begriff legt ein Verständnis von Politik nahe, das auf Einordnung, Pflichterfüllung gegenüber der staatlichen Obrigkeit besteht – ohne lange zu fragen, in wessen Auftrag und in wessen Interesse denn diese Obrigkeit Gehorsam fordert. Dann wurde die »Staatsbürgerkunde« abgelöst von der »Gemeinschaftskunde«, und dieser Begriff hat sich heute noch vielfach gehalten. Unter »Gemeinschaft« versteht man eine Gruppe von Menschen, die keine scharfen Konflikte, keine Interessengegensätze untereinander kennen. »Gemeinschaftskunde« ist ein verführerischer Titel für ein Schulfach, das an politisches Verhalten heranführen soll. Zur Zeit der nationalsozialistischen Herrschaft in Deutschland war ständig von »Volksgemeinschaft«, »Betriebsgemeinschaft« usw. die Rede. Die Machthaber täuschten mit solchen Begriffen das Volk über seine politische Ohnmacht hinweg. Der Machtlose ist oft zufriedener, wenn ihm gesagt wird, es gäbe kein »Oben« und »Unten« mehr.

Oft wird gesagt, der Deutsche sei nun einmal »autoritätssüchtig« und »unpolitisch«, d. h. er unterwerfe sich gern einer starken Hand (des Staates, dieses oder jenes Führers) und habe eine tiefverwurzelte Abneigung gegen öffentliche Kritik, gegen politische Auseinandersetzung, gegen die Austragung von Konflikten. Vergleicht man den politischen Verhaltensstil unseres Landes z. B. mit dem in Frankreich oder in England, so scheint sich dieses Urteil zu bestätigen. Aber es ist nicht ein von Urzeiten her eingeborener »Volkscharakter«, der viele unserer Mitbürger zu autoritärem Verhalten neigen läßt. Vielmehr ist die deutsche Geschichte durch Fehlschläge demokratischer Bewegungen gekennzeichnet, die langfristig ihre Konsequenzen hatten, die also zu »Verhaltenstraditionen« sehr fragwürdiger Art führten.

Deutschland – ein Land ohne erfolgreiche Revolution

In Ländern wie England und Frankreich sind die wichtigsten gesellschaftlichen Wandlungen der letzten Jahrhunderte (Herausbildung des Nationalstaates, Industrialisierung, Rechtsstaat und Parlamentarismus) fast durchweg von unten her, also durch bürgerliche Kämpfe um Freiheiten gegen die Obrigkeiten, durchgesetzt worden, vielfach auf revolutionärem Wege. In der deutschen Geschichte sieht das anders aus. Der einzige Versuch einer bürgerlichen Revolution (1848/49) in Deutschland scheiterte. Die nationalstaatliche Einheit kam in Deutschland von oben her zustande, durch den Machtgewinn der preußischen Monarchie. Der Übergang zur parlamentarischen Republik im Jahre 1918 war mindestens zum Teil Ergebnis einer von außen zugefügten Niederlage. Der zweite Anlauf zur Demokratie in Deutschland – nach 1945 – war noch eindeutiger als im Jahre 1918 Resultat einer militärischen Niederlage. Volkssouveränität ist demnach in Deutschland niemals vom Volk selbst erkämpft worden; die demokratischen Staatsverfassungen waren in unserem Lande zunächst Folgen verlorener Kriege. Insofern haben wir in der Bundesrepublik einen Nachholbedarf an demokratischen Volksbewegungen, damit der »Souverän«, nämlich jeder Bürger, sich auch als solcher empfindet und verhält.

Ein solcher Satz klingt gut, aber die Schwierigkeiten setzen sich damit fort. Genau zu dem Zeitpunkt, da sich in der Bundesrepublik das Bewußtsein der Bürger allmählich auf die Anforderungen eines demokratischen Entscheidungssystems einzustellen beginnt, wo also die gegebene Form der parlamentarischen Demokratie mit Leben ausgefüllt werden müßte, gerät eben diese Form, nämlich der Parlamentarismus, in Funktionsschwierigkeiten.

Wenn man untersuchen will, weshalb der Parlamentarismus (und das übrigens nicht nur in der Bundesrepublik) nicht mehr so »funktioniert«, wie man es im Interesse der Demokratie von ihm erwartet, dann ist eine Klärung vorweg notwendig: »Parlamentarismus« und »Demokratie« sind nicht notwendigerweise dasselbe, obwohl manche Schulbücher uns dies glauben machen wollen.

Parlamentarismus bedeutet: Es gilt ein bestimmtes Modell der politischen Willensbildung, wonach Bürger eines Staates (oder auch einer Gemeinde, eines Kreises usw.) durch Wahl »Repräsentanten« (Vertreter) in ein Parlament (= Stätte der Diskussion) schicken, wo dann das Für und Wider politischer Entscheidungsmöglichkeiten (Alternativen) erörtert, ein Mehrheitsbeschluß gefaßt und dieser einem ausführenden Organ (Exekutive), etwa einer Regierung, aufgetragen wird. Dieses Modell geht also erstens davon aus, daß die Bürger nicht direkt selbst bestimmen können (»repräsentative«, also nicht direkte Entscheidung), und es setzt zweitens voraus, daß die freie, öffentliche Debatte im Parlament das beste Mittel ist, um zu einer möglichst vernünftigen Lösung anstehender Probleme zu kommen. Die Minderheit, die bei der parlamentarischen Beschlußfassung unterliegt, hat nach diesem Modell die Chance, ihrem Standpunkt durch überzeugende Argumentation bei nächster Gelegenheit die Mehrheit zu verschaffen. Parlamentarische Entscheidungssysteme dieser Art hat es nun vielfach gegeben, ohne daß man sie demokratisch nennen könnte. So hatten z. B. auch in den klassischen Ländern des Parlamentarismus (England) Jahrhunderte hindurch nur Besitzende oder »Gebildete« (Grundbesitzer, Unternehmer, Beamte usw.) das Recht, Vertreter ins Parlament zu senden. Oder das Wahlrecht wurde abgestuft (»Klassenwahlrecht«); wer mehr Steuern zahlte, hatte mehr Stimmen bei der Wahl. Das Wahlrecht für Frauen setzte sich erst sehr spät durch, und in manchen Ländern ist immer noch umstritten, ob man mit 18 oder erst mit 21 Jahren wählen darf.

Demokratie hingegen bedeutet nach unserem Verständnis Gleichheit; wo gewählt wird, muß jedermann und mit gleichem Gewicht der Stimme sich daran beteiligen können. Demokratie bedeutet weiterhin: Alle für die Gesamtheit der Bürger wichtigen Entscheidungen werden nach dem Willen der Bürger gefällt – wobei sich die verschiedensten Modelle dafür anbieten, wie der Wille der Bürger zum Zuge kommen kann.

Aus dieser Klärung der Begriffe läßt sich schlußfolgern: Es kann parlamentarische Systeme geben, die nicht demokratisch sind, es kann parlamentarische Demokratien geben; es kann Demokratien geben, die nach einem anderen Modell als dem parlamentarischen funktionieren.

An ein politisches Entscheidungssystem, das sich selbst als demokratisch versteht, sind nach unserer Definition von Demokratie zwei Fragen zu stellen:

- Hat jeder Bürger die gleiche Chance, über die zentralen politischen Entscheidungen mitzubestimmen?
- Unterliegen alle gesellschaftlich wichtigen Fragen gleichermaßen der Kompetenz (Zuständigkeit für Entscheidungen) demokratischer Entscheidungsinstanzen?

Die Staatsgewalt geht vom Volke aus – wo geht sie hin?

In allen demokratischen Verfassungen findet sich der Satz: »Die Staatsgewalt geht vom Volke aus.« Der Dichter Bertolt Brecht hat diesem Satz eine Frage angefügt: »Aber wo geht sie hin – die Staatsgewalt?« Das Grundgesetz der Bundesrepublik sagt: »Alle Staatsgewalt geht vom Volke aus. Sie wird vom Volk in Wahlen und Abstimmungen und durch besondere Organe der Gesetzgebung, der vollziehenden Gewalt und der Rechtsprechung ausgeübt.« (Artikel 20)

Nach dieser Beschreibung in unserer Verfassung könnte man annehmen, daß das Volk zwei Wege zur Verfügung habe, auf denen es seine Souveränität ausübt: erstens den Weg der direkten Sachentscheidung des Volkes (»Abstimmung«), zweitens den indirekten Weg über die Wahl von Abgeordneten, die dann die Interessen des Volkes vertreten (»Wahlen«). Dieser Eindruck täuscht jedoch. Volksabstimmungen sind im gegenwärtigen politischen System der Bundesrepublik nur für den Sonderfall der Neuregelung von Ländergrenzen vorgesehen (eine politisch nicht allzu wichtige Frage); alle anderen politischen Entscheidungen sind dem indirekten Weg, also der Volksvertretung (Bundestag) vorbehalten. Um so wichtiger ist es deshalb, zu prüfen, wie und inwieweit der Bundestag die ihm vom Volk übertragenen Rechte wahrnimmt.

Die einzelnen Bestimmungen des Grundgesetzes weisen dem Bundestag vor allem folgende Aufgaben zu: Er wählt den Regierungschef (Bundeskanzler); er berät und beschließt die Gesetze (soweit diese nicht in die Zuständigkeit der Bundesländer fallen); er bestimmt über den jährlichen Haushaltsplan des Staates; er kontrolliert die Regierung; er führt öffentliche Debatten über die politischen Probleme und trägt so zur Meinungsbildung des Volkes bei.

Demnach könnte man unterstellen, daß sich politische Entscheidungsmacht in unserem System, vom Volk dorthin delegiert, beim Bundestag konzentriert. Die große Mehrheit der Bevölkerung teilt diese Annahme aber keineswegs. Eine wissenschaftliche Studie hat u. a. in den USA, in Großbritannien und in der Bundesrepublik die Vorstellungen erforscht, die bei den Bürgern über ihre Einflußchancen im jeweiligen politischen System herrschen. In der Studie wurde gefragt, auf welchem Wege der Bürger am ehesten Entscheidungen von allgemeinem politischen Interesse beeinflussen könne – indem er öffentlich auf die Volksvertreter einwirke, oder indem er sich ohne Öffentlichkeit an einzelne Mitglieder der Regierung oder Verwaltung wendet. Nur 12 % der Befragten in der Bundesrepublik hielten den Weg über die Öffentlichkeit und die Abgeordneten für aussichtsreich. In England waren es immerhin 44 %, in den USA 57 %, die Vertrauen in diese Methode setzten.

In der Tat kann man einen Funktionsverlust des Parlamentarismus in der Bundesrepublik feststellen; neben überkommenem Obrigkeitsdenken mag die Einsicht in diesen Funktionsverlust zu solchen Einstellungen beigetragen haben, wie sie aus der eben erwähnten Studie sichtbar wurden.

Die Bundesrepublik hat in wichtigen Fragen, vor allem auf den Gebieten der Wehrpolitik und der Wirtschaftspolitik, nationalstaatliche Entscheidungsmacht an supranationale politische Institutionen (Europäische Gemeinschaft – EG, Nordatlantik-Pakt – NATO) abgegeben. Dieser Souveränitätsverzicht entspricht der zunehmenden Notwendigkeit, wirtschaftliche und politische Probleme international zu lösen; er stimmt auch mit dem Grundgesetz überein, das in Artikel 24 sagt: »Die Bundesrepublik kann durch Gesetz Hoheitsrechte auf zwischenstaatliche Einrichtungen übertragen.«

Die Frage ist aber, welches politische Entscheidungssystem jene supranationalen Einrichtungen haben, denen die Bundesrepublik Souveränität abtritt.

Die Europäische Gemeinschaft (EG), um die es vor allem geht, hat weder eine demokratische noch eine parlamentarische Entscheidungsstruktur. Zwar gibt es ein EG-»Parlament«, aber das hat nur beratende, nicht etwa entscheidende Funktionen. Außerdem sind die Abgeordneten in diesem Parlament nicht direkt von der Bevölkerung des EG-Raumes gewählt, sondern sie sind lediglich von den Parlamenten der Einzelstaaten delegiert. Die Machtposition in der EG hat der Ministerrat inne, der von den Regierungen der angeschlossenen Staaten beschickt wird. Dort werden Beschlüsse gefaßt, die praktisch den Charakter von Gesetzen haben. Für die Staaten, die der EG angehören, werden damit Entscheidungen von größtem politischen Gewicht getroffen, ohne daß die Parlamente in den Entscheidungsprozeß eingreifen können. Die westeuropäische

Integration bedeutet deshalb Machtverlust für die Volksvertretungen, zumindest solange, als die EG-Institutionen selbst ohne demokratisch-parlamentarische Willensbildung bleiben.

Wer macht die Gesetze?

Aber das ist nicht der einzige Grund für die Funktionsschwäche des Parlamentarismus heute. Wenn die Gesetzgebung (Legislative) eine der wichtigsten Aufgaben des Parlaments ist, dann hat diese legislative Tätigkeit heute einen Umfang angenommen, der eine gründliche Beschäftigung jedes Abgeordneten mit jeder Vorlage für ein Gesetz überhaupt nicht mehr möglich macht. Während sich Parlamente früher auf einige wenige, wirklich richtungweisende Gesetze beschränken konnten, sehen sie sich heute in einer Lage, wo Gesetze am Fließband produziert werden. Der Bonner Bundestag z. B. hat in seiner 5. Wahlperiode (1965—1969) 463 Gesetze verabschiedet. Das sind schätzungsweise 10 000 Blatt Gesetzestext, die ein Abgeordneter im Laufe der Wahlperiode durcharbeiten müßte. Angesichts dessen ist es nicht verwunderlich, wenn die meisten Gesetze mit wenigen Minuten Beratungszeit das Plenum (= Vollversammlung) des Bundestags durchlaufen. Fast zwangsläufig verlagert sich die Initiative für Gesetzesvorlagen (also die Ausarbeitung von Entwürfen für Gesetze) immer mehr auf die Seite der Regierung bzw. der Bürokratie der einzelnen Ministerien, die im Gegensatz zu den Abgeordneten auch über hinreichende Stäbe von Experten, Informationsgrundlagen usw. verfügen. Von den 463 Gesetzen, die in der 5. Wahlperiode des Bonner Bundestags beschlossen wurden, hatte die Bundesregierung 374, der Bundestag hingegen nur 80 im Entwurf vorgelegt.
Die Ministerialbürokratie bespricht die Gesetzesentwürfe zumeist auch mit Vertretern gesellschaftlicher Gruppen, vor allem der Wirtschaftsverbände, oftmals bevor die Parlamentarier überhaupt den Inhalt der Entwürfe kennen. Im Umkreis der einzelnen Ministerien erhalten »Beiräte«, »Sachverständigenkommissionen« und ähnliche Einrichtungen immer größeres Gewicht, sowohl für die Vorbereitung von Gesetzen wie auch für die Steuerung der sonstigen politischen Entscheidungen der Ministerien und der Bundesregierung. Diese Beiräte, von denen in der geschriebenen Verfassung der Bundesrepublik nicht die Rede ist, setzen sich überwiegend aus Repräsentanten der jeweils interessierten gesellschaftlichen Gruppen (Unternehmerverbände, Beamtenorganisationen, Gewerkschaften, Kirchen, Vertriebenenverbände usw.) zusammen. Wenn solche Verbände auf politische Entscheidungen in

Bonn Einfluß nehmen wollen, so richten sie ihre Stellungnahmen und Vorschläge nur zum geringsten Teil an die Volksvertreter. Rund 85 % der Eingaben des Bundesverbandes der deutschen Industrie z. B. gingen in den vergangenen Jahren an die Ministerien. Viele Verbände verfügen auch wiederum über Expertenteams und »Datenbänke« (wissenschaftlich ausgewertete und leicht greifbare Sammlungen von Informationen), von denen die Parlamentarier nicht einmal zu träumen wagen.
Nun wäre es ganz unrealistisch, wollte man erwarten, daß die gesellschaftlichen Gruppen und Verbände sich bei ihrem Versuch zur Einflußnahme auf Vorschläge an das Parlament oder an die Abgeordneten beschränken. Eine Gefährdung demokratischer Willensbildung liegt hier aber insofern vor, als die geschilderten Einflußnahmen der Verbände für die Öffentlichkeit meist gar nicht sichtbar werden. Damit ist dem Bürger die Möglichkeit genommen, auf die Willensäußerungen der Verbände kritisch zu reagieren.
Im Parlament haben beim Prozeß der Gesetzgebung am ehesten die Ausschüsse Bedeutung, die mehr und mehr den größten Teil der Arbeitskraft des Abgeordneten in Anspruch nehmen. In der fünften Wahlperiode des Bundestags fanden 2401 Ausschuß- und Unterausschuß-Sitzungen statt; das Bundestagsplenum trat hingegen nur zu 247 Sitzungen zusammen. Diese Verlagerung parlamentarischer Tätigkeit vom Plenum zu den Ausschüssen (z. B. Ausschuß für Verteidigungspolitik, Verkehrsausschuß, Ausschuß für Sozialpolitik usw.) folgt dem Zwang zur Spezialisierung; fragwürdig ist sie deshalb, weil die Parlamentsausschüsse in der Regel hinter verschlossenen Türen tagen. Soweit das Parlament noch die Funktion der Gesetzesvorbereitung hat, liegt sie bei den Ausschüssen und ist damit dem Blick der Öffentlichkeit weitgehend entzogen. Das parlamentarische Plenum aber hat zwar Öffentlichkeit, aber kaum noch Funktionen; es ist zu einer Art »Bühne« geworden, auf der längst gefallene Entscheidungen noch einmal vorgeführt werden.

Was tut der Bundestag?

Nicht viel besser steht es um das Recht des Parlaments, über das jährliche Haushaltsgesetz die Verwendung der Staatsfinanzen zu bestimmen (Budgetrecht). Im Staatsetat macht die Finanzmasse, über die gar nicht mehr verfügt werden kann, längst den überwiegenden Teil aus. Immer mehr Etatpositionen sind in ihrer Verwendung bereits durch langfristige gesetzliche oder faktische Leistungsverpflichtungen des Staa-

tes festgelegt. Das Modell der jährlichen Haushaltsentscheidung hat nichts mehr mit dem tatsächlichen und auch notwendigen wirtschaftlichen Verhalten des Staates zu tun. Eine mittel- oder langfristige Finanzplanung des Staates ist unumgänglich – aber eben diese Planung wird nicht vom Parlament, sondern von der Regierung und ihren Beiräten vorgenommen. Oft sind die staatlichen Haushaltspläne auch gewissermaßen künstlich kompliziert. Das trägt dazu bei, daß die Volksvertreter ihr Budgetrecht eher bei leicht zu überschauenden, finanziell und politisch jedoch geringfügigen Personalausgaben, nicht aber bei den politisch-wirtschaftlich wirklich entscheidenden Haushaltsposten wahrnehmen.
Zu überprüfen bleibt noch die parlamentarische Funktion der Kontrolle der Regierung. Der Bonner Bundestag hat in den parlamentarischen Anfragen und Fragestunden ein Mittel, Richtung und Leistungen der Regierungspolitik vor der Öffentlichkeit zur Debatte zu stellen. Aber das Bedürfnis, über solche Diskussionen die Regierung unter öffentliche Kritik zu nehmen, wird bei denjenigen Fraktionen im Parlament, die die Regierung stellen, nicht allzu stark entwickelt sein. So bleibt die Kontrollfunktion im allgemeinen den Oppositionsparteien vorbehalten. Die aber haben meist schon über Erklärungen für das Fernsehen oder über Interviews für Zeitungen ihr Pulver verschossen, ehe sie die Regierung im Parlament zur Rede stellen. All das führt dazu, die Tätigkeit des Parlaments mehr denn je dem Interesse des Bürgers zu entrücken. Die Realität des Parlamentarismus heute hat wenig zu tun mit jenen politischen Theorien, die der Volksvertretung die Rolle zuschreiben, »die Auseinandersetzung der Gesellschaft um ihre eigene Gestalt und Entwicklungsrichtung verantwortlich und vor aller Öffentlichkeit darzustellen«.
Die soziale Zusammensetzung des Bonner Bundestags hat übrigens wenig Ähnlichkeit mit der sozialen Zusammensetzung des Volkes, das hier vertreten werden soll. Zur Zeit sind lediglich etwa 6 % der Abgeordneten im Bundestag Frauen, – gegenüber 55 % Frauen in der wahlberechtigten Bevölkerung. Akademiker stellen im Parlament einen Anteil von mehr als 50 % – in der Wählerschaft machen sie etwa 3 % aus. Abgeordnete aus der sozialen Schicht der Produktionsarbeiter finden sich im Bundestag kaum. Etwa 40 % der Abgeordneten sind als Beamte oder Angestellte im öffentlichen Dienst tätig. Weitere 20 % können als Angestellte oder Funktionäre wirtschaftlicher oder politischer Verbände gelten. Hier wird deutlich: Der Bundestag ist zur Domäne von Angehörigen der verbandlichen oder staatlichen Exekutive geworden.

Zusammensetzung des 6. Deutschen Bundestages
(Doppelnennungen möglich)

	Abgeordnete	in %
Frauen	32	6,1
Männer	486	93,9
Akademiker	271	52,3
Beamte und Verw.-Angestellte	163	31,5
Lehrer	41	7,9
Professoren	16	3,0
Soldaten	5	1,0
Angestellte	143	27,6
Arbeiter	24	4,6
Landwirte	36	6,9
Rechtsanwälte	34	6,5
Ärzte	5	1,0
Geistliche	5	1,0
Redakteure, Journalisten, Publizisten	35	6,7
Mittelständische	30	5,7
Selbst. Unternehmer	18	3,4
Gewerkschaftsfunktionäre oder -angestellte	44	8,4
Verbandsfunktionäre oder -angestelle	44	8,4

Die Veränderungen im Parlamentarismus, der Druck zu immer stärker ausgedehnter und immer mehr ins Detail gehender Gesetzgebung, das Übergewicht der Verwaltung, der Zwang zur Spezialisierung – diese Entwicklungen hängen aufs engste mit Veränderungen der Funktion des Staates zusammen. Als die parlamentarischen Demokratien sich gegen die autoritären Staatsverfassungen durchsetzten, beschränkten sich die Funktionen des Staates im wesentlichen auf folgende: Der Staat hatte dafür zu sorgen, daß »Recht und Gesetz« eingehalten würden; er hatte Sicherheit nach innen und Schutz nach außen (gegenüber anderen Staaten) zu gewährleisten. Die Gesetzgebung konzentrierte sich damals auf einige wenige Gesetze pro Wahlperiode, mit denen Rechte und Pflichten der Bürger oder der Staatsverwaltung festgelegt wurden; die Ausgaben für Polizei und Militär machten den überwiegenden Teil des Staatsetats aus.

Demgegenüber hat der Staat inzwischen einen enormen Zuwachs an Funktionen zu verzeichnen. Das gesamte System der sozialen und wirtschaftlichen Versorgung hängt heute zu großen Teilen vom Staat und seiner Tätigkeit ab. Etwa ein Drittel des volkswirtschaftlichen Gesamtaufkommens zieht heute der Staat in der BRD an sich und gibt es wieder aus – 1913 waren es im Deutschen Reich nur 7,5 % des Sozialprodukts, die über den Staat liefen. Rund 20 % der Erwerbstätigen in der Bundesrepublik sind heute im öffentlichen Dienst beschäftigt – 1913 waren es im Deutschen Reich nicht mehr als etwa 2 %. Die »öffentliche Hand« ist längst der größte Arbeitgeber und Auftraggeber in der Wirtschaft der Bundesrepublik. Hinzu kommt, daß der Staat – über seine direkte wirtschaftliche und soziale Tätigkeit hinaus – ständig regulierend, steuernd und subventionierend (materielle Hilfe leistend) in die privatwirtschaftlichen Abläufe eingreifen muß.

Die Veränderung der Funktionen des Staates läßt sich auch an

der Thematik der Gesetzgebung ablesen; im Unterschied zu früher beschäftigen sich Gesetze heute überwiegend und bis in alle Einzelheiten hinein mit sozialen und wirtschaftlichen Regelungen.
Diese Entwicklung der Funktionen des Staates ist nicht rückgängig zu machen. Im Gegenteil, Leistungen der öffentlichen Hand (Verkehrsversorgung, Gesundheitsfürsorge, soziale Sicherung, Bildungswesen) werden sich noch erheblich ausweiten, und der Staat wird in einem bisher noch kaum geahnten Ausmaße als Planer tätig werden müssen, wenn unsere Gesellschaft auf Zukunft hin lebensfähig bleiben soll.

Wirtschaftliche Entscheidungsmacht und politische Demokratie

Gerade die wirtschaftliche Tätigkeit des Staates wird darüber entscheiden, welche Richtung unsere gesellschaftliche Entwicklung nimmt; sie wird Prioritäten setzen und Weichen stellen. Die Frage ist nur, *wer* solche Entscheidungen über die Tätigkeit des Staates trifft – und in wessen Interesse. Die Volksvertretung hat in unserem politischen System immer noch das alleinige Recht, Gesetze zu beschließen (wie fragwürdig ihre Rolle bei der Vorbereitung und Diskussion solcher Gesetze ist, hatten wir gesehen), aber es ist zweifelhaft, ob die wichtigsten politischen Richtungsentscheidungen überhaupt noch in der Form eines Gesetzes getroffen werden. Und während ein Parlament sich mit Gesetzen abmüht, die dem Inhalt nach Verwaltungstätigkeit sind (etwa: ein Gesetz zur Regelung der Schädlingsbekämpfung bei Straßenobst), werden irgendwo zwischen einem Minister und Vertretern mächtiger gesellschaftlicher Interessen wirtschaftspolitische Maßnahmen des Staates ausgehandelt, die über unsere Existenzbedingungen in den nächsten Jahrzehnten entscheiden – ohne öffentliche Diskussion und ohne Einschaltung des Parlaments.
Eine westdeutsche Wochenzeitung berichtete aus Bonn: »Im Bürokratiedickicht der Ministerien erhalten unter dem Deckmantel von ›Experten‹ oft wirtschaftliche Interessenvertreter politischen Einfluß auf die ständig wachsenden Subventionsprogramme der Bundesregierung. Die Gefahr abnehmender politischer Entscheidungsbedeutung wird deutlich am Beispiel der neuartigen Großprogramme, die die finanzielle, personelle und wissenschaftliche Kapazität eines Landes für lange Zeit in Beschlag nehmen – Projekte wie z. B. der Bau von ›Schnellen Brüter‹-Reaktoren, die Milliarden kosten. Je zahlreicher derartig umfangreiche Projekte werden, die meist einen ›Sperrklinkeneffekt‹ haben (es ist nicht möglich, ein Programm wie-

der abzublasen), desto schmaler wird der Spielraum, innerhalb dessen überhaupt noch demokratische Entscheidungen gefällt werden können, desto mehr wächst die Gefahr der Technokratie, in der morgen nur noch verwaltet wird, was gestern bereits im Langfristprogramm entschieden ist.«
Angesichts solcher Probleme mutet es seltsam an, wenn bei sozialkundlicher Unterrichtung immer noch das Schwergewicht darauf gelegt wird, z. B. das Gesetzgebungsverfahren in unserem politischen System in all seinen verfassungsrechtlichen Stationen zu schildern, während nicht gefragt wird, welche Bedeutung für gesellschaftliche Richtungsentscheidungen denn diese Gesetzestechnik überhaupt hat. Das Unbehagen an der gegenwärtigen Rolle des Parlaments hat sich längst auch unter den Abgeordneten selbst ausgebreitet. Aber die Diskussion über »Parlamentsreform« konzentriert sich auf diese oder jene kleine Reparatur, z. B. auf den Wunsch nach besseren Arbeitsbedingungen für Abgeordnete, nach rationellerer Einteilung der Beratungszeiten usw. Solche Verbesserungen sind gewiß notwendig, aber sie sollten nicht vom Kern der Sache ablenken, nämlich der Frage, welche Souveränität denn jenes Parlament hat, dem das Volk seine Souveränität übertragen hat.

Gibt es Gewaltenteilung?

Neben dem Parlamentarismus gilt das Prinzip der Gewaltenteilung als Garantie demokratischer Verhältnisse in unserem politischen Entscheidungssystem. Das Grundgesetz (Artikel 20) legt fest, daß Gesetzgebung (Legislative), vollziehende Gewalt (Exekutive) und Rechtsprechung durch »besondere Organe« ausgeübt werden, also nicht in einer Hand liegen sollen. Die Teilung der Gewalten soll die Konzentration politischer Macht verhindern.
Die Theorie von der Gewaltenteilung wurde zuerst aufgestellt von dem Franzosen Montesquieu in seinem Buch »Vom Geist der Gesetze«, das 1748 erschien. Darin heißt es: »Wenn die gesetzgebende und die vollziehende Gewalt von einer einzigen Person oder einer einzigen Behörde ausgeübt werden, so gibt es keine Freiheit, weil die Gefahr besteht, daß der Herrscher oder die Behörde willkürlich Gesetze erlassen und vollziehen kann. Aber auch da, wo die richterliche Gewalt nicht von der gesetzgebenden und vollziehenden Gewalt getrennt ist, gibt es keine Freiheit, denn der Richter könnte dann selbst die Gesetze aufstellen.«
Der historische Zusammenhang, in dem Montesquieu den Gedanken von der Gewaltenteilung als Schutz vor Willkür ent-

wickelte, war die Zeit vor der Französischen Revolution, also die Epoche der Monarchie. Es ging damals darum, die Macht einer vom Volk nicht gewählten Obrigkeit einzuschränken, indem man dieser zumindest die gesetzgebende Gewalt entzog.
Hält sich nun die Verteilung der Funktionen zwischen Legislative, Exekutive und Rechtsprechung in der Bundesrepublik an das klassische Schema einer reinlichen Trennung der drei Gewalten? Sehen wir hier zunächst von der Rechtsprechung ab — Bundestag und Bundesregierung jedenfalls stehen sich keineswegs als zwei strikt voneinander getrennte Gewalten gegenüber. Man sieht dies schon daran, daß Minister (als Mitglieder der Exekutive) bei uns gleichzeitig Parlamentsabgeordnete (also Mitglieder der Legislative) sein können. Die Regierung ist bei uns, wie wir gesehen hatten, intensiv in die »gesetzgeberische« Tätigkeit einbezogen; während andererseits vieles an der Arbeit der parlamentarischen Ausschüsse eher Verwaltungscharakter hat. Vor allem aber stehen sich Regierung und Parlament nicht etwa als geschlossene politische Größen gegenüber, sondern die parlamentarische Mehrheit (die ja selbst den Regierungschef gewählt hat) und die Regierung sind politisch eng aneinander gebunden. Ein Gegengewicht bildet allein die Opposition im Parlament.

Die Bundesrepublik — eine Parteiendemokratie

Wenn man im politischen System der Bundesrepublik von Gewaltenteilung sprechen will, dann liegt diese nicht so sehr in der Trennung von Legislative und Exekutive, sondern vielmehr in der Konkurrenz der großen Parteien, also in der Chance der parlamentarischen Opposition, bei nächster Gelegenheit selbst die Regierung zu stellen. Diese »nächste Gelegenheit« wird sich allerdings nur selten während einer Wahlperiode ergeben. Das Grundgesetz hat nämlich die Abwahl eines Bundeskanzlers erschwert, indem es ein »konstruktives« Mißtrauensvotum zur Bedingung macht, d. h.: Um den Regierungschef abzulösen, genügt es nicht, daß die Mehrheit der Bundestagsabgeordneten ihm das Mißtrauen ausspricht, sondern diese Mehrheit muß sich auf einen neuen Kanzler geeinigt haben. Darin liegt die relativ starke Stellung des Bundeskanzlers begründet. Diese wird noch stärker dadurch, daß in der Bundesrepublik der Kanzler seine Minister auswählt und ihnen gegenüber die Richtlinien der Regierungspolitik festlegt; der Bundestag kann einzelne Minister nicht abwählen.
Anders als in manchen anderen parlamentarischen Systemen

hat auch der Bundespräsident in der Bundesrepublik kaum Anteil an der direkten politischen Macht. Von daher ist es nicht falsch, wenn die Bundesrepublik oft als »Kanzlerdemokratie« bezeichnet wird, soweit es um die Regierungstechnik geht.

Sieht man das politische System der Bundesrepublik mehr unter dem Gesichtspunkt der Konkurrenz politischer Kräfte auf der offiziellen Bühne der Politik, so könnte man von einer »Parteiendemokratie« reden. Zwar sagt das Grundgesetz in Artikel 38: »Die Abgeordneten des Deutschen Bundestages ... sind Vertreter des ganzen Volkes, an Aufträge und Weisungen nicht gebunden und nur ihrem Gewissen unterworfen.« Aber wer deshalb glauben wollte, die Bundestagsabgeordneten, sobald sie gewählt sind, würden im Parlament als Einzelpersönlichkeiten in offener Diskussion, mit wechselnden Mehrheiten und ohne feste Gruppierungen ihre Entscheidungen treffen, wäre im Irrtum. Die bestimmenden Faktoren im Parlament sind die Fraktionen (Abgeordnetengruppen nach Parteizugehörigkeit). Sie besetzen die parlamentarischen Ausschüsse, verteilen die Redezeiten und regeln den gesamten Ablauf des parlamentarischen Geschäfts. Ein fraktionsloser Abgeordneter wäre im Parlament ohnmächtig. Insofern kann man aus dem oben zitierten Grundgesetzartikel zwar herauslesen, daß es keinen rechtlichen, also formellen Fraktionszwang (Verpflichtung des Abgeordneten, in jedem Falle dem Willen seiner Fraktion zu folgen) geben kann, aber das ändert nichts an vielerlei faktischen Bindungen der Parlamentarier an ihre Fraktionen. Gerade auch die zunehmende Spezialisierung in der parlamentarischen Arbeit stärkt die Stellung der Fraktionen bzw. Fraktionsführungen.

Daß die Abgeordneten »an Aufträge und Weisungen nicht gebunden sind«, trifft in anderer Hinsicht allerdings zu: Die Wähler haben in unserem politischen Entscheidungssystem keine Möglichkeit, die von ihnen gewählten Abgeordneten auf bestimmte Aufträge festzulegen (sie haben kein »imperatives Mandat«). Selbst die Möglichkeit, durch Diskussion auf die Entscheidungen des Abgeordneten Einfluß zu nehmen, ist hierzulande nur schwach entwickelt. Gelegentliche Vorträge und Sprechstunden sind meist die einzigen Kontaktstellen zwischen dem Abgeordneten und seinem Wahlkreis. So bleibt dem Wähler, wenn er mit dem Abgeordneten, dem er seine Stimme gab, nicht mehr zufrieden ist, eigentlich nur eine Möglichkeit: bei der nächsten Wahl einen anderen Vertreter zu wählen.

So scheint sich alles auf den im Abstand von vier Jahren stattfindenden Akt der Wahl zuzuspitzen. Die Chance, die parlamentarische Opposition zur Mehrheit zu machen und

eine neue Regierung ins Amt zu bringen (die einzige wirklich durchschlagende Funktion, die noch beim Parlament liegt), ist im allgemeinen nur von der nächsten Wahl zu erhoffen, und auch der Bürger, der seinen Willen weder über Volksabstimmungen noch über direkte Aufträge an den jeweiligen Abgeordneten zum Zuge bringen kann, scheint seine Souveränität am ehesten an diesem Wahltag realisieren zu können. Dabei stößt er zwangsläufig wieder auf die Parteien. Denn diese sind es, die im Parlament entscheiden, und deshalb wird der Wähler die Partei seines Vertrauens bei der Wahl nicht so leicht im Stich lassen, selbst wenn ihm der Kandidat, den diese Partei in seinem Wahlkreis aufstellt, nicht sonderlich zusagt. Die Kandidaten für die Wahl werden nach dem gegenwärtigen westdeutschen Wahlsystem innerhalb der Parteien ausgewählt; »Vorwahlen«, wie etwa in den USA, bei denen die Wähler selbst auf die Kandidatenaufstellung der Parteien Einfluß nehmen können, gibt es bei uns nicht.
Viele Politikwissenschaftler erklären die Bedeutung der Wahl folgendermaßen: Eine »direkte« Demokratie (durch Volksabstimmungen oder durch unmittelbare Aufträge der Wähler an ihre Vertreter) sei in einer großräumigen, technisch hochentwickelten und komplizierten Gesellschaft nicht denkbar. Demokratie müsse sich deshalb hier über »befristete Herrschaftsaufträge« verwirklichen, über wählbare und abwählbare, durch Personengruppen repräsentierte sachliche Alternativen für die Lösung der anstehenden politischen Probleme.

Innerparteiliche Demokratie

Entsprechen Wahlprogramme und Wahlkämpfe bei uns diesem Modell?
Wir zitieren aus einem Wahlaufruf einer großen westdeutschen Partei (deren Namen wir weglassen, weil es in dieser Beziehung zwischen den Parteien viel Gemeinsamkeit gibt): »Die Politik unserer Partei dient dem Wohle aller Schichten unseres Volkes, in Stadt und Land, den Männern und Frauen, den Jungen und Alten, den Einheimischen und den Vertriebenen, den Arbeitern, Angestellten und Unternehmern, den Bauern, Handwerkern und Kaufleuten, den Beamten und den Soldaten, den Forschern und den freiberuflich Schaffenden.«
Zugegeben – dies ist ein extremes Beispiel für den Versuch, allen alles zu versprechen. Aber die meisten Wahlprogramme sind im Kern von dieser Tendenz nicht weit entfernt. Wenn alle Parteien bei der Wahl in riesigen Lettern »Sicherheit für morgen« verheißen, ohne Auskunft darüber zu geben, was denn hier unter Sicherheit verstanden wird und wie sie dies

erreichen wollen, dann kommt es am Ende nur noch darauf an, wer den wirkungsvollsten »Kopf« für die Wahlplakate gefunden hat. Man nehme einmal die Wahlplakate verschiedener Parteien und decke die Namen der Parteien und der Kandidaten ab – sind dann vom bloßen Text her noch Unterscheidungen zu machen? Je eher dies möglich ist, desto näher wären wir einem Verfahren, das den Namen »Wahl« wirklich verdient. Zur Zeit jedenfalls sind wir weit davon entfernt. Bei den Wahlkämpfen werden sachliche Alternativen zwischen den Parteien oft nicht einmal in groben Umrissen erkennbar. So bekommt die Wahlentscheidung für den Wähler weitgehend die Qualität einer »Fahrt ins Blaue«. Dem Wähler werden bei der Wahl Antworten auf Fragen abverlangt, die gar nicht exakt gestellt sind.

Die Wahl, der einzige Akt politischer Mitbestimmung für den größten Teil der Bevölkerung, gerät durch die Verhaltensweisen der Parteien in die Gefahr, seines Inhalts entleert zu werden. Daß der Bürger vielfach Ohnmachtsgefühle gegenüber dem Vorgang der Wahl hegt, wird auch durch die in der Bundesrepublik regelmäßig hohe Wahlbeteiligung nicht widerlegt. Die bloße Wahlbeteiligung kann auch ein Akt der inneren Entlastung sein – gegenüber einem Entscheidungssystem, das man als undurchschaubar empfindet. Es sollte zu denken geben, daß hohe Wahlbeteiligung und Parteiverdrossenheit übereingehen. Die geringere Wahlbeteiligung bei Jungwählern kann deshalb auch nicht ohne weiteres negativ gewertet werden. Weshalb sollte jemand, der sich über die Folgen des Wahlakts nicht im klaren ist, die Wahl als »Pflicht« empfinden? Freilich – auch Wahlenthaltung ändert nichts an einem Zustand, den man mit Unbehagen zur Kenntnis nimmt.

Die Schlüsselrolle auch bei der Wahl liegt, wie wir gesehen hatten, bei den Parteien. Diese bieten dem Wähler Programme und Kandidaten an, und wer über beides mitbestimmen will, muß in den Parteien Einfluß nehmen. Die Zahl derjenigen Bürger, die dies versuchen, ist in unserem Lande gering. Lediglich etwa 3,5 % der wahlberechtigten Bürger in der Bundesrepublik sind Mitglieder von Parteien. Wie viele von diesen 3,5 % nehmen die Chance der Mitbestimmung in den Parteien praktisch in Anspruch – und wie steht es um die innerparteiliche Willensbildung?

Artikel 21 des Grundgesetzes bestimmt über die Parteien: »Die Parteien wirken bei der politischen Willensbildung des Volkes mit. Ihre Gründung ist frei. Ihre innere Ordnung muß demokratischen Grundsätzen entsprechen. Sie müssen über die Herkunft ihrer Mittel öffentlich Rechenschaft legen.«

Der Verfassung geht es also um drei Bedingungen der »Par-

teiendemokratie«: Die Konkurrenz zwischen verschiedenen Parteien muß offengehalten werden; die Parteien dürfen nicht von finanzkräftigen Wirtschaftsgruppen zu ihrem heimlichen Instrument gemacht werden; innerhalb der Parteien müssen demokratische Verhältnisse herrschen. Das Bundesverfassungsgericht, dessen Aufgabe es ist, in Streitfällen das Grundgesetz der Bundesrepublik näher auszulegen, hat mehrfach festgestellt, daß jede Willensbildung der Parteien »von außen her« oder »von oben nach unten« der Zielrichtung der Verfassung widerspricht, so zum Beispiel bei den Verbotsurteilen gegen die neonazistische »Sozialistische Reichspartei« (1952) oder die Kommunistische Partei Deutschlands (1956).
Im Gegensatz dazu sagt u. a. der Politikwissenschaftler Wolfgang Treue: »Wir müssen uns trennen von der alten Vorstellung der politischen Willensbildung von unten nach oben, von der Meinung also, daß die Führung einer Partei sich lediglich als ausführendes Organ des Willens der Mitglieder betrachte.«
Über die faktische Anteilnahme der Parteimitglieder bei der innerparteilichen Willensbildung gibt es eine Reihe wissenschaftlicher Untersuchungen. Sie kommen durchweg zu einem Ergebnis, wie es der sozialdemokratische Bundestagsabgeordnete und Politikwissenschaftler Ulrich Lohmar formuliert: »Der Einfluß der Mitgliederversammlungen auf die Auswahl der Bewerber für Landtags- und Bundestagswahlen ist begrenzt. Die Mitglieder befinden nicht über die Programmatik, sie erfüllen nicht oder nur ungenügend die Mittlerrolle zwischen Parteiführung und Bevölkerung, und ihr Einfluß auf die Zusammensetzung der öffentlichen und parteiinternen Führungsgruppen bleibt auf die kommunale Ebene beschränkt.«
Daß die Parteien vielfach oligarchische Züge haben (Oligarchie = Herrschaft der Wenigen), kann in der Tat kaum bestritten werden. Offen ist die Frage nach den Gründen. Ist den Führungsgruppen der Parteien soviel innerparteiliche Macht zugewachsen, weil die Masse der Parteimitglieder »von Natur aus« passiv ist? Oder ist die Passivität der Mitglieder nur eine Reaktion auf die Vorwegnahme der Entscheidungen durch die Parteiführungen? Oder ist die Willensbildung »von oben nach unten« in einer Massenpartei aus organisatorischen Gründen zwangsläufig?
Das Defizit an innerparteilicher Demokratie hat vermutlich viele Gründe. Da sind zunächst fragwürdige Traditionen; schon die Konkurrenz zwischen den Parteien gilt ja heute noch vielen Mitbürgern als etwas Fremdes, als unnötiges »Parteiengezänk«. Politische Auseinandersetzungen in den Parteien stoßen bei diesen Mitbürgern erst recht auf Unverständnis.

Solchen obrigkeitsstaatlichen Verhaltenstraditionen kommt eine scheinbar »moderne« Argumentation zur Hilfe. Diese sagt: Das »kleine Parteimitglied« hat nicht genug Sachkenntnis, um mitzubestimmen. Es kann höchstens gefühlsmäßig die »richtigen« Partei-»Führer« auswählen. Diese treffen dann anhand ihres Expertenwissens und ihrer »Führungserfahrung« die politischen Entscheidungen. Viele Parteimitglieder haben auch den Eindruck, ihre aktive Teilnahme am Leben der Partei sei eigentlich überflüssig und für den Erfolg der Partei durchaus entbehrlich. Finanziell seien die Parteien nicht mehr so sehr auf die Mitglieder angewiesen (der Staat übernimmt ja in der Bundesrepublik einen erheblichen Teil der Parteien- bzw. Wahlfinanzierung). Die Wahlkämpfe würden durch kommerzielle Werbeteams geführt, der Kontakt zwischen Parteien und Wählern werde durch Fernsehen, Funk und Presse aufrechterhalten.
Diese Argumentation ist nicht ohne weiteres von der Hand zu weisen. Man kann sich einen Endzustand der Entwicklung der Parteien vorstellen, wo diese in der Tat der Mitwirkung der Mitglieder nicht mehr bedürfen. Allerdings könnte man ein solches Parteiensystem nicht mehr als demokratisch bezeichnen, denn Parteiendemokratie heißt: die Bürger haben nicht nur die Wahl zwischen Kandidaten verschiedener Parteien, sondern sie haben in den Parteien die Möglichkeit der Mitbestimmung über Programm und Vertreter.
Es kommt noch ein anderer Gesichtspunkt hinzu. Parteien, die an überkommene Vorurteile, an politische Gedankenlosigkeit und Trägheit appellieren wollen, können auf die Aktivierung der Massen verzichten. Sie leben ja davon, daß diese Massen passiv bleiben. Parteien aber, die etwas verändern wollen, sind auf gedankliche und praktische Mobilisierung angewiesen, sie können nicht ohne die Aktivität möglichst vieler Parteimitglieder auskommen. Diese Beteiligung ist nur zu erreichen, wenn denen, die sich für eine Partei einsetzen, auch Chancen gegeben werden, die Entscheidungen der Partei mitzubestimmen.
Wie könnte innerparteiliche Demokratie vorangetrieben werden? Hier nur einige Vorschläge aus der Diskussion: Parteiversammlungen, Anträge und Stellungnahmen der unteren Einheiten der Parteien und Parteitage leiden oft darunter, daß unvorbereitet und diffus zu allem und jedem etwas gesagt und beschlossen wird. Darüber können die Parteiführungen natürlich leicht hinweggehen. Statt dessen müßte man die Thematik solcher Veranstaltungen auf wenige, jeweils zentrale Probleme konzentrieren und dazu alternative Lösungsmöglichkeiten rechtzeitig vorher zur Diskussion stellen. Unter solchen Umständen könnte bei ganz entscheidenden Fragen auch

die Gesamtheit der Parteimitglieder zu Urabstimmungen aufgefordert werden. Dabei käme es allerdings auf die Fragestellungen an — appellieren sie nur ans Gefühl, oder enthalten sie sachliche Alternativen? Nützlich wäre auch eine Gewöhnung der Parteien an stärkere Rotation bei der Besetzung innerparteilicher Funktionen. Und warum sollen sich Funktionäre und Abgeordnete einer Partei den Mitgliedern nicht zur kontrollierenden Diskussion stellen? Dies freilich nicht so, daß Pflichtübungen mit einem Vortrag quer durch alle Probleme gemacht werden, sondern so, daß die unteren Einheiten der Parteien ihre Vertreter vor ganz bestimmte Fragen stellen und Stellungnahmen abfordern, ob diese Vertreter die Vorstellungen ihrer innerparteilichen Wähler durchzusetzen bereit sind. In den Veröffentlichungen der Parteien werden oft auf eine lähmende Weise nur die jeweiligen Vorstandsmeinungen oder konfliktfreie Themen dargestellt. Weshalb sollten hier nicht unterschiedliche Standpunkte innerhalb der Partei zur Diskussion vorgelegt werden?

Es deutet manches darauf hin, daß der politisch interessierte Teil gerade der nachwachsenden Generation von einer demokratischen Partei nicht »disziplinierte Geschlossenheit«, sondern offene Auseinandersetzung, Durchsichtigkeit der innerparteilichen Willensbildung, Raum für eigene Initiative erwartet. Seit 1969 ist es in den westdeutschen Parteien schon etwas lebendiger geworden. So gewöhnte man sich z. B. allmählich daran, daß bei innerparteilichen Wahlen den Favoriten des Vorstands aus der Mitgliedschaft heraus andere Kandidaten entgegengesetzt werden. Früher galt das weithin als sozusagen »unanständig«.

Diese Belebung innerparteilicher Demokratie war interessanterweise vor allem einer Bewegung zu verdanken, die sich zur Parteiendemokratie weitgehend überhaupt kritisch verhielt, nämlich der »APO« (außerparlamentarische Opposition). Die politische Aktivität gerade junger Leute außerhalb der Parteien, trotz all ihrer Schwächen, setzte die Parteien unter Druck. Sie mußten sich kritischen Strömungen in ihren eigenen Reihen öffnen.

Vielleicht kann man aus dieser Erfahrung einen ganz allgemeinen Schluß ziehen: Die Parteien zu demokratisieren, wird nur gelingen, wenn politisch interessierte Bürger sowohl *in* wie auch *neben* den Parteien aktiv werden. Die Parteien haben nämlich kein Monopol auf politische Willensbildung, sie wirken dabei, wie das Grundgesetz sagt, mit, aber sie wirken nicht allein.

Die Privilegien der Bundestagsparteien

Kritische Auseinandersetzungen in den Parteien sind in der Bundesrepublik auch deshalb dringend notwendig, weil die zur Zeit im Bundestag vertretenen drei Parteien (CDU/CSU, FDP, SPD) nahezu ein Oligopol bilden. Zwar heißt es im Grundgesetz, die Gründung von Parteien sei frei, aber das Wahlsystem und die Parteienfinanzierung machen es einer neuen Partei außerordentlich schwer, die Konkurrenz mit den drei genannten Parteien aufzunehmen. Das bedeutet aber auch, daß eine innerparteiliche Opposition kaum in die Neugründung einer Partei ausweichen kann.

Die Zahl der im Parlament vertretenen Parteien hat sich seit der Gründungsphase der Bundesrepublik immer weiter verringert. Während im ersten Bundestag (1949–1953) noch 11 Parteien Sitz und Stimme hatten, sind inzwischen nur noch 3 von ihnen übriggeblieben. Vor allem die CDU/CSU hat von dem Verfall der kleineren Parteien profitiert. 1949 hatten bei der Bundestagswahl CDU/CSU und SPD zusammen 60,2 % der Wähler, 1972 hatten sie 90,7 % der Wähler für sich gewonnen.

Stimmenanteile bei den Bundestagswahlen 1949-1972 in %

	CDU/CSU	FDP	SPD
1949	31,0	11,9	29,2
1953	45,2	9,5	28,8
1957	50,2	7,7	31,8
1961	45,4	12,8	36,2
1965	47,6	9,5	39,3
1969	46,1	5,8	42,7
1972	44,8	8,4	45,9

(Quelle: Zeit)

Das Wahlsystem der Bundesrepublik (das im Grundgesetz nicht festgelegt ist, sondern von der jeweiligen parlamentarischen Mehrheit beschlossen werden kann) hat zu der Konzentration bei den großen Parteien entscheidend beigetragen. Der »Filter« gegen Kleinparteien wurde durch die Wahlgesetze laufend verschärft; gegenwärtig steht der Einzug in den Bundestag nur solchen Parteien offen, die entweder in drei Wahlkreisen ihre Kandidaten direkt durchbringen oder 5 % der Stimmen im gesamten Bundesgebiet erhalten. Dieser Filter wirkt »verhütend«; es ist klar, daß der Wähler einer Partei, die in Gefahr steht, nicht in den Bundestag zu kommen, seine Stimme vielleicht auch dann nicht gibt, wenn er sie ihres Programms wegen sonst wählen würde.

Auch finanziell ist es für eine neue Partei schwierig, zu Wahlerfolgen zu kommen. Die gegenwärtig geübte Praxis des Wahlkampfes setzt den in Vorteil, der aufwendige Werbefeldzüge finanzieren kann und auf Zuschüsse kapitalkräftiger Bevölkerungskreise oder große Zuwendungen des Staates rechnen kann. Die staatliche Erstattung der Wahlkampfkosten macht fast 50 % der Gesamteinnahmen der Parteien aus, und da diese Erstattung sich anteilmäßig nach den Stimmen der Parteien richtet, sind die großen Parteien im Vorteil.

Wer finanziert die Parteien ?

	Einnahmen insgesamt in Mill.DM	davon in % Mitglieds-beiträge	Abgeordn.-Beiträge	Staats-mittel	Kredite	Sonstige	Spenden
CDU	50,2	19	10	27	13	4	27
CSU	12,9	12	7	22	10	5	44
SPD	59,9	38	11	26	2	12	11
FDP	12,0	12	5	16	14	19	34

(Quelle: Globus)

Die staatliche Parteienfinanzierung, die auch den laufenden Organisationskosten der Parteien zugute kommt, hat fragwürdige Nebenwirkungen für die inneren Verhältnisse der Parteien. Der Politikwissenschaftler Dübber meint: »Machtkonzentration, Stärkung und Aufblähung der Parteibürokratie, größere Unabhängigkeit der besoldeten Funktionäre und Gremien von den Mitgliedern sind unausbleibliche Folgen einer staatlichen Parteienfinanzierung.« Unter diesem Gesichtspunkt wird die Forderung nach mehr innerparteilicher Demokratie noch dringlicher.

Ob Wahlen politischer werden können, ob sich mehr Mitbürger für Aktivität in den Parteien gewinnen lassen, das hängt nun allerdings auch wieder davon ab, ob über Wahlen und Parteien (und damit auch über das Parlament) tatsächlich Mitbestimmung gesamtgesellschaftlicher Entscheidungen erhofft werden kann. Folgende Thesen des Politikwissenschaftlers Raschke wären hier der Diskussion wert: »Der Bürger als Wähler und Parteimitglied ist frei in dem, was zweitrangig ist, hat aber keine Macht über das, was wirklich zählt: Bestimmung der Prioritäten der Produktion, Verteilung der Investitionen usw. Diese Entscheidungen, die die Beschaffenheit der Gesellschaft bestimmen, gehören in die Souveränität privatwirtschaftlicher Gruppen... Auch ein Wahlsieg verschafft zwar Regierungsämter, aber keinen Zugriff auf die gesellschaftlichen Machtpositionen. Die wirtschaftlich Mächtigen können z. B. durch Investitionsbeschränkungen, Preiserhöhungen, Kapitalflucht u. ä. ein gegen sie gerichtetes Regieren verhindern.«

Hier wären Vorstellungen dafür zu entwerfen, wie ein demokratisches Entscheidungssystem auch solche Fragen in den Griff bekommen könnte. Entgegen einer weitverbreiteten Meinung schließt unsere Verfassung Veränderungen des gegenwärtigen Entscheidungssystems keineswegs aus, sie hält z. B. auch die gegenwärtige Form des Parlamentarismus nicht für der demokratischen Weisheit einzigen Schluß.

Der Artikel 79 des Grundgesetzes legt fest, daß eine Zwei-

drittelmehrheit des Bundestages (mit Zustimmung von zwei Dritteln der Stimmen des Bundesrates, also der Ländervertretung) das Grundgesetz selbst verändern oder ergänzen kann. Von dieser Möglichkeit ist in der Vergangenheit z. B. bei der Einführung der Wehrgesetze und der Notstandsgesetze Gebrauch gemacht worden. Derselbe Verfassungsartikel eröffnet aber auch Chancen für Veränderungen in anderer Richtung, soweit hinreichende Mehrheiten dafür gegeben sind.
Das Verhältnis zwischen wirtschaftlicher Macht und politischem Entscheidungssystem kann sogar mit einfacher Mehrheit verändert werden. In Artikel 15 des Grundgesetzes heißt es: »Grund und Boden, Naturschätze und Produktionsmittel können zum Zwecke der Vergesellschaftung durch ein Gesetz, das Art und Ausmaß der Entschädigung regelt, in Gemeineigentum oder in andere Formen der Gemeinwirtschaft überführt werden.« Dieser Verfassungsartikel gehört übrigens in die Reihe der »Grundrechte«. Diese Grundrechte, so will es das Grundgesetz, können auch durch eine Zweidrittelmehrheit nicht aus der Verfassung getilgt werden, sie sind — ebenso wie das Prinzip der Volkssouveränität, der Sozialstaatlichkeit, der Rechtsstaatlichkeit und der Aufteilung der Bundesrepublik in Länder — für unabänderlich erklärt.

Welche Grundrechte haben wir?

»Rechtsstaatlichkeit« bedeutet nach der Verfassung der Bundesrepublik: Die Gesetzgebung soll an die im Grundgesetz vorgezeichneten Leitlinien, Regierung und Verwaltung sollen an »Gesetz« und »Recht« gebunden sein. Der Begriff »Gesetz« meint dabei die Bindung an formale Regeln, also an Vorschriften, die von der Legislative in Gesetzesform gebracht sind; während »Recht« darüber hinausgehend die inhaltliche Bindung an den Grundrechtskatalog und die anderen unabänderlichen Prinzipien der Verfassung bedeutet. Die Richtungsentscheidungen des Grundgesetzes sind zum »unmittelbar geltenden Recht« erklärt, d. h. Gesetze oder Regierungs- und Verwaltungsakte, die mit den Grundentscheidungen der Verfassung nicht übereinstimmen, gelten als nichtig. Die Entscheidung darüber, ob Gesetze oder Verwaltungsakte mit dem Grundgesetz übereinstimmen, trifft in strittigen Fällen das Bundesverfassungsgericht. Nicht nur Länderregierungen, Parteien usw., sondern auch einzelne Bürger können, wenn alle anderen Verfahrenswege durchlaufen sind (z. B. Klage beim Verwaltungsgericht), das Bundesverfassungsgericht um eine Entscheidung angehen, wenn sie sich durch Legislative, Exe-

kutive oder normale Rechtsprechung in ihren Grundrechten verletzt fühlen.
Die verfassungsmäßig zugesicherten Grundrechte lassen sich in zwei Gruppen aufteilen. Da sind erstens diejenigen Grundrechte, die dem einzelnen Schutz und privaten Freiheitsraum sichern sollen: das Recht auf Leben und körperliche Unversehrtheit (Art. 2), das Recht auf Freiheit des Glaubens (Art. 3), auf freie Berufswahl (Art. 12), auf Unverletzlichkeit der Wohnung (Art. 13), auf freie Wahl des Wohnortes (Art. 11), das Elternrecht (Art. 6), das Recht auf Kriegsdienstverweigerung (Art. 4), das Brief- und Postgeheimnis (Art. 10), das Recht auf Eigentum (Art. 14), das allerdings nicht gegen die Interessen der Allgemeinheit ausgelegt werden darf. Da sind zweitens Grundrechte, die auf »Teilhabe«, also auf Gestaltung des sozialen und politischen Lebens gerichtet sind, so vor allem: das Recht auf freie Entfaltung der Persönlichkeit (Art. 2), auf Vereinigungs- und Versammlungsfreiheit (Art. 8 und 9), der Gleichheitsgrundsatz (Art. 3), das Recht auf freie Information und Meinungsäußerung (Art. 5), das Recht auf Überführung in Gemeineigentum (Art. 15), das Petitionsrecht (Art. 17).
Der Katalog der Grundrechte und die Bindung von Legislative und Exekutive an diese Grundrechte zeigen, daß der Demokratie-Begriff des Grundgesetzes nicht inhaltslos ist. Unter Demokratie wird hier nicht bloße Mehrheitsentscheidung verstanden, sondern gesellschaftliches Handeln zur Entfaltung bestimmter Grundrechte des Menschen; diese Entfaltung wiederum wird nur auf dem Wege der Volkssouveränität für möglich gehalten.
Die verfassungsmäßige Festlegung solcher Grundrechte ist Ergebnis eines jahrhundertelangen Kampfes gegen Unterdrükkung und Ungleichheit. Der Kampf um die Grundrechte ist auch dann nicht abgeschlossen, wenn diese in der Verfassung verbürgt sind. Der Grundrechtskatalog unserer Verfassung wird nur dann und nur insoweit mit Leben erfüllt, als Bürger bereit sind, Grundrechte in Anspruch zu nehmen und im gesellschaftlichen Alltag durchzusetzen — oftmals gegen mächtige Traditionen oder politische Gruppen, vielfach auch gegen Vertreter von Verwaltung und Justiz, die immer wieder in Versuchung sind, obrigkeitsstaatlich zu verfahren. In vielen Amtsstuben unseres Landes herrscht offenbar immer noch die Vorstellung, der Bürger sei für die Verwaltung da — und nicht die Verwaltung für den Bürger. Schuld daran sind in erster Linie die Bürger selbst, die sich solche Anmaßung gefallen lassen.
Daß Bürgerrechte wie Versammlungsfreiheit und Freiheit der Meinungsäußerung nach unserer Verfassung höheren Rang

haben als Interessen kommunaler Ordnungsämter — dieser Grundsatz wurde erst Realität, als politische Demonstrationen diese Rechte ungewohnterweise praktizierten.

Möglichkeiten und Grenzen der Bürgerinitiativen

Gruppen und Bewegungen, in denen Bürger die Durchsetzung von Grundrechten und die Vertretung ihrer Interessen selbst in die Hand nehmen, gibt es seit einigen Jahren in der Bundesrepublik in zunehmendem Maße. Bürgerinitiativen wenden sich z. B. unter Berufung auf das Grundrecht körperlicher Unversehrtheit gegen die Umweltzerstörung; Bürgerinitiativen wenden sich unter Berufung auf den Gleichheitsgrundsatz gegen die soziale Benachteiligung von Frauen; Bürgerinitiativen setzen sich für Veränderungen im Schul- und Ausbildungssystem ein, um das Recht auf freie Entfaltung der Persönlichkeit zur Geltung zu bringen.

Solche »Basisaktivitäten« können der Politik neue Impulse geben, sie können berechtigte gesellschaftliche Interessen zum Ausdruck bringen, die in den großen Parteien und Verbänden nicht ohne weiteres zum Zuge kommen. Bürgerinitiativen gehen von einer sehr realistischen Annahme aus: Die eingefahrenen politischen Parteien und Verbände und die Berufspolitiker aller Art vertreten die Interessen derjenigen, die sie zu repräsentieren beanspruchen, immer nur insoweit, als Bewegung von unten sie unter Druck setzt.

Allerdings können auch Bürgerinitiativen nicht so etwas wie »direkte«, »unvermittelte« Demokratie herstellen. Das politische Entscheidungssystem kann heute nicht mehr so funktionieren, als ob jede kleinste gesellschaftliche Einheit isoliert existiere oder spontan und in jedem Moment widerruflich ihre politischen Fragen lösen könnte. Eine hochentwickelte Industriegesellschaft braucht langfristige und großräumige Planung und Entscheidung. Das zeigt sich schon in der Kommunalpolitik; notwendigerweise schließen sich die Gemeinden heute zu größeren Planungseinheiten zusammen, und selbst der Nationalstaat ist als Rahmen für wirtschaftliche und politische Strukturentscheidungen längst zu eng geworden.

Eben deshalb hat Demokratisierung (ein Begriff, der die Realität besser trifft als der Begriff »Demokratie«, der den trügerischen Schein des Abgeschlossenen nahelegt) beides zur Bedingung:

- Mitbestimmung über die großräumigen gesellschaftlichen Entscheidungen und Prioritäten (was nur mittels großer Organisationen möglich ist);
- und immer neu sich entwickelnde politische Aktivitäten an der »Basis«.

Wenn dem Begriff der Volkssouveränität inhaltlich Geltung verschafft werden soll, dann muß zunächst die Frage geklärt werden, weshalb denn das gegenwärtige politische System den Anspruch auf Demokratie nicht wirklich einlösen kann. Wir hatten gesehen, daß der Parlamentarismus, wie wir ihn heute in der Bundesrepublik finden, die eigentlichen Gestaltungsaufgaben der gesellschaftlichen Entwicklung kaum wahrnehmen kann. Soweit der Staat Planungsfunktionen ausübt, vollzieht sich dies weitgehend abseits der parlamentarischen Willensbildung. Die Parlamente ersticken sozusagen in einer Flut von Detailentscheidungen, die der Form nach Gesetze sind, der Sache nach aber eher Verwaltung bedeuten. Die wirklichen gesellschaftlichen Richtungsentscheidungen aber, die faktisch Souveränität bedeuten, werden offenbar an anderen Stellen getroffen. Schon der überkommene Gesetzesbegriff ist ganz augenscheinlich nicht mehr geeignet, die Entscheidung über gesellschaftliche Prioritäten und Zukunftsmöglichkeiten in den Griff zu bekommen.
Fehlt dem Parlament die Souveränität, so ist aber zugleich auch der Bürger entmachtet, dessen formelle Mitwirkungschance in unserem politischen System ja auf die Wahl der Volksvertretung beschränkt ist. Nicht von ungefähr handelte es sich dann, wenn es in der Geschichte des Deutschen Bundestags zu wirklichen Debatten kam, durchweg um außenpolitische Themen, während die Grundfragen der Sozial- und Wirtschaftsstruktur offenbar außerhalb des Diskussionsbereiches des Parlaments liegen. Die Erklärung dafür liegt darin, daß die großen Parteien sich auf die »Unantastbarkeit der ökonomischen Basis«, der weitgehend privaten Verfügungsgewalt über die Produktionsmittel, eingelassen und sich damit den dort gesetzten Zwecken untergeordnet haben. Nur wenn das Parlament die Sozialstruktur und die ökonomischen Verfügungsverhältnisse zur Debatte stellen würde, wenn Raum für Kontroversen auch zu dieser Thematik freigelegt würde, könnte der Parlamentarismus neue Bedeutung gewinnen.
Das Defizit an Planungsmacht bei den demokratisch legitimierten Instanzen bedeutet nämlich keineswegs, daß Planung in unserer Gesellschaft nicht stattfände; vielmehr liegt diese Planungsmacht offensichtlich weitgehend bei den *Zentren einer hochkonzentrierten privaten Wirtschaft*, bei Instanzen also, die weder wählbar noch abwählbar sind. Hier liegt in Wahrheit jener Zwang, den man als »Sachzwang« ausgibt.
Bei der Entscheidung über gesellschaftliche Vorrangigkeiten verfügen die privatwirtschaftlichen Kommandohöhen in unserer Gesellschaft vielfach über eine höhere Souveränität,

als eine parlamentarische Mehrheit oder die von ihr gewählte Regierung sie unter den gegenwärtigen Umständen in Anspruch nehmen können. Schon die Androhung, das private Kapital könne die Lust an Investitionen verlieren oder eine Neigung zu Kapital- oder Produktionsverlagerungen verspüren, genügt oft, um eine Regierung massiv unter Druck zu setzen oder in Schwierigkeiten zu bringen. Demokratisch legitimierte Regierungen oder Parlamente sind gegenwärtig vielfach nicht in der Lage, jenem Grundgesetz zuwiderzuhandeln, das zwar nicht in der Verfassung steht, das aber die politische Ökonomie dieser Gesellschaft beherrscht, nämlich dem Gesetz der Kapitalverwertung und Gewinnmaximierung in privater Hand. Dieser Herrschaftsmechanismus funktioniert noch um so besser, je stärker sich Kapitalverfügung konzentriert und je intensiver die multinationale Verflechtung der Konzerne sich entwickelt.

Zur Zeit ist das Prinzip privater Kapitalverwertung soweit verselbständigt, daß es demokratisch gesetzte gesellschaftliche Prioritäten zu überspielen vermag.

Daher rührt auch die Tendenz, die Verluste privater Wirtschaft mehr und mehr zu »sozialisieren«, das heißt: der Masse der Steuerzahler aufzulasten, während die Gewinne und damit die Verfügung über Investitionsentscheidungen in privater Hand verbleiben.

Solange dies so ist, kann die öffentliche Hand im Grunde nicht gestaltend wirken, sondern sie ist weitgehend damit ausgelastet, die wechselnden Entscheidungen des privaten Großkapitals in ihren Folgen einigermaßen zu kompensieren und sich dabei dem Rahmen einzufügen, den hochkonzentrierte private Kapitalinteressen setzen.

Die Vorstellung von einer »freien Marktwirtschaft«, in der die Unternehmen in breitgelagerter Konkurrenz auf den Bedarf der Konsumenten reagieren und auf eigenes Risiko hin und nur auf der Basis privater Kapitalinvestition produzieren, erweist sich vor allem bei der Betrachtung der wirtschaftlichen Funktionen des Staates als unzutreffend. Die Großunternehmen sind daran interessiert, daß die öffentliche Hand die Vorkosten und Folgelasten (Qualifikationssystem, Verkehrssystem, Gesundheitspflege, Umweltbelastungen etc.) privater Produktion trägt, daß der Staat Aufträge an die private Wirtschaft gibt, daß der Staatsetat planmäßig im jeweiligen konjunkturellen Interesse der privaten Wirtschaft eingesetzt wird, daß die Kosten für Forschungs- und Entwicklungsinvestitionen teilweise vom Staat getragen werden, daß die staatliche Steuer- und Kreditpolitik dem Interesse der privaten Unternehmen entspricht, daß durch staatlich propagierte Lohnleitlinien die Lohnkosten berechenbar gemacht und die Gewerk-

schaften diszipliniert werden, daß Verlustbranchen (z. B. Bergbau) sozialisiert und stagnierende Branchen vom Staat subventioniert werden.
Zugleich erwartet die private Wirtschaft, daß staatliche »Globalsteuerung« zwischen unterschiedlichen oder gegensätzlichen Teilinteressen der Unternehmensgruppen oder wirtschaftlichen Branchen vermittelt und langfristige Gesamtinteressen der privaten Wirtschaft gegenüber kurzfristigen privatwirtschaftlichen Teilinteressen wahrnimmt.
Die enge Verflechtung zwischen privatwirtschaftlichem und staatlichem Handeln hat im übrigen gerade in Deutschland bereits eine längere Tradition; sie ist forciert worden durch die Kriegswirtschaft im Ersten Weltkrieg, in der Weltwirtschaftskrise der 30er Jahre und durch die Rolle, die der faschistische Staat und die faschistische Kriegswirtschaft zwischen 1933 und 1945 im Interesse des Kapitals übernahmen.
Insofern gibt es gerade in der Bundesrepublik, an diese Tradition anknüpfend, starke Eingriffe des Staates in die wirtschaftlichen Abläufe; aber der Staat ordnet sich hierbei den »Gesetzen« des Kapitals und seinen Verwertungsinteressen unter.

3. Kapitel: Wie wird informiert?

Massenmedien und gesellschaftliche Interessen

Zeitungen, Rundfunk und Fernsehen in der Bundesrepublik beziehen die aktuellen Nachrichten, mit denen sie ihre Leser, Hörer und Zuschauer versorgen, fast ausschließlich von einer Zentrale, nämlich der »Deutschen Presse-Agentur« (dpa) in Hamburg. Man schätzt, daß die Informationen, die in der dpa-Hauptredaktion in Hamburg über Fernschreiber, Telefon, Telegramm, Brief und Funk eingehen und die dort dann verarbeitet, sortiert, ausgewählt und wieder an die Redaktionen von Presse, Funk und Fernsehen hinausgegeben werden, pro Tag etwa folgenden Umfang haben:

- Fast 500 000 Wörter gehen pro Tag ein;
- etwa 40 000 Wörter gehen pro Tag wieder hinaus.

An diesen Zahlen wird zweierlei deutlich: Tag für Tag ergibt sich eine regelrechte Flut von Informationen über wirtschaftliche, politische, kulturelle und andere Ereignisse und Vorgänge; diese Fülle von Nachrichten kann vom einzelnen nur zu einem Bruchteil aufgenommen und verarbeitet werden, und zu diesem Zweck werden Nachrichtenagenturen, Redaktionen usw. als Sammelstelle und Filter zugleich tätig.

Die Informationslawine

Die Flut von Informationen wächst dabei ständig an. Der Wissensbestand der Menschheit, so hat man ausgerechnet, verdoppelt sich zur Zeit alle fünf Jahre. An jedem Tag eines Jahres werden heute im Weltmaßstab etwa 500 wissenschaftliche Aufsätze mehr geschrieben als am gleichen Tag des Vorjahres. In der Bundesrepublik hat der größte Buchverlag allein eine tägliche Produktion von 100 000 Büchern. In den USA hat die wirtschaftliche Bedeutung der »Informationsindustrie« bereits die der Automobilindustrie übertroffen. In Gesellschaften vom Typ der Bundesrepublik, der Vereinigten Staaten oder auch der Sowjetunion könnte man ohne Informationsindustrie und Massenmedien heute überhaupt nicht mehr existieren.
Die Informationslawine scheint uns heute ein selbstverständlicher Teil unseres privaten und gesellschaftlichen Lebens. Ebenso selbstverständlich gehen wir davon aus, daß es sich

dabei vorwiegend um »Informationen aus zweiter Hand« handelt, d. h. also um Nachrichten, Erfahrungen, Eindrücke und Einsichten, die wir nicht selbst unmittelbar erhalten oder gewinnen, sondern die irgendeine andere Person irgendwo auf der Welt für mitteilenswert hält und die dann über Presse, Film, Bild, Tonband, Schallplatte an uns herangetragen werden. Das war nicht immer so. In der Geschichte der Menschheit gab es Zeiten, in denen der einzelne fast vollständig auf die Informationen angewiesen war, die er in seiner eigenen Umgebung und mit seinen eigenen Sinnen direkt aufnehmen konnte. Heute noch gibt es »unterentwickelte« Regionen auf der Welt, die im wesentlichen mit dieser unmittelbaren Art der »Kommunikation« auskommen müssen.

Vielleicht ist es nützlich, erst einmal die Begriffe »Kommunikation«, »Information«, »Medien«, mit denen wir heute ständig umgehen, etwas näher zu bestimmen.

»Kommunizieren« bedeutet ursprünglich: »in Gemeinsamkeit bringen«. In der Physik spricht man von »kommunizierenden Röhren«. Uns interessiert der Begriff »Kommunikation« hier im Zusammenhang der menschlichen Gesellschaft, und da meint er zunächst ganz umfassend jeden Austausch von Nachrichten zwischen zwei oder mehreren Partnern.

Nun können sich Menschen auf mancherlei Weise verständigen. Alle Arten der Sinneswahrnehmung können Träger von Nachrichten sein, wobei Nachricht dem Begriff »Information« gleichgesetzt wird. Sprechen und Sehen sind unter Menschen die wichtigsten Träger von Informationen.

Wenn wir unter Kommunikation den Austausch von Informationen zwischen zwei (oder auch mehr) Partnern verstehen, dann können wir uns mit dem Bild vom »Sender« und »Empfänger« die verschiedenen Möglichkeiten der Kommunikation klarmachen.

Entwicklung und Reichweite der Massenmedien

Es ist denkbar, daß jeder der beiden Kommunikations-Partner sowohl »Sender« als auch »Empfänger« darstellen kann. Es ist aber auch vorstellbar, daß der eine als »Sender«, der andere nur als »Empfänger« funktioniert. In diesem Fall spricht man von einer »one-way« (Einweg)-Kommunikation. Unter »Medium« (Mehrzahl: »Medien«) versteht man zunächst einmal alles, was Informationen vom »Sender« zum »Empfänger« vermittelt. Unterhalten sich zwei Menschen, so bedienen sie sich des Mediums »Sprache«. Eine der größten »Entdeckungen« der menschlichen Geschichte ist nun die, daß man beim Austausch oder bei der Übermittlung von Informationen den räumlichen und zeitlichen Abstand überbrükken kann, indem man über technische Medien (Schrift, Druck, Telefon, Funk, Fernsehen usw.) weite Entfernungen überwindet oder indem man durch »Informationskonserven« (Bücher, Schallplatten, Filme, Tonbänder usw.) Mitteilungen aus der Vergangenheit oder Gegenwart in die Zukunft hinein speichert und jederzeit verfügbar macht.

Diese Techniken der Kommunikation beginnen ihre Entwicklung mit der Erfindung des Buchdrucks (Mitte des 15. Jahrhunderts); seit Ende des vorigen Jahrhunderts entwickelt sich dann die Medientechnik in geradezu atemberaubendem Tempo. Die Erfindung des Rotationsdrucks macht die rasche Herstellung von Druckerzeugnissen in Großauflage möglich; Fotografie und Film schaffen die Voraussetzung für die schnelle und massenhafte Übermittlung visueller Informationen; die Schallplatte macht Ton speicherbar; der Tonfilm (ab 1929) ist das erste »audio-visuelle« technische Medium; der Rundfunk (in Deutschland ab 1923) macht der Presse als zweites Massenmedium Konkurrenz; das Fernsehen (in der Bundesrepublik ab 1953) überholt bald den Rundfunk und etabliert sich als das jetzt einflußreichste Mittel der Massenkommunikation.

Über die Reichweite der Massenmedien in der Bundesrepublik, also über ihre faktischen oder potentiellen »Empfänger«, geben folgende Zahlen Aufschluß:

Von der Bevölkerung der Bundesrepublik im Alter von 14 bis 70 Jahren werden erreicht
durch die Tagespresse rund 70 %;
von den Publikumszeitschriften rund 85 %;
durch den Rundfunk etwa 70 %;
vom Fernsehen rund 75 %.

Man rechnet damit, daß über 60 % der Bevölkerung dieser Altersgruppe täglich von zwei oder mehr Medien Gebrauch machen; daß Presse, Rundfunk und Fernsehen zusammen an einem normalen Werktag rund 90 % dieser Bevölkerung in irgendeiner Form erreichen; daß im Durchschnitt der von diesen Medien erreichte Bundesbürger pro Tag dreieinhalb Stunden für die Beschäftigung mit den Angeboten von Presse, Funk und Fernsehen verwendet, wobei etwa die Hälfte dieser Zeit auf das Fernsehen entfällt. Das Fernsehen in der BRD erreicht an günstigen Abenden eine Einschaltquote von über 90 % der Besitzer von Fernsehgeräten, was einer Zuschauerzahl von 30 bis 35 Millionen entspricht.

Die erstaunliche Reichweite der Tagespresse geht im wesentlichen auf die Boulevardpresse und regionale Blätter zurück; die seriösen, überregionalen Tageszeitungen (wie »Süddeutsche Zeitung«, »Frankfurter Allgemeine«, »Die Welt«, »Frank-

furter Rundschau«) erreichen lediglich rund 6 % der Bevölkerung. Die Reichweite der Publikumszeitschriften beruht vor allem auf den Massenauflagen der aktuellen Illustrierten, der Frauenzeitschriften und der Programmzeitschriften.
Politisch oder kulturell anspruchsvolle Zeitschriften haben in der Bundesrepublik sehr geringe Auflagen. Die gegenüber Presse und Rundfunk noch etwas zurückliegende Reichweite des Fernsehens dürfte sich rasch weiter steigern. In der BRD zeichnen sich Entwicklungen ab, die wir – um etliche Jahre früher – vor allem schon in den USA beobachten konnten: Weitere Expansion des Fernsehens, der Publikumszeitschriften und der Boulevardzeitungen; Stagnation der anspruchsvolleren Tagespresse; Stagnation oder Rückgang kulturell oder politisch ambitionierter Zeitschriften; Rückgang von Verbreitung und Reichweite des Rundfunks.

Technik und Kommunikationsformen

Die Medien der Kommunikation unterscheiden sich nicht nur nach ihrer Reichweite und in ihrer Technik, sondern auch im Hinblick auf die Möglichkeiten, die sie dem Benutzer bieten:
Das gedruckte Wort vermittelt seine Aussage optisch, unter Umständen durch Bilddruck unterstützt und ergänzt. Bei der Nutzung dieses Mediums ist der »Empfänger« zeitlich frei. Auch die Wahl der jeweiligen Umgebung steht dem Empfänger offen. Die Aussage ist grundsätzlich Konserve.
Die Schallplatte (bzw. das Tonband) vermittelt die Aussage akustisch. Der »Empfänger« ist in der Wahl der Zeit und der Umgebung frei. Die Schallplatte ist ebenfalls immer Konserve.
Der Film vermittelt seine Aussage entweder nur optisch (Stummfilm) oder optisch-akustisch (audio-visuell ist ein anderer Begriff für denselben Tatbestand). In der Wahl der Zeit und der Umgebung ist der »Empfänger« nicht frei. Film ist immer Konserve.
Der Rundfunk überträgt seine Aussage akustisch. Der »Empfänger« ist an den Sendetermin gebunden, in der Wahl der Umgebung jedoch frei. Der Rundfunk bietet sowohl Konserve als auch Live-Sendung (unmittelbare Übertragung).
Das Fernsehen vermittelt seine Aussage optisch-akustisch. Der »Empfänger« ist an den Sendetermin gebunden und in der Wahl der Umgebung nicht frei. Das Fernsehen bietet Konserve oder Live-Sendung.
Die zeitliche Gebundenheit beim Rundfunk ist durch die Möglichkeit der Bandübertragung prinzipiell bereits überwunden. Wichtiger noch ist die TV-Kassette, die audio-visuelle Sen-

dungen speichert. Damit ist die Zeitgebundenheit der Fernsehsendungen überwunden. Zwar sind die technischen Verfahren für das Kassetten-Fernsehen noch nicht ausgereift, man kann aber annehmen, daß dieses Medium in Zukunft eine außerordentlich große Rolle spielen wird.

Die Einsatzmöglichkeiten des jeweiligen Mediums und die Beziehungen zwischen Medium und »Empfänger« sind also in starkem Maße durch die technische Ausformung des Mediums bestimmt. Technisch bedingt ist auch die entscheidende Differenz zwischen direkter (etwa zwischen einigen Personen im Gespräch stattfindender) und massenmedialer Kommunikation:

Massenkommunikation ist immer ein einseitiger Vorgang. Für den Empfänger massenmedial vermittelter Informationen gibt es keine Möglichkeit, sofort und in gleicher Verbreitung auf die gegebene Information zu »antworten«; hier kann der »Empfänger« in der Regel nicht auch zugleich »Sender« sein.

Das heißt nicht, daß man auf massenmedial vermittelte Nachrichten, Stellungnahmen usw. überhaupt nicht massenmedial reagieren könnte. Wer ein Buch liest, zu dem er öffentlich Stellung nehmen möchte, kann ein neues Buch zum gleichen Thema schreiben und herausgeben — wenn er einen Verleger findet. Wer zu einer über den Rundfunk verbreiteten Meinung eine Gegenposition öffentlich einnehmen will, kann der Rundfunkanstalt eine Stellungnahme einschicken — vielleicht wird etwas daraus zumindest in der »Hörerpost« zitiert. Wer an einer Fernsehsendung Kritik üben will, kann der Fernsehredaktion schreiben oder die Redaktion anrufen — die Aussichten, daß diese Kritik im Fernsehen zitiert wird, sind allerdings gering. Am besten daran ist hier noch derjenige, der selbst — etwa durch seinen Beruf, seine politische oder kulturelle Prominenz, sein wissenschaftliches Ansehen oder seine wirtschaftliche Macht — Zugang zu demselben oder zu einem konkurrierenden Massenmedium hat. Auch der hat freilich den Nachteil der zeitlichen Verzögerung in der Verbreitung seiner Antwort; und er hat keineswegs die Gewißheit, daß seine Antwort auch alle diejenigen Hörer, Leser oder Zuschauer erreicht, die von der Erstinformation erreicht wurden.

Die große Mehrheit der »Empfänger« von Informationen oder Meinungen, die über Massenmedien verbreitet werden, hat jedenfalls keine Chance, als »Sender« auf das Empfangene zu reagieren. Bei jeder unmittelbaren Form der Kommunikation ist das anders. In einem Gespräch oder einer Versammlung hat prinzipiell jeder die Möglichkeit, zu Wort zu kommen.

Demokratische Gesellschaften bestehen auf dem Grundsatz der Chancengleichheit. »Gleichheit vor dem Gesetz«, gleiche Chancen politischer Mitentscheidung (gleiches Wahlrecht) — das sind die Kernsätze jeder Demokratie. Wie steht es unter den Bedingungen der Massenmedien mit der »Gleichheit vor der Information«?

In der Verfassung der Bundesrepublik heißt es: »Jeder hat das Recht, seine Meinung in Wort, Schrift und Bild frei zu äußern und zu verbreiten und sich aus allgemein zugänglichen Quellen ungehindert zu unterrichten. Die Pressefreiheit und die Freiheit der Berichterstattung durch Rundfunk und Film werden gewährleistet. Eine Zensur findet nicht statt.« (Grundgesetz, Artikel 5, Absatz 1.) Vor dem Grundgesetz sind alle gleich. Aber rechtliche Gleichheit bedeutet noch nicht Gleichheit der Chancen, von diesem Recht Gebrauch zu machen. Auch hier gilt der bekannte Satz: »Alle sind gleich, aber einige sind gleicher.« Ein westdeutscher Zeitungsverleger hat denselben Sachverhalt etwas anders ausgedrückt: »Die Verwirklichung vieler verfassungsrechtlicher Grundrechte bedarf des Kapitals.«

Dieser Satz bedarf allerdings einer Einschränkung, soweit es um den Zugang zu den Massenmedien geht. Wir hatten schon gesehen, daß nicht nur großer wirtschaftlicher Besitz, sondern auch ein besonderer sozialer Status eine größere Chance mit sich bringen können, die eigene Meinung über die Massenmedien zu verbreiten. Auch wissenschaftliche oder politische Prominenz oder zum Beispiel die Berühmtheit eines Fußballstars kann in diesem Sinne »Kapital« sein.

Daß jedermann wenigstens das gleiche Recht (wenn auch nicht die gleiche Chance) dazu hat, seine Meinung zu verbreiten, ist eine ziemlich junge und auch heute noch gar nicht selbstverständliche politische Errungenschaft. Das gleiche Recht auf den Zugang zu Informationen war Jahrhunderte hindurch nicht gegeben — und ist auch heute noch nicht überall durchgesetzt. Autoritäre Staatsformen gründeten ihre Herrschaft vor allem auch darauf, daß der Zugang zu Informationen und die Verbreitung von Nachrichten und Meinungen der jeweils herrschenden Schicht vorbehalten blieben. Der heute noch gängige Begriff vom »Staatsgeheimnis« ist ein Rest dieser Verhältnisse. Die Geschichte der Durchsetzung bürgerlicher Demokratie ist nicht zuletzt die Geschichte der »Preßfreiheit«, wie es damals hieß, also des Kampfes um das Recht, sich Informationen frei zu beschaffen und sie frei zu verbreiten. Die Länder, in denen sich das Interesse des aufsteigenden Bürgertums an rechtsstaatlich-parlamentarischen Verhältnissen zuerst durchsetzte (England, USA, Frankreich), sind auch diejenigen, in denen eine freie Presse die längste und am besten gesicherte Tradition hat. Von daher erklärt sich auch, daß in diesen Ländern die Öffentlichkeit auf jede Einschränkung der Pressefreiheit sehr empfindlich reagiert.

In Deutschland ist die Pressefreiheit erst relativ spät, nämlich in der — sonst nicht sehr erfolgreichen — bürgerlichen Revolution von 1848 erkämpft worden. Auch danach griff allerdings der Obrigkeitsstaat wieder mit Zensur und Verbot in die Pressefreiheit ein, so vor allem während des »Sozialistengesetzes« (Verbot der Sozialdemokratie, 1878—1890). Wirkliche Freiheit der Meinungsäußerung gab es in Deutschland erst in der Zeit der Weimarer Republik (1918—1933). Hier zeigte sich freilich, daß Pressefreiheit noch nicht »Presse für die Freiheit« bedeutet. Eine der mächtigsten Meinungsfabriken der Weimarer Zeit war der Hugenberg-Konzern, der mit Zeitungen, Nachrichtendiensten und Filmen zur Zerstörung der Demokratie und zur Machtergreifung des deutschen Faschismus beitrug.

In der Zeit der Herrschaft des Faschismus (1933—1945) gab es in Deutschland keinerlei Freiheit der Äußerung und Verbreitung von Meinungen, die von der Doktrin des Staates abwichen. Die restlose und planmäßige Steuerung von Presse, Rundfunk, Film und Buchproduktion unter dem Propagandachef Goebbels war eines der wichtigsten Herrschaftsmittel des Dritten Reiches.

Eine mehr oder weniger autoritäre Lenkung der Massenmedien durch gesellschaftliche Herrschaftsgruppen oder den Staat finden wir auch heute noch in vielen Ländern der Welt. Ein wissenschaftliches Institut in den USA macht regelmäßig den Versuch, eine internationale Skala nach dem Grad der in den einzelnen Staaten jeweils realisierten Pressefreiheit aufzustellen. Als Maßstäbe werden dabei angenommen: staatliche Zensur, Einfluß gesellschaftlicher Machteliten auf die Massenmedien, Besitzkonzentration.

Nach dieser Untersuchung kann keine Rede davon sein, daß im größeren Teil der Länder der Erde Pressefreiheit (hier auch als Freiheit für Rundfunk und Fernsehen verstanden) besteht. Die Bundesrepublik rangiert nach dieser Untersuchung übrigens nicht in der Gruppe jener Länder, in denen die Pressefreiheit am besten gewährleistet ist.

Die Erwartungen, die man im offiziellen politischen Selbstverständnis der BRD in die demokratische Funktion der Presse und der anderen Massenmedien setzt, sind recht hochgeschraubt. Das Bundesverfassungsgericht hat näher beschrieben, welche Freiheit das Grundgesetz in seinem fünften Artikel garantieren will:

»Eine freie, nicht von der öffentlichen Gewalt gelenkte, keiner Zensur unterworfene Presse ist ein Wesensmerkmal des freiheitlichen Staates, insbesondere ist eine freie, regelmäßig erscheinende politische Presse für die moderne Demokratie unentbehrlich. Soll der Bürger politische Entscheidungen treffen, muß er umfassend informiert sein, aber auch die Meinungen kennen und gegeneinander abwägen können, die andere sich gebildet haben. Die Presse hält diese ständige Diskussion in Gang, sie beschafft die Informationen, nimmt selbst dazu Stellung, wirkt damit als orientierende Kraft in der öffentlichen Auseinandersetzung.« (Bundesverfassungsgericht in einem Urteil vom 5. 8. 1966.) Es versteht sich, daß mit dieser Funktionsbeschreibung neben der Presse immer auch die anderen Massenmedien gemeint sind.
Bei anderer Gelegenheit hat das Bundesverfassungsgericht Pressefreiheit als »Bestand einer relativ großen Zahl von selbständigen und nach Tendenz, politischer Färbung und weltanschaulicher Grundhaltung miteinander konkurrierenden Presseerzeugnissen« beschrieben.
Noch anschaulicher hat der frühere Bundespressechef Karl-Günther von Hase die Anforderungen an eine demokratische Presse formuliert: »Dem Grundgesetz steht das Bild der Presse vor Augen als ein Stück der freien Gesellschaft, dem frischen Luftzug des Wettbewerbs ausgesetzt, der immerzu neue Talente, neue Presseunternehmen, neue Presseorgane nach vorn bringt ... Im Bereich der Presse ist es ganz wesentlich, daß von der Freiheit, die jedem zusteht, auch tatsächlich jeder, zumindest eine Vielzahl, Gebrauch machen kann.«
Die Pressefreiheit, einst in langwierigen Kämpfen dem Obrigkeitsstaat abgerungen, soll demnach durch gleichwertige Konkurrenz, durch gegenseitige Kontrolle, durch Neugründungen und steten Wandel gesichert werden.

Konkurrenz und Konzentration

Diese Vorstellung orientiert sich am Bild der Marktwirtschaft, der konkurrierenden Vielfalt wirtschaftlicher Unternehmen, die auch der Neugründung gleiche Chancen bietet. Dieses Bild stimmt aber mit der Realität der Wirtschaft unserer Gesellschaft heute nicht mehr überein. Und auch die Presse ist längst in den Sog entgegengesetzter Tendenzen der wirtschaftlichen Entwicklung geraten.
Die Zahl der selbständigen Tageszeitungen und der politisch informierenden Wochenschriften ist in Westdeutschland seit etwa 1955 ständig zurückgegangen. Für die Tageszeitungen ergibt sich aus der Statistik folgendes Bild:

Tageszeitungen mit selbständiger Redaktion: 1954: 225; 1964: 183; 1967: 158; 1969: 149; 1974: etwa 120.
Diese Zahlen sagen allerdings noch nicht viel über die wirklichen Konkurrenzverhältnisse aus; die »selbständigen« Redaktionen sind nämlich zu mehr als 50 % an nicht mehr als rund 15 Verlage gebunden.
Von einem »frischen Luftzug des Wettbewerbs« und einer »Vielfalt konkurrierender Meinungen« kann bei der Tagespresse vor allem dort keine Rede mehr sein, wo sich in Großstädten Verlagsmonopole herausbilden oder in Stadt- und Landkreisen überhaupt nur noch eine lokale Tageszeitung zu finden ist. So beträgt z. B. in Westberlin und Hamburg der Anteil der Zeitungen aus dem Verlagshaus Springer am lokalen Tageszeitungsmarkt um 70 %. Die Zahl der Landkreise oder kreisfreien Städte, in der nur noch eine Tageszeitung existiert, ist von 15 % im Jahre 1954 auf 40 % im Jahre 1974 angestiegen. Inzwischen hat sich diese Tendenz zu lokalen Tageszeitungs-Monopolen noch verstärkt fortgesetzt.
Auch bei den überregionalen Sonntagszeitungen hat ein Verlagshaus (Springer) mit fast 90 % der Gesamtauflage praktisch ein Monopol.
Als politisches Nachrichtenmagazin hat der »Spiegel« zur Zeit eine Monopolstellung.
Den Sektor der Publikumszeitschriften (Illustrierte, Programmzeitschriften, Frauenzeitschriften u. ä.) beherrschen unangefochten fünf mächtige Konzerne (Heinrich-Bauer-Verlag, Burda-Verlag, Gruner + Jahr-Verlag, Ganske-Gruppe, Springer), die zusammen eine Auflage von rund 30 Millionen Exemplaren pro Woche absetzen.
Solche Zahlenangaben über die Tendenz zur Konzentration in der westdeutschen Presse ließen sich fortsetzen. Ohne Zweifel beherrschen in immer größerem Umfange einige Großverlage den Pressemarkt der Bundesrepublik. Angesichts dessen wird das Urteil verständlich, das der durchaus konservative Publizist Paul Sethe abgab: »Pressefreiheit in der Bundesrepublik ist die Freiheit von 200 reichen Leuten, ihre Meinung zu verbreiten. Journalisten, die diese Meinung teilen, finden sie immer. Frei ist, wer reich ist.« Das ist nicht von Karl Marx, sondern von Paul Sethe.

Da von Karl Marx die Rede ist — Marx hat vor rund hundert Jahren die Hypothese aufgestellt, daß in einer Wirtschaftsgesellschaft unseres Typs Besitz und Verfügungsmacht über Produktionsmittel sich bei einigen Großunternehmen konzentrieren würden. Die wirtschaftliche Entwicklung auch im Pressesektor bewahrheitet diese Hypothese. Nicht aus Versehen hat übrigens Marx seinem Hauptwerk den Titel »Das Kapital« — und nicht etwa: »Die Kapitalisten« — gegeben. Der

Titel deutet an, daß wirtschaftliche Entwicklungen, und so auch die Tendenz zur Konzentration, nicht den bösen oder guten Eigenschaften irgendeines Unternehmers zuzuschreiben sind. Auch die Pressekonzentration ist nicht die Folge der Machtgier einiger großer Verleger, sondern sie hat ihre Ursachen in Bewegungsgesetzen unserer Wirtschaft, denen auch der publizistische Unternehmer sich anzupassen hat — wenn er Unternehmer bleiben will. Viele Unternehmer haben das Rennen um höhere Marktanteile, modernere Herstellungstechniken, größere Werbeeinnahmen auf dem Pressesektor nicht durchhalten können. In der Bundesrepublik ist in den letzten Jahren nicht nur die Zahl selbständiger Zeitungen und Zeitschriften, sondern auch die Zahl publizistischer Unternehmer, also der Zeitungs- und Zeitschriftenverleger, rapide zurückgegangen.

Produktionsverhältnisse der Presse

Die zunehmende Konzentration der Presse hängt nicht zuletzt mit den immer anspruchsvoller werdenden Druckverfahren zusammen. Die neu entwickelten Herstellungstechniken für Zeitungen und Zeitschriften, insbesondere der Farbdruck, erfordern immer höhere Kapitalinvestitionen, die sich nur die wirklich großen Zeitungsverlage erlauben können. Wer bereits Massenauflagen erreicht hat, kann sich neue und moderne Maschinen leisten und dadurch den Abstand zu den mittleren und kleineren publizistischen Unternehmern wiederum vergrößern. Wer modernere Druckverfahren benutzt, kann pro Stück kostengünstiger produzieren. Und wer die bessere Druckqualität und den größeren Marktanteil vorweisen kann, hat alle Aussichten, auch bei der Konkurrenz um die Inserate (vor allem die Anzeigen der Markenartikelindustrie) die mittleren und kleineren und weniger kostspielig hergestellten Zeitungen und Zeitschriften aus dem Felde zu schlagen.
Hinzu kommen die Vorteile des Großverlages beim Vertrieb und bei der Eigenwerbung. Die Grossisten, die den Zeitungs- und Zeitschriftenvertrieb für die Kioske beherrschen, bevorzugen natürlich Blätter mit Massenauflage, und für sie ist es rationell, wenn sie ihre Ware von einigen wenigen Großunternehmen beziehen können. Ein Verlag, der bereits über Zeitungen und Zeitschriften mit hoher Auflage verfügt, kann direkt oder indirekt in seinen Organen gegenseitige Werbung betreiben, er hat auch am ehesten die Chance, eine neue Publikation überhaupt erst einmal den möglichen Käufern bekannt zu machen. Der Volkswirtschaftler Werner Hofmann hat diese Zusammenhänge auf eine nüchterne Formel gebracht: »Presse

ist ein Gewerbe. Sie geht auf Gewinn. Sie verbreitet Nachricht, Meinung, Unterhaltung als Ware und unterliegt damit den Gesetzen der Warenproduktion.«
Konzentrationsvorgänge im Pressesektor werden gerade an jenen Publikationen deutlich, die den größeren Teil der Markenartikelwerbung bringen, nämlich den großen Illustrierten. Vor 12 Jahren gab es in der Bundesrepublik noch 12 Blätter dieses Typs, mit einer Gesamtauflage von rund 6 Millionen. Inzwischen ist die Gesamtauflage dieser Art von Illustrierten auf etwa 8 Millionen Exemplare angestiegen, die Zahl derselben jedoch auf 4 abgesunken, und man rechnet damit, daß sich auf längere Sicht auch davon nur noch 2 werden halten können.
Die »horizontale Konzentration« im Pressesektor, also die Einverleibung von immer mehr Zeitungen und Zeitschriften bei einigen Großverlagen, wird ergänzt durch die »vertikale Konzentration« im graphischen Gewerbe. Darunter wird der Zusammenschluß von Betrieben aller möglichen Produktionsstufen (von der Papierherstellung über den Druckereibetrieb bis zum Verlag) in einem Unternehmen verstanden. Hinzu kommen kartellartige Verhaltensweisen der Großverlage untereinander. Aus dem Verlag Gruner + Jahr wurde seinerzeit folgender Satz berichtet: »Solange Springer die Frauen in Ruhe läßt, machen wir keine Fernsehzeitschrift, solange Springer keine Illustrierte auf den Markt bringt, heben wir keine Tageszeitung aus der Taufe.« Wenn die publizistischen Mammutunternehmen auf solche Weise den Pressemarkt unter sich parzellieren, wird die Wettbewerbssituation für die kleinen und mittleren Unternehmen noch hoffnungsloser.
Die Konzentration bei den Zeitungen und Publikumszeitschriften findet auch bei den Nachrichtenagenturen, aus denen die Massenmedien ihr aktuelles Material schöpfen, kein Gegengewicht. Nachdem 1971 die amerikanische Nachrichtenagentur »UPI« ihren Deutschlanddienst einstellte, hat die »Deutsche Presse-Agentur« (dpa) hier praktisch eine Monopolstellung. Diese Agentur wiederum ist im Besitz der Zeitungsverleger.
Wenn Paul Sethe die Pressefreiheit als »Freiheit von 200 reichen Leuten« beschrieb und damit die führenden Verleger oder Verlagsteilhaber meinte, dann ist inzwischen die Zahl der solcherart Privilegierten sicherlich weiter zusammengeschmolzen.

Das Anzeigengeschäft

Der Kampf um den größeren Marktanteil, der den Trend zur Pressekonzentration vorantreibt, richtet sich nicht nur auf den

Markt der Leser, sondern mindestens ebensosehr auf den der Inserenten. Zeitungen und Publikumszeitschriften ziehen ihre Gewinne längst mehr aus den Anzeigen, die sie veröffentlichen, als aus den Zahlungen der Abonnenten und Käufer. Die Einnahmen der Tageszeitungen in der Bundesrepublik stammen zur Zeit durchschnittlich zu 30 % aus dem Verkaufserlös, zu 70 % aus dem Inseratengeschäft. Bei den Illustrierten ist das Verhältnis noch eindeutiger zugunsten der Inserate. Der Gesamtumsatz der Werbung in Zeitungen und Zeitschriften in der BRD betrug im Jahre 1970 rund 6 Milliarden DM, das ist etwa die Hälfte des Werbeaufwands in unserem Lande überhaupt. Für die Zunahme des Anzeigenteils bietet der »Spiegel« ein Beispiel: 1950 machten die Anzeigen 11,8 % des Gesamtumfangs dieser Zeitschrift aus; heute mehr als 50 %.

So wird übrigens auch erklärlich, weshalb gelegentlich Zeitschriften mit Riesenauflagen plötzlich ihr Erscheinen einstellen. Schon ein leichter Rückgang des Anzeigengeschäfts kann eine Publikation zum Tode verurteilen, da die hier ausfallenden Einnahmen angesichts des Konkurrenzdrucks nicht durch Steigerung des Verkaufspreises wettgemacht werden können.

Für eine Illustrierte zum Beispiel kann es sogar gefährlich werden, wenn sie nach Weihnachten oder in anderen Flaute-Zeiten der Werbung ihre Verkaufsauflage wesentlich steigert. Die Mehrkosten in der Herstellung finden dann keinen Ausgleich in einer vermehrten Inserateneinnahme, und die Gewinne schmelzen zusammen.

Eine boshafte Bemerkung über das Zeitungs- und Zeitschriftengeschäft besagt, der redaktionelle Teil der Presse sei heute nur noch »die Fortsetzung der Anzeige mit anderen Mitteln«.

In der Tat muß bei Publikationen, die ihre Einnahmen zum größeren Teil durch Inserate gewinnen, die verlegerische Kalkulation in erster Linie auf den Anzeigenraum als Ware gerichtet sein, die dann durch einen redaktionellen Teil und durch ein nachgewiesenes Leserpublikum absetzbar wird.

Unter solchen Umständen ist es für die Presse außerordentlich schwierig, jene Aufgabe wahrzunehmen, die ihr in einer demokratischen Gesellschaft zugeschrieben wird, nämlich: unabhängig von falschen Rücksichtnahmen an der Herausbildung einer freien öffentlichen Meinung mitzuwirken.

Die Abhängigkeiten, die das Inseratengeschäft mit sich bringt, liegen nicht einmal so sehr in der direkten Einflußnahme von Inserenten auf den redaktionellen Teil – obwohl auch solche Steuerungsversuche immer wieder vorkommen. Viel wirkungsvoller ist ein indirekter Mechanismus, den der Zeitungswissenschaftler Otto B. Roegele folgendermaßen beschreibt: »Aus Rücksichtnahme auf mögliche oder wirkliche, vermutete oder erklärte Empfindlichkeiten der wirtschaftlichen Interessenten entstehen in der Presse Schweigezonen, die ... einander nicht aufheben, sondern sich summieren und zu einem System weißer Flecken auf der Landkarte der in den Zeitungen behandelten Themen auswachsen.«

Öffentlich-rechtliche Rundfunkanstalten

Im Unterschied etwa zu den USA ist in der Bundesrepublik das neben der Presse wirkungsvollste Massenmedium, nämlich das Fernsehen, wie auch der Rundfunk, eine »Anstalt des öffentlichen Rechts«, also nicht privatwirtschaftlich organisiert.
Zwar heißt es in der Verfassung der Bundesrepublik, »jeder hat das Recht, seine Meinung in Wort und Bild frei zu äußern und zu verbreiten«, aber bei Rundfunk und Fernsehen ist es schon aus technischen Gründen (es stehen nicht genügend Frequenzen zur Verfügung) gar nicht denkbar, daß jeder von diesem Recht Gebrauch macht. Technische Schwierigkeiten, der enorme finanzielle Aufwand bei der Einrichtung von Funk- und Fernsehsendern und die Einsicht, daß es deshalb bei diesem Medium in jedem Falle ein Oligopol geben wird, veranlaßten die Volksvertretungen der Bundesrepublik dazu, Funk und Fernsehen nicht der Gewerbefreiheit privater Unternehmer zu überlassen, sondern — sozusagen am Rande des Staates — als öffentlich-rechtliche Anstalten einzurichten.
Angesichts dessen und aufgrund der staatlich eingetriebenen Benutzergebühren erscheinen zunächst Rundfunk und Fernsehen den Zwängen privatwirtschaftlicher Rentabilität, wie sie sich in der Presse so problematisch bemerkbar machen, entzogen.
Andererseits liegt bei einer solchen Lösung natürlich die Gefahr autoritär-staatlicher Lenkung der Rundfunk- und Fernsehanstalten nahe.
Die Staatsverträge und Gesetze der Bundesländer, die den rechtlichen Rahmen für Funk und Fernsehen in der BRD abgeben, enthalten deshalb sämtlich Bestimmungen folgenden Inhaltes: »Der ... (folgt die Angabe des Senders) hat seine Sendungen im Rahmen der verfassungsmäßigen Ordnung zu halten. Er hat die weltanschaulichen, wissenschaftlichen und künstlerischen Richtungen zu berücksichtigen ... Er darf nicht einseitig einer politischen Partei oder Gruppe, einer Interessengemeinschaft, einem Bekenntnis oder einer Weltanschauung dienen.«

Eine Vielfalt der Meinungen?

Die Vielfalt von Meinungen und Standpunkten, die man sich bei der Presse von der Gewerbefreiheit erhofft, soll bei den öffentlich-rechtlichen Funk- und Fernsehanstalten also durch die Verpflichtung auf eine pluralistische Redaktionspolitik gewährleistet werden.

»Pluralismus« (Vielfalt gesellschaftlicher und politischer Richtungen) bedeutet aber hier nicht einfach Beliebigkeit. Die Rundfunk- und Fernsehanstalten sind in ihren Statuten durchweg dazu verpflichtet, »die internationale Verständigung zu fördern, zum Frieden und zur sozialen Gerechtigkeit zu mahnen, die demokratischen Freiheiten zu verteidigen«. (Statut des Norddeutschen Rundfunks.)

Die Rundfunk- und Fernsehräte als Selbstverwaltungsorgane der Sender sollen durch ihre Zusammensetzung sichern, daß Berichterstattung und Meinungsäußerungen in Funk und Fernsehen nicht einseitig werden, deshalb sind in ihnen die großen Parteien, gesellschaftlichen Gruppen usw. nach bestimmten, etwas wechselnden Verteilerschlüsseln vertreten.

Aber auch diese Konstruktion hat ihre Schattenseiten. Der »Spiegel« schrieb darüber: »Kritische Stimmen verstummen, weil die Intendanten, die Programmdirektoren, die Rundfunkangestellten nach Möglichkeit alle Unruhe, alle Aufregung, jeden Anstoß vermeiden wollen. Wie brave Beamte möchten sie nicht gerügt und nicht bemängelt werden ... Da in den Aufsichtsgremien der politische Proporz regiert, ist jede politische Haltung, ist schließlich jede Politik riskant; risikolos ist am ehesten eine Vermeidung der Politik, ist die leichte Unterhaltung.«

Vielleicht ist dieses Urteil aber doch nicht ganz zutreffend. Vergleicht man das Programm der Rundfunk- und Fernsehanstalten der BRD mit den Funk- und Fernsehsendungen vieler anderer Länder, so stellt sich heraus, daß das Programm in der BRD relativ viel politisch informierende und gesellschaftlich kritische, auch anspruchsvolle Sendungen bringt. Privatwirtschaftlich betriebene Sender schneiden in diesem Punkt durchweg schlechter ab. Allerdings sind auch die Rundfunk- und Fernsehanstalten der Bundesrepublik in zunehmendem Maße Geschäftsunternehmen, wenn auch eigener Form. Bis auf den Deutschlandfunk und die Deutsche Welle bringen alle Sender Werbung, und die Werbeeinnahmen steigen schneller als die Einnahmen aus den Benutzergebühren. So hat z. B. das Zweite Deutsche Fernsehen in zwei Jahren seine Gesamteinnahmen um 70 % gesteigert, dabei sind aber die Einnahmen aus Gebühren nur um 25 %, die Einnahmen aus Werbung hingegen um 130 % angestiegen.

Die ARD (Arbeitsgemeinschaft der Rundfunkanstalten Deutschlands) bestreitet ihren Etat zur Zeit zu etwa 30 %, das ZDF (Zweites Deutsches Fernsehen) den seinen zu fast 50 % aus Werbeeinnahmen.

Die totale Kommunikationsindustrie?

Hinzu kommt, daß die Fernsehanstalten einen immer größeren Teil ihrer Sendungen von Ateliergesellschaften produzieren lassen, bei denen meist die Sender und Privatunternehmer gemeinsam als Gesellschafter fungieren. Die privatwirtschaftliche Produktion von TV-Sendungen wird noch weiter zunehmen, sobald das Kassettenfernsehen sich ausbreitet.
Die Möglichkeit einer »totalen Kommunikations-Industrie«, konzentriert bei ganz wenigen kapitalkräftigsten Großunternehmen, taucht am Horizont auf. Diese Großunternehmen würden dann in technisch höchstentwickelter Form und mit größter kommerzieller Rationalisierung Wort-, Bild- und Tonproduktion betreiben, von der Papierherstellung über die zentrale »Informations-Bank« bis zu Büchern, Zeitschriften, Schallplatten, Filmen, Lernmaschinen und Ton-Film-Kassetten als Endprodukt. Würden diese Konzerne noch private Funk- und Fernsehsender betreiben können, so wäre der privatwirtschaftlich konzentrierte Medien-Verbund perfekt; weder die privaten kleinen und mittleren publizistischen Unternehmer noch die öffentlich-rechtlichen Funk- und Fernsehanstalten könnten hierzu ein Gegengewicht bilden.

Massenmedien und Werbung

Die Massenmedien sind immer mehr in die Steuerung durch die Werbefunktion geraten, die wiederum die Konzentration in diesem Bereich fördert. Daß Werbung heute in Gesellschaften vom Typ der Bundesrepublik ein enorm bedeutender Faktor ist, wird von niemandem bestritten. Immerhin liegen die Werbeausgaben der privaten Wirtschaft in der BRD heute bei rund 20 Milliarden im Jahr, also erheblich über dem jährlichen Etat des Bundes, der Länder und der Gemeinden für das Schulwesen. Die Bedeutung der Werbung liegt dabei zunächst im wirtschaftlichen Bereich: Werbung ist Mittel zum Absatz von Waren, und sie ist zugleich selbst bereits wieder (vorgeschaltete) Ware. Die Bedeutung von Werbung geht aber darüber hinaus; die kommerzielle Werbung entwickelt Methoden der Verhaltensbeeinflussung und züchtet Verhaltensweisen, die sich auch auf den politischen Bereich übertragen. Wahlkämpfe — beispielsweise — sind weitgehend zu Materialschlachten von Werbeagenturen geworden.

Nun ist es wiederum kaum bestritten, daß Werbung heute in Politik und Wirtschaft fast durchweg der Absicht nach Manipulation bedeutet — Manipulation des Konsumenten bzw. Käufers oder des Wählers in dem Sinne, daß der Umworbene zu Entscheidungen veranlaßt werden soll, die er ohne den Eingriff der Werbung möglicherweise so nicht treffen würde.

Unbestritten ist ferner, daß kommerzielle Werbung einem ganz bestimmten ökonomischen Interesse entspringt, nämlich dem Interesse am Profit.

Mit dieser allgemeinen Einschätzung ist aber noch nicht viel getan. Vielmehr kommt es darauf an, die Mechanismen zu untersuchen, deren Werbung sich bedient. Welche Methoden setzt Werbung dieser Art ein? Welche Motive des Umworbenen greift sie auf? Weshalb sind diese Methoden wirksam?

Die frühe Phase des heute noch herrschenden Wirtschaftssystems läßt sich als »Mangelkapitalismus« kennzeichnen. Das Angebot an Waren lag hier noch zurück gegenüber ohnehin vorhandenen Konsumbedürfnissen; Werbung hatte nur geringe Bedeutung, da die Aufnahmebereitschaft für Waren durchweg auch ohne Werbung gegeben war.

Den Kapitalverhältnissen nach entwickelte sich zunächst der Konkurrenzkapitalismus, d. h. eine breit gelagerte Konkurrenz von Firmen stritt auf dem Markt um die Absatzchancen. Werbung wurde nun wichtiger, ihr Zweck war es, das Kaufinteresse auf das Angebot der jeweiligen Firma zu lenken.

Aus dem Konkurrenzkapitalismus hat sich inzwischen durch Konzentration und Zentralisation ein hochkonzentrierter Kapitalismus entwickelt. Hier wird die Produktion geplant, der Binnenmarkt ist weitgehend in Parzellen aufgeteilt, Konkurrenz hat sich zum Teil auf die internationale Ebene verlagert. Hier hat Werbung nicht mehr in erster Linie die Funktion, das Kaufinteresse auf das Angebot einer spezifischen Firma zu lenken, sondern im Mittelpunkt der Werbung steht die Zielsetzung, Aufnahmebereitschaft für ein bestimmtes Produkt überhaupt zu wecken, »Konsumbewußtsein« generell zu »pflegen«. Werbung täuscht dabei manchmal Konkurrenz zwischen Angeboten vor, die dem Kapitalbesitz nach von ein und derselben Firma kommen, sie hält also den *Schein* der Konkurrenz aufrecht. Diese heutige Ausformung kann man in bestimmtem Sinne auch als »Überflußkapitalismus« kennzeichnen, d. h. es ist ein Überangebot an Waren und an Produktionskapazitäten vorhanden, das darauf angewiesen ist, Aufnahmebereitschaft für Waren notfalls künstlich herzustellen. Das bedeutet nicht, daß die Masse der Bevölkerung über zuviel Güter verfügt,

sondern daß ihr aus Profitgründen bestimmte Güter mit bestimmten Eigenschaften (schnellebige Produkte ...) aufgedrängt werden sollen.
Von daher wird auch die Veränderung der Inhalte von Werbung verständlich: Es kommt heute nicht mehr darauf an, dem potentiellen Käufer die Vorzüge des Artikels einer ganz bestimmten Firma nahezulegen, sondern Werbung heute hat vorwiegend eine, wenn man so will: »erzieherische« Absicht, nämlich die, dem Umworbenen die *Normen* des herrschenden Wirtschaftssystems (das auf künstlichen Verschleiß, suggerierte Bedürfnisse, absichtliche Kurzlebigkeit von Produkten usw. eingestellt ist) immer wieder neu einzuprägen, ihn zum »überzeugten« Mitglied dieser vergeudungskapitalistischen Gesellschaft zu machen. Aus der Firmenwerbung wird also die Produkt- und zugleich Systemwerbung.
Diese neue Funktion der Werbung schlägt sich auch im Gesamtinhalt der Massenmedien nieder. Werbung in Zeitungen und Zeitschriften steht heute nicht mehr inhaltlich unverbunden neben dem redaktionellen Teil, sondern der redaktionelle Teil ist selbst von der Werbefunktion gesteuert.
Im frühen Kapitalismus hatten Zeitungen vor allem die Aufgabe, Nachrichten über Warenangebote an den Leser zu bringen. Dann wurden Nachrichten und Meinungen — in Zeitungen veröffentlicht — selbst zur Ware.
Heute schließlich dienen Nachrichten und Meinungen, die von der Presse oder von Funk und Fernsehen verbreitet werden, vor allem als Verpackung für Warenwerbung. Eine Analyse von Wirtschaftswerbung muß deshalb — gerade auch unter dem Aspekt der Systemwerbung — das redaktionelle Umfeld der Werbung miteinbeziehen. Dabei ist weniger die Schleichwerbung für ein bestimmtes Produkt oder eine bestimmte Firma interessant, sondern wichtiger ist die Frage, wie durch den redaktionellen Teil Werbung für diese Wirtschaftsform betrieben wird.
Konsequenterweise machen heute die Werbekosten bei *den* Konsumartikeln, die nicht unmittelbare Grundbedürfnisse ansprechen, einen immer höheren Anteil der Gesamtkosten aus und überwiegen zum Teil schon die eigentlichen Produktionskosten (z. B. bei Kosmetika, Pharmazeutika usw.); der Anteil der Werbekosten wird um so höher, je weniger die angebotenen Produkte auf selbstverständliche Bedürfnisse rechnen können.
Werbung schafft also heute *»sekundäre«* Bedürfnisse bzw. sie hält durch modischen Wechsel usw. jene *Schnellebigkeit der Produkte* in Gang, auf die Kapitalverwertung im entwickelten Kapitalismus angewiesen ist.
Allerdings kann man annehmen, daß die Manipulierbarkeit

des Käufers ihre Grenzen hat. Zwar ist das Kapital an allen Produkten interessiert, die *Tauschwert* versprechen (also profitabel sein können), während der *Gebrauchswert* der Ware für das Kapital ohne Interesse ist; der Käufer aber wird sich nicht auf Warenkauf einlassen, der ihm nicht in dieser oder jener Weise einen Gebrauchswert verspricht. Angesichts dessen ist das Kapital im hochentwickelten Kapitalismus dazu übergegangen, das Kaufinteresse dadurch zu steigern, daß es einen *»Zusatznutzen«* der Ware suggeriert.

Zigaretten, Alkohol, Kosmetika, Autos, Kleidung usw. bieten sich heute nicht mehr in erster Linie durch den Hinweis auf ihren unmittelbaren Gebrauchswert an, sondern die Werbung verspricht dem Käufer, daß er durch den Kauf der Waren soziale Anerkennung, Entspannung, Glück, Liebe, Frische, Welterfahrung, Freiheit und manches andere mehr gewinnen könne. Werbung greift also unerfüllte Wünsche und soziale Bedürfnisse der Umworbenen auf und biegt sie um in Kaufimpulse, lenkt sie ab auf eine Scheinbefriedigung. Da die zugrundeliegenden Wünsche jedoch durch Warenkauf nicht befriedigt werden können, bleibt Unzufriedenheit, die dann wieder für den nächsten Kaufakt mobilisiert wird.

Auf eben diese Weise trägt Werbung nicht nur zur Kapitalverwertung bei, sondern lenkt zugleich von der Frage ab, welche gesellschaftlichen Strukturen Glück verhindern – und wie diese Strukturen verändert werden könnten.

Probleme, die nur kollektiv gelöst werden könnten, werden individualisiert und damit von ihren wirklichen Zusammenhängen und Lösungsmöglichkeiten abgelenkt.

Wirtschaftswerbung im Sinne von Systemwerbung hat einige charakteristische Eigenschaften:

- Wirtschaftswerbung erweckt den Anschein, als stünde der Gebrauchswert eines Produkts im Mittelpunkt unserer Wirtschaftsordnung. Tatsächlich aber wird die wirtschaftliche Entwicklung in der kapitalistischen Gesellschaft von der Tauschwertseite des Produkts bestimmt. Entscheidend ist in unserem Wirtschaftssystem, wie und wo eingesetztes Kapital sich am günstigsten verwerten kann (Tauschwert), nicht aber, wie gegebene Bedürfnisse am besten befriedigt werden könnten (Gebrauchswert). Diese realen gesellschaftlichen Verhältnisse werden von der Wirtschaftswerbung für das Bewußtsein der Umworbenen verkehrt.
- Wirtschaftswerbung täuscht eine Gleichheit der Chancen vor, die (wenn schon nicht in anderen gesellschaftlichen Bereichen, so etwa in der Arbeitswelt, dann doch zumindest) auf dem Markt des Warenangebots gegeben sei. Tatsächlich ist aber auch die Konsumsphäre durch Ungleichheit geprägt.

Massenmedien als Autorität

Gerade die Gefahr einer Konzentration der Informationsindustrie im Medienverbund wirft die Frage auf, mit welcher Zielsetzung und mit welchen Einflußchancen diese Industrie ihr Geschäft betreibt.

Pressefreiheit war einmal gedacht als Möglichkeit für jeden Bürger, sich durch freien Zugang zu Informationen ein eigenes Urteil über seinen gesellschaftlichen Standort zu bilden und die gesellschaftlich Mächtigen durch Öffentlichkeit und Kritik unter Kontrolle zu nehmen. Entwickeln sich die Medien, die dieses Interesse des Bürgers vermitteln sollen, nun zum Instrument der Verhaltenssteuerung des Bürgers im Interesse der wirtschaftlich und politisch Mächtigen? Eine intern gedachte Leser-Analyse der BILD-Zeitung schrieb diesem Blatt folgende Wirkung zu:

»Dank seiner Autorität nimmt BILD dem Leser das Ordnen, Sichten und Bewerten der Ereignisse ab . . . Zweifellos bedeutet die Übertragung entscheidender individueller Funktionen, wie sie sich beim BILD-Leser ergibt, einen gewissen Verlust an Eigenständigkeit. Der Leser, der sich der Führung von BILD anvertraut, ist ohne die Hilfe dieser Zeitung vielleicht sogar ein wenig hilflos. Der engagierte BILD-Leser ist auf die Zeitung im echten Sinne angewiesen. Er bedarf täglich ihrer normativen Funktion . . . Einfluß und Macht der Zeitung, ihr Mut und ihre Entschlossenheit . . . geben dem BILD-Leser die Möglichkeit, die Realisierung dessen zu erleben, was ihm selbst immer unmöglich sein wird zu verwirklichen.«

Solche Vorstellungen finden sich nicht nur bei Zeitungen des Springer-Konzerns, und solche Möglichkeiten haben auch andere Medien. Man muß allerdings einschränkend sagen: Es gibt auch Journalisten, Redakteure, Verleger usw., die ihre Aufgabe anders sehen. Und die Steuerungsmöglichkeiten auch der Massenmedien sind nicht grenzenlos. Wissenschaftliche Untersuchungen der Wirkungen von Massenmedien sind zu dem Ergebnis gekommen, daß diese das Bewußtsein der »Empfänger« nicht entscheidend verändern, sondern vorhandene Einstellungen entweder verstärken oder leicht abschwächen können. Die Psychologie spricht von einer »selektiven Wahrnehmung«, d. h.: Leser, Hörer und Zuschauer nehmen aus einem Informationsangebot gern nur das zur Kenntnis, was ihre Gefühle und Denkrichtungen bestätigt. Die Meinungsbildung in Primärgruppen (Familie, Gruppe der Gleichaltrigen, Kollegen am Arbeitsplatz usw.) prägt das Bewußtsein des einzelnen immer noch mindestens so stark wie das Meinungsangebot der Massenmedien.

Problematischer als eine direkte Meinungssteuerung ist ver-

4. Kapitel:
Arbeiterbewegung und Gewerkschaften

Organisation und Aktion der Lohnarbeiter in Deutschland

Die Entstehung der Arbeiterbewegung

Die Arbeiterbewegung war die Antwort auf diese Lage. Schon früh breitete sich unter den Industrieproletariern die Einsicht aus, daß sie ihre Position gegenüber dem Unternehmer nur durch Solidarität stärken könnten. Die Tradition der Gesellenverbände aus der handwerklichen Produktion diente dabei als organisatorischer Anknüpfungspunkt.

Erste Arbeitervereine und frühe Formen der Gewerkschaften entstanden in Deutschland in den Jahren um 1848. Sie unterstützten auch die politische Bewegung dieser Jahre, also den Versuch, einen parlamentarischen Einheitsstaat in Deutschland an die Stelle der zahlreichen kleinen und größeren Feudalstaaten zu stellen. Dieser – gescheiterte – Versuch einer demokratischen Revolution in Deutschland 1848/49 war allerdings im wesentlichen noch vom Bürgertum getragen; die Arbeiterschaft war sozial und politisch damals noch eine Minderheit.

Die bürgerliche Bewegung für Einheit und Freiheit kam in Deutschland später als in anderen westlichen Ländern. In England und Frankreich war das Bürgertum längst die politisch tonangebende Kraft, als in Deutschland noch Obrigkeitsstaaten herrschten. Diese »Verspätung« der Entwicklung hat vermutlich zum Scheitern des bürgerlichen Revolutionsversuchs in Deutschland beigetragen. 1848 ist auch das Erscheinungsjahr des »Kommunistischen Manifests« von Marx und Engels, in dem zum ersten Mal systematisch ein gesellschaftsrevolutionäres Programm des Industrieproletariats aufgestellt wurde.

Im »Kommunistischen Manifest« hieß es: »Die wesentlichste Bedingung für die Existenz und für die Herrschaft der Bourgeoisklasse (= Großbürgertum) ist die Anhäufung des Reichtums in den Händen von Privaten, die Bildung und Vermehrung des Kapitals; die Bedingung des Kapitals ist die Lohnarbeit. Der Fortschritt der Industrie ... setzt an die Stelle der Isolierung der Arbeiter durch die Konkurrenz ihre revolutionäre Vereinigung ... Mit der Entwicklung der großen Industrie wird also unter den Füßen der Bourgeoisie die Grundlage selbst weggezogen, worauf sie produziert und die Pro-

dukte sich aneignet. Sie produziert ... ihre eigenen Totengräber. Ihr Untergang und der Sieg des Proletariats sind gleich unvermeidlich.«
Das war die Kampfansage an das Bürgertum. Der zeitliche Zusammenfall – 1848 als Datum des bürgerlichen Revolutionsversuchs und als Erscheinungsjahr des Kommunistischen Manifests – deutet die Problematik bereits an: Zwar war zu dieser Zeit das Industrieproletariat noch schwach und die Verbreitung solcher Ideen, wie sie im »Kommunistischen Manifest« formuliert sind, war gering, aber die kommende politische Kraft des wachsenden Industrieproletariats meldete sich unüberhörbar an. Damit geriet der bürgerliche Revolutionsversuch in Deutschland in einen inneren Zwiespalt. Zur gleichen Zeit nämlich, als die bürgerliche Bewegung sich gegen den Obrigkeitsstaat durchzusetzen bemühte, spürte sie ihren eigenen Machtanspruch schon gefährdet durch die nachrückende soziale Klasse, also die Industriearbeiterschaft. Die Halbherzigkeit des Bürgertums in der Revolution 1848/49 wird damit erklärlich, schon damals lag der Gedanke nahe, sich vor dem Proletariat in die rettenden Arme des Obrigkeitsstaates zu flüchten.
Das Scheitern der bürgerlichen Revolution in Deutschland brachte zunächst auch für die beginnende Arbeiterbewegung einen schweren Rückschlag. 1854 beschloß die Versammlung der deutschen Einzelstaaten, die Arbeitervereine im gesamten deutschen Gebiet aufzulösen. Erst in den 60er Jahren lockerte sich dieses Verbot etwas. Es bildeten sich neue gewerkschaftliche Zusammenschlüsse in einzelnen Berufssparten (Gewerkvereine der Buchdrucker und der Tabaksarbeiter waren die ersten größeren Verbände), es entstand (1863) der »Allgemeine Deutsche Arbeiterverein« unter Ferdinand Lassalle, und im Rahmen bürgerlich-liberaler Parteien und Organisationen entwickelten sich besondere »Arbeiterbildungsvereine«.
Mehr und mehr gewann innerhalb der wachsenden Industriearbeiterschaft der Gedanke an Boden, daß eine Verbesserung der eigenen sozialen und politischen Lage nur kollektiv, also durch starke eigene Organisationen erreichbar sei. Man erhoffte sich nichts mehr von dem bloßen moralischen Appell an die wirtschaftlich oder politisch Stärkeren, also die Unternehmer oder den Staat, sondern man ging daran, die andere Seite unter Druck zu setzen.

Die Forderungen der Arbeiterorganisationen

Worauf zielte dieser Druck, und welcher Mittel konnte sich die Arbeiterschaft bedienen?

Das Reservoir unausgeschöpfter Arbeitskräfte war damals so groß, daß der Unternehmer den Lohn des Arbeiters sehr niedrig halten konnte, wenn dieser als einzelner und in Konkurrenz mit anderen Arbeitern seine Arbeitskraft anbot. Die Arbeiterbewegung ging deshalb daran, durch gewerkschaftliche Organisation das Konkurrenzverhältnis zwischen den Arbeitern zurückzudrängen und die eigene Verhandlungsposition durch gemeinsame Lohnforderungen zu stärken. Auf diese Weise konnte der Lohn erhöht werden. Unterstützungskassen der Arbeiterorganisationen sollten das Risiko des einzelnen mindern, wenn es zu Konflikten mit dem Unternehmer und zeitweiliger Arbeitslosigkeit kam. Arbeitsverweigerungen — Streiks — konnten den Forderungen nach Lohnerhöhung Nachdruck geben. Meistens ging es dabei zugleich um bessere Arbeitsbedingungen, also z. B. um kürzere Arbeitszeit, um menschenwürdige Arbeitsplätze, um Schutz vor Arbeitsunfällen u. ä. Unter der Parole »Wissen ist Macht« waren die Arbeiterorganisationen auch bestrebt, bei ihren Mitgliedern einen Ausgleich für den Informationsrückstand zu vermitteln, der Folge einer unzureichenden Schulbildung war. Die Forderungen der Arbeiterbewegung richteten sich aber auch an den Staat. Ein Schutz des Arbeiters vor physischer Verelendung und eine wenigstens minimale Sicherung der Existenz des Arbeiters für den Fall der Invalidität und im Alter war nur auf dem Weg über staatliche Gesetzgebung zu erhoffen, ebenso das Verbot von Kinderarbeit u. ä.

Wollte man kollektiv für diese Ziele aktiv werden, dann hatte das einige Grundvoraussetzungen: Die Arbeiter mußten sich frei organisieren und ihre Forderungen öffentlich vertreten können (Koalitionsrecht, Versammlungs- und Pressefreiheit);

sie mußten das Recht erhalten, durch kollektive Arbeitsverweigerung Forderungen an den Unternehmer Nachdruck zu geben (Streikrecht);

sie mußten die Chance erhalten, auf die Entscheidungen des Staates Einfluß zu nehmen (Parlamentarisierung, allgemeines gleiches Wahlrecht).

Damit ist das Programm umrissen, für das sich in den Jahrzehnten ab 1860 die Arbeiterbewegung in Deutschland in langwierigen Kämpfen einsetzte.

Die Anfänge der Sozialdemokratischen Partei

1868 entschied sich die Mehrheit des Vereinstages deutscher Arbeiterbildungsvereine (Nürnberg) unter Führung von August Bebel und Wilhelm Liebknecht für die Trennung von den bürgerlich-liberalen Parteien und eine eigenständige politische

Organisation der Arbeiter. Man entschloß sich zur Zusammenarbeit mit der (maßgeblich von Karl Marx beeinflußten) »Internationalen Arbeiterassoziation« und stimmte folgenden Prinzipien dieser Internationale zu:
»Die Emanzipation der arbeitenden Klasse muß durch die arbeitende Klasse selbst erreicht werden. Der Kampf für die Emanzipation der arbeitenden Klasse ist nicht ein Kampf für Klassenprivilegien, sondern für gleiche Rechte und Pflichten und für die Abschaffung aller Klassenherrschaft. Die ökonomische Abhängigkeit des Mannes der Arbeit von dem Monopolisten (dem ausschließlichen Besitzer) der Arbeitswerkzeuge (Produktionsmittel) bildet die Grundlage der Knechtschaft in jeder Form, des sozialen Elends, der geistigen Herabwürdigung und politischen Abhängigkeit. Die politische Freiheit ist das unentbehrliche Hilfsmittel zur ökonomischen Befreiung der arbeitenden Klasse. Die soziale Frage ist demnach untrennbar von der politischen, ihre Lösung nur möglich im demokratischen Staat.« Mit dieser Zielsetzung wurde 1869 die »Sozialdemokratische Arbeiterpartei« gegründet, die sich 1875 mit dem Allgemeinen Deutschen Arbeiterverein (Lassalleaner) vereinigte.
Die Einheit Deutschlands war inzwischen (1871) hergestellt, freilich nicht durch eine Bewegung von unten her, sondern durch den preußischen Obrigkeitsstaat. Bei den Wahlen zum Deutschen Reichstag (einer parlamentarischen Vertretung, die allerdings nicht die Macht hatte, die Regierung zu bilden) gewann die Sozialdemokratische Partei 1877 rund 500 000 Stimmen. Die führenden Schichten des Obrigkeitsstaates erkannten die wachsende Stärke der organisierten Arbeiterbewegung. Mit Hilfe der Mehrheit der bürgerlich-liberalen Abgeordneten im Reichstag erließ die Reichsregierung 1878 das »Gesetz gegen die gemeingefährlichen Bestrebungen der Sozialdemokratie« (das sogenannte Sozialistengesetz), mit dem die Organisation und Propaganda der Arbeiterbewegung einschließlich der Gewerkschaften verboten und unterdrückt wurden.
Gleichzeitig versuchte Reichskanzler Bismarck, durch sozialpolitische Maßnahmen der Arbeiterbewegung »das Wasser abzugraben«. So kam es – früher als in anderen Industrieländern – zur Einführung der Krankenversicherung (1883), der Unfallversicherung (1884) und der Alters- und Invalidenversicherung (1889). Dieses Reformwerk bedeutete für die soziale Situation der Arbeiter einen erheblichen Fortschritt; ihre politischen Forderungen ließ sich die Arbeiterbewegung dadurch aber nicht abkaufen.
Weder die Bismarcksche Sozialgesetzgebung noch das Sozialistenverbot konnten den weiteren Aufstieg der Arbeiterbewe-

gung verhindern. Zu den Reichstagswahlen konnten sozialdemokratische Kandidaten trotz des Parteiverbots auftreten; 1884 wurden 550 000 Stimmen für die Sozialdemokraten abgegeben, 1887 waren es schon 760 000. Im Jahre 1889 ging eine Streikwelle durch die deutschen Industriezentren, an der Hunderttausende von Arbeitern beteiligt waren. Das Sozialistengesetz erwies sich als erfolglos. 1890 wurde es vom Reichstag nicht mehr erneuert. Bei der Reichstagswahl in diesem Jahr gewann die Sozialdemokratie 1,4 Millionen Stimmen, das waren rund 20 % der Wähler im Deutschen Reich. Bis 1913 hatte die SPD ihren Anteil an den Wählerstimmen auf 34,8 % gesteigert. Sie war damit die größte deutsche Partei.

Ebenso erfolgreich waren die freien Gewerkschaften, die mit der SPD eng zusammenarbeiteten. Sie hatten sich 1890 zu einem Zentralverband zusammengeschlossen; 1913 hatten sie in Deutschland 2,5 Millionen Mitglieder. Schon an diesen Zahlen läßt sich der rapide Aufstieg der deutschen Arbeiterbewegung zwischen 1870 und 1914 ablesen; er entsprach der Ausbreitung der Industrialisierung und der Zunahme des Industrieproletariats. Die SPD und die freien Gewerkschaften waren damals für die überwiegende Mehrheit der Arbeiterschaft auf fast selbstverständliche Weise »ihre« Organisationen. Als Vertretung von Arbeiterinteressen bestanden daneben nur die Christlichen Gewerkschaften, die politisch mit dem linken Teil der Zentrumspartei zusammenhingen; hier organisierte sich ein erheblicher Teil der katholischen Arbeiter.

Die Arbeiterbewegung war zwischen 1871 und 1914 die einzige größere politische Kraft in Deutschland, die ohne Einschränkungen für die politische Demokratie eintrat. Sie hatte damit das Erbe jener bürgerlich-demokratischen Forderungen von 1848/49 übernommen, auf die das deutsche Bürgertum selbst zugunsten seines Bündnisses mit dem wilhelminischen Obrigkeitsstaat verzichtete.

Die Spaltung der Arbeiterbewegung

Der Erste Weltkrieg brachte die Spaltung der bis dahin einheitlichen deutschen Arbeiterbewegung. Ein Teil der Sozialdemokratischen Partei wollte die Kriegspolitik der deutschen Regierung nicht länger tolerieren und machte sich in der USPD (Unabhängige Sozialdemokratie) selbständig. Streiks und revolutionäre Bewegungen aus der Arbeiterschaft ließen 1918 den Obrigkeitsstaat, der den Krieg nicht mehr gewinnen konnte, zusammenbrechen. SPD und USPD waren in diesem Zusammenbruch zunächst die einzig aktionsfähigen parteipolitischen Kräfte, sie bildeten eine Übergangsregierung.

Aber wohin sollte der weitere Weg gehen? Die SPD setzte sich für die Bildung einer Nationalversammlung ein, aus der eine parlamentarische Demokratie hervorgehen sollte. Weiter links stehende Gruppen der Arbeiterbewegung (USPD, Spartakusbund) wollten die sozialistische Räterepublik, also die Ausschaltung bürgerlicher Parteien und die sofortige Sozialisierung der Großindustrie, der Banken, des Großgrundbesitzes. Es kam zu blutigen Auseinandersetzungen, bei denen die SPD-Führung sich auf das Militär stützte, das aber keinerlei Sympathien für einen demokratischen Staat hatte und in der SPD nur ein kleineres, zeitweise zu tolerierendes Übel sah. Die Entscheidung der Mehrheit der Bevölkerung und auch der Arbeiterschaft fiel für das Konzept der SPD, also für den parlamentarischen Staat. Im Gegenschlag dazu bildete sich die Kommunistische Partei (KPD), die nun zur dauerhaften Konkurrenz der SPD im Felde der Arbeiterbewegung wurde.
Nur einmal noch kam es zu einer gemeinsamen Aktion von Sozialdemokraten und Kommunisten: Beide Richtungen trugen den Generalstreik der Arbeiterschaft, mit dem im Jahre 1920 ein Putsch rechtsradikaler Gruppen gegen die junge Demokratie vereitelt wurde (Kapp-Putsch). Der scharfe Gegensatz zwischen den beiden Linksparteien, der insbesondere nach der Ermordung der kommunistischen Führer Rosa Luxemburg und Karl Liebknecht (1919) Langfristigkeit erhielt, und die immer stärkere Bindung der Politik der KPD an die besonderen Interessen der Sowjetunion schwächten die Arbeiterbewegung.

Der Weg in den Faschismus

Entgegen weitverbreiteten Vorstellungen über die SPD als die »führende Partei« der Weimarer Republik hat diese Partei zwischen 1920 und 1933 nur für kurze Fristen Anteil an der Regierungsgewalt gehabt. Nach dem Tode Eberts (1925) wurde der ehemalige kaiserliche Generalfeldmarschall von Hindenburg Reichspräsident — eine Wahl, die die politische Verschiebung nach rechts hin anzeigt. Wirtschaftliche Schwierigkeiten taten ein übriges.
Die Jahre bis 1923 waren durch die Inflation geprägt, die die Inhaber kleiner Sparvermögen um ihren Besitz brachte und den Wert der Produktivvermögen (Fabrikationsanlagen, landwirtschaftlicher Großbesitz) steigerte. Davon war vor allem auch das Kleinbürgertum (Handwerker, Kleingewerbetreibende, Bauern, Beamte und Angestellte) betroffen. Dieselben Schichten wurden auch durch die zunehmende wirtschaftliche Konzentration und die fortschreitende Industrialisierung in

Unsicherheit versetzt. Der Verlust wirtschaftlicher Selbständigkeit (Kleinbetriebe wurden unrentabel) oder kleiner Vermögensbestände (Beamte und Angestellte waren nun allein auf ihre Gehälter und Löhne angewiesen) brachte große Teile dieser Schichten objektiv in eine »proletarische« Lage, d. h. sie hatten nun — wie längst schon die Arbeiter — nur mehr ihre Arbeitskraft als Mittel der Existenzsicherung. Subjektiv (für ihr eigenes Bewußtsein) hatten sie allerdings nichts mit der Arbeiterschaft gemein.

Diese Schichten radikalisierten sich nun politisch, aber nicht in Richtung auf die traditionelle Arbeiterbewegung und ihre Parteien, sondern nach rechts hin. Sie bildeten die Hauptmasse der wachsenden Anhängerschaft der faschistischen Partei in Deutschland, der NSDAP (Nationalsozialistische Deutsche Arbeiter-Partei). Schon der Name dieser Partei zeigt, daß hier antikapitalistische Gefühle eines »enterbten« Kleinbürgertums mitspielten. Dieser Antikapitalismus fand seinen irrationalen Ausweg im Antisemitismus, also in der Parole »Die Juden sind an allem schuld«. Daß z. B. die kleinen Kaufleute den großen Warenhausbesitzern weichen mußten, wurde nicht den Zwängen der wirtschaftlichen Konzentration zugeschrieben, sondern der »Raffgier des jüdischen Großkapitals«.

Die 1929 einsetzende Weltwirtschaftskrise wirkte sich auf die Verhältnisse in Deutschland katastrophal aus. Die Zahl der Arbeitslosen erreichte zeitweise die Rekordhöhe von 7 Millionen. Die von der Arbeiterbewegung erkämpften Rechte wurden angesichts dessen zum Fetzen Papier. Koalitionsrecht und Streikrecht waren praktisch wertlos, wenn Millionen von Arbeitern auf der Straße standen. Jede Sozialgesetzgebung wurde sinnlos, wenn die Wirtschaftskrise ihr keine finanzielle Deckung mehr ließ. Und gegenüber einem demokratischen Staat, in dem Millionen Arbeitswillige keinen Arbeitsplatz fanden, mußte man mißtrauisch oder gleichgültig werden.

Dennoch gelang der faschistischen Bewegung kein Einbruch in das traditionelle Reservoir der Arbeiterbewegung. Rechnet man die Wählerstimmen der SPD und der KPD zusammen, so blieb ihr Anteil an den abgegebenen Stimmen zwischen 1924 (Reichstagswahl im Dezember) und 1932 (letzte freie Wahl, November) ziemlich gleichbleibend bei rund 35 %.

Die Wahlerfolge der NSDAP gingen vor allem auf Kosten der bürgerlich-liberalen oder der gemäßigt nationalistischen Parteien. Diese Parteien (ausgenommen das Zentrum, das aufgrund der konfessionellen Bindung seinen Wählerstamm halten konnte) fielen von insgesamt 38 % im Dezember 1924 auf 13 % im November 1932 zusammen — wobei ein Teil von ihnen bereits mit der NSDAP zusammenging. Je schwieriger

die wirtschaftliche Situation wurde, desto mehr trieb die Angst vor dem sozialen Abstieg die Wählermassen der bürgerlich-liberalen Parteien in die faschistische Bewegung, die ihnen Rettung durch einen starken, autoritären Staat zu versprechen schien.
Kreise aus der Großindustrie und aus dem Großgrundbesitz und Reste der Führungsschichten des alten Obrigkeitsstaates von vor 1918 unterstützten die Machtergreifung der NSDAP. Sie hatten für die Weimarer Demokratie ohnehin nie Sympathien aufgebracht. Nun nutzten sie die gesellschaftlichen Machtpositionen, die man ihnen 1918/1919 belassen hatte, um eben diese Demokratie zu zerstören. Die Arbeiterbewegung (Gewerkschaften, SPD, KPD) fand nicht mehr die Kraft und Geschlossenheit, um die Machtübernahme Hitlers zu verhindern. Die selbstmörderische Politik der KPD (die die Sozialdemokraten als »Sozialfaschisten« bekämpfte) und die Konzeptionslosigkeit und der Antikommunismus der SPD trugen gleichermaßen zu dieser Ohnmacht bei.
Auflösung und Verbot der Organisationen der Arbeiterbewegung waren die ersten Schritte des deutschen Faschismus nach seiner Machtergreifung. Der Widerstand gegen den NS-Staat wurde im wesentlichen von illegalen Gruppen der Arbeiterschaft getragen. Zehntausende von Arbeitern und Funktionären der Arbeiterorganisationen wurden in die Gefängnisse und Konzentrationslager gesteckt. Viele Funktionäre der Arbeiterbewegung konnten sich nur durch die Flucht ins Ausland retten.
Wie in keinem anderen Land wurde die Tradition der Arbeiterbewegung durch die faschistische Herrschaft in Deutschland zerschlagen. Koalitionsrecht, Pressefreiheit, Streikrecht, Versammlungsrecht gab es im Dritten Reich nicht. Die Betriebsräte wurden aufgelöst. Auch in den Betrieben und für das Verhältnis von Unternehmern und Arbeitern bzw. Angestellten galt nun das Prinzip »Führer und Gefolgschaft«. Im »Gesetz zur Ordnung der nationalen Arbeit« (1934) hieß es:
»Im Betrieb arbeiten der Unternehmer als Führer des Betriebs, die Angestellten und Arbeiter als Gefolgschaft gemeinsam zur Förderung der Betriebszwecke und zum Nutzen von Volk und Staat.«

Nach 1945: Neue Wirtschaftsordnung oder Restauration des Kapitalismus?

Als 1945 das faschistische System in Deutschland militärisch geschlagen war und zusammenbrach, waren die Organisationen der Arbeiterbewegung die ersten politischen Kräfte, die

wieder aktiv wurden. Nach den Erfahrungen des Dritten Reiches war man sich innerhalb der Arbeiterbewegung zunächst einig, bestimmte Fehler der Weimarer Republik nicht zu wiederholen. Auf gewerkschaftlicher Ebene wollte man nicht mehr in Richtungsgewerkschaften zerspalten sein (und in der Tat setzten sich nach 1945 Einheitsgewerkschaften im wesentlichen durch); privatem Großbesitz wollte man nicht mehr die Chance lassen, wirtschaftliche in politische Macht umzusetzen.
Unter dem Einfluß von Gruppen, die früher in der christlichen Gewerkschaft und in der Zentrumspartei organisiert waren, setzten sich solche Vorstellungen zunächst auch in der CDU durch. So hieß es z. B. in den »Kölner Leitsätzen« der CDU vom September 1945: »Die Vorherrschaft des Großkapitals, der privaten Monopole und Konzerne ist zu beseitigen ...« Ähnliche Forderungen enthielt auch noch das Ahlener Wirtschaftsprogramm der CDU von 1947. Konkret dachte man daran, Schlüsselindustrien und Großbanken in Gemeinwirtschaft zu überführen und im übrigen in allen Unternehmen und in der Gesamtwirtschaft Vertreter der Arbeiter und Angestellten an wirtschaftlichen Entscheidungen zu beteiligen (Mitbestimmung).
Diese Gedanken haben auch noch in den Verfassungen der einzelnen westdeutschen Länder Eingang gefunden, die vor Gründung der Bundesrepublik beschlossen oder entworfen wurden. Die Verfassung des Landes Hessen z. B. sieht vor, daß die Großbetriebe im Bergbau, der Energiewirtschaft und der Stahl- und Eisenerzeugung in Gemeineigentum überführt und die Großbanken staatlicher Kontrolle unterstellt werden (Art. 41); die Verfassung des Landes Nordrhein-Westfalen erteilt (Art. 27) den Auftrag, Großbetriebe der Grundstoffindustrie und alle anderen monopolartigen Unternehmen in Gemeineigentum zu überführen. Diese und ähnliche Verfassungsbestimmungen der Länder wurden damals auch mit den Stimmen der CDU beschlossen. Damit schien garantiert zu sein, daß die Forderungen der Arbeiterbewegung nun in ihren wesentlichen Teilen realisiert würden.
Die tatsächliche politische Entwicklung verlief jedoch anders. Die Gründe dafür sind vielschichtig, hier können nur einige wichtige Gesichtspunkte aufgeführt werden: Die faktische politische Entscheidungsgewalt lag nach dem Zusammenbruch des Dritten Reiches nicht bei den politischen Parteien und Organisationen deutscherseits, sondern bei den vier Besatzungsmächten (USA, Großbritannien, Frankreich, UdSSR). Der weltpolitische Konflikt, der »Kalte Krieg« zwischen West und Ost, führte nach 1945 gerade auf deutschem Gebiet zu einer Verschärfung der Gegensätze. Die Besatzungsmächte (die drei westlichen unter Führung der USA und auf der anderen Seite

die UdSSR) verfolgten nun die Politik, ihre jeweiligen Besatzungsgebiete in Deutschland auch gesellschaftspolitisch nach dem eigenen Modell auszurichten. Für die Westzonen hieß das: die USA ließen keinerlei »Wirtschaftsdemokratie« zu; wo die deutschen Länderparlamente (z. B. Nordrhein-Westfalen) die Überführung bestimmter Großunternehmen in Gemeineigentum beschlossen, legten die Besatzungsmächte ihr Veto ein. Die Abhängigkeit von den gesellschaftspolitischen Vorstellungen der USA wurde noch verstärkt durch die wirtschaftliche Notlage; wer die Wirtschaftshilfe der USA annahm, war kaum in der Lage, sich den damit verbundenen politischen Wünschen zu entziehen.
Aber auch die Politik der Sowjetunion wirkte sich auf die Arbeiterbewegung in den westlichen Zonen negativ aus. Die Politik in der sowjetischen Besatzungszone Deutschlands stand ja unter dem propagandistischen Anspruch, dort im Interesse der Arbeiterbewegung zu handeln. Die politische Wirklichkeit der sowjetischen Besatzungszone erschien aber der Masse der Arbeiter und Angestellten in den Westzonen alles andere als akzeptabel. Hinzu kam, daß auch die wirtschaftliche Versorgung in dieser Zone (verständlicherweise, da die Besatzungsmacht, anders als die USA, selbst unter äußerstem Mangel litt) völlig unzureichend blieb.
Forderungen mit sozialistischer Zielsetzung wurden so mehr und mehr mit den spezifischen Zuständen in der sowjetischen Besatzungszone gleichgesetzt, und das Programm der Arbeiterbewegung in den Westzonen geriet allmählich in Mißkredit und innere Unsicherheit.
Ein entscheidendes Datum war die Währungsreform in den westlichen Zonen Deutschlands im Juni 1948. Die Entwertung der alten Geldbestände verlief hier so, daß — ähnlich wie bei der Inflation 1923 — die Sparguthaben und kleinen Geldvermögen zusammenschmolzen, während der Wert der Produktivvermögen (Anlagen, Aktienkapital, Grundbesitz) nicht angetastet wurde. Das war eine deutliche Entscheidung für den Großbesitz.
Als 1949 die Bundesrepublik gegründet wurde, entsprach ihre Verfassung (Grundgesetz) nicht den Forderungen, die Gewerkschaften, SPD und reformerische Kräfte zeitweise auch in der CDU gestellt und in den ersten Jahren nach 1945 noch für realisierbar gehalten hatten. Das Grundgesetz der Bundesrepublik legte nicht die erhoffte »neue Wirtschaftsordnung« fest. Weder gab es (wie die meisten Länderverfassungen Westdeutschlands) den Auftrag, übermächtige wirtschaftliche Großunternehmen in Gemeinwirtschaft zu überführen, noch verankerte es soziale und wirtschaftliche Mitbestimmungsrechte der Lohn- und Gehaltsabhängigen in Betrieben und Un-

ternehmen. Allerdings schloß das Grundgesetz Schritte zur Wirtschaftsdemokratie auch nicht aus; Artikel 15 des Grundgesetzes erklärt: »Grund und Boden, Naturschätze und Produktionsmittel können zum Zwecke der Vergesellschaftung ... in Gemeineigentum oder in andere Formen der Gemeinwirtschaft überführt werden.« Dieser Artikel, im Zusammenhang mit der im Grundgesetz proklamierten »Sozialstaatlichkeit«, gibt Bestrebungen zur Demokratisierung der Wirtschaft eine legale, verfassungsmäßige Grundlage.

Die Gewerkschaften in der Bundesrepublik

Gesichert ist durch das Grundgesetz auch die Koalitionsfreiheit, damit also auch die Freiheit der Gewerkschaften. In Artikel 9 des Grundgesetzes heißt es: »Das Recht, zur Wahrung und Förderung der Arbeits- und Wirtschaftsbedingungen Vereinigungen zu bilden, ist für jedermann und für alle Berufe gewährleistet.« Das Streikrecht ist im Grundgesetz nicht ausdrücklich verankert; es herrscht aber in der Interpretation der Verfassung die Meinung vor, daß ein Koalitionsrecht ohne Streikrecht inhaltslos sei, daß infolgedessen also der Streik als Mittel des Arbeitskampfes durch den Artikel 9 des Grundgesetzes mitgarantiert sei.
Über die Rechte der Arbeiter und Angestellten in den Betrieben und über das Verhältnis von Unternehmern und Lohn- und Gehaltsabhängigen macht das Grundgesetz der Bundesrepublik keinerlei Aussagen. Die Weimarer Reichsverfassung hingegen hatte (Artikel 165) den Arbeitern und Angestellten das Recht zugesprochen, »gleichberechtigt mit den Unternehmern« an der Regelung nicht nur der Lohn- und Arbeitsbedingungen, sondern auch »der gesamten wirtschaftlichen Entwicklung« mitzuwirken.
Schon bald nach der Gründung der Bundesrepublik wurden auf dem Wege der einfachen Gesetzgebung (also jederzeit durch parlamentarische Mehrheit wieder veränderbar) Regelungen über die Rechte der Arbeiter und Angestellten in den Betrieben und Unternehmen getroffen. Das erste Gesetz zu diesem Thema war das »Mitbestimmungsgesetz« von 1951. Sein Geltungsbereich ist auf solche Großunternehmen beschränkt, die in der Form von Kapitalgesellschaften in der Montanindustrie (Bergbau, Kohle- und Stahlerzeugung) tätig sind. Um 1950 konnten diese Branchen in der Tat als volkswirtschaftlich besonders wichtig, also als »Schlüsselindustrien« angesehen werden. Inzwischen hat sich ihre wirtschaftliche Bedeutung sehr gemindert. In diesen Großunternehmen der Montanindustrie sind seitdem Vertreter der Arbeiter und An-

gestellten, von den Belegschaften und von den Gewerkschaften gestellt, paritätisch (also zu gleichem Anteil wie die Vertreter des Kapitals) in den Aufsichtsräten der Firmen vertreten. Außerdem ist in diesen Unternehmen als Mitglied des Vorstands (der Unternehmensleitung) ein Arbeitsdirektor tätig, der insbesondere die sozialen Interessen der Arbeiter und Angestellten vertreten soll und meist von den Gewerkschaften vorgeschlagen wird.

Diese Regelung entsprach — als sie 1951 beschlossen wurde — den Wünschen der Gewerkschaften, die sich mit der Androhung von Streiks für ein solches Gesetz stark gemacht hatten. Ganz anders nehmen sich die Regelungen des »Betriebsverfassungsgesetzes« aus, das 1952 gegen den Widerstand der Gewerkschaften beschlossen wurde.

Dieses Gesetz gilt für alle Betriebe, soweit sie nicht dem »Mitbestimmungsgesetz« unterliegen, also für die überwiegende Mehrheit der Betriebe in der Bundesrepublik. Es räumt den von den Arbeitern und Angestellten gewählten Betriebsräten (die es auch in den mitbestimmten Montanunternehmen für die Einzelbetriebe gibt) in sozialen Fragen des Betriebs ein Mitbestimmungsrecht, in personellen Fragen ein Mitwirkungsrecht, in wirtschaftlichen Fragen nur ein Informationsrecht ein. Das zuletzt genannte Recht soll über »Wirtschaftsausschüsse«, in denen Unternehmensvertreter und Betriebsräte zu gleichen Teilen vertreten sind, realisiert werden. In vielen Betrieben sind solche Wirtschaftsausschüsse gar nicht eingerichtet worden, weil das Gesetz ihnen doch keine echten Zuständigkeiten gibt. Über das Verhältnis von Unternehmern und Betriebsräten sagt das Betriebsverfassungsgesetz: »Arbeitgeber und Betriebsrat arbeiten ... vertrauensvoll ... zum Wohle des Betriebs und seiner Arbeitnehmer ... zusammen.«

Darin liegt eine schwerwiegende Einschränkung der Handlungsmöglichkeiten der Betriebsräte. Der »Betriebszweck« ist ja, vom Unternehmerinteresse her gesehen, auf eine möglichst hohe Gewinnquote gerichtet. Das Interesse der Arbeiter und Angestellten ist demgegenüber auf eine möglichst hohe Lohnquote und auf möglichst gute Arbeitsbedingungen gerichtet. Beide Interessen liegen ganz selbstverständlich in Konflikt miteinander. Das Gesetz aber geht offenbar von einer »Harmonie«-Vorstellung aus. Der Betriebsrat, der doch die Interessen der Arbeiter und Angestellten vertreten sollte, wird durch das Gesetz gleichzeitig auf die Interessen des Unternehmers verpflichtet. So kann es leicht dahin kommen, daß der Betriebsrat lediglich eine Art Anhängsel der Personalabteilung für soziale Fragen wird. Der Betriebsrat kann sich nach diesem Gesetz auch nicht an der Organisation von Streiks beteiligen, er unterliegt sozusagen einer »Friedenspflicht« gegen-

über dem Arbeitgeber.
Das Betriebsverfassungsgesetz gibt für Unternehmen, die in der Form von Kapitalgesellschaften arbeiten, den Arbeitern und Angestellten auch in den Aufsichtsräten Vertretung, dies aber nur zu einem Drittel der Aufsichtsratssitze. Eine Einflußmöglichkeit auf die Unternehmensentscheidungen ist damit nicht gegeben, da die Vertreter der Arbeiter und Angestellten hier ja ohne weiteres überstimmt werden können.
Die Vertretung der Beschäftigten in den Betrieben der öffentlichen Hand (kommunale und staatliche Betriebe) ist, mit Sonderregelungen für die hier tätigen Beamten, durch das »Personalvertretungsgesetz« ähnlich wie im Betriebsverfassungsgesetz geregelt.

Interessenvertretung im Betrieb und Tarifpolitik

Neben den Betriebsräten, die ja keine gewerkschaftlichen Organe sind, gibt es in den größeren Betrieben meistens gewerkschaftliche »Vertrauensleute«. Sie sollen die Verbindung zwischen Gewerkschaftsorganisation und Betrieb halten, Forderungen der Arbeiter und Angestellten an die Gewerkschaftsfunktionäre weitergeben, für die Ziele der Gewerkschaften bei den noch nicht Organisierten werben und Kandidaten für die Betriebsratswahlen aufstellen. Gerade in Großbetrieben sind diese gewerkschaftlichen Vertrauensleute oft näher an den Sorgen und Wünschen der einzelnen Arbeiter und Angestellten als die (zum Teil hauptamtlichen) Betriebsräte. Die Vertrauensleute können deshalb auch auf das Verhalten des Betriebsrats Einfluß nehmen, Kritik üben usw.
Welche Möglichkeiten hat der einzelne Arbeiter und Angestellte gegenüber dem Betriebsrat und den Vertrauensleuten? An der Wahl der Vertrauensleute können sich alle Gewerkschaftsmitglieder im Betrieb beteiligen, an der Wahl der Betriebsräte alle Arbeiter und Angestellten (ausgenommen die sogenannten »leitenden Angestellten«, die als direkte Mitarbeiter der Unternehmensinhaber gelten). Auch der Betriebsrat funktioniert dann allerdings nach dem Prinzip der »repräsentativen« Demokratie, d. h. er ist in seiner Amtszeit nicht ohne weiteres abwählbar und er ist nicht verpflichtet, Aufträge seiner Wähler entgegenzunehmen und auszuführen. Um eine Neuwahl von Betriebsräten während ihrer Amtszeit in Gang zu setzen, braucht man die Unterschrift von einem Viertel aller Arbeitnehmer im Betrieb — und das ist ohne Organisation nur schwer möglich.
Viermal im Jahr sollen Betriebsrat und Geschäftsleitung auf einer Betriebsversammlung die Arbeiter und Angestellten

über ihre Tätigkeit informieren und sie zur Diskussion stellen. Die Festsetzung der Tagesordnung und die Leitung der Betriebsversammlung liegen beim Betriebsrat. Vielfach kommt es erst gar nicht zu diesen vorgeschriebenen Betriebsversammlungen. Betriebsratsfunktionen werden gerade in Großbetrieben oft zu »Lebensstellungen«, d. h. der personelle Wechsel in diesen Positionen ist zu gering, ein Informationsvorsprung wird leicht zum Herrschaftsanspruch gegenüber den Arbeitskollegen ausgebaut.

Die Betriebsräte erfüllen ihre Funktion, die Interessen der Arbeiter und Angestellten zu vertreten, am ehesten dann, wenn sie ständig unter Kritik und Kontrolle stehen. Offene Diskussion in den Betriebsversammlungen, Aktivität bei der Vorbereitung der Betriebsratswahlen, Mitarbeit bei den gewerkschaftlichen Vertrauensleuten oder Mitarbeit in gewerkschaftlichen und anderen Betriebsgruppen, die Herausgabe selbständiger Betriebszeitungen u. ä. — das sind die Möglichkeiten, um die Probleme im Betrieb offenzulegen und den Betriebsrat an die Willensbildung unter den Arbeitskollegen zu binden.

Der Betriebsrat (oder in kommunalen bzw. staatlichen Betrieben der Personalrat) ist nur eine Form der Interessenvertretung von Arbeitern und Angestellten. Ebenso wichtig ist die überbetriebliche Form der Interessenvertretung, also die Gewerkschaft.

Bei den Gewerkschaften liegt vor allem die Funktion, mit den Arbeitgebern kollektive Tarife für Lohn und Arbeitsbedingungen auszuhandeln. Man spricht in der Bundesrepublik von »Tarifautonomie«, das will besagen: Die Festsetzung der Lohn- und Arbeitsbedingungen liegt nicht beim Staat, sondern ist eigenständige (autonome) Entscheidung der »Tarifparteien«, der Gewerkschaften und der Arbeitgeber. Allerdings ist auch der Staat nicht ohne Einflußmöglichkeiten bei der Regelung der Lohn- und Arbeitsbedingungen. Auch Abmachungen der Tarifparteien dürfen z. B. nicht unterhalb jener Grenzen liegen, die die staatliche Gesetzgebung als Minimum festlegt (u. a. Mindesturlaub). Außerdem kann der Staat Tarifvereinbarungen, die zwischen bestimmten Arbeitgebern und den Gewerkschaften geschlossen werden, für den entspr. Wirtschaftszweig und die entspr. Region für »allgemeinverbindlich« erklären, d. h. diese Tarifvereinbarung gilt dann auch für Nicht-Mitglieder des entspr. Arbeitgeberverbands und der entspr. Gewerkschaft.

Schließlich hat der Staat bestimmte Einflußmöglichkeiten, wenn sich Arbeitgeber und Gewerkschaften bei Tarifverhandlungen nicht einigen können; unter bestimmten Umständen benennt der Staat dann einen »Schlichter«, der den beiden

Tarifparteien einen Einigungsvorschlag macht. Ob sich die Tarifparteien diesem Vorschlag fügen wollen, ist freilich in ihre eigene Entscheidung gestellt, aber schon die Tatsache des »Schlichtungsvorschlags« übt ja psychologisch oder propagandistisch Druck aus.

Da Tarifvereinbarungen fast durchweg für allgemeinverbindlich erklärt werden, kommen auch Nicht-Mitglieder der Gewerkschaften in den Genuß von Lohnerhöhungen, die die Gewerkschaften durchsetzen.

Bei den Tarifvereinbarungen unterscheidet man Lohn- bzw. Gehaltstarife und Mantel- bzw. Rahmentarife. Der Lohn- bzw. Gehaltstarif legt Löhne für die einzelnen Lohngruppen fest, und zwar als Mindestlöhne, die sich entweder auf die Arbeitszeit (Zeitlohn) oder auf die Zahl der Produkte (Stücklohn, Akkordlohn) beziehen können. Die Festsetzung der Lohngruppen selbst (und die Entscheidung darüber, wer in welche Lohngruppe gehört) ist für die Arbeiter und Angestellten von größter Bedeutung. Fordern die Gewerkschaften Lohnerhöhungen, so muß unterschieden werden zwischen prozentualen und linearen Erhöhungen. Die prozentualen Lohnerhöhungen vergrößern den Abstand zwischen den hohen und niedrigen Lohngruppen; lineare Lohnerhöhungen hingegen wirken auf eine Abflachung der Lohnunterschiede hin.

Im Rahmen- oder Manteltarif werden u. a. festgelegt: Geltungsbereich und Geltungsdauer des Tarifvertrags, Bestimmungen über Arbeitszeiten, Zuschläge, Überstundenlöhne, Urlaubstage, Kündigungsfristen und ähnliches mehr. Wichtig ist die Entscheidung über die Laufzeit eines Tarifvertrags, da innerhalb dieser Frist die Gewerkschaften im Geltungsbereich des Tarifvertrags keine Arbeitskämpfe führen dürfen. Die Verhandlungsstärke der Gewerkschaften hängt sehr von der jeweiligen Konjunkturlage und der Situation auf dem Arbeitsmarkt ab, und bei Abschluß eines Tarifvertrages läßt sich oft nicht vorauskalkulieren, ob kürzere oder längere Laufzeiten im Interesse der Arbeitnehmer liegen und wie die Situation bei Auslaufen des Tarifvertrages sein wird.

Die tatsächlichen Löhne von Arbeitern und Angestellten liegen – je nach Konjunktur und Situation des betr. Unternehmens – oft über den tariflich vereinbarten Löhnen, man spricht hier von »Effektivlöhnen«. Die Gefahr für den Arbeitnehmer liegt hier darin, daß solche zusätzlichen Lohnteile nicht tarifvertraglich abgesichert sind; der Unternehmer kann sie also gegebenenfalls streichen, ohne vertragsbrüchig zu werden. Ob er das tun oder nicht tun wird, hängt von der Marktlage ab. Ähnlich ungesichert sind freiwillige Sozialleistungen und andere Vergünstigungen, die nicht Teil von Tarifverträgen sind. Die Gewerkschaften arbeiten deshalb darauf hin, Tariflöhne und Effektivlöhne möglichst in Deckung zu bringen.

Seit längerem zeigt sich die Tendenz, die Gegenstände tarifvertraglicher Vereinbarungen auszuweiten (z. B. Bildungsurlaub, Fortbildung, vermögenswirksame Leistungen in die Tarifverträge hineinzunehmen). Dem liegt die Erkenntnis zugrunde, daß die soziale Lage des Arbeiters oder Angestellten heute nicht mehr allein von der Lohnhöhe abhängig ist. Zu bedenken ist auch, daß neben den sozialen und physischen Arbeitsbedingungen (z. B. Temperatur, Beleuchtung usw. am Arbeitsplatz) heute auch die psychischen Arbeitsbedingungen von zunehmender Bedeutung sind, also z. B. Monotonie und Isolierung am Arbeitsplatz, daraus entstehende nervliche Belastung u. ä. Auch solche Fragen können zum Gegenstand von Arbeitskämpfen werden.

Einige Gewerkschaften versuchen auch, Mitbestimmungsrechte der Arbeiter und Angestellten (über die gesetzlich gesicherten Möglichkeiten hinaus) durch Tarifverträge auszubauen. Im öffentlichen Dienst ist das zum Teil bereits gelungen. Hier liegt ein interessantes Feld für künftige Aktionen der Gewerkschaften.

Wenn die Ergebnisse von Tarifverhandlungen und Schlichtungsvorschlägen den Gewerkschaften unzureichend erscheinen, so können sie zum Mittel des Streiks greifen, meist so, daß dem Streikbeschluß eine Urabstimmung der Gewerkschaftsmitglieder in den betroffenen Betrieben vorausgeht. Zwischen 1950 und 1968 waren größere Streiks in der Bundesrepublik selten, ganz anders als z. B. in den USA, Italien, Frankreich und Großbritannien. Arbeitskämpfe gelten in der Bundesrepublik vielen noch als »Notstandssituation« oder gar als »staatsgefährdend«. In älteren Demokratien hat man demgegenüber ein viel positiveres Verhältnis auch zum Streik. Der Soziologe Hans Anger sagt:

»Wenn in der Bundesrepublik über Auseinandersetzungen zwischen Unternehmern und Gewerkschaften gesprochen wird, dann ist gern von sogenannten Sozialpartnern die Rede, eine beschönigende und nicht recht zutreffende Ausdrucksweise. Sie täuscht leicht darüber hinweg, daß wir es hier nicht mit Partnern, sondern mit Kontrahenten zu tun haben, mit Vertretern durchaus gegensätzlicher Interessen. Jede der beiden Parteien sucht prinzipiell ihren Vorteil, und jede kann ihn prinzipiell nur auf Kosten der jeweils anderen Partei realisieren . . . Das Bewußtsein für die gesellschaftliche Notwendigkeit solcher Auseinandersetzungen scheint bei uns nur gering entwickelt.«

Besonders umstritten ist in der Bundesrepublik, ob das Mittel des Streiks auch für politische Forderungen eingesetzt werden dürfe (etwa als Demonstrationsstreik gegenüber dem Parlament). Umstritten ist auch, ob die Unternehmer als Waffe gegen den Streik die Aussperrung (kollektive Unterbrechung oder Beendigung des Arbeitsverhältnisses) einsetzen dürfen. Die Landesverfassung von Hessen z. B. verbietet dies.

Umstritten ist schließlich, ob »wilde Streiks« (spontane, ohne die Gewerkschaften durchgeführte Streiks) mit der Rechtsordnung der Bundesrepublik übereinstimmen. Bei der ersten großen Streikwelle seit Jahren in Westdeutschland, nämlich bei den Streiks im September 1969 (bei denen rund 140 000 Arbeiter und Angestellte die Arbeit verweigerten), handelte es sich um solche »wilden« Streiks. In den letzten Jahren wurden Streiks ohne Beschluß der Gewerkschaften oft auch als Abwehrmaßnahme gegen drohende Massenentlassungen, gegen Stillegungen von Betrieben, gegen Verschärfung des Arbeitstempos u. ä. durchgeführt. Der Rechtswissenschaftler Bernd Rüthers schreibt zu diesem Problem: »Unmittelbare Folge der wilden Streiks ist ein verändertes Selbstbewußtsein der Arbeiterschaft. Die Sprechchöre: ›Alle Räder stehen still, wenn der Arbeiter es will‹ drücken eine unbestreitbare Teilwahrheit aus, die in der arbeitsfriedlichen Bundesrepublik etwas vergessen worden war ... Der Ablauf der ›wilden‹ Streiks erweckt Zweifel an der bisher herrschenden Lehre im Arbeitsrecht, wonach solche nicht gewerkschaftlich organisierten Kampfmaßnahmen immer und überall unrechtmäßig seien. Das Grundgesetz kennt ein gewerkschaftliches Streikmonopol nicht. Es wurde erst später von der Rechtsprechung entwickelt. Es wird immer betont, das Koalitionsrecht sei zuerst und vor allem ein Grund- und Freiheitsrecht der einzelnen Arbeitnehmer. Die Arbeitsrechtwissenschaft wird zu prüfen haben, ob das nicht im Grundsatz auch für die Streikfreiheit gilt. Wenn die Gewerkschaften aus welchen Gründen auch immer notwendige Maßnahmen zur Behebung akuter Konfliktslagen versäumen, dann wird man den Arbeitnehmern nicht jede eigene Initiative verwehren können.«

Hier tritt die Frage auf: Wo liegen heute überhaupt die Interessen der Lohn- und Gehaltsabhängigen – und inwieweit können diese sich auf die gewerkschaftliche Durchsetzung ihrer Interessen verlassen?

Bei den spontanen Streiks der letzten Jahre ging es nicht allein um die Lohnhöhe. Vor einiger Zeit wurde eine Umfrage bei (gewerkschaftlich organisierten und nicht organisierten) Arbeitern und Angestellten durchgeführt, welche Forderungen die Gewerkschaften nach Meinung der Befragten vordringlich vertreten sollten. Aus den Antworten ergab sich folgende Rangfolge:

1. Sicherung der Arbeitsplätze,

2. Ausbau der Altersversicherung,
3. höhere Löhne und Gehälter,
4. gerechtere Vermögensverteilung,
5. mehr Mitbestimmung,
6. bessere Bildung und Berufsausbildung,
7. längerer Urlaub,
8. kürzere Arbeitszeit,
9. besserer Unfallschutz.

Wie die Rangfolge zeigt, begreifen Arbeiter und Angestellte sehr wohl, daß Lohnerhöhungen nur *ein* Mittel unter mehreren sind, um ihre gesellschaftliche Situation zu verbessern. Gesamtwirtschaftliche und politische Forderungen aber (wie etwa Sicherung der Arbeitsplätze, Ausbau der Altersversicherung, Mitbestimmung) sind nicht allein über Tarifvereinbarungen mit den Arbeitgebern zu realisieren, und sie sind auch nicht allein über gewerkschaftliche Aktivität durchzusetzen. Die Einsicht, daß allein mit Lohnkämpfen den Interessen der Lohn- und Gehaltsabhängigen langfristig wenig geholfen ist, liegt auf der Hand. Die Gewerkschaften erscheinen auf diesem Gebiet immer als die fordernde Partei; Preissteigerungen, Gewinnerhöhungen usw. treten ja nicht als »Forderungen« der Unternehmer auf, sondern ergeben sich scheinbar selbstverständlich und in eigener Machtvollkommenheit der großen Unternehmen, soweit es die Marktlage erlaubt. Lohnerhöhungen können außerdem durch schleichende Geldentwertung schnell wieder abgeschöpft sein, und den Arbeitnehmern ist die Sicherung der Vollbeschäftigung wichtiger als kleine Lohnverschiebungen. Den Arbeitern und Angestellten ist klar, daß ihr künftiges soziales Schicksal nicht von der momentanen Lohnerhöhung, sondern von der volkswirtschaftlichen Entwicklung insgesamt abhängig ist. Um so drängender stellt sich damit die Frage, wer die gesamtwirtschaftlichen Entscheidungen bestimmt – und in wessen Interesse sie getroffen werden.

Gewerkschaften, die nur über das Mittel der Lohnforderung verfügen, sitzen mit Sicherheit am kürzeren Hebel, da über Preise, Gewinnspannen, Investitionen und wirtschaftliche Prioritäten ohne sie entschieden wird. Das sind Entscheidungen, die die realen Lebensumstände der Lohn- und Gehaltsabhängigen prägen.

In der Bundesrepublik haben sich Besitz und Verfügungsmacht über Produktivvermögen immer mehr konzentriert. 1,7 % der Haushalte in Westdeutschland verfügen heute über rund 75 % des Produktivvermögens. Es wäre unrealistisch, zu verlangen, daß jeder wieder seine eigenen Produktionsmittel besitzen sollte, oder zu erwarten, daß die Konzentration der Unternehmen rückgängig gemacht werden könnte. Es geht vielmehr darum, Formen zu entwickeln, wie hochkonzentrierte Produktionseinheiten unter demokratische Kontrolle gebracht werden können – wie also die Produzenten selbst darüber entscheiden können, was und wozu produziert wird.

Die Gewerkschaften haben heute zwei Vorschläge, wie man diesem Ziel näher kommen könnte. Sie fordern erstens die Ausdehnung der Mitbestimmung (wie sie in den Montan-Unternehmen praktiziert wird) auf alle großen Unternehmen. Sie fordern zweitens »gesamtwirtschaftliche Mitbestimmung«, also die Mitwirkung der Vertreter der Lohn- und Gehaltsabhängigen an einer volkswirtschaftlichen Rahmenplanung. Beide Vorschläge bedürfen der Diskussion.

Sicher ist aber: Die Beteiligung von Vertretern der Gewerkschaften an wirtschaftlichen Entscheidungen, auf welcher Ebene auch immer, kann nur dann die Interessen derjenigen, die die Gewerkschaften vertreten sollen, zum Zuge bringen, wenn die Lohn- und Gehaltsabhängigen sich an der innergewerkschaftlichen Willensbildung beteiligen. Anders ausgedrückt: Wenn die Gewerkschaften für die Demokratisierung gesamtwirtschaftlicher Entscheidungen wirken sollen, dann setzt das Demokratie in den Gewerkschaften selbst voraus.

Die gegenwärtigen Positionen der Gewerkschaftsbewegung sind in vieler Hinsicht unzureichend. Die Konzeptionen und Methoden der westdeutschen Gewerkschaften sind immer noch geprägt durch die Zeit des »Wirtschaftswunders«, in der die wirtschaftliche Konjunktur den scharfen Gegensatz der Interessen von Kapital und Lohnarbeit verdeckte. Daß seit 1969 in der Bundesrepublik in mehreren Wellen sich spontane Streikbewegungen entwickelten, deutet an, daß viele Arbeiter und Angestellte von den Gewerkschaften eine konsequentere Politik erwarten und die Vertretung ihrer Interessen notfalls in die eigene Hand nehmen. Die Gewerkschaften werden ihr Aktionsfeld ausweiten und sich neue Rechte erkämpfen müssen, wenn sie in Zeiten zunehmender Krisenhaftigkeit auch der westdeutschen Wirtschaft ihre Aufgaben wahrnehmen wollen. Denn die Unternehmer werden ihnen nichts schenken.

5. Kapitel:
Die Bundesrepublik und Europa

Die Erfahrungen der Arbeiterbewegung in Ländern mit starken ethnischen (ethnisch, ethnische Gruppe = verschiedenartige Volksgruppe) Unterschieden innerhalb der Arbeiterschaft (z. B. USA: schwere Differenzen zwischen weißen und farbigen Arbeitern, Iren, Italienern, Puertoricanern und Angelsachsen) haben gezeigt: Eine Arbeiterschaft mit stark unterschiedlichen Traditionen und nationalen Eigenheiten wächst nur zusammen, wenn es der Zwang der wirtschaftlichen Ausbeutung erfordert. Wäre dieser Zwang nicht vorhanden, dann würden die nationalen Unterschiede, die Vorurteile und Schwierigkeiten der Sprache ein Zusammenwachsen so gegensätzlicher Elemente, wie es z. B. Iren und Italiener sind, eher verhindern als befördern. Aber das kapitalistische Wirtschaftssystem setzt sich mit seiner Logik über die vitalen Unterschiede der Völker hinweg. Wo es sich vermehren kann, wo es Gewinne und neues Kapital schaffen kann, da drängt es die Traditionen der Völker zurück und setzt an deren Stelle die moderne Zivilisation der uniformen Eintönigkeit – wie im Städtebau, in der weltweiten Mode so auch in der Herausbildung der gleichen und vereinheitlichenden Lebensbedingungen der Arbeiter auf der ganzen Welt.
Deshalb setzen viele, die von der Internationalisierung der Arbeiterbewegung überzeugt sind, ihre Hoffnung für eine europäische Arbeiterbewegung auf den wirtschaftlichen und politischen Integrationsprozeß der Europäischen Gemeinschaft. Denn: sie gehen davon aus, daß sich Europa auf dem Wege zu einem einheitlichen kapitalistischen Wirtschaftssystem befindet, das auch die Probleme einer national aufgesplitterten Arbeiterbewegung lösen wird.

Die Europäische Gemeinschaft

Der erste Schritt zu dieser Gemeinschaft war die Gründung der Europäischen Gemeinschaft für Kohle und Stahl (Montanunion) durch die Länder Belgien, Bundesrepublik Deutschland, Frankreich, Italien, Luxemburg und Niederlande. Auf dem Gebiet der Mitgliedsländer der Montanunion wurde ein gemeinsamer Markt geschaffen. Der zweite Schritt zu einem gemeinsamen europäischen Wirtschaftsraum war 1958 die

Bildung der Europäischen Wirtschaftsgemeinschaft (EWG) durch dieselben sechs Staaten. Hauptkennzeichen der EWG:

- innerhalb der Mitgliedsländer wurden die Zölle abgebaut;
- die mengenmäßige Beschränkung von Einfuhren wurde aufgehoben;
- die sechs Länder vereinbarten einen gemeinsamen Zoll auf Waren aus anderen Ländern;
- Arbeiter und Angestellte erhielten das Recht, sich innerhalb der EWG freizügig einen Arbeitsplatz zu suchen;
- Unternehmen erhielten das Recht, sich innerhalb der EWG frei niederzulassen;
- der Kapitalverkehr wurde zwischen den Ländern »frei« ermöglicht, d. h. Unternehmer konnten ab 1958 innerhalb der EWG ohne Beschränkungen ihr Kapital investieren oder verleihen;
- für die Landwirtschaft wurde eine gemeinsame Preis- und Sozialpolitik der Länder vereinbart;
- eine gemeinsame Außenhandelspolitik und eine gemeinsame Wirtschaftspolitik wurde angestrebt, ebenso eine gemeinsame Sozial- und Verkehrspolitik.

Seit 1970 — nach Errichtung eines gemeinsamen Agrarmarktes und einer funktionierenden Zollunion — wird versucht, eine gemeinsame Wirtschafts- und Währungsunion in Europa zu errichten. Mittlerweile sind weitere Mitgliedsländer, nämlich England, Irland und Dänemark, zur EWG hinzugekommen. Ebenso die gemeinsame Atomenergie-Gemeinschaft EURATOM. Sie soll die Kernforschung und Kernindustrie in Europa zusammenfassen. Deshalb wurden die verschiedenen Gemeinschaften zu einer großen europäischen Gesamtgemeinschaft, der EG, zusammengefaßt und dem Ministerrat der nunmehr neun Staaten sowie der gemeinsamen Verwaltungskommission der Länder (Sitz: Brüssel) unterstellt.

Das alles klingt ganz einfach. Viele stellen sich den Vorgang der europäischen Integration denn auch so vor, als brauchten sich die Regierungen der Länder nur zusammenzusetzen, die Probleme auf den Tisch zu legen, guten Willen zu zeigen — und schon geht es mit Europas Einigung voran. In Wirklichkeit aber ist der Prozeß viel komplizierter, denn er wird weniger vom guten Willen der Verhandlungspartner als vielmehr von den Gesetzen der privatwirtschaftlichen Ordnung der 9 EG-Länder bestimmt. Und aus diesen Gesetzen ergeben sich nicht nur verschiedene Interessen der Unternehmer der 9 Länder, sondern auch handfeste Interessengegensätze und Konflikte.

Die Bundesrepublik Deutschland und die Republik Frankreich sind innerhalb der Europäischen Gemeinschaft die Führungskräfte. Die Industrie beider Länder ist am weitesten entwickelt und hat auch im internationalen Vergleich die größte europäische Bedeutung. Innerhalb dieser doppelten Führerschaft beider Länder ist die Bundesrepublik bei weitem der stärkste Partner:

■ Die westdeutsche Industrie ist die reichste:

Entwicklung des Bruttosozialproduktes (in Mrd $)		
BRD	186,4	
Frankreich	147,6	
Italien	93,2	
Benelux	58,o	(Quelle: Uri 7o)

■ Die westdeutsche Industrie ist im Vergleich zu den anderen Ländern auch am weitesten vorgedrungen und hat andere Wirtschaftsformen wie Kleingewerbe und Landwirtschaft fast völlig verdrängt. So sind in den verschiedenen Mitgliedsländern abhängig beschäftigt:

	Erwerbtätige in Mill.	davon abhängig Beschäftigte in %	
BRD	26,8	82,6	
Frankreich	21,o	76,8	
Italien	19,3	67,o	(Quelle: SAEG Stat. 71)

■ Schließlich gehört die westdeutsche Industrie zu den am besten entwickelten der Welt. Die Arbeiter der BRD schaffen pro Stunde mehr als ihre englischen, französischen und sonstigen Kollegen, weil die technische Entwicklung der westdeutschen Industrie zu den fortschrittlichsten der Welt gehört. Ausnahme ist hier nur Holland, dessen Arbeitsproduktivität noch höher liegt (weshalb in der folgenden Tabelle die Benelux-Länder Belgien, Niederlande und Luxemburg insgesamt entwickelter erscheinen als sie es sind):

Produktivität der nationalen Arbeitsstunde (1969) - in $		
BRD	2,46	
Frankreich	2,43	
Italien	1,75	
Großbritannien	1,68	
Benelux	2,47	(Quelle: Uri 69)

Trotz fast 20jähriger Geschichte der europäischen Integration hat sich das Gefälle zwischen den Mitgliederländern nicht verändert. Im Gegenteil, die ungleiche Entwicklung der verschiedenen Gebiete Europas hat sich in den 20 Jahren EWG/EG nur noch verschärft. Was ist der Grund dafür? Hat die europäische Idee so wenig Zugkraft für Unternehmer, daß sie nicht zu einer gleichmäßigen Entwicklung Europas beitragen wollen? Oder gibt es strukturelle, also vom Einigungswillen unabhängige Gründe für die fehlende wirtschaftliche Entwicklung im Gesamteuropa?

Der erste Grund für die bisher weitgehend unterbliebene gesamteuropäische Entwicklung ist, daß die Akkumulation von Unternehmerkapital, die Verschmelzung der Unternehmen zu größeren Einheiten und die Konzentration des Kapitals bisher nicht *europäisch*, sondern weiterhin *national* erfolgt ist.

Das hat viele überrascht, denn zur Idee der europäischen Integration gehört der Gedanke von der Herausbildung europäischer Unternehmen und europäischer Kapitalgesellschaften. Zwar sind die Unternehmen der wichtigsten Industriezweige heute alle in Europa tätig und anzutreffen. Aber sie tun dies nicht als »europäische Firmen«, sondern als in Europa operierende deutsche, französische oder englische Unternehmen. Trotz der enormen Ausweitung von Handel und Kapitalverkehr in der EG sind die Firmen »nationale Konzerne« geblieben. In dieser Hinsicht unterscheiden sich die europäischen Unternehmen nicht im geringsten von anderen Welthandelsunternehmen aus den USA oder aus Japan. Wie diese wickeln die deutschen, französischen, italienischen oder englischen Firmen ihre Auslandsgeschäfte über Auslandsvertretungen oder hundertprozentig von ihnen beherrschte Tochtergesellschaften ab.

Der zweite Grund: alle Versuche, »europäische Konzerne« zu bilden, sind bis heute gescheitert oder bedeutungslos geblieben:

- So das Zusammengehen der deutschen und belgischen Photo-Konzerne Agfa und Gevaert, deren Doppelfirma über eine lose Zusammenarbeit beider Teilfirmen nicht hinauskam.
- So der Zusammenschluß der Stahlkocher Hoesch (BRD) und Hoogovens (NL), der ebenfalls in der losen Zusammenarbeit steckenblieb.
- So schließlich das Musterbeispiel für eine europäische Firmenzusammenlegung: die Royal Dutch/Shell, deren Kapital säuberlich aus einem 40%igen Anteil der Holländer (Royal Dutch) und einem 60%igen Anteil der Engländer (Shell) besteht und bestehengeblieben ist.
- Direkt gescheitert dürfte die Zusammenarbeit von FIAT (Italien) und Citroen (Frankreich) sein, obwohl dieses Mammutunternehmen mit einer Jahresproduktion von mehr als 2 Millionen Kraftfahrzeugen der wichtigste Autokonzern Europas und einer der größten der Welt geworden wäre. Aber gerade das Ausmaß des möglichen Erfolges hat zu inneren Spannungen geführt. Vor allem weil der eine Teil (Citroen) sich vom anderen übervorteilt glaubte. Wegen der Gefahr, zur FIAT-Tochter zu werden, haben sich die Franzosen schließlich aus dem Projekt zurückgezogen. Beide Firmen behielten ihre nationale Unternehmensform.
- Ein anderes Beispiel für das Scheitern des »Eurokonzerns« ist die Zusammenarbeit von Dunlop und Pirelli, zweier Reifen-

firmen. Deren Versuch, einen gemeinsamen Konzern zu bilden, scheiterte in dem Moment, als eine der beiden Firmen in wirtschaftliche Schwierigkeiten geriet und die andere mit zu gefährden drohte.

Offensichtlich also ist die nationale Organisation der Firmen weiterhin ein Pluspunkt für die Unternehmen. Selbst oder gerade in Augenblicken wirtschaftlicher Schwierigkeiten gibt ihnen der Nationalstaat Schutz vor dem Druck der Konkurrenz von anderen Kapitalgruppen. Insbesondere schwächere Unternehmen oder Firmen aus weniger entwickelten Ländern Europas werden kein gesteigertes Interesse an einer europäischen Integration haben, welche die Rückzugs- und Schutzmöglichkeiten des Nationalstaates zerstört.

Dies ist in jüngster Zeit besonders deutlich geworden, seitdem nämlich die Errichtung einer gemeinsamen europäischen Währungsunion ansteht. Bei dieser Währungsunion würden zunächst einmal feste Kurse der Währungen, schließlich eine gemeinsame europäische Währung geschaffen werden. Mit einem solchen Schritt aber wären die Schutzmaßnahmen der weniger entwickelten Länder zerstört. Da sie in der schon bestehenden Zollunion keine hohen Schutzzölle mehr nehmen können, bleibt ihnen nur noch der Wirtschaftsschutz über den Wechselkurs. Denn durch eine Verteuerung der Landeswährung gegenüber der Währung eines entwickelten Partnerlandes würden sich automatisch die Preise der ausländischen Konkurrenz erhöhen und dessen Waren damit schlechter verkaufen.

Gleiches gilt für Kapitalanlagen: Auch hier ist es möglich, sich durch die Währungskurse vor allzu großem Eindringen ausländischen Kapitals zu sichern. Fällt dies alles weg, dann würden insbesondere die schwächeren Gebiete mit den Produkten der billiger herstellenden, ausländischen Industrie überschwemmt. Die einheimische Industrie wäre überfordert und müßte in vielen Bereichen wahrscheinlich die Segel streichen. Ebenso würden die schwächeren Regionen von ausländischem Investitionskapital überschwemmt, das vor allem die lukrativ gebliebenen Unternehmen in eigene Regie nähme.

Länder, deren Industrie sich in einer schweren Strukturkrise befindet – England z. B. –, können ebenfalls kein Interesse an einer zu schnellen Integration haben, denn auch hier müßte eine Öffnung des Landes zur ruinösen Konkurrenz für die heimische Industrie führen – jedenfalls solange, wie sich die Wirtschaft Englands nicht grundlegend erholt und modernisiert hat. Gerade in Ländern, deren Industrie sich in einer lang anhaltenden kapitalistischen Krise befindet, steigt zudem die Chance, daß sich die Arbeiterbewegung politisch durchsetzt und Veränderungen durchsetzt (so z. B. in Italien). Das

erschwert die Integration noch mehr, denn die sozialistischen Regierungen solcher Länder werden wenig Interesse daran haben, ihre Errungenschaften in einem weit konservativeren Gesamteuropa untergehen zu lassen.
Zwar hat die EG als Ausgleich für solche Entwicklungen, vielleicht aber auch als vorbeugende Maßnahme, einen Regionalfonds zur industriellen Entwicklung gegründet, der den schwachen Regionen Hilfe geben soll. Aber diese Hilfe unterbleibt in Wirklichkeit, auch wenn es eine Menge Unterstützungszahlungen aus dem Fonds geben sollte. U. a. deshalb, weil gerade wegen der weiterhin nationalen Organisationsform der Firmen die ebenfalls nötige Kapitalinvestition in partnerschaftlicher Form (Euro-Konzern) unterbleibt. Nur in wenigen Industriezweigen zeichnet sich ab, daß Firmen in unterentwikkelte Regionen anderer europäischer Partnerländer abwandern: z. B. in der Textilindustrie, weil dieser Industriezweig wegen der erreichten Automatisierung nur noch durch billigere Löhne konkurrenzfähiger, d. h. billiger werden kann als die asiatische Konkurrenz. Und erheblich billigere Löhne finden sich eben nur noch in den direkt unterentwickelten Regionen Süditaliens oder Irlands.
Die Unternehmen der hochentwickelten Länder BRD und Frankreich haben zwar ein starkes Interesse an der Währungsunion, denn sie verspricht ihnen hohe Profite aus dem Verkauf ihrer Waren in den weniger entwickelten Gebieten: hier könnten sie die Preise sogar dem dortigen Preisniveau anpassen. Und das ist naturgemäß höher als im »Mutterland«, weil in weniger entwickelten Gebieten komplizierte Güter eben sehr teuer sind. Das macht die Währungsunion für die Konzerne der entwickelten Länder besonders interessant, denn hier stünde ein besonders hoher, über das erwartete Maß hinausgehender (Extra-)Profit in Aussicht. Wie aber sollten sie ihr Interesse durchsetzen, sofern die beteiligten Regierungen der anderen Länder sich gegen eine Währungsunion zumindest so lange wehren, wie sie aus dem Regionalfonds der EG nicht großzügige Zahlungen für die regionale Entwicklung ihrer Industrie erhalten und sie wenigstens annähernd konkurrenzfähig halten können. (Klar ist, daß solche Entwicklungshilfe die Konkurrenzchancen der entwickelten Konzerne erheblich schmälern müßte.) Schließlich könnten die französischen und bundesrepublikanischen Interessen nur mit Gewalt durchgesetzt werden – jedenfalls solange sich Frankreich und besonders die BRD weigern, der »Zahlmeister Europas« zu sein. Dies ist nicht einmal so absurd wie es klingt. Ökonomisch und politisch hat das Verhältnis BRD/Frankreich zu den südeuropäischen Ländern große Ähnlichkeit mit dem Verhältnis der USA zu Lateinamerika. In gewisser Weise sind die südeuropä-

ischen Länder schon so etwas wie »halbe Kolonien« der Nordeuropäer geworden.
Allerdings kann man davon ausgehen, daß es in Europa vorerst keine politische Macht gibt, die ungestraft ihren Geheimdienst gegen eine gewählte Regierung putschen lassen, geschweige denn militärische Interventionskommandos riskieren könnte. Darum wird sich eine europäische Integration im Interesse der BRD oder der Franzosen auch nicht mit Gewalt erzwingen lassen.
Schlußfolgerung: Statt vollständige Integration wird sich die jetzige Situation Europas noch lange so fortsetzen: Weitere Konflikte in der EG stehen an, aber eine Überwindung der jetzigen Schwierigkeiten zwischen denen, die eine Währungsunion wollen, und denen, die dies nicht gebrauchen können, wird erst dann möglich, wenn die Länder Europas wenigstens annähernd gleich entwickelt sind. Bis dahin jedoch ist die bestmögliche Lösung des Europa-Problems allenfalls ein »Europa der Vaterländer« — also »Status quo« und stärkere politisch-wirtschaftliche Zusammenarbeit der Regierungen.

Kapital und Arbeiterorganisationen in Westeuropa

Das Kapital kennt keine nationalen Bindungen. Konzerne, denen in dem einen Land zum Beispiel Lohnkosten zu hoch oder Subventionen des Staates zu niedrig oder die politischen Verhältnisse zu unsicher sind, verlagern das Kapital bzw. die Produktion in ein anderes Land, wo die Verwertungsbedingungen für sie günstiger sind. Auf »nationale Gefühle« nehmen sie dabei keine Rücksicht.
Anders sieht das auf der Seite der Arbeiter aus. Die »Internationale Solidarität«, seit Beginn der Arbeiterbewegung proklamiert, stößt auf massive Hemmnisse, teils objektiver, teils subjektiver Art. Wie schwierig es ist, die nationale Konkurrenz der Arbeiter untereinander zu überwinden, zeigt sich schon dort, wo bei betrieblichen Kämpfen einheimische Arbeiter und Gastarbeiter gemeinsam handeln müssen. Und die Kapitalseite nutzt natürlich nationale Rivalitäten unter den Arbeitern für ihre Zwecke aus.
Jedenfalls: Gegenüber dem Kapital, das international operieren kann, zieht die Arbeiterschaft den kürzeren, solange es nicht gelingt, die Konkurrenz auch zwischen den Arbeitern verschiedener Nationen zu überwinden und gemeinsame Forderungen gemeinsam durchzusetzen. Für unsere Verhältnisse geht es dabei zunächst vor allem um die gewerkschaftliche und politische Annäherung der Arbeiterorganisationen im Raum

der Europäischen Gemeinschaft (EG).
Dabei müssen wir realistischerweise davon ausgehen, daß gegenwärtig noch die Arbeiterbewegung in den Ländern der EG in vielfacher Weise gespalten ist und der Entwicklungsstand der Arbeiterparteien und Gewerkschaften in diesen Ländern große Unterschiede aufweist. Um nur die wichtigsten Differenzen zu nennen: In Italien und Frankreich haben die kommunistischen Parteien eine echte Massenbasis, und niemand käme dort auf den Gedanken, kommunistische Lehrer aus dem Schuldienst zu verdrängen. In der Bundesrepublik hingegen stellt der Antikommunismus nach wie vor eine gesellschaftliche Kraft dar, und die DKP — von den neuen kommunistischen Kleinparteien ganz zu schweigen — hat fast den Charakter einer politischen Sekte.
In Italien und Frankreich gibt es nicht — wie in Westdeutschland — eine »politisch neutrale« Einheitsgewerkschaft, sondern dort existieren Richtungsgewerkschaften, wobei die kommunistisch-linkssozialistischen Gewerkschaften am stärksten sind. In Großbritannien wiederum sind Labour Party und Gewerkschaften organisatorisch miteinander verschränkt, was die Gewerkschaften aber nicht daran hindert, zeitweise auch gegen eine Labour-Regierung anzugehen und z. B. Kommunisten als Gewerkschaftsfunktionäre selbstverständlich hinzunehmen.
Selbst dort, wo es sich um Parteien gleicher Richtung handelt, ist ihre tatsächliche politische Orientierung in den einzelnen EG-Ländern sehr unterschiedlich. Nehmen wir die sozialdemokratischen Parteien: Zwar gehören die westdeutsche Sozialdemokratie, die niederländische »Partei der Arbeit«, die Sozialistische Partei Belgiens, die britische Labour Party und die Sozialistische Partei Frankreichs demselben internationalen Parteienverbund an, aber während z. B. die SPD sich eng von linken Tendenzen abgrenzt, haben die Sozialdemokratischen Parteien in Frankreich und in den Niederlanden keine Bedenken, mit Kommunisten Bündnisse einzugehen.
Auch die Aktionsziele und Aktionsformen der Gewerkschaften weichen in den verschiedenen EG-Ländern stark voneinander ab. Die große Mehrheit der französischen, italienischen und britischen Gewerkschaften geht von der Einsicht in den Klassengegensatz von Kapital und Lohnarbeit aus, während die westdeutschen Gewerkschaften sich eher von der Vorstellung der »Sozialpartnerschaft« leiten lassen. »Mitbestimmung« der Arbeitnehmervertretungen im Unternehmen und in der gesamten Volkswirtschaft, wie der DGB sie fordert, bedeutet Teilhaberecht *im* Kapitalismus; die meisten Gewerkschaften in anderen EG-Ländern hingegen verlangen mehr Kontrollrechte für Arbeiter und Angestellte in den Betrieben als Ausbau der Positionen im Kampf *gegen* den Kapitalismus.

In den betrieblichen und gewerkschaftlichen Auseinandersetzungen mit den kapitalistischen Unternehmen, wie sie seit Mitte der 60er Jahre in einer Reihe westeuropäischer Länder verschärft geführt werden, ist der Horizont der bloßen Lohnforderungen vielfach überschritten worden.

Ein Beispiel dafür waren die Kämpfe der Arbeiter in Norditalien, wo Entscheidungen der Produzenten über die Produktionsbedingungen gefordert und teilweise auch durchgesetzt wurden, also Kontrolle der Arbeiter und Angestellten über Bandgeschwindigkeit, Arbeitsrhythmen, Arbeitsverteilung u. ä. Zugleich wurde ein innerbetriebliches Arbeiter-Delegiertensystem entwickelt und dessen Anerkennung durch die Unternehmen erkämpft. Dies hat den Vorteil, daß nicht mehr so leicht eine Entfremdung zwischen den Forderungen der Arbeiter und ihren betrieblichen und gewerkschaftlichen Vertretungsorganen entsteht. Ein anderes Beispiel sind die Betriebsbesetzungen in Frankreich, mit denen die Arbeiter und Angestellten ihre Arbeitsplätze gegen kapitalistische Stillegungen verteidigten. Bei solchen Aktionen zeigt sich ein neues Selbstbewußtsein auf der Seite der Lohnarbeit.

Die Kräfteverhältnisse in der Auseinandersetzung zwischen Kapitalismus und Arbeiterbewegung sind in den EG-Ländern deutlich voneinander zu unterscheiden. In Italien und in Frankreich bilden Sozialisten und Kommunisten einen Machtfaktor, der die Herrschaft der kapitalistisch orientierten gesellschaftspolitischen Gruppen ernsthaft in Frage stellt. Nicht unwichtig ist in diesen Ländern, daß auch christliche Organisationen weit nach links gerückt sind. Die Tradition der Arbeiterbewegung und sozialistisch-kommunistische Zielsetzungen haben in diesen Ländern eine ganz unangefochtene Position.

In Spanien sieht es – trotz staatlichem Terror und Verbot der Arbeiterorganisationen – nicht anders aus, soweit es um die politischen Einstellungen der Massen geht; in Portugal versucht man, einen Weg zum Sozialismus zu finden.

In all diesen Ländern führen Arbeiter militante Auseinandersetzungen mit den Kapitalgruppen, und es gilt als selbstverständlich, daß z. B. mit Streik und Generalstreik politischer Druck ausgeübt wird. Auch in Großbritannien, Belgien und den Niederlanden haben gewerkschaftliche Aktionen vielfach Klassenkampfcharakter. Parteipolitisch dominiert hier freilich – wie auch in den skandinavischen Ländern – die sozialdemokratische Richtung gegenüber der linkssozialistisch-kommunistischen, aber auch in den sozialdemokratischen Parteien gibt es hier weitaus eher antikapitalistische Strömungen als etwa in der SPD. Insgesamt läßt sich sagen, daß die sozialistische Bewegung in der Bundesrepublik mit großem Abstand schwächer als in jedem anderen EG-Land ist.

Hierfür gibt es mehrere Ursachen. Zwischen 1933 und 1945 hat der deutsche Faschismus Organisationen und Traditionen der Arbeiterbewegung fast restlos liquidiert, viel eindeutiger, als etwa im italienischen Faschismus oder in Franco-Spanien die Linke zerschlagen werden konnte. Hinzu kam die besondere Rolle des Antikommunismus im geteilten Deutschland nach 1945, wo der östliche Teil Deutschlands als »kommunistisch« verstanden wurde und alle Mängel der dortigen Wirtschaft und Politik sich psychologisch gegen die Linke insgesamt richteten. Schließlich hat die besonders günstige wirtschaftliche Entwicklung in Westdeutschland, die bis 1966/67 ungebrochen anhielt, in der Arbeiterschaft die Illusion verbreitet, daß sich ihre Interessen auch im Kapitalismus realisieren ließen und so die Wiederanknüpfung an die Arbeiterbewegung erschwert.

Für die politischen Kräfteverhältnisse in Westeuropa bedeutet dies: Die Bundesrepublik stellt innerhalb der EG das stärkste wirtschaftliche, politische und militärische Potential dar, aber gerade in diesem Lande ist die Linke am schwächsten. Genau hierin liegt gegenwärtig und wohl noch auf längere Sicht das größte Hindernis für eine Machtverschiebung innerhalb der EG zugunsten der Arbeiterorganisationen.

Kommt es zu einem Ausbau des westeuropäischen Parlamentarismus, so wird Westdeutschland auch auf dieser Ebene das Gewicht der konservativen, kapitalorientierten Kräfte stärken. Eine Parlamentarisierung der Institutionen der EG — also Kompetenzgewinn des Europäischen Parlaments, Direktwahl der Abgeordneten für dieses Parlament und Verantwortlichkeit einer europäischen »Regierung« gegenüber dem Parlament — könnte allerdings für die Arbeiterbewegung in Westeuropa insofern vorteilhaft sein, als dann die einzelnen Parteien gezwungen wären, ihre Vorstellungen und ihre praktische Politik für die Parteien anderer Länder zur Diskussion zu stellen. Daß die EG sich auf absehbare Frist zu einem geschlossenen politischen Gebilde, einem supranationalen Staat entwickelt, ist freilich kaum zu erwarten. Der unterschiedliche Stand der wirtschaftlichen Entwicklung in den einzelnen EG-Ländern führt dazu, daß wirtschaftlich mächtige Gruppen an der Aufrechterhaltung der Nationalstaatlichkeit weiterhin interessiert sind — auch wenn bestimmte Funktionen des Staates an Organe der EG abgegeben werden. Insofern gibt es zwar international agierende Kapitalgruppen, Konzerne usw., aber es gibt vorerst nicht etwa »den« westeuropäischen Kapitalismus als wirtschaftliche und politische Einheit.

Und auch für die europäische Arbeiterbewegung gilt als Schlußfolgerung: Sowohl verschiedene Traditionen und Ansätze von Arbeiterbewegung als auch besonders die wirtschaftlich-politischen Gründe, die eine europäische Integration verzögern oder unterbinden können, stehen einer europäischen Verschmelzung der Arbeiterbewegung noch auf mittelfristige Sicht entgegen. Die Aufgaben der Arbeiterbewegung liegen daher zunächst in ihrem jeweiligen »Mutterland«. Zwar kann uns der Blick über den Zaun in den europäischen Nachbargarten in vieler Hinsicht helfen, unsere Probleme lösen wird er nicht.

6. Kapitel:
Die politische Entwicklung der Bundesrepublik Deutschland

Vorgeschichte

Das politische System der Bundesrepublik Deutschland ist Ergebnis des Zweiten Weltkrieges und der Nachkriegspolitik der Sieger: der USA, der UdSSR und Großbritanniens. Begonnen hatte dieser Krieg mit einer Serie von deutschen Angriffen auf die europäischen Nachbarn. Anfängliche Siege und grausame Unterdrückung der europäischen Völker zwangen nicht nur die betroffenen Länder, sondern schließlich auch die USA in den Krieg. Die Hauptlast des Krieges trug jedoch die UdSSR.
So kam es im weltweiten Kampf gegen den Faschismus zu einer eigenartigen Koalition zwischen der führenden Macht des Kapitalismus, den USA, und dem ersten sozialistischen Land, der UdSSR. Beide Seiten hatten nicht nur völlig unterschiedliche Gesellschaftsordnungen, sondern auch ganz unterschiedliche Vorstellungen über die Ursachen des Krieges, des Faschismus in Deutschland und über die Art und Weise seiner Bekämpfung.
Die antifaschistische Koalition der USA und der UdSSR war aber nicht nur aus diesem Grund ein Bündnis ungleicher Partner. Beide Mächte verfolgten noch andere Ziele mit ihrer Kriegsführung. Die USA führten von jeher eine Außenpolitik der militärischen Stärke, um die Interessen der amerikanischen Industrie im Ausland zu sichern. Mehrere amerikanische Präsidenten haben dieses Ziel amerikanischer Außenpolitik unumwunden proklamiert. Bis in die Gegenwart hinein können wir die Spur dieser Außenpolitik an Hand von mehr als 200 militärischen Interventionen (= militärische Angriffe auf ein fremdes Land mit kurzfristigen Zielen, z. B. Sturz einer mißliebigen Regierung) verfolgen. Mexiko, Panama, China, Südamerika, Südostasien (Vietnam) und Europa waren die Gebiete, die auf diese Weise mit der amerikanischen Außenpolitik vertraut gemacht wurden.
Auch im Zweiten Weltkrieg versuchten die USA, ihren wirtschaftlichen Einfluß in Europa zu vergrößern und zu sichern. Besonders in Deutschland hatten amerikanische Wirtschaftskreise während der Weimarer Republik (sie ging dem Hitler-Faschismus voraus) versucht, politischen und wirtschaftlichen Einfluß zu gewinnen. So gab es vor dem Faschismus schon amerikanische Unternehmen in Deutschland, wie die Opel-

und die Fordwerke. Amerikanisches Kapital war auch bei der Wiedererrichtung einer gesunden deutschen Währung im Spiel gewesen und hatte die deutsche Wirtschaft stark unter amerikanisches Diktat gebracht. Mit dem Faschismus war dieser Einfluß gebrochen worden – schließlich hatten Hitler und seine Partei versprochen, gegen die amerikanischen »Finanzknechte« zu kämpfen. Ein wichtiges Interesse der amerikanischen Außenpolitik galt der Rückeroberung dieser Position. Ein anderes Ziel der US-Außenpolitik war sicher die Schwächung der Sowjetunion, gegen die amerikanische Soldaten Anfang der 20er Jahre noch gekämpft hatten. So erkannten die USA das revolutionäre Rußland erst 1933 diplomatisch an, nachdem die US-Politik den direkten und indirekten Kampf gegen die UdSSR eingestellt hatte. Diese Einstellung wird auch durch einen Ausspruch von Harry Truman, dem ersten Nachkriegspräsidenten der USA, deutlich, der am Beginn des Krieges zwischen Deutschland und Rußland sagte: »Wenn Deutschland zu gewinnen droht, sollten wir den Russen helfen, und wenn Rußland zu gewinnen scheint, sollten wir Deutschland helfen, auf diese Weise lassen wir sie sich gegenseitig möglichst wirksam umbringen.«
Die UdSSR galt lange Zeit als das Mutterland der Weltrevolution. Doch hatten Rußlands Führer Stalin und die sowjetische Partei der Kommunisten diesen Anspruch längst aufgegeben. Sie waren weniger an Weltrevolution, sondern vielmehr am Aufbau des Sozialismus in der UdSSR interessiert. Deshalb benutzten sie die »Kommunistische Internationale«, eine Organisation aller Kommunistischen Parteien, mehr zur Absicherung sowjetischer Außenpolitik als zur Verwirklichung der Weltrevolution. Es war daher nur konsequent, daß Stalin 1943 die Kommunistische Internationale zum Zeichen seines guten Willens gegenüber den Westmächten USA und Großbritannien auflöste. Der deutsche Kommunist Thalheimer sagte 1943 dazu, die Russen hätten die Kommunistische Internationale wie einen rostigen Revolver weggeworfen, den man nicht mehr braucht. Dies ist ein wichtiger Punkt bei der Beurteilung der sowjetischen Außenpolitik, weil ihr im nachhinein von rechten Politikern stets aggressive, »weltrevolutionäre« Motive unterstellt werden. In Wirklichkeit sprechen alle Quellen dafür, daß die Russen an einer Sicherung vor militärischen Angriffen gegen ihr Land interessiert waren. Die Deutschen, aber auch kein anderes kapitalistisches Land sollten jemals wieder über die Sowjetunion herfallen können. Deshalb dachten die Russen an eine starke Sowjetunion und an ein System neutraler oder verbündeter Länder an ihrer Westgrenze. Zu diesem System sollte auch ein neutrales, entmilitarisiertes Deutschland gehören.

Während die Russen in erster Linie eine russische Sicherheitspolitik verfolgten, versuchten die USA, getreu der Truman-Devise, Rußland zu binden und ihre Chancen auf Ausbreitung des amerikanischen Kapitalismus in Europa zu vergrößern. Während auf russischem Boden die schwersten Kämpfe des Krieges tobten, verfolgten die Westmächte eine militärische Hinhaltetaktik gegenüber der Sowjetunion. Stalin forderte seit 1941 immer wieder einen westlichen Entlastungsangriff gegen das Deutsche Reich. Aber die Amerikaner griffen in Afrika und im Mittelmeer-Raum ein, was militärisch nicht besonders gefährlich war und strategisch nicht wesentlich zur Entlastung beitrug. Die Westmächte griffen das Reich erst im Westen an, als die russische Armee im Winter 1943 aus eigenen Kräften den Umschwung herbeigeführt hatte (Stalingrad). 1944, im Jahr der großen Invasion an der Atlantikküste, marschierten die sowjetischen Truppen schon in deutsches Gebiet ein; jetzt erst griffen Amerikaner und Briten nachhaltig ein — wahrscheinlich um einen Großteil des deutschen Gebiets vor den Russen zu besetzen. Bis dahin hatten sie sich auf Bombenterror gegen die deutsche Zivilbevölkerung beschränkt, dessen strategische Wirkung für den Kriegsausgang bis heute umstritten ist.

So ist es nur allzu verständlich, daß die Russen von Anfang an dem Bündnis skeptisch gegenüberstanden. Stalin versuchte deshalb schon während des Krieges, Verträge mit den Westmächten über die Behandlung Deutschlands nach Kriegsende auszuhandeln. Er ging — wohl nicht zu Unrecht — davon aus, daß er während des Krieges die sowjetischen Interessen eher verwirklichen könnte als nach der Niederwerfung des gemeinsamen Gegners.

So kam es zu den beiden Konferenzen der Alliierten in Teheran (1943) und Jalta (1945). Auf diesen Konferenzen wurde beschlossen:

- Deutschland solle in drei Besatzungszonen für die Amerikaner, die Briten und die Sowjets aufgeteilt werden, in denen die jeweilige Siegermacht die Nachkriegsverwaltung übernehmen sollte.
- Im Osten sollte das Deutsche Reich nach einem Vorschlag des englischen Premiers Gebiete jenseits der Oder und der Neiße an Polen abtreten. Churchill machte diesen Vorschlag, weil die Russen den Ostteil des Vorkriegspolen in Besitz genommen hatten. Dies Gebiet war der Sowjetunion schon 1921 vom Genfer Völkerbund nach einer Volksabstimmung zugesprochen worden. Die Polen waren aber mit Billigung der USA und Großbritanniens in dieses Gebiet einmarschiert. Dem hatten die Russen auf Grund innerer Schwierigkeiten nichts entgegenzusetzen und mußten die Annexion erdulden.

Über einen konkreten Deutschland-Plan wurde man sich nicht einig. Deshalb trafen sich die Siegermächte 1945 noch einmal in Potsdam. Hier vereinbarte man:

- Entgegen der Vereinbarung in Teheran wollten die Westmächte die Oder-Neiße-Linie nicht endgültig als deutsche Ostgrenze anerkennen. Dies sollte einer späteren Friedensregelung mit Deutschland vorbehalten bleiben, bis dahin stände dieses Gebiet unter polnischer Verwaltung.
- Deutschland sollte ein entmilitarisiertes Land werden. Jede Industrie, die Kriegsmaterial herstellen könne, sollte verboten sein.
- Die deutsche Industrie sollte entflochten werden, d. h. die großen Konzerne sollten in kleinere Firmen aufgeteilt werden.
- Das deutsche Schulwesen sollte gründlich reformiert, die Justiz erneuert und die Ländergliederung neu geregelt werden.
- Deutschland sollte Reparationen zahlen, vor allem an die Sowjetunion. Damit sollten die Zerstörungen in den überfallenen Ländern bezahlt werden.
- Der Sowjetunion sollten wegen der schweren Verluste nicht nur Reparationen aus der sowjetischen Zone, sondern auch aus den Zonen der Westalliierten zustehen; 15 % der Industrie aus Westdeutschland. Im Austausch dafür sollte Rußland vor allem Rohstoffe an das Nachkriegsdeutschland liefern.

Ohne Gegenleistung sollte die Sowjetunion 10 % der westdeutschen Industrie erhalten. Insgesamt standen der Sowjetunion also 25 % der westdeutschen Industrie als Reparationen zu.

- Im vorletzten Artikel der Konferenz wird noch festgehalten, daß die deutsche Bevölkerung aus den Ostgebieten, aus Polen, der CSSR und aus Ungarn, vertrieben werden sollte. Auch diese Regelung ging auf einen Vorschlag Churchills zurück, der auf diese Weise den Streit zwischen Deutschen und Slawen ein für allemal aus der Welt schaffen wollte. Nach den Worten der Konferenz sollte die Vertreibung »in ordnungsgemäßer und humaner Weise erfolgen«.

Diese Konferenz von Potsdam, drei Monate nach der bedingungslosen Kapitulation des Hitler-Deutschland, war die letzte Übereinkunft der Siegermächte. Danach gingen ihre politischen Wege so weit auseinander, daß man zeitweilig von beinahe kriegerischen Verwicklungen zwischen den Westmächten und der UdSSR sprechen kann. Die Amerikaner begannen, sich militärisch immer stärker zu fühlen, besonders nachdem ihnen der Bau der ersten Atombombe geglückt war. Der weltweite Schrecken, den der Bombenabwurf auf die Städte Hiroshima und Nagasaki (Japan) 1945 auslöste, vergrößerte das Gefühl der militärischen Stärke bei Amerikanern und Westalliierten. Es mehrten sich in den USA Stimmen, die eine harte Politik gegenüber der UdSSR verlangten. Es entstand der Gedanke, man müsse Osteuropa aus den »Klauen« der Russen befreien und die Völker dieser Gegend wieder in den Kreis der christlich-abendländischen Gemeinschaft zurückführen. Dabei war es den Strategen der »Befreiung« gleichgültig, ob die Völker den Weg nach sozialistischem Muster selbst für richtig hielten oder nicht.

Die amerikanische Politik machte aber auch deutlich, worum es ihr wirklich ging: Man nannte die Strategie der »Befreiung vom Kommunismus« auch eine »roll-back«-Strategie. Das sollte heißen: Man wollte den politischen und militärischen Einfluß der Sowjetunion zurückdrängen und Europa für die kapitalistischen Interessen Amerikas zurückgewinnen. Für die Wirtschaft der USA war dies unerläßlich. Seit Ende des Krieges war die amerikanische Wirtschaft auf Hochtouren gelaufen und benötigte dringend Absatzmärkte und Kapitalanlagemöglichkeiten im Ausland. Trotz der Zerstörungen und der Not der Nachkriegszeit — oder vielleicht gerade wegen der damit verbundenen Nachfrage nach lebenswichtigen Gütern — konnte nur Europa für diese Absatzinteressen in Frage kommen. Allerdings nur, wenn finanzielle Hilfsmaßnahmen das Wirtschaftsleben und die Kaufkraft der Bevölkerung wieder ankurbeln würden. Dazu hatte der amerikanische Wirtschaftsexperte im Außenministerium der USA, Marshall, einen Plan vorgelegt. Dieser Plan, das »Europäische Wiederaufbau-Programm« (Marshall-Plan) sah vor, der europäischen, insbesondere aber der westdeutschen Wirtschaft hohe Kreditsummen mit langer Laufzeit und niedrigen Zinsen aus amerikanischem Kapital zu geben. Die Gesamtsumme der bis heute gezahlten Gelder beläuft sich auf mehr als 25 Milliarden DM (davon allein mehr als 18 Milliarden DM für die BRD). Es liegt auf der Hand, daß die USA bei diesen Riesensummen auch sicherstellen wollten, daß die Kredite und Hilfen den von ihnen angestrebten Zwecken dienten (Absatzmärkte für US-Waren und Kapitalanlagemöglichkeiten). Die wichtigste Voraussetzung dafür war die Errichtung oder Unterstützung von Staaten und politischen Systemen, die in Europa für eine Sicherung amerikanischer Interessen eintreten konnten. Insbesondere ein prowestlicher, kapitalistischer Staat in Deutschland mußte her. Und wenn dieser nicht ganz Deutschland umfassen konnte, dann sollte er wenigstens im Einflußgebiet der drei westlichen Zonen entstehen.

Diese Entwicklung begann im Jahre 1946 mit einem Konflikt zwischen USA und UdSSR über die Abzahlung der Reparationen für die Sowjetunion. Im Winter 1945/46 ging es der deutschen Bevölkerung sehr schlecht. In manchen Gegenden des Landes betrug die Ernährungsration täglich kaum 900 Kalorien. Das entspricht einer Nahrung von nicht mehr als 100 Gramm Fett pro Tag (Zum Vergleich: ein Industriearbeiter benötigt täglich eine Nahrung von 4000 Kalorien). Im März hatten die Siegermächte einen »Industrie-Plan« für Deutschland entwickelt, mit dem die ärgste Not bewältigt, die wirtschaftliche Entwicklung gesichert und die Reparationsansprüche der Siegermächte gesichert werden sollten. Diesen Plan legten die USA so aus, daß daraus eine wirtschaftliche Entwicklung Deutschlands in ihrem Sinne werden sollte.
Deshalb stellten sie fest, daß zur Durchführung des Industrie-Plans wichtige Einfuhren nach Deutschland kommen mußten: z. B. Lebensmitteleinfuhren im Werte von 1 Milliarde Dollar. Dazu war wiederum eine ausgeglichene Handelsbilanz notwendig, also gleichwertige Zahlungen oder gleichwertige Ausfuhren aus der allmählich wieder angelaufenen deutschen Industrieproduktion.
Solche Vorstellungen waren jedoch mit den vertraglich abgesicherten Reparationszahlungen an die UdSSR nicht vereinbar. Alles, was die Sowjetunion aus der laufenden Produktion zur Sicherstellung der Forderungen an Deutschland entnahm, mußte die amerikanischen Interessen stören. General Clay, der amerikanische Kommandant, sagte dazu: »Der Industrie-Plan setzt ein ausgeglichenes Import-Export-Programm voraus. Wenn es ein solches Programm nicht gibt, ist der ganze Reparationsplan ungültig.« Die Vertreter der UdSSR interpretierten die Lage anders: Sie beriefen sich auf den Geist der Vereinbarungen von Jalta, wo Reparationszahlungen aus der laufenden Produktion nicht ausgeschlossen waren. Die Westmächte stellten daraufhin die Reparationszahlungen aus ihren Zonen an die Sowjetunion ein (3. Mai 1946).
Die Ereignisse folgten nun Schlag auf Schlag:

- im September 1946 errichteten die Westmächte in ihren Zonen ein gemeinsames Wirtschaftsgebiet (die sogenannte Bizone; gemeint war der Zusammenschluß der amerikanischen und britischen Zone);
- die Westmächte richteten gemeinsame Verwaltungsräte ein;
- am 25. 6. 1947 wurde das wichtigste Gremium der Bizone eingerichtet: der Wirtschaftsrat mit Sitz in Frankfurt; bei diesem Rat (Zusammensetzung: 44 CDU-Mitglieder, 40 Sozial-

demokraten, 8 Demokraten [FDP] und 6 Kommunisten) handelte es sich tatsächlich um eine vorläufige Regierung, zumindest schon um einen westdeutschen Regierungsapparat; hier fielen auch die wichtigsten Entscheidungen für die zukünftige Wirtschaftsform der Bizone, für die Marktwirtschaft oder den Kapitalismus;

- auf einer Konferenz der Westmächte, zu denen inzwicchen auch Frankreich gekommen war, einigten sich die drei Länder auf eine starke Veränderung des Industrie-Plans aller Siegermächte (also auch der UdSSR). Dieser II. Industrieplan sah eine regelrechte Verschmelzung der Westzonen zu einer Wirtschaftseinheit kapitalistischer Art vor;
- die UdSSR erhob schärfsten Protest, insbesondere im Kontrollrat der Siegermächte: der Industrieplan II sei unzulässig, weil er hinter dem Rücken des einzigen für ganz Deutschland zuständigen Organs, des Kontrollrates, zustande gekommen sei; die Westmächte hatten die Einigung nicht gesucht, die Spaltung riskiert und die Russen fühlten sich betrogen;
- ein letzter Einigungsversuch, die Außenministerkonferenz vom Dezember 1947 scheiterte an der Unvereinbarkeit der westlichen Interessen mit den Reparationsbedürfnissen der Sowjetunion (Zahlungen von 25 % der westzonalen Industrie);
- zur gleichen Zeit war in Prag eine kommunistische Regierung an die Macht gelangt. Dieser Umsturz verstärkte die Spannungen zwischen den USA und der UdSSR. Die Westmächte machten geistig mobil, indem sie eine totale Bedrohung aus dem Osten an die Wand malten und die Russen als Feinde jeglicher Freiheit darstellten. Es begann der »Kalte Krieg«, die Epoche der psychologischen Kriegführung gegen alles, was links oder gar kommunistisch schien;
- im Westen schlossen sich Großbritannien, Frankreich und die Benelux-Länder zu einer Verteidigungsgemeinschaft zusammen;
- am 10. März 1948 begann der Zusammenschluß der Westzonen auch in politischer Form;
- am 20. März platzte der Alliierte Kontrollrat: Die Russen verlangten, über alle Vorgänge in den Westzonen vertragsgemäß unterrichtet zu werden, die Westmächte zeigten dafür zwar Verständnis, lehnten aber ab; die Russen verließen daraufhin den Raum und erklärten die Sitzung auf unbestimmte Zeit vertagt.

Den Höhepunkt der wirtschaftlichen und politischen Vereinheitlichung der Westzonen stellte die Währungsreform von 1948 dar. Eine solche Währungsreform war notwendig geworden, weil die alte Währung, die Reichsmark, durch die abenteuerliche Kriegspolitik der Nazis völlig ruiniert war. Die Faschisten hatten ihre Kriegspolitik mit ungedeckten Wechseln finanziert und so zu einer galoppierenden Inflation beigetragen. Die Westmächte benutzten die unabweisbare Notwendigkeit einer Währungsreform, um ihre Zonen zugleich wirtschaftlich zu einer funktionierenden Einheit zusammenzuschweißen. So kam es trotz anfänglicher Versuche, eine gesamtdeutsche Währung zu schaffen, zur westdeutschen Währungsreform von 1948.

Fünf Tage nach der Währungsreform in Westdeutschland wurde auch in den West-Sektoren der Hauptstadt Berlin eine vergleichbare Maßnahme durchgeführt. Beides verschärfte die Spaltung zwischen Sowjetzone und Westzonen noch mehr. Der russische Kommandant, Marschall Sokolowski, verbot die Einfuhr der neuen Währung (der DM) in die SBZ und verordnete eine Währungsreform für die russische Zone. In der Nacht vor der Währungsreform (Ost) schlossen die sowjetischen Stellen die Grenze nach West-Berlin.

Diese Blockade Berlins war die Reaktion der Sowjets auf die vielen Verletzungen der Vertragsvereinbarungen zwischen den USA und ihnen: Nach dem Zusammenbruch des Kontrollrates war die Währungsreform in den Westzonen die endgültige Trennung Gesamtdeutschlands. Dies bedeutete zugleich, daß die Russen auf die Reparationen aus den Westzonen verzichten mußten. Und allein schon aus diesem Grund waren sie immer für ein Gesamtdeutschland eingetreten. Die USA hingegen hatten ihr Ziel, einen Teilstaat mit kapitalistischer Wirtschaftsordnung auf deutschem Boden zu errichten, ohne Zustimmung der UdSSR erreicht. Mit den Russen wäre dies sicher nicht so einfach gewesen, hätten diese doch auf grundlegenden Reformen der kapitalistischen Wirtschaft – so wie es im Potsdamer Abkommen vereinbart war – bestanden.

Aber die Amerikaner waren längst nicht mehr an einer Neuordnung der deutschen Wirtschaft im Sinne der Abkommen interessiert. Sie nutzten die Blockade vielmehr zu einer meisterhaften Propagandaaktion aus. Sie errichteten eine Luftbrücke, die angeblich die Freiheit der Menschen in Berlin vor dem kommunistischen Zugriff sichern sollte. Die Berliner Blockade wurde trotz der Hintergründe des Streites um die Reparationen für die Sowjetunion und trotz der stillschweigenden Duldung der Versorgung Berlins durch die sowjetischen Behörden zum Ausgangspunkt einer pausenlosen antirussischen und antikommunistischen Propaganda gemacht. In Westdeutschland war dieser Antikommunismus gerade willkommen: er stellte sozusagen das psychologische Gegenstück zur Errichtung des westdeutschen Staates dar. Antikommunismus wurde so in Ermangelung eines eigenen westdeutschen Nationalismus bei allen Parteien des Systems (von der CDU bis zur SPD) zur tragenden Staatsidee des neuzuschaffenden politischen Systems. Dies war um so notwendiger, als die neugeschaffene Wirtschaftszone West eines eigenständigen Staatswesens bedurfte, denn ohne die staatliche Verankerung ihrer Rechtsprinzipien ist eine kapitalistische Wirtschaft auf Dauer nicht denkbar. Um die Gründung dieses Staatswesens vorzubereiten, trafen sich die westlichen Militärgouverneure und die Ministerpräsidenten der von den Westmächten eingerichteten Bundesländer am 1. 7. 1948 in Frankfurt/Main und vereinbarten:

- die Neuregelung der Länder des neuen Staates; der anzustrebende Staat sollte ein Bundesstaat der beteiligten Länder werden (Frankfurter Dokument 2);
- die Erstellung einer geregelten Beziehung zwischen dem neuen Staat und den Besatzungsmächten – ein sogenanntes Besatzungsstatut (Frankfurter Dokument 3);
- die verfassungsgebende Versammlung »Parlamentarischen Rat« zu nennen, die Verfassung wegen der angestrebten Vorläufigkeit angesichts der deutschen Spaltung »Grundgesetz (GG)« zu nennen und diese Verfassung nicht vom Volke in einer Urabstimmung (Volksentscheid), sondern von den Landtagen der Länder beschließen zu lassen (Schlußvereinbarung);
- die drei Westzonen zu einem Staatswesen, der »Bundesrepublik Deutschland«, zusammenzufassen.

Die Verfassung wurde von einer Expertengruppe, dem sogenannten Herrenchiemsee-Verfassungskonvent, entworfen und vom Parlamentarischen Rat ab 1. Sept. 1948 beraten. Dem Parlamentarischen Rat gehörten 27 Abgeordnete der CDU, 27 der SPD, 5 der FDP, 2 der KPD und 2 des Zentrums an. Er tagte in Bonn, sein Vorsitzender wurde der ehemalige Kölner Oberbürgermeister und CDU-Vorsitzende Dr. Konrad Adenauer. Die Verfassung versuchte, die Erfahrungen des Faschismus zu verarbeiten. Deshalb finden sich die Menschenrechte und wesentliche Freiheitsrechte als unveränderliche Bestandteile in der Verfassung wieder. Außerdem legte sie die Entmilitarisierung des neuen deutschen Staates fest: ein Deutscher sollte nie wieder Soldat werden.

Sie legte aber kein eindeutiges Wirtschafts- und Sozialgefüge fest: Einerseits erlaubt die Verfassung kapitalistische Ver-

hältnisse — verlangt vom Kapitalismus aber soziale Verantwortung. Andererseits verhindert sie aber eine sozialistische Wirtschaft nicht, wenn diese dem Interesse des Volkes entspricht und die Privatwirtschaft den Ansprüchen des Volkes nicht mehr gerecht wird. Sie schreibt aber eine besondere, freiheitlich-demokratische Grundordnung für jedes soziale System vor: Sie muß Minderheiten respektieren, den Willen des Volkes in freien Wahlen zum Ausdruck kommen lassen und den Staat durch ein Parlament und die Gewaltenteilung kontrollierbar machen.
Diese Verfassung wurde am 8. Mai 1949 beschlossen, am 23. Mai 1949 von den westlichen Außenministern in Paris gebilligt und trat am selben Tag in Kraft: Der westdeutsche Staat, die BRD war entstanden, seine Hauptstadt wurde Bonn, sein Hoheitszeichen: die schwarz-rot-goldene Flagge. Selbst die Sowjetunion würdigte diesen Staat dadurch, daß sie alle Blockademaßnahmen gegen Berlin mit Wirkung vom 12. Mai 1949 aufhob.

Der CDU-Staat

Die wichtigste politische Kraft in der ersten Etappe bundesrepublikanischer Geschichte wurde die Christlich-Demokratische Union. Ihr wichtigster politischer Repräsentant war Konrad Adenauer. Dies kam vor allem dadurch zustande, daß die CDU unter Adenauer die erste Bundesregierung stellen konnte und damit die Weichen für fast 15 Jahre westdeutscher Politik legte. Die CDU war aus den ersten Bundestagswahlen mit 31 % der Stimmen als stärkste Partei hervorgegangen (SPD: 29,2 %). Sie bildete mit der FDP und der Deutschen Partei (DP) die erste Regierung der BRD, gewählt am 15. September 1949. Schon vor der Bildung dieser Regierung hatte Konrad Adenauer den Standort dieser Regierung deutlich gemacht, als er am 5. September 1949 erklärte: 13,9 Millionen Deutsche hätten sich für den Kapitalismus entschieden, 8,8 Millionen hätten für eine sozialistische Wirtschaftsordnung gestimmt; die Regierung Adenauer werde dieser Entscheidung entsprechen.
Mit anderen Worten: Adenauer verstand seine Regierung als entschieden antisozialistisch. Sein Ziel war die vollständige Wiederaufrichtung des Kapitalismus in Westdeutschland. Dies entsprach seiner ganzen politischen Grundhaltung. Der Grundhaltung der CDU entsprach dies keineswegs von Anfang an. Im Gegenteil: In den ersten Jahren gab es in der CDU starke Kräfte, die vom christlichen Standpunkt aus für eine sozialistische Gesellschaft eintraten. Sie hatten erkannt, daß der Kapi-

talismus keineswegs den Bedürfnissen der Völker entsprach. Vielmehr sahen sie den Kapitalismus und die Macht der großen Unternehmen als Triebkraft hinter den großen politischen Katastrophen des 20. Jahrhunderts. In den Kölner Thesen der CDU und im Ahlener Programm fand dies seinen Niederschlag. Selbst wenige Tage vor der Regierungsbildung in Bonn sprach sich ein führendes CDU-Mitglied, der Ministerpräsident von NRW, Karl Arnold, auf dem Katholikentag in Bochum noch für die Lösung der sozialen Frage durch Sozialisierung der Wirtschaft aus.

Adenauers Politik beschränkte sich zunächst auf zwei Punkte:

- auf die Festigung der Marktwirtschaft im Innern; gleichzeitig auf die Eingliederung der Flüchtlinge und auf die Linderung der größten Not. Auf der anderen Seite schaffte seine Regierung der sich entwickelnden kapitalistischen Wirtschaft alle möglichen Steuererleichterungen und Abschreibungsvorteile;
- auf eine bedingungslose Integration der BRD in das westliche Bündnis. Um dies leisten zu können, strebte er erstens eine völlige Teilstaaten-Souveränität der BRD an sowie deren Mitgliedschaft in den westlichen Militärbündnissen NATO und EVG. Die Rechtfertigung dieser Politik nahm die CDU aus der damals gerade entstehenden Idee der westeuropäischen Integration.

Die von Adenauer öffentlich immer geforderte und vielbeschworene Wiedervereinigung hatte in diesem Konzept keinen Platz: Wiedervereinigung wäre nur in Verständigung mit der Sowjetunion möglich gewesen. Diese forderte zwar kein sozialistisches Deutschland, hätte ein kapitalistisches Deutschland aber nur als ein neutrales Land akzeptiert. Adenauer wußte sehr wohl, daß ein neutrales Deutschland kaum Chancen für eine erfolgreiche kapitalistische Wiederaufbaupolitik haben würde. Kapitalismus in Westdeutschland war nur mit der Chance, Exportland zu werden, möglich. Ohne Westintegration und ohne Wiederaufrüstung des Landes war dies alles nicht zu haben. Wollte er den Kapitalismus erfolgreich und überzeugend wiederaufbauen helfen, dann konnte er eine Wiedervereinigung im Rahmen der politischen Möglichkeiten nicht wollen.

Das Flüchtlingsproblem

Als besondere Beweise für die Unmenschlichkeit des Kommunismus wurden mehr und mehr die Flüchtlinge angeführt. Vergessen war, daß die Idee zur Heimatvertreibung in den Köpfen der Westmächte, insbesondere im Kopf Churchills, entstanden war. Vergessen war auch, daß die deutschen Bewohner in den Ostgebieten in der CSR und Polen vor dem Krieg jahrzehntelang im Streit mit ihren slawischen Nachbarn gelegen hatten. Diese Konflikte waren durch den Faschismus unerträglich gesteigert worden und hatten die Deutschen allen Betroffenen zu verhaßten Feinden gemacht. Der Plan zur Aussiedlung der Deutschen sollte dem Ziel dienen, endlich Schluß mit diesen Streitigkeiten zu machen. Deshalb wurde die Vertreibung *mit Zustimmung der Westmächte* im Potsdamer Abkommen beschlossen. Als die Vertreibungsaktionen begannen, fühlten sich viele aus den von Deutschen unterdrückten Völkern berechtigt, Rache zu nehmen. Auch die russischen Soldaten glaubten sich im Recht, Rache für die 21 Millionen Opfer der Deutschen zu nehmen. So kam es zu grauenvollen Ausschreitungen und Verbrechen gegenüber den flüchtenden Deutschen. Die sowjetische Militärverwaltung bemühte sich jedoch, in dem totalen Wirrwarr der Kriegsereignisse, das Potsdamer Abkommen auch in dieser Frage einzuhalten: Die Kommandantur der sowjetischen Armee erließ einen strikten Befehl, der jede Ausschreitung gegen Deutsche unter schwerste Strafe stellte.

Dennoch mußten die Ausschreitungen als Beweis für die Gleichsetzung von Faschisten und Kommunisten bzw. Sowjets herhalten. Acht Millionen Vertriebene und Flüchtlinge waren so etwas wie eine lebendige Anklage. Daran änderte auch nichts, daß sie in der BRD zunächst in der schlimmsten Weise zu leben hatten. Dieses Schicksal schien eher noch nachwirkend von den Russen und anderen verursacht zu sein, als mit den politischen Verhältnissen der BRD zusammenzuhängen. So waren 80 % der Vertriebenen und Flüchtlinge Anfang bis Mitte der 50er Jahre arbeitslos. Viele von ihnen wurden durch die Flucht und Vertreibung gesellschaftlich deklassiert: Aus ehemals angesehenen oder wohlhabenden Leuten wurden in der BRD Hilfsarbeiter oder Arbeitslose, deren Familien oft unter den erbärmlichsten Bedingungen in Lagern oder Behelfsheimen leben mußten. Erst mit den 60er Jahren gelang es, diese Menschen in einigermaßen erträgliche Lebensverhältnisse einzugliedern und ihnen im Zuge der Vollbeschäftigung Arbeitsplätze zuzuweisen.

Die ganze Hoffnung dieser Menschen galt der Rückeroberung ihrer Heimat, der Befreiung der Ostgebiete von der »Schrekkensherrschaft« des Kommunismus. Die Russen und Kommunisten waren zu idealen Sündenböcken ihres Schicksals geworden. Sie mußten für alles herhalten, mit ihnen konnte man alles erklären. Die CDU unter Adenauer verstand es meisterlich, sich dieses Gefühls zu bemächtigen und für ihren politischen Kampf auszunutzen. Der Antikommunismus diente ihr

innenpolitisch dazu, jeden Gegner der CDU-Politik als heimlichen oder offenen Sympathisanten der Russen und ihrer Schreckensherrschaft zu denunzieren.
Insbesondere die SPD mußte sich vorhalten lassen, sie spiele das Spiel der sowjetischen Diktatoren. Wer die Sozialdemokraten wähle, der wählt — so Adenauer — den Untergang Deutschlands. Die sozialdemokratische Zielperspektive: Sozialismus in ganz Deutschland wurde als erster Schritt zur völligen Unterdrückung des ganzen Volkes abgetan.

Westintegration und Wiederbewaffnung

Ein solcher vermeintlicher Untergang Deutschlands war nach Ansicht der Regierung Adenauer nur vermeidbar, wenn sich der neue westdeutsche Staat eng an die Westmächte anlehnen würde. Der Kanzler sah deutlich, daß eine dauerhafte Eingliederung der BRD in das System der kapitalistischen Staaten des Westens die einzige sichere Garantie für den Aufbau eines marktwirtschaftlichen Wirtschaftssystems war. Er sah aber auch, daß diese Eingliederung langfristig nur erfolgreich sein konnte, wenn die BRD auch an dem gerade erst gegründeten Militärbündnis der Westmächte teilnehmen konnte. Nach der Prager Revolution und dem Sieg der chinesischen Revolution gingen die Westmächte die »North Atlantic Treaty Organization« ein. Die NATO war als Militärbündnis gegen die UdSSR gedacht, die daraufhin den Warschauer Pakt, ein Militärbündnis der osteuropäischen Staaten, gründete.
In der BRD waren so gut wie alle Kräfte gegen einen Beitritt zur NATO, schließlich war die Entmilitarisierung Deutschlands ein Bestandteil der Verfassung. Auch die Regierung Adenauer sprach sich offiziell dagegen aus. Aber: wenige Tage nach seiner ersten außenpolitischen Erklärung im Bundestag gab Adenauer einer amerikanischen Zeitung ein Interview. In diesem Gespräch machte Adenauer schon 1949 klar, daß er wenige Monate nach Inkrafttreten des Grundgesetzes daran dachte, einen wichtigen Verfassungsartikel außer Kraft zu setzen. Er erklärte der Zeitung, die BRD müsse an einer europäischen Armee beteiligt, also aufgerüstet werden. Den Gedanken, deutsche Soldaten an einer ausländischen Armee zu beteiligen, lehnte er ab. Nur mit eigenem militärischem Beitrag der BRD könne Westeuropa stark genug werden, um den Russen Einhalt zu gebieten. Fernziel der Wiederbewaffnung der BRD sollte sein, die Befreiung Ostdeutschlands von der russischen Beherrschung zu erreichen.
Trotz eines von Adenauer herausgegebenen Dementis — er denke nach wie vor, die militärische Sicherheit der BRD sei

Sache der alliierten Besatzungsstreitkräfte – enthüllte der Kanzler hier sein außenpolitisches Konzept:

- politische, wirtschaftliche *und* militärische Integration der BRD in das westliche Bündnis – auch gegen den Willen der Verfassung;
- militärische Bedrohung der Sowjetunion zwecks Einschüchterung der Russen – eventuell mit dem Ergebnis, daß sie die Ostgebiete bedingungslos an die BRD geben (Politik der Stärke).

Dieses Konzept der »Politik der Stärke« hatte Adenauer in Anlehnung an amerikanische Vorstellungen zur Nachkriegspolitik gewonnen. Deshalb waren seine Bedingungen für Gespräche über eine Wiedervereinigung hochgesteckt und für die Russen fast nicht erfüllbar. Bevor überhaupt über die Verwirklichung der Rechte aus dem Potsdamer Abkommen, bevor über die politische Gestalt eines Gesamtdeutschland verhandelt werden sollte, müßten nach der Ansicht der BRD-Regierung erst einmal freie Wahlen und die politische und ökonomische Zusammengehörigkeit beider deutschen Teile zugestanden werden (Regierungserklärung vom 23. 3. 50). Daß dies für die Russen unannehmbar und mit ihren Vorstellungen über ein neutrales und entmilitarisiertes Deutschland nicht vereinbar war, liegt auf der Hand. Dennoch wurde diese Vorstellung von allen Parteien des neugewählten Bundestages und von den westlichen Außenministern in einer »Erklärung über eine Wiederherstellung der Einheit Deutschlands« (13. Mai 1950, London) unterstützt.

Wahrscheinlich wäre die Verwirklichung der politischen Interessen Adenauers sehr schwierig gewesen, wäre ihnen nicht ein weltpolitisches Ereignis von folgenschwerer Bedeutung zu Hilfe gekommen: der *Koreakrieg.*

Korea war ebenso wie Deutschland durch den Krieg in zwei Hälften geteilt worden. Korea war vor dem Krieg vom faschistischen Japan zur Kolonie gemacht und durch die Siegermächte befreit worden. Die USA und die UdSSR hatten das Land – ebenso wie Deutschland – in militärische Besatzungszonen aufgeteilt. Während die Sowjetunion die politische Widerstandsbewegung gegen die Kolonialmacht der Japaner unterstützte und deren politische Ordnungsvorstellungen verwirklichen half (revolutionäre Volkskomitees übernahmen die öffentlichen Einrichtungen, Versorgungsbetriebe und die ehemals privatwirtschaftlichen Fabriken), verhinderten die USA eine politische Machtergreifung der Volkskomitees. Statt dessen schufen die USA 1948 in Süd-Korea einen Staat nach westlichem Muster. Er ging aus freien Wahlen unter UN-Kontrolle hervor, aber die revolutionären Volkskomitees konnten an der politischen Entscheidung nicht teilnehmen. Die

Amerikaner und Russen zogen ihre Truppen aus Korea ab.
Nach dem Sieg der Chinesischen Revolution 1949 – die Kommunisten hatten nach einem fast 20 Jahre langen Volkskrieg die prowestliche Armee und den prowestlichen Diktator Tschiang Kai-schek überwinden können – lebten die revolutionären Kämpfe in den südlichen Teilen Koreas erneut auf. Es kam zu Streiks und politischen Demonstrationen. Viele Koreaner schlossen sich im Süden ihres Landes der revolutionären Befreiungsbewegung an, die sich mit militärischen Maßnahmen aus der Taktik des Guerilla-Krieges gegen die Regierung der prowestlichen Republik Süd-Korea zur Wehr setzte.
Als die Unterdrückungsmaßnahmen gegenüber der revolutionären Bewegung im südlichen Landesteil zunahmen, beschlossen die Streitkräfte der mittlerweile ebenfalls entstandenen sozialistischen Republik Nord-Korea militärisch einzugreifen. Am 25. Juni 1950 fiel die nordkoreanische Infanterie über die Grenze zwischen beiden Staaten (38. Breitengrad) in den Süden ein. In vier Monaten hatten die kommunistischen Truppen fast das ganze Gebiet Süd-Koreas eingenommen.
Die Vereinten Nationen erklärten Nord-Korea zum Angreifer und forderten die sofortige Einstellung der Kampfhandlungen. Als die Truppen Nord-Koreas dies zurückwiesen, beschlossen die UN eine eigene Truppe zur Unterstützung der Südkoreaner aufzustellen, denn diese waren unfähig, den Streitkräften aus dem Norden Widerstand zu leisten. Amerikanische Truppen hatten schon vorher im Süden eingegriffen, aber wenig erreicht. So kam es am 25. September zum Gegenangriff der UN-Truppe, die aber hauptsächlich aus Amerikanern bestand und unter der Führung eines amerikanischen Generals stand. In zwei Monaten drängten die überlegen ausgerüsteten westlichen Truppen die Koreaner aus dem Norden an den Rand einer Niederlage. Um die völlige Niederlage zu verhindern, griffen nun chinesische Truppen auf seiten der Nordkoreaner ein. Nach einem langen militärischen Kampf endete der Krieg dort, wo er angefangen hatte: bei einer Teilung des Landes am 38. Breitengrad. Die revolutionäre Bewegung in Süd-Korea war geschlagen, und der Präsident des Südens, Singman Rhee, errichtete eine prowestliche Diktatur mit parlamentarischem Anstrich, die bis heute noch politische Gegner des Systems unterdrückt und selbst im Ausland durch ihren Geheimdienst verfolgen läßt.
In der Weltöffentlichkeit wurden die koreanischen Verhältnisse auf die Parole verkürzt: Die Kommunisten haben die Spaltung eines Landes nach Abzug der amerikanischen Truppen dazu ausgenutzt, den »freien«, d. h. nichtkommunistischen Teil militärisch zu überfallen. Hinter allem – so wurde vermutet – steht eine weltweit angelegte Strategie der Rus-

sen bzw. Stalins. Die »Roten« schienen in den Augen der Weltöffentlichkeit überführt, nur auf eine günstige Gelegenheit zu warten, um überall Kriege zu entfesseln und über »freie«, also prowestlich regierte Völker herzufallen. Sozialisten im Westen und revolutionäre Befreiungsbewegungen in der Dritten Welt wurden abgestempelt als Werkzeuge oder Agenten dieser weltweiten Verschwörung der Kommunisten.
Der Koreakrieg war Wasser auf die Mühlen der von der CDU geführten Regierung in Westdeutschland. Für sie war erwiesen: die Russen verfolgen in Deutschland die gleiche Strategie wie in Korea; im Moment der militärischen Schwäche der Alliierten oder der Westdeutschen fallen sie über die BRD her. Die Wiederbewaffnung der BRD war augenscheinlich die einzige Konsequenz. Auch prominente ausländische Politiker wie Churchill forderten nun die deutsche Wiederbewaffnung im Rahmen einer europäischen Armee. Der französische Ministerpräsident Pleven schlug eine europäische Verteidigungsgemeinschaft vor, an der deutsche Bataillone verteilt auf europäische Brigaden teilnehmen sollten. Unterstellt werden sollte diese Armee dem Europarat, einer Organisation der westeuropäischen Länder zur Zusammenfassung ihrer gemeinsamen Politik, gegründet am 5. Mai 1949. Die Bundesregierung, aber auch die französische Nationalversammlung, nahmen diesen Plan der Europäischen Verteidigungsgemeinschaft an. Die Bundesrepublik wurde zunächst Mitglied des Europarates. Die Errichtung der Verteidigungsgemeinschaft wurde angestrebt. Die Wiederbewaffnung der BRD war beschlossene Sache, ihre Westintegration so gut wie sicher.

Wiedervereinigungspolitik der CDU

Die Wiedervereinigungspolitik war außenpolitische Hauptbeschäftigung der ersten Nachkriegsjahre. Unmengen von Noten, Schreiben und Entschließungen über die Wiedervereinigung Deutschlands gingen hin und her. Auch die Vereinten Nationen beschäftigten sich 1951 mit der Wiedervereinigung und setzten sogar eine »UN-Kommission für Deutschland« ein, die die Möglichkeiten für freie Wahlen zur verfassungsgebenden Nationalversammlung für ganz Deutschland prüfen sollte. Brisant wurde die Diskussion um die Wiedervereinigung erst wieder, als die Sowjetunion am 10. März 1952 an die drei Westmächte eine Note richtete, in der sie spektakuläre Vorschläge für die Wiedervereinigung Deutschlands machte:

- Deutschland sollte als einheitlicher Staat entstehen und sich als unabhängiger Staat demokratisch entwickeln.
- Ein Friedensvertrag sollte abgeschlossen werden und spä-

testens ein Jahr nach Abschluß des Vertrages sollten alle ausländischen Truppen den Boden Deutschlands verlassen haben.

■ Die demokratischen Parteien Deutschlands sollten freie Betätigung erhalten; ebenso alle ehemaligen Angehörigen der Wehrmacht und der NSDAP – sofern sie nicht verurteilt waren.

■ Deutschland sollte neutral werden, d. h., es sollte nicht Mitglied in irgendeinem Militärbündnis werden dürfen; das bedeutet aber auch, daß die Russen keinen Anspruch erhoben, über das politische System des wiedervereinigten Deutschland vorzuentscheiden. Ob es sozialistisch oder kapitalistisch werde, darüber sollten die Deutschen offensichtlich selber entscheiden.

■ Das wiedervereinigte Deutschland sollte das Gebiet der BRD und der DDR umfassen, also nicht die deutschen Ostgebiete.

■ Das neutrale Gesamtdeutschland sollte eine eigene Armee haben und in der Lage sein, eigene Rüstungsgüter zu produzieren.

■ Deutschland sollte schließlich Mitglied der Vereinten Nationen sein – auf Antrag der vier Siegermächte des Zweiten Weltkriegs.

In der Zeit nach dem Koreakrieg wurde diese Note überall in der westlichen Welt mit Mißtrauen betrachtet. Man tat sie insbesondere bei der BRD-Regierung als politische Propaganda ab, um die Arbeit der UN-Kommission für Deutschland und die Errichtung der Europäischen Verteidigungsgemeinschaft zu verhindern.

Natürlich wäre eine Wiedervereinigung in Neutralität – vergleichbar mit der Wiedervereinigung des ebenfalls geteilt gewesenen Österreich – nicht vereinbar gewesen mit den Interessen der CDU und ihres Kanzlers. Westintegration und militärische Zugehörigkeit zum Westen und Wiedervereinigung waren offensichtlich politisch nicht vereinbar. Sie waren auch nicht mit dem Sicherheitsinteresse der Sowjetunion vereinbar – von einer Vereinbarkeit mit dem Potsdamer Abkommen ganz zu schweigen. Wer sich für das eine entschied, sprach sich gegen das andere aus. Wer Westintegration wollte, sorgte schon damals für die Aufrechterhaltung oder sogar Vertiefung der deutschen Spaltung. Immerhin haben bekannte und durchaus konservative Historiker wie Golo Mann und Paul Sethe bis heute unwiderlegt die Behauptung aufgestellt, die Bundesrepublik habe die historische Stunde der Nachkriegsgeschichte 1952 selbstverschuldet verpaßt.

Das Ereignis der sowjetischen Note von 1952 war zugleich der Wendepunkt in der Wiedervereinigungspolitik. Es war wohl unwiderruflich die letzte Chance, ernsthafte Verhandlungen über Deutschlands Zukunft zu führen. Danach wurde die Wiedervereinigungspolitik zum leeren Gerede. Auf Festtagen und auf staatspolitischen Veranstaltungen wurde die Einheit wortreich beschworen und an die Pflicht der Deutschen zur Wiedervereinigung appelliert. Gegenstand realpolitischer Verhandlungen war sie nicht mehr. Innenpolitisch hatte das Reden von der Wiedervereinigung weiterhin seine Bedeutung. Je lebendiger man nämlich das Elend der Spaltung unseres Landes halten konnte, um so wacher war wohl auch die Abneigung gegen die Kommunisten und alles was links war.

Der 17. Juni 1953 in Berlin

Auch hier sorgte ein international brisantes Ereignis dafür, daß die CDU-Strategie erfolgreich aufgehen konnte: der 17. Juni 1953 in Berlin und der sich daran anschließende Aufstand in verschiedenen Städten der DDR. Was war geschehen?

Auf dem Boden der sowjetischen Besatzungszone war im Gegenzug zur Gründung der BRD ein eigenes politisches System entstanden, das noch bis in die Jahre 1952/53 als vorläufig angesehen wurde: die DDR. Das Interesse der Sowjetunion an einem antifaschistischen Deutschland überwog dabei bei weitem das Interesse an einer sozialistischen Revolution. Natürlich sah die Sowjetunion die antifaschistische Bewegung bei den Parteien der Arbeiterbewegung besser aufgehoben als bei bürgerlichen Parteien. Außerdem sahen die sowjetischen Stellen sehr wohl, daß sozialistische oder kommunistische Parteien aus internationaler Solidarität und Anerkennung der führenden Rolle der Sowjetunion deren Reparationspolitik bei der Bevölkerung eher begründen und durchsetzen konnten als die anderen Parteien.

Die sowjetische Militärbehörde erlaubte daher zuerst die Wiederbegründung von KPD und SPD, die sich außerdem zu einer Partei zusammenfanden, zur SED — wobei die sowjetischen Stellen manchmal gewaltsam nachgeholfen haben, denn nicht überall waren die Arbeiter erfreut über diesen Zusammenschluß. Danach erfolgte die Gründung der CDU (Ost) und einer liberalen Partei, der LDPD. Alle Parteien gingen eine Art festes Bündnis ein, das mehr war als eine Koalition: eine sogenannte antifaschistische Einheitsfront. Diese entschied mehrheitlich über alle Fragen, von der politischen Zielsetzung bis hin zur Bildung gemeinsamer Wahllisten.

Beide Maßnahmen sicherten die korrekte Erfüllung der Reparationsforderungen, denn die Sozialisten/Kommunisten und die bürgerlichen Parteien stellten sich ausdrücklich auf den Boden des Potsdamer Abkommens. Gleichzeitig sicherte dieses politische Bündnis der Parteien auch die Durchführung wichtiger gesellschaftlicher Reformen: eine Bodenreform, die Großgrundbesitz von Adeligen an kleine Bauern verteilte; eine Enteignung von kriegswichtigen Betrieben der Nazi-Wirtschaft, die 45 % der Industrie in der Sowjetzone betraf; schließlich eine umfassende Neuordnung und Demokratisierung des Bildungswesens, das die alte Klassenschule zugunsten der höheren Bildung für alle abschaffte.

Vor allem aufgrund der genannten umfangreichen Enteignung der Nazi-Betriebe ging man in der DDR ab 1948/49 zunehmend zur Planwirtschaft über. Damit man allen Problemen der DDR-Wirtschaft gerecht werden konnte — Wiederaufbau der Industrie, Ersetzung der wegfallenden Industrieprodukte aus dem Westen, Ausgleich des durch die Spaltung abgewanderten Kapitals und Einhaltung der Reparationsverpflichtungen gegenüber der Sowjetunion —, sahen die Wirtschaftspläne der DDR-Regierung drastische Maßnahmen vor. Die Bevölkerung mußte auf die Verbesserung ihres ohnehin schon katastrophal niedrigen Lebensstandards verzichten und gleichzeitig schwere und schwerste Arbeit leisten. Diese für die meisten Menschen unerträgliche Situation verschärfte sich noch dadurch, daß SED und DDR-Regierung ab Juli 1952 weitere Verschärfungen sowie strenge politische Maßregelungen der Bevölkerung in Angriff nahmen.

Als dann am 9. Juni 1953 auf Betreiben der sowjetischen Stellen die Arbeitsnormen drastisch heraufgesetzt werden sollten, war das Faß übergelaufen: nach mehreren vorangegangenen Unruhen in den Betrieben legten zunächst 80 Arbeiter der Großbaustelle Stalinallee die Arbeit nieder. Sie gingen auf die Straße, andere Arbeiter schlossen sich ihnen an, und in kurzer Zeit war ein mächtiger Demonstrationszug zusammen, der zum Haus der Ministerien in der Leipziger Straße in Ostberlin zog. Die politischen Vertreter versuchten, die Arbeiter zu beschwichtigen, machten Zugeständnisse und ließen noch am Abend über das Radio die Zurücknahme der Normerhöhung verkünden.

Die Berliner Arbeiter verabredeten jedoch einen Generalstreik für den 17. Juni. Sie schenkten den Versprechungen keinen Glauben. In den Rundfunksendern der Westzonen von Berlin, namentlich im strikt antikommunistischen Sender RIAS (Rundfunk im Amerikanischen Sektor), begann nun die westliche Propaganda auf vollen Touren zu laufen. Diese trug die Nachricht von den Ereignissen in alle Orte der DDR.

Am 17. Juni griffen die Unruhen auf verschiedene Städte der DDR über. In Berlin selbst gingen viele politische Gruppen vom Westteil in den Ostsektor und heizten den Streik bis zum Aufstand an. Später nahm die DDR-Regierung dies zum Anlaß, von westlichen Agenten zu reden, die den Aufstand angezettelt hätten, ein Westberliner Arbeiter wurde sogar standrechtlich erschossen. Ob und wieviel westliche Störtrupps tatsächlich in den Ostsektor Berlins gegangen sind, ist bis heute unklar. Klar ist nur, daß der Aufstand nicht allein von Ostberlinern vorangetrieben wurde.

Die Polizei der DDR war nicht in der Lage, den Aufstand unter Kontrolle zu halten. Deshalb griffen die russischen Truppen ein. Die sowjetischen Stadtkommandanten verhängten den Ausnahmezustand und ließen ihre Panzer gegen die Streikenden und Demonstranten auffahren. Massenverhaftungen wurden angeordnet, sowjetische Kriegsgerichte verurteilten 141 Personen zum Tode, 14 Personen wurden von DDR-Gerichten verurteilt und hingerichtet. Insgesamt 1152 Personen wurden zu Freiheitsstrafen von durchschnittlich vier Jahren verurteilt.

In der Bundesrepublik wurden die Ereignisse mit Empörung aufgenommen und als Bestätigung dafür gewertet, daß die kommunistische Herrschaft in der DDR gleichzusetzen sei mit dem gerade überwundenen Faschismus. Der 17. Juni wurde zum »Tag der Deutschen Einheit«. Wiedervereinigung wurde damit vollends zum Ereignis von Festkundgebungen und Propagandaaufmärschen. Mehr noch als vorher zielte die Wiedervereinigungspolitik nach innen, auf die politische Meinungsbildung der Bürger der BRD. Kanzler Adenauer telegrafierte in die USA, der Aufstand sei ein Zeichen dafür, daß die Zustände in der DDR unerträglich seien, und verlangte Maßnahmen.

Die Regierung der USA versprach zwar eine befriedigende Regelung der Deutschlandfrage, aber es zeigte sich, daß die amerikanische Regierung nicht mehr in der Lage war, ernsthaft in den Interessenbereich der Sowjetunion einzugreifen. Beide militärischen Blöcke, NATO und Warschauer Pakt, begannen, die Einflußgebiete der anderen Seite zu respektieren. Eine wirkliche militärische Aktion der USA gegen die Sowjetunion war nunmehr so gut wie ausgeschlossen.

Inzwischen hatte die Sowjetunion selbst Atomwaffen gebaut und mit den USA militärisch gleichgezogen. 1953 war zudem, sowohl in den USA als in der UdSSR, die Führung gewechselt worden. In den USA war der oberkommandierende General der Amerikaner im Zweiten Weltkrieg, Dwight D. Eisenhower, zum neuen Präsidenten gewählt worden. Eisenhower war – anders als Truman – gegenüber der UdSSR immer gemäßigt eingestellt und hatte in den ersten Nachkriegsjahren versucht, die Verträge mit den Russen strikt einzuhalten. Von ihm war eine Entspannung und ein Interessenausgleich mit den Sowjets eher zu erwarten als von Truman. In der UdSSR waren die Zeichen für eine solche Entspannung ebenfalls günstig. Stalin, der sich mehr und mehr zum Tyrannen entwickelt hatte, war 1953 gestorben. An seine Stelle trat zunächst ein Dreiergremium: Malenkow, Chruschtschow und Bulganin, in dem sich schließlich Nikita Chruschtschow durchsetzte und die Nachfolge Stalins antrat. In der westlichen Welt mehrten sich die Stimmen, die von nun an auf Verständigung mit der UdSSR drängten und den Ausgleich der Interessen suchten. Nach dem 17. Juni war die Schwäche der »Politik der Stärke« offenbar geworden: sie war eine leere Parole, wenn man nicht den weltweiten atomaren Vernichtungskrieg wollte.

Die Innenpolitik

Die Westintegration der BRD brachte für die Regierung Adenauer außenpolitische Früchte. Die großen und wohlhabenden Mächte des Westens akzeptierten die BRD und vor allem Adenauer als Vertreter Gesamtdeutschlands. Sie unterstützten damit die wichtigste außenpolitische Auffassung der CDU: den Alleinvertretungsanspruch der BRD für ganz Deutschland. Der Beitritt der BRD zum Europarat unterstrich die Bedeutung der BRD und Adenauers. Der Regierung gelang es auch, die deutsche Kohle- und Stahlindustrie in eine europäische Gemeinschaft für Kohle und Stahl einzugliedern, was der deutschen Montanindustrie große Vorteile brachte. Die Westmächte belohnten die Westintegration der BRD auch damit, daß sie das Besatzungsstatut veränderten und der Bundesrepublik schon 1951 praktisch die politische Souveränität, insbesondere die außenpolitische Handlungsfreiheit, wiedergaben. Ein im gleichen Jahr abgeschlossener Deutschlandvertrag sollte die Selbständigkeit der BRD bis zu einem gesamtdeutschen Friedensvertrag regeln und Deutschland zu einem Mitglied der »Atlantischen Gemeinschaft« (NATO) machen.
Die BRD hatte vor allem wirtschaftliche Vorteile aus diesen Regelungen. So bedeutet die Eingliederung der deutschen Stahl- und Kohleindustrie in die »Montanunion« eine Aufhebung der Produktionsbeschränkung für Kohle und Stahl. Der deutsche Schiffsbau sollte wieder produzieren können. Werkzeugmaschinen aller Art durften wieder hergestellt werden, ebenso Aluminium und synthetische Stoffe der Chemieindustrie. Diese Erleichterungen kamen gerade rechtzeitig. Der Koreakrieg löste den schon beschriebenen Rüstungs- und Produktionsboom auf den kapitalistischen Weltmarkt aus.

Das Wirtschaftswunder begann und erlaubte auch innenpolitisch eine Verbesserung der Lage der Bevölkerung. Insbesondere die lang aufgestauten Konsumwünsche der ausgebombten und verarmten Bundesbürger schienen sich allmählich zu erfüllen: die Deutschen stürzten sich nach den Entbehrungen des Krieges und der Nachkriegszeit verständlicherweise in eine ständig wachsende Konsumwelle, deren fahrendes Symbol der VW für den Normalverbraucher, der Mercedes für die gehobenen Stände wurde.
Auch die Heimatvertriebenen wurden allmählich eingegliedert und erhielten 1952 ein Lastenausgleichsgesetz, das ihnen Entschädigung für die verlorenen Besitztümer in ihrer früheren Heimat versprach. Angesichts der politischen und wirtschaftlichen Lage der Deutschen in der DDR schien in der BRD allmählich zumindest ein erträgliches Leben anzufangen. Bedroht schien dieses Leben nicht von den westlichen Nachbarn, sondern allenfalls von den Sowjets — falls sie, wie in Korea, über das erblühende Land BRD herfallen würden. Oder von den Kommunisten, die — wenn an der Regierung — wahrscheinlich alles wieder kaputtmachen würden, was man gerade aufgebaut hatte: Muster DDR. Eine solche Stimmung schlug sich nieder, als nach den Ereignissen um den 17. Juni und dem Koreakrieg am 26. September 1953 in der Bundesrepublik Wahlen stattfanden.
Die Wahlen erbrachten einen Riesenerfolg für die CDU. Sie erhielt 45,2 % der abgegebenen Stimmen und 244 Parlamentssitze. Das war die absolute Mehrheit, denn die SPD erhielt mit 28,8 % nur 151 Sitze, FDP 47, andere Parteien zusammen 45 Sitze. Dennoch bildete Adenauer eine Koalitionsregierung aus CDU/CSU, FDP, BHE und DP, die über 336 von 487 Sitzen verfügte. Zwar hätte Adenauer mit der Mehrheit der CDU allein regieren können, aber er benötigte für seine Wiederbewaffnungspläne eine Mehrheit von zwei Dritteln im Bundestag: die Wiederbewaffnung war nur mit einer Verfassungsänderung möglich. Innerhalb dieser breiten bürgerlichen Koalition entwickelte sich die CDU auf Kosten der anderen bürgerlichen Parteien mehr und mehr zum politischen Koloß. Neben ihr gab es keine mehrheitsfähige, rechte Partei mehr. Konservative und rechte Wähler gingen in großen Scharen zur CDU über. Diese Partei wurde gleichzeitig das Sammelbecken für Flüchtlinge, Bauern, Kleinbürger und Selbständige. Schon damals waren die meisten Mitglieder der CDU Selbständige (30,5 %), Bauern (15,2 %), Angestellte und Beamte (17,6 %).
Die großen Unternehmen sahen in der CDU ebenfalls ihre politische Organisation, waren sie doch personell an zentraler Stelle in dieser Partei verankert. Immer wieder gingen Top-

manager der Industrie in die Parteipositionen, und CDU-Leute kamen leicht auf Spitzenposten in der Industrie. Das Programm der CDU bot sich für die Interessen der Wirtschaft geradezu an: Soziale Marktwirtschaft bedeutete für sie Sicherung des Kapitalismus. Sicher gegen soziale Unruhen durch eine Sozialpolitik, die jedem Arbeiter möglichst ein kleines Häuschen beschert, ein Auto und eine Volksaktie von 100 DM. Auf diese Weise angebundene Arbeiter werden weniger streiken und Unruhe stiften — so dachte man in den Konzernetagen. Ihren Höhepunkt erreichte die Kampagne des CDU-Staats gegen die Arbeiterbewegung mit dem Verbot der KPD. Diese Partei wurde 1956 vom Verfassungsgericht als verfassungswidrig verboten. Zu einem Zeitpunkt, als sie politisch fast bedeutungslos war und auch in der SPD sozialistische und marxistische Positionen zurückgedrängt wurden. Im Zeichen des 17. Juni wurde die Kampagne gegen die KPD und ihre Unterorganisationen wie FDJ und andere Gruppierungen ein voller Erfolg. Die Kommunisten und alle anderen konsequenten Linken wurden verfolgt.

Demgegenüber versuchte die CDU-Politik, in den Fragen der Sozialgesetzgebung die politische Unterdrückung der Arbeiterbewegung auszugleichen: In einem Bundesentschädigungsgesetz für die Opfer des Nationalsozialismus wurden 3 Millionen Ansprüche in Höhe von 18 Milliarden DM abgedeckt. Der Lastenausgleich entschädigte 13 Millionen Antragsteller mit einer Gesamtsumme von 31 Milliarden DM (von 1949—59). Durch ein Wiedergutmachungsabkommen mit Israel übernahm die Bundesregierung auch die Verantwortung zur Entschädigung der Nazi-Opfer, die jetzt in Israel leben. Ein umfassendes Neuordnungsgesetz für die Sozialversicherung wurde angestrebt, das die Rentenregelung neu ordnete und schließlich das Kindergeld zufriedenstellend verankerte.

Ohne Zweifel trugen alle diese Maßnahmen mit dazu bei, die materielle Not der Nachkriegszeit zu beenden und dem Wirtschaftsaufschwung entsprechend soziale Leistungen zu erbringen.

In einer anderen sozialpolitischen Aufgabe erwies sich die CDU/CSU als erzkonservativ: in der Kultur- oder Bildungspolitik.

Entgegen den Absprachen der Siegermächte und ersten Reformversuchen der Amerikaner in ihrer bayerischen Zone verhinderte die CDU die Reform unseres Ausbildungswesens. Statt dessen führten die CDU-regierten Bundesländer das Schulsystem der Vorkriegszeit mehr oder weniger wieder ein. Mehr noch: die CDU sorgte nicht nur dafür, daß die alte Drei-Klassen-Schule (Volksschule/Mittelschule/Gymnasium) wieder errichtet wurde, sie führte auch die Konfessionalisierung der

Schulen ein. D. h. sie sorgte dafür, daß katholische und evangelische Kinder verschiedene Schulen besuchen mußten. Die Volksschullehrer wurden auch an evangelischen oder katholischen Lehrerakademien ausgebildet. Hand in Hand mit dieser konfessionellen Schulordnung wurden überall die kleinen Dorfschulen und einklassigen Volksschulen befürwortet. Das hieß damals: alle acht Schuljahre wurden in einem Klassenzimmer untergebracht und von einem Lehrer betreut. Entsprechend waren denn auch die Ergebnisse. Obwohl es jedem Kind verfassungsgemäß zustand, erreichten nur sehr wenige Kinder eines Jahrganges das Gymnasium. Insbesondere Arbeiterkinder waren von diesem Schulsystem benachteiligt: allenfalls 4 % aller Abiturienten kamen aus Arbeiterfamilien, obwohl die Arbeiter immerhin 52 % der erwerbstätigen Bevölkerung ausmachten. An den Universitäten herrschten dieselben Zustände wie eh und je. Viele der Professoren, die den Nationalsozialismus gefeiert hatten, waren noch in Amt und Würden. Hier herrschte ein konservatives Klima wie sonst nirgendwo in der Gesellschaft. In den Instituten der Universitäten herrschten die Professoren wie unumschränkte Fürsten; Studenten, Mitarbeiter und sonstige Angestellte waren dieser Herrschaft rückhaltlos unterworfen.

NATO und Bundeswehr

Innenpolitisch besonders brisant war die Verfassungsänderung Nr. 1, die die Wiederbewaffnung und die Aufstellung einer bundesdeutschen Armee, der Bundeswehr, betraf. Doch: obwohl durch die Vereinbarungen über die Aufstellung einer europäischen Armee alles in dieser Frage geklärt zu sein schien, gab es noch einige politische Verwirrung und Aufregung. Nach einem Regierungswechsel in Frankreich lehnten die Franzosen die Schaffung einer europäischen Armee grundsätzlich ab. Damit war die europäische Verteidigungsidee gestorben. Die USA und Großbritannien waren über diesen Vorfall jedoch so beunruhigt, daß sie beschlossen, die BRD auch ohne Eingliederung in eine europäische Armee aufzurüsten. Damit war die Wiederbewaffnung der BRD noch einen Schritt vorangekommen: Nicht nur die Wiederbewaffnung wurde beschlossen, sondern die Aufstellung einer *eigenen* bundesrepublikanischen Armee. Außerdem sollte die BRD nicht nur in ein Verteidigungssystem eingegliedert, sondern selbständiges Mitglied der NATO werden, also vollends als eigene politische und militärische Macht wieder erstehen.
Am 23. Oktober wurden in Paris 1954 verschiedene Verträge geschlossen, welche die Grundlage dafür schufen, die BRD als

selbständigen Staat und eigenständige Militärmacht der NATO einzugliedern. Die Bundesrepublik wurde als souveräner Staat anerkannt, das Besatzungsregime beendet. Die deutsche Armee wurde genau eingegrenzt, und die BRD-Regierung verzichtete auf Atom- und biologisch-chemische Waffen (ABC-Waffen).

Innenpolitisch begann jetzt erst die Auseinandersetzung um die Verfassungsänderung, mit der der Artikel 12 GG außer Kraft gesetzt werden sollte. Trotz heftiger und polemischer Attacken und weitgehender Ablehnung paukte die Zweidrittelmehrheit der zweiten Regierung Adenauer das Wehrpflichtgesetz (1956), das Soldatengesetz (1956) und Wehrstrafengesetz (1957) durch den Bundestag. Die breite, von den Gewerkschaften des DGB und den Sozialdemokraten unterstützte Bewegung gegen die Wiederbewaffnung wurde von der Regierung nicht zur Kenntnis genommen. Einmal mehr offenbarte sich damit das Demokratieverständnis der CDU/CSU: die parlamentarisch gewählte Regierung ließ sich einmal in vier Jahren vom Volke bestätigen oder abwählen. Dazwischen handelte sie nach Gutdünken. Politische Meinungsbildungsprozesse der Bevölkerung blieben weitgehend unberücksichtigt. Die CDU/CSU-Regierung versuchte nirgendwo, den demokratischen Willensbildungsprozeß der Bevölkerung an aktuellen Fragen oder an Grundsatzproblemen zu beteiligen. Demokratische Erneuerung und lebendige Ausfüllung der Demokratie durch fortlaufende Beteiligung der Menschen an der Diskussion, an der staatspolitisch wichtigen Information, suchte die Adenauer-Regierung nicht. Statt dessen unterstützte sie überall — ob gewollt oder nicht — konservative Meinungsbildungsstrukturen: Entscheidungen kamen von oben, die Massen hatten nur die Chance, Entscheidungen nachzuvollziehen.

Kanzlerdemokratie

Wiederbewaffnung, Souveränität der BRD und gleichberechtigte Eingliederung der Bundesrepublik in die westlichen Bündnisse waren der Höhepunkt der Nachkriegsentwicklung unter der Regie der CDU. Die deutsche Wirtschaft hatte inzwischen ihren Wiederaufbau erreicht und 1957 England von Platz zwei der Welthandelsnationen verdrängt. Die BRD-Automobilindustrie verdrängte die USA sogar als Weltexporteur Nr. 1 von Automobilien: 1956 schon exportierten die bundesdeutschen Firmen 5 Millionen Kraftfahrzeuge. Die deutsche Chemieindustrie, durch die Alliierten in 5 Firmen aufgeteilt, erreichte Rekordumsätze. Der durch den Außenhandel

einströmende Gold- und Devisenverkehr machte die DM zur härtesten Währung der Welt, noch stabiler als den Dollar.
Die Deutschen in der Bundesrepublik hatten noch mehr als zuvor das Gefühl, wieder jemand zu sein. Das Verdienst dafür schrieben sie Adenauers Regierung und der Sozialen Marktwirtschaft zu. Die CDU erlebte damit ihren bislang größten Triumph: 1957 erhielt sie die höchste Stimmenzahl, die je eine Partei in Deutschland bei nationalen Wahlen erhalten hat: 50,2 %.
Dieser Höhepunkt war aber auch zugleich der Umschwung in der politischen Entwicklung der BRD. Denn nachdem nun außenpolitisch und innenpolitisch alle Ziele verwirklicht waren, die Wirtschaft ihren ersten Höhepunkt erreicht, und die Bevölkerung in verschiedenen Bedarfswellen ihren Nachholbedarf an Gütern und Dienstleistungen gedeckt hatte, traten Risse im Gebäude der BRD auf. In der Arbeiterklasse und der heranwachsenden Generation machten sich allmählich Unzufriedenheit und Unmut über die Verhältnisse breit. Die CDU, die sich allmählich als Staatspartei zu fühlen begann, nahm solche Zeichen der Zeit nicht wahr oder hielt sie für unwichtig. Sie stützte sich auf die Schicht der gehobenen Amtsträger, erfolgreichen Wirtschaftsführer und auf die große Zahl der wohlhabender werdenden Angestellten, Ärzte, Juristen, Lehrer usw. Sie stützte sich ferner auf die Person Adenauer. Dessen Person schien die Garantie für CDU-Erfolge auf Dauer, obwohl er mittlerweile schon weit über 80 Jahre alt wurde.
Adenauer regierte die BRD von der starken Stellung des Kanzlers her wie ein Wahlmonarch. Die Möglichkeit dazu bietet das Grundgesetz selbst, denn um ein ewiges Regierungskarussell zu verhindern, hatten die Väter der Verfassung einen starken Regierungschef vorgesehen, der schwer zu stürzen ist und der die Richtlinien der Politik allein bestimmen kann. Adenauer nutzte diese Möglichkeiten voll aus. Er überraschte die Öffentlichkeit und seine Minister immer wieder mit einsamen Entschlüssen. Dabei stützte er sich weniger auf die Fachleute seiner Regierung oder gar des Parlamentes. Zugang zu seinen Entschlüssen hatten vielmehr bedeutende Vertreter des großen Kapitals und der Industrie, wie der Kölner Bankier Robert Pferdmenges. Aber auch in den Ministerien der Adenauer-Regierung griff der Einfluß der Wirtschaftsverbände um sich. Grundlage dafür ist der § 23 der »Gemeinsamen Geschäftsordnung der Ministerien«. Er sieht vor, daß die Ministerien bei Gesetzesentwürfen und Entscheidungen die Meinung der Spitzenverbände einholen. Außerdem werden die Verbände zu Ausschüssen hinzugezogen, von denen sich die Ministerien beraten lassen. Besonderen Einbruch der Interessen der Wirtschaft mußte es »naturgemäß« besonders im Verteidigungs-

ministerium geben. Hier ging es schon wenige Jahre nach Gründung der Bundeswehr um Milliarden-Beträge, denn die BRD sollte schon 1959 die Sollstärke ihrer Armee mit 500 000 Mann erreicht haben. In drei Jahren mußten also Unsummen ausgegeben werden. Natürlich berieten die Rüstungsfirmen das Ministerium bei seinen Ankaufentscheidungen. Natürlich kam es dabei zu Unregelmäßigkeiten. Insbesondere der noch junge Verteidigungsminister Strauß geriet dadurch immer wieder ins Zwielicht, bei krummen Geschäften mitgespielt zu haben. Es hagelte Affären, die Fibag-Affäre (Bestechung), die HS-30-Affäre (Bestechung und Veruntreuung von Geldern) usw. Die Wochenzeitschrift »Der Spiegel«, ein respektloses, aber stets hervorragend informiertes Blatt, hatte all diese Skandale aufgedeckt und insbesonders scharfe Kritik an Strauß vorgetragen.

CDU-Staat in der Krise

So geriet der CDU-Staat in eine politische Vertrauenskrise. Denn gerade die Selbstverständlichkeit, mit der die CDU-Vertreter alle Staatsämter einnahmen und oft für ihren eigenen Vorteil ausnutzten, legte den Keim der Unzufriedenheit. Die Selbstverständlichkeit, mit der in der gerade errichteten Demokratie die alten Eliten wieder oben waren und die Vertreter des großen Kapitals den Staat beherrschen konnten, zog den demokratischen Charakter der Kanzlerdemokratie in Zweifel. Schließlich war es der Umgang mit der Macht und dem Recht, der die CDU empfindlich in ihrem politischen Ansehen traf.
Welchen Umgang die selbsternannte Staatspartei CDU/CSU mit der Macht pflegte, offenbarte sich in der Spiegelaffäre:
Der von der Regierung keineswegs geliebte »Spiegel« berichtete 1962 über das Herbstmanöver der Bundeswehr und nannte Fakten, die die BRD-Armee als nur »bedingt verteidigungsfähig« entlarvten. Strauß, der vom »Spiegel« immer wieder attackierte Verteidigungsminister, sah angesichts des Artikels die Gelegenheit gekommen, gegen den »Spiegel« mit einer Polizeiaktion vorzugehen — wegen »Verdacht des Landesverrats«.
Die Polizei brach nachts in die »Spiegel«-Redaktion ein, beschlagnahmte großzügig das Nachrichtenmaterial der Zeitung, inhaftierte »Spiegel«-Chef Rudolf Augstein und ließ in Spanien den Autor des Artikels verhaften.
Noch bevor irgendein Gericht zu einem Urteil gekommen war, sprach Kanzler Adenauer in einer Protestdebatte des Bundestages von einem »Abgrund von Landesverrat« und stützte Strauß. Der Bundesinnenminister — auf die fragwürdigen Me-

thoden der Polizei angesprochen — entschuldigte deren Vorgehen mit dem Satz: Man könne schließlich nicht immer mit dem Grundgesetz unter dem Arm herumlaufen.
Die FDP, nach den Wahlen von 1961 wegen des Verlusts der absoluten Mehrheit der CDU in die Regierung genommen, verlangte den Rücktritt von Strauß. Adenauer, der mit der FDP-Koalition schon seinen eigenen Rücktritt für 1963 hatte vereinbaren müssen, mußte Strauß entlassen. Aber dessen Sturz war eigentlich auch ein Sturz von Adenauer, der sich voll hinter den bayerischen Politiker gestellt hatte. So wurde die Spiegelaffäre für Adenauer zum Sturz auf Raten.
Für einen wichtigen Teil der Öffentlichkeit, die auf die Spiegelaffäre mit Empörung reagierte, entlarvte sich nun vollends der undemokratische Charakter der Adenauer-Regierung. Es zeigte sich, daß die Bedrohung des demokratischen Rechtsstaates keineswegs — wie von der CDU behauptet — von den »Roten« ausging, sondern von eben jener Partei, die sich 15 Jahre lang als Hüter der Freiheit und des gesellschaftlichen Friedens dargestellt hatte. Darin lag wohl die nachhaltige Wirkung dieser Affäre.
Außenpolitisch geriet die Adenauer-Regierung Anfang der 60er Jahre ebenfalls in die Sackgasse.
Die Politik der Stärke hatte sich angesichts der immer größer werdenden Rüstungsanstrengungen der USA und der UdSSR schon Ende der 50er Jahre überlebt. Es herrschte ein Gleichgewicht des Schreckens, das jede militärische Verwicklung der beiden Supermächte sinnlos machte. Beide Mächte begannen, Wege zu suchen, die eine Art Garantie ihres jeweiligen Einflußgebietes mit sich bringen würden. Zu einem solchen Übereinkommen konnten die beiden Mächte auf Dauer nur kommen, wenn sie sich über die Deutschlandfrage verständigen würden. Dabei konnte allerdings nur eine Anerkennung der beiderseitigen Interessen der USA und der UdSSR eine brauchbare Grundlage für die Verständigung bieten: Anerkennung der DDR sowie Regelung der Berlinfrage im Sinne der Westmächte (ein der Bundesrepublik zugehöriges Westberlin). Die Sowjetunion hatte gerade in den späten 50er Jahren unmißverständlich zu verstehen gegeben, daß sie in der DDR-Frage zu keinem Kompromiß bereit war.
Inzwischen hatte die UdSSR begonnen, alles für den Aufbau eines sozialistischen Staates in der ehemaligen SBZ zu tun. Dieser Staat, die DDR, war mittlerweile ebenso wie die BRD als souveräner Staat Mitglied des östlichen Militärbündnisses, des Warschauer Pakts, geworden. Das sozialistische System der DDR war allerdings weniger militärisch als politisch bedroht. Vor allem dadurch, daß Millionen Menschen die DDR verließen und in die BRD flüchteten. Die Gründe für rd. 3 Mil-

lionen DDR-Flüchtlinge waren: die Enteignung des Privatbesitzes, die Vergesellschaftung der Landwirtschaft und der politische Druck, besonders auf konservativ und religiös denkende Menschen. Es wanderten vor allem gut ausgebildete Männer und Frauen in die BRD ab, wo sie im Wirtschaftsaufschwung der 60er Jahre wegen des Arbeitskräftemangels dringend gebraucht wurden. In der DDR verursachte die Massenflucht ernste Schwierigkeiten. Deshalb beschlossen die DDR und ihre Verbündeten, die Flucht zu unterbinden. Da der Fluchtweg hauptsächlich über Berlin ging, mußte dies Tor geschlossen werden. Als sich zeigte, daß das Berlin-Problem aus sowjetischer Sicht nicht durch eine Art Neutralisierung Westberlins zu lösen war (Berlin-Ultimatum der UdSSR von 1958: Forderung nach der »selbständigen politischen Einheit Westberlin«) schufen die DDR-Behörden unübersehbare Fakten: sie bauten am 13. August 1961 entlang der Linie des Ost-Sektors von Berlin eine Mauer.

Dies verhinderte nicht nur den Fluchtstrom in den Westen, es machte auch deutlich, daß die Existenz zweier politischer Systeme auf deutschem Boden nicht wieder rückgängig gemacht werden konnte. Weder die UdSSR noch die Westmächte wollten deswegen einen Krieg riskieren. Auch konnten sie es sich nicht leisten, ihre weltpolitischen Beziehungen andauernd durch Deutschland- und Berlin-Probleme stören zu lassen.

Die CDU-Politik war jedoch unfähig, sich dieser weltpolitischen Veränderung rechtzeitig anzupassen. Sie beharrte vielmehr auf ihrem Alleinvertretungsanspruch. Dies führte in der Folgezeit zu grotesken Ergebnissen: Nach dem Mauerbau erstarkte die DDR wirtschaftlich wie politisch. Viele Staaten der Dritten Welt begannen, mit der DDR Wirtschaftsbeziehungen aufzunehmen und sie schließlich auch politisch als selbständigen Staat anzuerkennen. Die Bundesrepublik sah sich unter der CDU-Regierung nun gezwungen, ihrerseits zu den Staaten diplomatische Beziehungen abzubrechen, welche die DDR anerkannt hatten. Damit begann die deutsche Außenpolitik, sich selbst und vor allem den Wirtschaftsinteressen der deutschen Industrie im Ausland zu schaden. Man versuchte sogar, die Entwicklungshilfe als Druckmittel für den Alleinvertretungsanspruch einzusetzen. Dies alles isolierte die BRD weltpolitisch immer mehr. Selbst bei ihren Verbündeten wurde sie mit ihrer Prinzipienreiterei in der Deutschlandfrage als lästig empfunden – um so mehr, als auch westliche Kreise schon lange argwöhnten, der Kanzler Adenauer habe nie ernsthaft eine deutsche Wiedervereinigung angestrebt. Allein eine neue Ostpolitik hätte die Schwierigkeiten beheben können. Einige CDU-Politiker wie Gerhard Schröder versuchten zwar, eine Wende herbeizuführen, konnten sich aber nicht gegen die Einflüsse

aus den Vertriebenenverbänden durchsetzen. Die deutsche Außenpolitik stagnierte.
Selbst in der Wirtschaftspolitik geriet die CDU-Regierung in eine Krise – obwohl gerade die Wirtschaftspolitik ihre Domäne zu sein schien. Überraschenderweise trat diese Krise zutage, als der langjährige, scheinbar grenzenlos erfolgreiche Wirtschaftsminister der CDU, Prof. Ludwig Erhard, die politische Führung in Bonn übernommen hatte. 1963, nach Adenauers Rücktritt, war Erhard dessen Kanzler-Nachfolger geworden. Unter seiner Führung sollte die Soziale Marktwirtschaft eine neue Blüte erleben. Wirtschaftliches Wachstum, Vollbeschäftigung, soziale Versorgung für alle, mehr Kindergeld, bessere Versorgung der Frauen, Absicherung der Bauern usw. Dabei sollte die Gesellschaft zugleich in wichtigsten Bereichen reformiert werden: Doch noch während seiner Regierungszeit kamen erste Risse ins »Schlaraffenland« der CDU: Schon die Kohlenkrise – Absatzschwierigkeiten, Millionen Tonnen Kohle auf der Halde und das große Zechensterben – zeigte, daß es schwierig werden würde mit der Erhardschen Sozial- und Wirtschaftspolitik. Als es dann 1966 zur ersten ernsthaften Wirtschaftskrise in der BRD kam, brach das Wunschbild der »Sozialen Marktwirtschaft« in sich zusammen. Als dann auch noch die Wahlen in NRW für die CDU verlorengegangen waren (1965), Prof. Erhard also auch seine Rolle als beliebte Wahllokomotive nicht mehr erfüllen konnte, wurde er kurzerhand von seiner eigenen Partei gestürzt.
Der Sturz Erhards war – wenn man so will – das Ende des CDU-Staates. Danach nämlich ging die CDU eine »Große Koalition« ein, wodurch sie politisch die Macht mit der SPD teilen mußte. Es gab für sie keinen anderen Ausweg. Die CDU war zwar stärkste Partei, aber unfähig geworden, ihre Politik wieder flottzumachen. Dazu benötigte sie die SPD, den Erzfeind von gestern. Die Sozialdemokraten zogen in die Regierung ein und veränderten zunächst einmal die Wirtschaftspolitik, indem sie neue Planungsmethoden einführten und die Gewerkschaften in die Wirtschaftspolitik der Regierung mit einbezogen (Konzertierte Aktion).
Beide Parteien benutzten ihre Zweidrittelmehrheit aber auch, um eine folgenschwere Verfassungsänderung vorzunehmen: sie führten sogenannte Notstandsgesetze ein. Damit wurden nach der Wiederbewaffnung weitere Voraussetzungen für die militärische Unterdrückung von politischen Veränderungswünschen der Bevölkerung geschaffen. Die Notstandsgesetze sehen nämlich vor, daß Bundeswehr und Grenzschutz gegen einen »Inneren Feind« vorgehen und diesen mit Waffengewalt bekämpfen können. Solche »Inneren Feinde« können schon am Werke sein, wenn die Arbeiter der BRD einen Gene-

ralstreik beschließen und durchführen – insbesondere, wenn sie damit nicht nur Löhne und Arbeitsbedingungen verbessern wollen, sondern politische Ziele anstreben. Die Große Koalition schuf mit den Notstandsgesetzen regelrechte »Bürgerkriegsgesetze«, die sogar das Parlament für die Zeit des Notstandes außer Kraft setzen. Zum erstenmal wurde dadurch für viele sichtbar, daß die gewählten politischen Führer der BRD bereit waren, ihre Vorstellung von Demokratie notfalls auch durch Abschaffung der Demokratie vor dem Willen des Volkes zu schützen.

Gestützt auf ihre Mehrheit dachten die beiden Parteien gar nicht daran, daß es wegen der Notstandsgesetze Schwierigkeiten geben würde. Arrogant, wie Mächtige häufig sind, nahmen sie politische Strömungen außerhalb des parlamentarischen Systems gar nicht mehr wahr – oder nicht mehr ernst. Innerhalb der Parteien war demokratische Willensbildung längst außer Mode geraten, es herrschten die politischen Würdenträger. Was die Basis, die Menge der Mitglieder, meinte, galt als unwichtig. So blieb den politischen Führungskräften weitgehend verborgen, daß viele Bürger des Landes mit der Entwicklung zum Notstands-Staat überhaupt nicht einverstanden waren. Umso überraschter waren die politischen Machtträger, als es trotz ihrer soliden Mehrheit zu einer breiten Anti-Notstandsbewegung kam, die Opposition außerhalb des Parlaments betrieb und die eine große soziale Unruhe ausdrückte. Dies hatte man am allerwenigsten erwartet; daß außerhalb der traditionellen Organisationen so etwas wie eine eigenständige soziale Bewegung entstehen konnte, die Opposition gegen das etablierte Ordnungsschema machte und Staat wie Regierungsparteien vor der Öffentlichkeit in eine regelrechte »Legitimationskrise« brachte. (Etabliert, Establishment: eingerichtete Herrschaftsgruppe, die fest an der Macht ist und niemanden außerhalb ihres Kreises an die Macht läßt. Die Legitimationskrise des »Establishments« liegt darin, daß die Machtträger nicht mehr rechtfertigen können, wieso sie an der Macht sind und den politischen Willen der Bevölkerung unter Hinweis auf Expertengutachten und sogenannte »Sachzwänge« mißachten.)

Soziale Bewegung und sozial-liberale Koalition

Dabei hätte man diese Entwicklung mit einem Blick auf die Geschichte der sozialen Bewegung in der BRD leicht erklären können. Insbesondere die SPD, stärkste und älteste Partei innerhalb der Arbeiterschaft und innerhalb der sozialen Bewegung der BRD, hatte ihr Scherflein dazu beigetragen, eine außerparlamentarische Orientierung vieler Bürger in Gang zu bringen, die eine grundlegende Veränderung der gesellschaftlichen Verhältnisse in der BRD anstrebten. Hatte sie doch in ihrer eigenen Geschichte, in 20 Jahren Bundesrepublik und Nachkriegsdeutschland alles getan, um die sozialistischen Kräfte, die linken und radikalen Auffassungen, an den Rand der Gesellschaft zu drängen.

Die Sozialdemokratie nach 1945

Zunächst schien es so, als würde sich nach dem Krieg eine einheitliche sozialistische Bewegung verwirklichen. Nach dem Zusammenbruch bildeten sich überall in Deutschland Antifaschistische Komitees, zu denen sich Kommunisten, Sozialisten und viele andere Bürger zusammenschlossen, die gesehen hatten, daß der Faschismus direkt mit der kapitalistischen Wirtschaftsordnung zusammenhing.
Einige Monate später kehrten jedoch die Exilgruppen der alten Parteien, der SPD und der KPD, aus London oder Moskau zurück und nahmen für sich in Anspruch, die alten Parteien neu zu begründen. Die SPD hatte sogar zwei Parteigruppen, die jetzt miteinander konkurrierten: die Mitglieder um den Berliner Zentralausschuß, der 1933 den Auftrag erhalten hatte, einen neuen Parteitag einzuberufen, und die Vertreter des Exilvorstandes, die mit dem Vorsitzenden von Hannover, Kurt Schumacher, die Partei aufbauen wollten. Die Berliner Gruppe, deren Sprecher Grotewohl war, setzte sich für eine enge Zusammenarbeit mit den Kommunisten ein, während die Hannoveraner Gruppe streng antikommunistisch war. Dieser Streit ging so weit, daß die Hannoveraner an eine eigene Parteigründung dachten, während die Berliner sich mit den Kommunisten zu einigen versuchten.
So kam es schließlich am 5. Oktober zur Spaltung der SPD in eine Partei für die Westzonen und eine SPD für die Ostzone. Auch die Kommunisten setzten zunächst die Spaltung der Arbeiterbewegung durch die Wiederbegründung ihrer Partei fort. Sie wollten allem Anschein nach zuerst ihre eigenen Kader wieder festigen, bevor sie mit anderen Parteien, insbesondere mit der stark linkssozialistischen Ost-SPD, zusammenarbeiten wollten. Sie strebten keine einheitliche Arbeiterpartei an, sondern einen Antifaschistischen Block aus KPD, SPD und Zentrum, der Deutschland zu einer antifaschistischen, parlamentarischen Demokratie machen sollte. Aber noch im Jahre 1945 änderte sich der Kurs der Kommunisten, vor allem nachdem sie durch die Sowjetische Militärverwaltung unterstützt wur-

den. Sie traten für die Gründung einer Sozialistischen Einheitspartei (SED) — zumindest in der sowjetischen Zone — ein, die dann mit sowjetischer Unterstützung (man verweigerte z. B. den sozialdemokratischen Zeitungen das Papier) auch zustande kam.

In den Westzonen sah die Sache ganz anders aus. Die Sozialdemokratie wollte zwar den Sozialismus, aber sie begann ihre Arbeit auf der Basis von verhängnisvollen Fehleinschätzungen:

- Kurt Schumacher und sein Kreis glaubten, der Kapitalismus sei durch den Krieg und den Faschismus endgültig niedergeworfen. Die Bevölkerung — vor allem die Arbeiter — hätte das wahre Gesicht des Kapitalismus erkannt und verlange jetzt den Sozialismus. Daher ging es ihnen nicht so sehr um die kämpferische Überwindung des Kapitalismus, sondern eher um die Errichtung einer sozialistischen Demokratie.
- Daher glaubten die Sozialdemokraten auch, daß nicht eine reine Arbeiterpartei, sondern eine Volkspartei gegründet werden müsse. Mit dieser Volkspartei sollten alle nicht ausbeutenden Klassen und Schichten erfaßt werden. Weil die NSDAP sich hauptsächlich auf die Mittelschichten gestützt hatte, glaubten die Sozialdemokraten so, die richtige Lehre aus dem Faschismus zu ziehen und eine große Mehrheit für den Sozialismus gewinnen zu können. Gleichzeitig aber blieb die Partei im Programm proletarisch: Sie forderte den sofortigen Übergang zum Sozialismus und den Aufbau der klassenlosen Gesellschaft. Auch die Mitglieder der Partei blieben proletarisch: Noch 1952 waren 45 % der Mitglieder Arbeiter, 17 % Angestellte.

Die Mitgliedschaft der SPD

Arbeiter	45%
Angestellte	17%
Beamte	5%
Selbständige	12%
Landwirte	2%
Hausfrauen	7%
Rentner	12%

(Quelle: K. Schütz, Die Sozialdemokratie im Nachkriegsdeutschland, in: Parteien in der BRD, Stuttgart 1955)

- Dieses Ziel, die Einführung der demokratischen Form des Sozialismus, sahen die Sozialdemokraten vor allem von den Kommunisten bedroht. Sie argwöhnten, die KPD versuche mit allen Mitteln, eine Diktatur des Proletariats nach russischem Muster zu errichten und so den demokratischen Sozialismus zu verhindern. Alle Kämpfe, die die Arbeiterklasse, angeführt von Kommunisten, in den ersten Nachkriegsjahren ausfechten mußte, sahen die Sozialdemokraten als Angriffe auf den demokratischen Sozialismus und nicht den Kapitalismus an. Deshalb bekämpften sie diese Angriffe insbesondere durch ihre Genossen in den Gewerkschaften.

Dabei war es so gewesen, daß die Kommunistische Partei in ihrem ersten politischen Aufruf für Deutschland nicht das Sowjetsystem, sondern die parlamentarische Republik gefordert hatte. Und die Arbeiter in den Industriegebieten Deutschlands mußten schwere Kämpfe um die Erhaltung ihrer Lebenssubstanz führen. Im Ruhrbergbau, der als eine der ersten Industrien nach dem Krieg voll in kapitalistischer Regie wiedereröffnet wurde, waren Arbeitsbedingungen und Ausbeutung der Arbeiter unerträglich. Deshalb kam es immer wieder zu Streiks und Kämpfen der Bergarbeiter gegen die Unternehmer. Angeführt von kommunistischen Betriebsräten (38 % der Betriebsräte im Bergbau waren Kommunisten) kam es 1947 sogar zu einem Massenstreik. Allein an einer Kundgebung in Düsseldorf nahmen 334 000 Bergleute teil. Ihre Forderungen waren: bessere Löhne, bessere Arbeitsbedingungen und sofortige Verstaatlichung des Bergbaus.
Innerhalb der Gewerkschaften wurden solche Aktivitäten höchst ungern gesehen. Die führenden Funktionäre um den damaligen DGB-Vorsitzenden Hans Böckler versuchten mit allen Mitteln, die Gewerkschaft aus den Streiks herauszuhalten. Obwohl eine Urabstimmung mit fast 90 % für den Streik war, obwohl sich Betriebsräte und Vertrauensleute für den Streik aussprachen, bezeichnete die Gewerkschaftsführung den Streik als illegal. Ihre Absicht war es, durch Wohlverhalten die Siegermächte zu besseren Versorgungsleistungen für die Arbeiter anzuregen.
Alles dies führte dazu, daß eine breite politische Bewegung der Arbeiterklasse für eine sozialistische Veränderung in Deutschland von den Sozialdemokraten und deren Gesellschaftspolitik behindert wurde. Aber auch die KP trug dazu bei, indem sie um ihrer Bündnispolitik willen (Zusammengehen mit SPD und Zentrum bzw. CDU) die Konflikte abwiegelte. Statt die Protestbewegung gegen die Politik der SPD und der Gewerkschaft weiter in Richtung auf eine neue Arbeiterbewegung zu lenken, taten auch die Kommunisten alles, damit die aufgebrachten Kollegen erst einmal in Ruhe nach Hause gingen. Unterstützt durch politische Eingriffe der Alliierten (Gefängnis für Streikende und für Kommunisten) endete dieser Kampf mit einer großen Enttäuschung für die Arbeiter. Das Ergebnis: viele resignierten und gaben ihre politische Aktivität allmählich auf.

Sozialdemokratische Opposition

Der Arbeiterbewegung gelang es also nicht, nach 1945 eine revolutionäre Wende herbeizuführen. Die KPD verlor durch ihre unentschlossene und widersprüchliche Haltung nahezu jeden Rückhalt in der Arbeiterschaft. Um so mehr versprachen sich die Sozialdemokraten von ihrer Strategie, durch Wahlerfolge den politischen und sozialen Weg der BRD bestimmen zu können. Diesen Weg hatten sie – ihrer Vorstellung nach – mit der Verfassung des Grundgesetzes offengehalten. Die Verfassung enthält nämlich zwei Gedanken, welche es zumindest nicht ausschließen, daß auf dem Boden des Grundgesetzes auch ein sozialistisches Modell nach den Vorstellungen der Sozialdemokraten denkbar wäre. Diese beiden Punkte sind:

- Die Idee des Sozialstaats, d. h. eines Staates, dessen erste Aufgabe die Sicherung der sozialen Bedürfnisse der Bevölkerung ist, auch wenn das zu Lasten des Profitgedankens geht.
- Die Idee der Verstaatlichung der Wirtschaft, wenn diese wegen des Profitstrebens den sozialen Belangen der Bevölkerung widerspricht.

Mit der entsprechenden politischen Mehrheit hofften die Sozialdemokraten diese Veränderung in der BRD auf demokratischer Grundlage durchzusetzen. Zwar waren die wahltaktischen Überlegungen der SPD (Volkspartei) bei den bisherigen Landtagswahlen nicht ganz aufgegangen, aber für die Bundestagswahlen von 1949 glaubte man doch, die Mehrheit zu erlangen. Um so überraschter waren die Sozialdemokraten, als sie nur 29,2 % erhielten und damit noch nicht einmal stärkste Partei wurden (CDU: 31 %). Statt des Sozialdemokraten Schumacher wurde der konservative Adenauer erster Bundeskanzler. Nicht Sozialdemokraten bestimmten den Kurs der BRD, sondern Konservative. Nicht Sozialismus stand auf dem Programm, sondern Wiedererrichtung des kapitalistischen Systems.

Doch die Verhältnisse wurden für die SPD noch schlimmer:
Der Kapitalismus, anstatt zusammenzubrechen, wie die Sozialdemokraten das erwarteten, erlebte in den Jahren nach 1950 eine bis dahin unbekannte Blüte. Dieser Aufschwung war so unglaublich, daß selbst die Bedürfnisse breiter Bevölkerungsschichten befriedigt werden konnten. Die ganze Strategie der Sozialdemokraten schien auf Sand gebaut und wurde unglaubwürdig. Hinzu kam, daß die Regierung Adenauer das Dilemma der SPD geschickt ausnutzte. Sie pries den Erfolg der Sozialen Marktwirtschaft und zeigte am Beispiel der katastrophalen Wirtschaftslage der DDR – wo bekanntlich Sozialisten an der Macht waren –, wohin die Ideen der Sozialdemokraten führen würden. Dabei spielte es keine Rolle, daß dies alles sehr oberflächlich gesehen war, daß an der schlechten Wirtschaftslage der DDR weniger die sozialistischen Politiker als die schlechte Ausgangslage nach dem Krieg und die umfangreichen Reparationsleistungen schuld waren. Die CDU hatte mit

ihrem Slogan von der Unfähigkeit der Sozialdemokraten Erfolg: Würden die Linken die Macht erringen, seien Freiheit und Wohlstand dahin. Bei den Wahlen im Jahr 1953, kurz nach dem 17. Juni, ging der Stimmenanteil der SPD weiter zurück (28,8 %); die KPD, die bis dahin noch im Bundestag vertreten war, fiel sogar unter die 5 %-Klausel.

Aber auch mit ihren außen- und innenpolitischen Vorstellungen hatte die SPD in den 50er Jahren keinen Erfolg. Die Sozialdemokraten kämpften vergeblich gegen die Wiederbewaffnung der Bundesrepublik. Vergeblich war auch ihr Widerstand gegen die Adenauersche Außenpolitik. Die SPD forderte die Wiedervereinigung Deutschlands als neutraler Staat, entmilitarisiert und in kein Bündnis eingebunden. Sie trat für eine Verständigungspolitik mit den Russen ein und wurde dafür von der CDU als »moskauhörig« verdächtigt — obwohl gerade die Nachkriegs-SPD besonders antikommunistisch eingestellt war.

Alle Anstrengungen der SPD, alle Pläne waren politisch unberücksichtigt geblieben. Als dann 1957 die CDU auch noch die absolute Mehrheit erhielt, waren die Sozialdemokraten politisch und moralisch am Ende. Ihre Politik war in einer Sackgasse gelandet — jedenfalls nach Ansicht der »jungen, dynamischen Macher«.

Mittlerweile war in der SPD nämlich die Kriegsgeneration herangewachsen, jene jungen Männer, die als 18—20jährige noch den Krieg mitgemacht hatten und gegenüber politischen Programmen besonders skeptisch waren. So bewältigten sie die Tatsache, daß sie sich als Jungen für den Faschismus eingesetzt hatten und von diesem System bitter enttäuscht worden waren. Sie hielten politische und ideologische Programme grundsätzlich für falsch. Sie wollten nicht reden, sondern das Beste aus den Dingen machen. Sie waren auch der Ansicht, der Marxismus als politische Grundlage der SPD sei schuld an deren Niederlagen. Deshalb waren sie dafür, daß sich die SPD von dieser theoretischen Grundlage trennen sollte. Jeder, der den Sozialismus sozialdemokratischer Prägung wollte, sollte Mitglied werden können, egal ob er dies christlich, moralisch, marxistisch oder wie auch immer begründete. Diese Meinung setzte sich in der demoralisierten Partei schnell durch.

1959 nahmen die Sozialdemokraten auf dem Godesberger Parteitag ein Programm an (Godesberger Programm), das sich vom Marxismus lossagte. Die SPD war endgültig keine Arbeiterpartei mehr. Sie wollte auch keine mehr sein. Sie gab den Gedanken einer sozialistischen Wirtschaft auf und stellte sich hinter die kapitalistische Marktwirtschaft. Statt für die Überwindung des Kapitalismus trat die Partei nun für dessen Reformierung ein:

- So sollte eine Reform des Ausbildungswesens zu der Chancengleichheit der Arbeiterkinder mit den anderen Kindern führen und die Bildungsvorrechte der Reichen ablösen.
- So sollte eine umfangreiche Sozialversicherung die Rechte der Arbeiter noch besser sichern und ihnen im Krankheits- wie im Rentenfall den denkbar besten Schutz geben.
- So sollte schließlich die enge Zusammenarbeit von SPD und Gewerkschaften die Mitbestimmung in allen Betrieben und nicht nur in der Montanindustrie sichern.
- Die Macht der Unternehmer aber sollte nach dem Godesberger Programm nur dort eingeschränkt werden, wo die wirtschaftliche Machtballung auch zur politischen Machtballung geführt hatte.

Dieses Programm des *Reformkapitalismus* unterschied sich kaum noch von dem, was die CDU mit ihrer Sozialen Marktwirtschaft anpries. Dennoch nannten die Sozialdemokraten dies weiterhin »demokratischen Sozialismus«.

Auch in der Außenpolitik schwenkte die SPD auf den Kurs der CDU ein. Sie gab ihren Deutschlandplan mit der Idee der Anerkennung der DDR auf und nahm die Position der CDU-Regierung ein (Alleinvertretungsanspruch). Sie stimmte der Wiederbewaffnung der BRD zu und befürwortete den NATO-Eintritt der Bundesrepublik. Auch in der Wahlpolitik machte die SPD den Trend der CDU mit: Personen und nichtssagende Parolen (»SPD vorn«) statt politischer Aussagen. Die Stimmen für die SPD nahmen zwar zu, doch den Durchbruch schaffte sie nicht — trotz ihrer Kursschwenkung in Richtung CDU. In die Regierungsverantwortung kam die SPD erst mit der Großen Koalition. Jetzt erst verwirklichte sie ihre wirtschaftspolitischen Rezepte unter einem SPD-Wirtschaftsminister, der das Wirtschaftswundersymbol der CDU, Professor Erhard, abgelöst hatte. Die SPD-Politik machte die Wirtschaft nach der Krise von 1966/67 scheinbar schnell wieder flott. Die Sozialdemokraten erschienen vielen Wählern daher als regierungsreif, während die CDU verbraucht schien. Auch die Außenpolitik wurde durch den SPD-Außenminister der Großen Koalition, Willy Brandt, wieder flexibel. Er versuchte, mit den osteuropäischen Staaten zur Verständigung zu kommen, um die deutsche Frage für alle annehmbar zu regeln. Unter Brandt nahm die BRD wieder an der politischen Entwicklung der internationalen Beziehungen teil. Brandts »Neue Ostpolitik« machte die BRD auch außenpolitisch wieder zu einem handlungsfähigen Partner.

Eine neue sozialistische Linke?

Während der Großen Koalition gab es nicht nur für die Sozialdemokratie einen politischen Umschwung. Auch die sozialistische Linke erhielt eine bis dahin nicht erwartete Bedeutung. Nach dem Verbot der KPD sah es zunächst so aus, als könne die Linke in der BRD nur noch am Rande der Gesellschaft arbeiten. Zwar kämpften auch nach dem Verbot der KPD Tausende von Kommunisten und deren Freunde weiter. So war der Widerstand gegen die Bewaffnung der BRD eigentlich eine Kampagne der Linken, ebenso wie der Kampf gegen den Atomkrieg und der Kampf gegen die Notstandsgesetze der Großen Koalition. Doch blieben solche Ansätze immer ohne große politische Wirkung, obwohl die Probleme von größter Bedeutung waren und es immer noch sind.
Die Große Koalition schaffte es, mit der Notstandsgesetzgebung eine breite Opposition gegen sich hervorzurufen. Doch diese Opposition konnte sich nicht im Parlament ausdrücken, denn dort standen alle Parteien auf der gleichen politischen Grundlage. So war nur außerhalb des Parlaments Platz für eine Opposition.
In dieser Oppositionsbewegung trafen sich viele Elemente der linken Bewegung in der BRD wieder, wenn auch mit unterschiedlichem Gewicht. Da waren die Reste der alten KPD, erfahren in langjähriger Arbeit für die Erhaltung demokratischer Rechte, da waren die Linken innerhalb der Gewerkschaften und schließlich war da der 1961 von der SPD ausgeschlossene Studentenverband der Partei: der SDS (Sozialistischer Deutscher Studentenbund). Der SDS machte in den folgenden Jahren besonders von sich reden und war das lebendigste Element der Opposition außerhalb des Parlaments. Er hatte sich seit seinem Ausschluß aus der SPD sehr um die wissenschaftliche Tradition des Marxismus in Westdeutschland bemüht — wohl auch, weil er seit dem SPD-Ausschluß nur wenig praktische Aufgaben hatte.
Die Beschäftigung mit dieser Tradition weckte im SDS allerdings schon früh das Interesse an den Problemen der unterentwickelten Länder. Insbesondere der Kolonialkrieg der Franzosen gegen die algerische Befreiungsbewegung und noch mehr die amerikanische Militärintervention in Vietnam führten der jungen Generation vor Augen, daß die selbsternannte Schutzmacht der Demokratie, die USA, in der Dritten Welt alles andere als Demokratie und Freiheit verteidigte. Die Vereinigten Staaten kämpften vielmehr Seite an Seite mit korrupten Diktatoren und verfochten unmißverständlich ihre ökonomischen Interessen — auch wenn Tausende von Menschen daran zugrunde gingen. Die Begegnung mit dieser amerikani-

schen Politik ließ bei vielen jungen Leuten den naiven Glauben an die heile Welt der Amerikaner und die Teufelswelt der Roten zerbrechen. Mehr und mehr erfuhr man, was in der Schule, in den Massenmedien und der Öffentlichkeit unterdrückt wurde: Die Welt des Westens war beherrscht von der Macht riesiger Konzerne in den reichen Ländern Europas und Amerikas und dem Elend von Millionen von Menschen in der Dritten Welt. Man lernte, daß die herrschenden Mächte zur Durchsetzung ihrer Interessen nicht vor Gewalt und Terror zurückschreckten. Mit Empörung nahmen die Studenten Bilder und Berichte von Folter und Terror, von Napalm-Bomben und Massenhinrichtungen zur Kenntnis. So war allmählich eine breite Enttäuschung und Empörung über das politische System des Westens entstanden – die BRD eingeschlossen. Es fehlte nur noch der Funke, der den politischen Unmut entzündete.

Dieser Funke entstand am 2. Juni 1967: Bei einer Demonstration gegen den Kaiser von Persien, der in seinem Land die politischen Gegner seiner Regierung unterdrückte und foltern ließ, kam es zu schweren Ausschreitungen. Die Studenten empfingen den Kaiser mit Schmährufen; als der Schah vorbeigefahren war, begannen Perser, die zum »Jubeln« abkommandiert waren, auf die protestierenden Studenten einzuprügeln. Die Polizei wollte den Platz räumen, griff nach kurzer Zeit zu den Knüppeln und verfolgte flüchtende Demonstranten und Passanten. Dabei wurde ein Student, Benno Ohnesorg, hinterrücks von einem Polizisten erschossen. Am nächsten Tag kam es in der ganzen Bundesrepublik zu Protesten der Studenten. Die jetzt einsetzende Politisierung der Studenten wirkte weit über den Kreis des SDS hinaus.

Jetzt begannen die Forderungen des SDS nach Demokratisierung der Universitäten auch in breiteren Studentenkreisen zu wirken. Vielen tausend Jungakademikern wurde plötzlich bewußt, in welchem Maße die Professoren an den Universitäten bevorrechtigt waren, daß sie wie kleine Fürsten herrschten. Das System der Universitäten war veraltet. Die Studenten forderten nicht nur eine Demokratisierung der Universitäten, sondern auch eine Reform des Studiums.

Überall an den Universitäten der BRD entstand in der jungen Generation eine Aufbruchsstimmung. Neue Formen des Protestes wurden modern: Die Studenten gingen in Veranstaltungen, von denen sie ausgeschlossen worden waren, sie sprengten Feierstunden der Universitäten und veralberten die Bräuche der Professoren bei der Übergabe von hohen Universitätsämtern. Sie forderten ihre Rechte durch Sitzstreiks und Institutsbesetzungen. All das spitzte die Lage zu. Viele Professoren verloren angesichts dieser neuen Formen des Pro-

testes die Nerven und riefen nach der Polizei. Es kam zu ersten Schlägereien mit Polizisten auf dem Gelände der Universitäten. Die Staatsmacht trat an die Seite der alten Ordnung und machte den demokratischen Veränderungswillen der Politiker noch unglaubwürdiger. Das Eingreifen der Polizei schloß die Studenten aber auch fester zusammen, bis sie schließlich glaubten, in einer vergleichbaren Lage zu sein wie die Menschen der Dritten Welt. Mehr und mehr wurden die Befreiungsbewegungen der Dritten Welt, die Guerilla-Bewegungen in Kuba und Vietnam zum Vorbild. Che Guevara, der kubanische Revolutionsheld, und Ho Chi Minh, der vietnamesische Revolutionär, wurden die Symbolfiguren der Studenten.
In dieser Stimmung verknüpfte sich die Studentenbewegung mit dem Protest gegen die Notstandsgesetze, die die Studenten als Beweis für den Gewaltcharakter der BRD ansahen. Deshalb riefen die Studenten zum Widerstand gegen die Notstandsgesetze auf. Sie forderten den Generalstreik der Gewerkschaften und versuchten, die Arbeiter von ihrer Auffassung zu überzeugen. In vielen Städten kam es zu Demonstrationen; Studenten und andere Demonstranten blockierten den Verkehr, besetzten Rathäuser und öffentliche Gebäude. Die Polizei griff ein, und es kam immer wieder zu größeren Konfrontationen. In Frankreich verbündeten sich zur gleichen Zeit streikende Arbeiter mit den protestierenden Studenten. Das wirkte zwar sehr anregend auf die deutsche Bewegung, aber hier waren sich Arbeiter und Studenten zu fremd; sie sprachen und dachten in zu verschiedenen Welten, als daß sie hätten zusammengehen können. So wurden die Notstandsgesetze angenommen. Nach dieser politischen Niederlage brach die Protestbewegung in sich zusammen.
Politisch stärker interessierte Gruppen versuchten, neue Formen der politischen Erneuerung der westdeutschen Linken zu finden. Einige knüpften an die Tradition der KPD an und gründeten studentische Parteien, die aber für sich in Anspruch nahmen, Parteien der Arbeiterklasse zu sein. Eine andere Gruppe versuchte, den Elan der Studentenbewegung in die SPD hineinzutragen, um die Partei wieder sozialistischer zu machen. Die jungen Sozialdemokraten (Jusos) setzten sich für eine linke Politik und für eine konsequente Interessenvertretung der Arbeiterschaft in der SPD ein. Das Parteiestablishment reagierte — wie vorher die Öffentlichkeit — mit Verwirrung auf die engagierten Jusos und ließ sich vielfach überrumpeln. Linkes Gedankengut schien in der SPD um sich zu greifen, selbst 1973 — auf dem Parteitag in Hannover — schien die Linke auf dem Vormarsch zu sein. Aber die Jusos haben es nicht geschafft, aus der SPD eine linke, sozialistische Partei zu machen.

Der Elan der Studentenbewegung wirkte aber auch in die traditionellen Organisationen der Arbeiterbewegung hinein. 1968 kam es zur Gründung der DKP, der kommunistischen Partei, die das Erbe der KPD weiterführt. Ihr politischer Einfluß hat sich gegenüber dem der KPD verändert. Sie kommt bei Wahlen zwar kaum auf 1 % der Wählerstimmen, aber sie hat an den Universitäten und in den Betrieben einen gewissen Rückhalt, der eine politische Kraft links von der SPD darstellt. Aber ihre politische Bedeutung bleibt klein, solange sie nur der verlängerte Arm der SED in Westdeutschland ist und ohne eigene demokratische Ziele bleibt.

Die Studentenbewegung beeinflußte auch sozialistische Gruppen innerhalb von Gewerkschaften und Betrieben. Auch hier verstärkten sich die linken Stimmen und betrieben konsequente Interessenpolitik für die arbeitende Klasse. Die einzelnen Basisgruppen arbeiten heute in Produktionsbetrieben, aber auch z. B. im öffentlichen Dienst, bei der Post und bei der Bahn und kommen allmählich dazu, sich bundesweit zusammenzuschließen und zu organisieren.

Die Neue Linke in der BRD ist in sich zersplittert und verfeindet, wirklichen Einfluß wie in Frankreich oder in Italien hat sie nicht. Die wichtigsten Punkte ihrer Argumentation sind aber doch ins Bewußtsein großer Teile der Bevölkerung gedrungen.

- Heute kann man über den imperialistischen Charakter der US-Politik in Südostasien und Lateinamerika nicht mehr hinwegsehen.
- Die revolutionäre Bewegung in Europa und in der Dritten Welt ist ins Bewußtsein der Menschen gedrungen; auch die Arbeiter werden sich mehr und mehr der Geschichte ihrer Klasse bewußt.
- Der demokratische Charakter der kapitalistischen Demokratie ist in Frage gestellt und neue Formen der Demokratie für die arbeitende Klasse werden erprobt.
- Die Bereitschaft der arbeitenden Klasse, ihre Interessen zu vertreten, ist gewachsen.

Die linke Studentenbewegung hat Ende der 60er Jahre ein breites Veränderungspotential angesprochen. Vielen Menschen wurde bewußt, daß Veränderungen notwendig seien. Aber sie schlossen sich nicht der politischen Linken, sondern der SPD an, die ihrer Meinung nach am ehesten die notwendigen Veränderungen durchführen konnte. So hat die zahlenmäßig kleine linke Bewegung doch eine gesellschaftspolitische Wirkung gehabt: Sie hat den historischen Umschwung von der konservativen zur reformkapitalistischen Regierung der BRD (sozial-liberale Koalition) eingeleitet und in starkem Maße beeinflußt.

Bei den Bundestagswahlen 1969 erhielten SPD und FDP zusammen 48,5 % der Stimmen (CDU: 48 %). Die beiden Parteien vereinbarten noch in der Wahlnacht ein Regierungsbündnis – trotz der knappen Mehrheit von nur fünf Bundestagsabgeordneten. Diese Regierung mit Willy Brandt als Bundeskanzler und Walter Scheel als Außenminister war schon vor der Wahl abgesprochen, sie kam also nicht so überraschend zustande wie es in der Wahlnacht schien. Die FDP hatte sich in der Oppositionszeit gegen die CDU/SPD-Regierung unter Kiesinger zu einer liberalen »Fortschrittspartei« entwickelt und sich so schon vor der Wahl 1969 mit der SPD auf ein Regierungsbündnis geeinigt.

Ihr neues Programm (die Freiburger Thesen) und ihre feste Wahlaussage für eine Regierung der Reformen (unter dem Motto: »Wir schneiden die alten Zöpfe ab«) hatten ihr zu einem neuen Gesicht verholfen. So schuf das Koalitionsbündnis der Wahlnacht ein allgemeines Klima der Veränderung: Liberale und Sozialdemokraten wollten sich gemeinsam an die Entrümpelung der Bundesrepublik machen. Vielen begeisterten Sozialdemokraten erschien es wie ein Neubeginn für die Bundesrepublik, der die liegengebliebenen Aufgaben in einem demokratischen Westdeutschland endlich lösen sollte. Angestachelt von der kritischen und unruhigen Jugend (die Regierung erließ für alle »Demonstrationstäter« der Studentenrevolte von 1968 eine Generalamnestie) ging die Regierung daran, die hergebrachte staatliche »Ordnung« mit dem »Veränderungswillen« zu verquicken und für eine brauchbare Reform des Gemeinwesens Bundesrepublik zu nutzen. Oder mit den Worten der Regierungserklärung von 1969:

»Unser Volk braucht, wie jedes andere, seine innere Ordnung. In den 70er Jahren werden wir aber in diesem Lande nur so viel Ordnung haben, wie wir an Mitverantwortung ermutigen. Solche demokratische Ordnung braucht außerordentliche Geduld im Zuhören und außerordentliche Anstrengung, sich gegenseitig zu verstehen. Wir wollen mehr Demokratie wagen. Wir werden unsere Arbeitsweise öffnen und dem kritischen Bedürfnis nach Information Genüge tun.«

Im Zentrum der Reformpolitik standen folgende Punkte:

- Bildung und Ausbildung, Wissenschaft und Forschung
- das Rechtswesen und verschiedene Abschnitte des Strafgesetzbuches, insbesondere das Sexualstrafrecht, das Familiengesetz und das Scheidungsrecht
- die Erweiterung der Mitbestimmung in der Wirtschaft durch Verbesserung des Betriebsverfassungsgesetzes und der Personalvertretung.

Auch in der Außenpolitik strebte die neue Regierung eine gründliche Veränderung der Verhältnisse an. Insbesondere die Deutschlandpolitik und das Verhältnis zu Osteuropa sollten endlich von den Fesseln der CDU-Politik befreit werden. Dazu strebte die Regierung ein System von Verträgen mit den Staaten des Warschauer Pakts (östliches Gegenstück zur NATO) an, die die Verhältnisse anerkennen sollten, die nach über 20 Jahren in Europa entstanden waren:

- die Bundesregierung schloß einen Vertrag mit Polen, in dem die Oder-Neiße-Linie vorerst als deutsche Grenze anerkannt und in dem vereinbart wurde, daß ausreisewillige deutschstämmige Bürger Polens in die Bundesrepublik ausreisen können.
- Ebenso wie mit Polen vereinbarte die Bundesregierung mit der Sowjetunion, bei der Verfolgung politischer Interessen beider Länder intereinander auf Gewalt zu verzichten und die Änderung der gegenwärtigen Grenzen und Verhältnisse nur mit friedlichen Miteln, d. h. am Verhandlungstisch anzustreben.
- Nachdem die Bundesrepublik die Verträge mit der Sowjetunion (12. 8. 1970) und mit Polen (7. 12. 1970) ausgehandelt hatte, kamen auch die Gespräche der vier Mächte über Berlin zum Abschluß. Im Viermächte-Abkommen über Berlin vom 3. September 1971 bestätigen sie u. a. die Bindungen Berlins an den Bund und beauftragten die zuständigen deutschen Behörden, gemeinsam Regelungen für den zivilen Berlin-Verkehr und für die Besuche von West-Berlinern in Ost-Berlin und in der DDR zu finden.
- Ein von der Bundesregierung mit der Regierung der DDR ausgehandeltes »Abkommen über den Transitverkehr von zivilen Personen und Gütern zwischen der Bundesrepublik und Berlin (West)« und die Vereinbarungen des Senats und der DDR-Regierung über den Reise- und Besucherverkehr sind Bestandteil des Viermächte-Abkommens. Sie traten mit dem Viermächte-Abkommen am 4. 6. 1972 in Kraft. Auch die Vereinbarungen auf dem Gebiet des Post- und Fernmeldewesens vom 30. 9. 1971 dient der Ausfüllung des Berlin-Abkommens.

Der erste Staatsvertrag zwischen beiden deutschen Staaten war der Verkehrsvertrag. Er wurde am 26. 5. 1972 unterzeichnet und trat am 16. 10. 1972 in Kraft.

Nicht nur im Parlament, wo die Verträge 1972 beraten wurden, sondern auch in der Bevölkerung gab es große Gruppen von Befürwortern und Gegnern der Ostverträge. Einige SPD- und FDP-Abgeordnete traten sogar wegen der Ostverträge aus ihren Parteien aus oder wechselten das parlamentarische Lager. Die Stimmenmehrheit der Regierungsparteien

schrumpfte schnell zusammen. Als dann schließlich noch ein FDP-Abgeordneter in die CDU eintrat, schien das Schicksal der Regierung Brandt besiegelt zu sein. Die CDU stellte am 4. April 1972 im Vertrauen auf ihre neugewonnene knappe Mehrheit den Mißtrauensantrag gegen die Regierung Brandt; neuer Bundeskanzler sollte der Abgeordnete Rainer Barzel werden.
Es kam zu einer denkwürdigen Bundestagssitzung — obwohl es in einer parlamentarischen Demokratie eigentlich selbstverständlich sein sollte, daß eine Regierung, die keine Mehrheit mehr hat, zurücktritt oder gestürzt wird. Das Grundgesetz der BRD fordert bei einem Regierungswechsel ein konstruktives Mißtrauensvotum und erschwert dadurch einen Machtwechsel sehr. Bis dahin hatte es auch noch kein Mißtrauensvotum in der Geschichte der BRD gegeben.
So erklärt es sich, daß den Befürwortern der Ostpolitik das Mißtrauensvotum der CDU fast wie ein Staatsstreich vorkam. Im Vorfeld der parlamentarischen Abstimmung kam es in der Bevölkerung zu Sympathiestreiks für Willy Brandt. Die Bundesbürger verfolgten die Parlamentssitzung und die Abstimmung über Brandts Sturz mit großer Spannung. Zur Überraschung aller reichten aber die Stimmen gegen Brandt und damit für Barzel nicht aus, beide Blöcke hatten die gleiche Stimmenzahl. Nach langem Hin und Her, nächtelangen Verhandlungen und Diskussionen über die Regierungsführung einigten sich die Gegner darauf, im November 1972 Neuwahlen auszuschreiben.
Was sich im Parlament schon gezeigt hatte, übertrug sich nun auf die Wähler der BRD: eine Aufheizung der politischen Auseinandersetzung und eine Spaltung der Bevölkerung in Befürworter und Gegner der Ostpolitik. Bürger und Anhänger der verschiedenen Parteien nahmen den Wahlkampf in die Hand. Wie vorher auch schon, haben sich viele Bürger bereit gefunden, in weitgehend unabhängigen Wählerinitiativen (die oft genug griffigere Argumente hatten und den Wahlkampf aggressiver führten) für die eine oder die andere Partei zu arbeiten und auf die Straße zu gehen.
Die Aussichten der SPD waren in diesem Wahlkampf nicht besonders günstig: die Politisierung der Wähler ließ kaum jemanden unentschlossen und die Ostpolitik war ein heikles Thema. Außerdem befürchteten die Sozialdemokraten, daß ihre innerparteilichen Flügelkämpfe (insbesondere mit den Jusos) der Partei schaden würde. Das dachten wohl auch finanzkräftige Unternehmer, die mit einer kostspieligen Kampagne gegen Sozialismus und Sozialdemokratie zu Felde zogen und so der SPD zu schaden hofften. Doch als am Abend des Wahltages im November 1972 die Stimmen ausgezählt

wurden, zeigte sich einer der größten Wahlerfolge der SPD: sie wurde zum erstenmal in der BRD stimmenstärkste Partei und erhielt zum erstenmal in ihrer 100jährigen Geschichte über 45 % der abgegebenen Stimmen.

Die Sozialdemokratie in der Krise

Dieser Wahlsieg der SPD war der Anfang einer langen und teilweise dramatisch verlaufenden Krise in der SPD. Nach dem Sturm um die Ostpolitik wurde nun das Verlangen der Wähler nach »inneren Reformen« laut; sie erwarteten von der Regierung, die sie mit deutlicher Mehrheit gewählt hatten, energische Taten. Zunächst schienen sich diese Erwartungen auch zu erfüllen: Die Regierung erreichte die lang umstrittene Normalisierung der Verhältnisse in Deutschland. Sie schloß einen Grundvertrag mit der DDR:
Der Vertrag über die Grundlagen der Beziehungen zwischen der Bundesrepublik Deutschland und der DDR wurde am 21. 12. 1972 unterzeichnet und am 21. Juni 1973 wirksam. In der Präambel heißt es: ». . . geleitet von dem Wunsch, zum Wohle der Menschen in den beiden deutschen Staaten die Voraussetzungen für die Zusammenarbeit zwischen der Bundesrepublik Deutschland und der Deutschen Demokratischen Republik zu schaffen . . .«
Und der Artikel 7 lautet: »Die Bundesrepublik Deutschland und die Deutsche Demokratische Republik erklären ihre Bereitschaft, im Zuge der Normalisierung ihrer Beziehungen praktische und humanitäre Fragen zu regeln. Sie werden Abkommen schließen, um auf der Grundlage dieses Vertrages und zum beiderseitigen Vorteil die Zusammenarbeit auf dem Gebiet der Wirtschaft, der Wissenschaft und Technik, des Verkehrs, des Rechtsverkehrs, des Post- und Fernmeldewesens, des Gesundheitswesens, der Kultur, des Sports, des Umweltschutzes und auf anderen Gebieten zu entwickeln und zu fördern . . .«
Zum Grundvertrag gehört auch: der Brief zur Familienzusammenführung und zu Reiseerleichterungen vom 21. 12. 1972. Als ersten Schritt zur Lösung der dringendsten Probleme hat die DDR zugestanden:
a) die Zusammenführung von Ehegatten, den Umzug von Eltern, die sich von ihren Kindern betreuen lassen müssen, und in besonderen Ausnahmefällen die Genehmigung von Eheschließungen.
b) In Fortführung des Briefwechsels vom 26. 5. 1972 (Verkehrsvertrag) wurden die Vereinbarungen über den Besuchsverkehr erweitert: Für DDR-Bewohner gelten auch Silberne

und Goldene Hochzeiten als »dringende Familienangelegenheiten«, und der Kreis der antragsberechtigten DDR-Bürger wird auf Halbgeschwister (gleiche Mutter) erweitert. Für Bewohner von 56 westdeutschen Grenzkreisen besteht im Rahmen von 30 Tagen jährlich die Möglichkeit, auf einen Antrag hin bis zu neunmal für einen Tagesaufenthalt in einen von 53 DDR-Grenzkreisen zu reisen, wenn diese Reisen innerhalb von drei Monaten erfolgen. Für den genannten Reiseverkehr in die DDR wurden vier weitere Grenzübergangsstellen bei Uelzen, Duderstadt, Bad Neustadt (Saale) und Coburg eröffnet.
Bei der Unterzeichnung des Grundvertrages übermittelte die Bundesregierung der Regierung der DDR den »Brief der Bundesregierung zur deutschen Einheit«, in dem festgestellt wird, daß »dieser Vertrag nicht im Widerspruch zu dem politischen Ziel der Bundesrepublik Deutschland steht, auf einen Zustand des Friedens in Europa hinzuwirken, in dem das deutsche Volk in freier Selbstbestimmung seine Einheit wiedererlangt«.
Am 31. Juli 1973 entschied das Bundesverfassungsgericht auf eine Normenkontrollklage der Bayerischen Staatsregierung hin ausdrücklich, daß der Vertrag über die Grundlagen der Beziehungen zwischen der Bundesrepublik Deutschland und der Deutschen Demokratischen Republik mit dem Grundgesetz und insbesondere mit dem in der Präambel niedergelegten Wiedervereinigungsgebot vereinbar ist. Nach Auffassung des Bundesverfassungsgerichts kann der Grundvertrag »in einem längeren Prozeß« sogar »ein erster Schritt . . . in Richtung auf die Verwirklichung der Wiedervereinigung des deutschen Volkes in einem Staat« sein.
Die »Innere Reform« der sozial-liberalen Regierung kam jedoch bald zum Stillstand. Staat, Verwaltung, Parteien und Verbände wurden zwar mit einer Flut von Reformvorschlägen überschüttet, aber es mangelte an klaren Vorstellungen über die Verwirklichung der vielen Pläne und Ideen. In der Begeisterung für das, was sie erreichen wollten, ließen viele außer acht, daß der, der die Regierungsmehrheit hat, nicht zwangsläufig auch die politische Macht besitzt, um Reformen durchzusetzen. Die CDU hatte über die Länderregierungen eine Mehrheit im Bundesrat und konnte viele Vorhaben der SPD abblocken. Außerdem konnte der Bundesgerichtshof, der eher konservativ eingestellt war, viele Reformen verhindern, indem er Bedenken gegen die Verfassungsmäßigkeit erhob. Endlich ist die Wurzel vieler Mißstände und Schwierigkeiten in unserer Gesellschaft im privatwirtschaftlichen Bereich zu suchen. Die Regierung müßte — um bestimmte Reformen durchzuführen — in die Entscheidungs- und Machtbefugnis der

Unternehmer und Konzerne eingreifen. Damit stößt sie aber an eine Grenze, die keine Regierung einer westlichen Demokratie ohne weiteres durchbrechen kann: die Macht der herrschenden wirtschaftlichen und politischen Interessen.

Bei der Vielzahl von kleinen Fußangeln und massivem Widerstand nimmt es nicht wunder, daß die meisten Reformvorhaben irgendwo zwischen der parlamentarischen Oppostion und den konservativen Interessen der herrschenden Wirtschaftskreise steckengeblieben sind:

- Die Bildungsreform hat trotz Neugründung von Gesamtschulen und Universitäten nicht zu mehr Chancengleichheit geführt. Vielmehr wurde deutlich, daß in einer Gesellschaft, in der die Ungleichheit aus der Berufs- und Arbeitswelt kommt, Bildungsreformen keine Chancengleichheit erreichen können.
- Moderne und kritische neue Inhalte im Unterricht (z. B. Neue Mathematik, Gesellschaftslehre) führten zu wütenden Protesten von Elternverbänden (allerdings häufig unter der geschickten Regie von CDU-Kreisen), die den Eltern einredeten, Schulreform mache die Kinder krank und verderbe ihre zarten Gemüter (besonders der Sexualkundeunterricht).
- Die Reform des § 218 endete — trotz absoluter Mehrheit im Parlament für die Fristenregelung — im Verfassungsstreit. Die Reform des Eherechts scheint ähnliche Wege zu gehen. Nur das Sexualstrafrecht, das noch von der Prüderie und der Sexualfeindschaft des 19. Jahrhunderts beherrscht war, ist rechtzeitig liberalisiert worden.
- Schließlich die Ausweitung der Demokratie in der Gesellschaft: Hier scheiterte z. B. die Mitbestimmung der Studenten und der wissenschaftlichen Mitarbeiter an den Hochschulen am Spruch des Karlsruher Verfassungsgerichtshofs. Die Frage der betrieblichen Mitbestimmung wird gar nicht erst so weit kommen. Schon im Vorfeld der Auseinandersetzung hat sich das Interesse der Unternehmer gegenüber dem der Arbeiter und der Gewerkschaften durchgesetzt: eine paritätische Mitbestimmung wird es nicht geben. Die Zeitschrift »stern« kommentiert: »Die Sorgen der Unternehmer mit Schlips und Kragen sind ebenso unberechtigt wie die Hoffnungen mancher Linker: Systemveränderung findet nach dem jetzt ausgehandelten Mitbestimmungskompromiß nicht statt.«

Die hochgestimmten Erwartungen der Wähler, die '72 nicht nur Brandt, sondern auch gesellschaftliche Veränderungen gewählt hatten, waren leicht zu enttäuschen, sowohl in der Reform- als auch in der Wirtschaftspolitik. Denn die SPD — weniger die FDP — war '69 und '72 auch deshalb gewählt worden, weil sie behauptete, das bessere Wirtschaftsprogramm zu haben. Mit der Sozialdemokratie an der Regierung — so mußte der Wähler glauben — kann in der Wirtschaft nichts passieren.

Sozialdemokratie bedeutet: sicheres Wirtschaftswachstum, sichere Arbeitsplätze und wachsendes Einkommen.
Zunächst schien die Entwicklung der Wirtschaft diesen Vorstellungen auch recht zu geben. Nach der Krise von 1966/67 stieg das Realeinkommen in bisher unbekanntem Ausmaß und störte nicht einmal das Wirtschaftswachstum. Die Sozialdemokraten ließen den Schein endlosen Wirtschaftswachstums unwidersprochen stehen. Dies war in mancherlei Hinsicht folgenschwer:

- Die Regierung, die Sozialdemokratische Partei und die Gewerkschaften verhinderten damit, daß sich die Arbeiter und Angestellten rechtzeitig auf die Probleme einer wirtschaftspolitisch nicht mehr zu verhindernden Krise einstellen konnten. Sie verhinderten, daß sich die arbeitende Klasse der BRD organisiert gegen die Politik der Unternehmen zur Wehr setzen konnte und kann, die bei einer Wirtschaftskrise immer wieder versucht, ihre Lage durch Lohnkürzungen zu sanieren. Statt dessen trug die SPD zur Entpolitisierung der Arbeiter und Angestellten bei.
- Mit den Vorstellungen, die die Sozialdemokraten in der Regierung und der Gewerkschaft über die Wirtschaft und die Wirtschaftspolitik verbreiteten, trugen sie auch dazu bei, die tatsächlichen Machtverhältnisse vor sich selbst und in der Bevölkerung zu verschleiern. Damit erlaubten sie ihren Gegnern, von den tatsächlichen Ursachen der fehlgeschlagenen Reformen abzulenken und allein den Sozialdemokraten die Schuld für Chaos und Unzulänglichkeiten zu geben.

Wirtschaftskrise und politische Krise in der Bundesrepublik

Mit der Ölkrise im Winter 1973 kamen die ersten Anzeichen für die bevorstehende Wirtschaftskrise, die dann die politische Krise der sozial-liberalen Koalition und besonders der SPD offen zutage treten ließ. Schließlich hatten die Sozialdemokraten die Alleinverantwortung für die Wirtschaftspolitik in Anspruch genommen; so lag es auf der Hand, daß ein großer Teil der Bevölkerung die Ursache für die Arbeitslosigkeit in der »Mißwirtschaft« der Regierungen in Bund und Ländern sah. Dieser Vertrauensverlust zeigte sich besonders deutlich bei den Landtagswahlen im März 1974 in Hamburg, wo die SPD 10,4 % der Stimmen verlor und die CDU 7,8 % gewann.
Damit hatte die Krise der SPD dramatische Formen angenommen, und die Kritik an Willy Brandts Führung wurde immer deutlicher. In dieser Situation wurde bekannt, daß der Kanzlerreferent Günther Guillaume als Spion für den Geheim-

dienst der DDR gearbeitet hatte.
Brandt trat zurück und übergab seinen Platz an den »starken Mann« der Regierung, den bisherigen Finanzminister Helmut Schmidt. Der neue Kanzler verkündete sofort ein Regierungsprogramm, das von einigen Kommentatoren schon damals den Beinamen »Ende der Reformen« erhielt. Allen kostspieligen Reformen wurde der Hahn zugedreht, die Anstrengungen der Bundesregierung konzentrierten sich auf ein spektakuläres Konjunkturprogramm:

- Zum 1. Dezember 1974 trat ein Konjunkturprogramm in Kraft, das bis zum 3. Juni 1975 jedem Unternehmer eine Investitionszulage von 7,5 % pro investierter Mark aus Steuergeldern schenkte.
- Die erhöhte Abschreibung nach § 7b des Einkommensteuergesetzes — also Steuergeschenke beim Eigenheimbau — wurde auf den Erwerb von Zweit- und Dritthäusern ausgeweitet.
- 1,75 Milliarden DM wurden als zusätzliche Prämien ausgeschüttet — 1,13 Milliarden gingen als Steuergeschenke an die Bauwirtschaft, 600 Millionen DM wurden für »Arbeitsförderungsmaßnahmen« eingesetzt, d. h. an Unternehmer in Schwierigkeiten ausbezahlt, damit sie ihre Arbeiter weiterbeschäftigten.

Von diesem Programm versprach sich die Regierung Wunderdinge und ließ in einer Anzeigenkampagne zum Jahresende verkünden: »Der Aufschwung kommt — im Frühsommer werden wir über den Berg sein«. Aber die Voraussagen trafen nicht zu. Im Gegenteil: 1975 nahm die Arbeitslosigkeit weiter zu, trotz der Krise ging die Inflation nicht wesentlich zurück.
Betroffen war jedoch nicht nur die Wirtschaftspolitik. So wurde durch die hohe Verschuldung des Staates, die durch die wirtschaftlichen Maßnahmen der Regierung Schmidt ständig zunahm, in anderen Bereichen eine Politik der leeren Kassen durchgesetzt. Dies betraf besonders alle Reformbereiche im Bildungs- und Ausbildungssektor. Die Bildungsreform, bei ihrem Regierungsantritt noch Kernstück der sozial-liberalen Politik, wurde jetzt das Stiefkind der Republik. Statt die Schulen weiter mit besser ausgebildeten Lehrern zu versorgen, drehen die Bundesländer den Geldhahn zu und verknappen die Stellen für Absolventen der Hochschulen. Die Folgen sind grotesk: Auf der einen Seite erleben wir Lehrermangel an den Schulen, auf der anderen Seite zunehmende Lehrerarbeitslosigkeit. Zum Beispiel in Niedersachsen:

Zahl der niedersächsischen Schulklassen, in denen kein Unterricht mehr stattfand (von 6 900 Gymnasialklassen)

Sport	294
Mathematik	296
Deutsch	400
Physik	686
Geschichte	1047
Religion	3003

Zahl der Klassen, in denen nur eingeschränkter Unterricht stattfinden konnte

Mathematik	988
Deutsch	1099
Sport	2920

Gleichzeitig stehen arbeitslose Lehrer vor den Schultoren Schlange.

Lehrerarbeitslosigkeit in einigen Bundesländern

Hessen	2000
Bayern	2100
Niedersachsen	2500

Für das Jahr 1976 erwarten die Behörden gar die erschreckende Zahl von 17 000 bis 20 000 arbeitslosen Lehrern. Die Kultusminister begründen die radikale Sparkur im Bildungswesen häufig damit, daß sich die Situation bald verbessern werde, wenn nämlich die Zahl der Schüler durch die geburtsschwachen Jahrgänge nach dem sogenannten Pillenknick drastisch zurückgehen wird. Aber diese Erklärung ist umstritten, denn sie geht davon aus, daß ein Lehrer immer so viele Kinder zu betreuen hat wie bisher. Tatsache ist jedoch, daß die pädagogischen Erfolge in kleinen Klassen ungleich besser und individueller ausfallen können als in Schulklassen mit Massenbetrieb. In dieser Hinsicht steht die BRD im internationalen Vergleich sehr ungünstig da.
Ähnlich wie in den Schulen führt die Sparpolitik auch an den Hochschulen zu einer absurden Situation: Die Ausbildungstätigkeit steht in wachsendem Gegensatz zu den Berufsaussichten der Hochschulabsolventen. Ein zunehmender Teil der Akademiker geht in den Staatsdienst, denn die Anzahl der Akademiker in der Privatwirtschaft hat in den letzten zehn Jahren um knapp 5 % zugenommen, während die Zahl der Studenten in diesem Zeitraum fast um 100 % gestiegen ist. Da-